# Estrutura do Mercado Turístico

2ª Edição Atualizada

# Estrutura do Mercado Turístico

Jordi Montaner Montejano

2ª Edição Atualizada

ROCA

Traduzido do Original: Estructura del Mercado Turístico – 2ª edición actualizada

ISBN: 84-7738-130-5


ISBN: 85-7241-345-6



**Tradução**
Andréa Favano

**Revisão Técnica**
Claudia Bruno Galvãn

**Dados Internacionais de Catalogação na Publicação (CIP)**
**(Câmara Brasileira do Livro, SP, Brasil)**

Montaner Montejano, Jordi
Estrutura do mercado turístico / Jordi Montaner Montejano ; tradução de Andréa Favano. -- 2. ed. -- São Paulo : Roca, 2001.

Título original: Estructura del mercado turístico
Bibliografia.
ISBN 85-7241-345-6

1. Turismo I. Título.

01–3034 CDD–338.4791

**Índices para catálogo sistemático:**

1. Mercado turístico : Economia 338.4791
2. Turismo : Economia 338.4791

2001



EDITORA ROCA LTDA.
Rua Dr. Cesário Mota Jr., 73
CEP 01221-020 – São Paulo – SP
Tel.: (11) 221-8609 – FAX: (11) 220-8653
e-mail: edroca@uol.com.br – www.editoraroca.com.br

Impresso no Brasil
*Printed in Brazil*

*Para minha esposa e minha filha.*

# PRÓLOGO NA FORMA DE DECÁLOGO

Mergulhar no mundo do turismo é sempre apaixonante. Este manual é dirigido aos profissionais iniciantes do Turismo e aos estudantes que desejam tornar esta atividade sua profissão, bem como àqueles que pretendem adquirir alguns conhecimentos básicos de uma atividade, a qual, de modo ativo ou passivo, todos nós mantemos um vínculo em períodos de férias.

Este livro visa alcançar dez objetivos que, na forma de decálogo, sintetizam a finalidade pela qual foi escrito, avalizado pela experiência docente de vinte e cinco anos ministrando esta disciplina em diversas escolas de turismo. Os pontos do decálogo são:

1º BREVIDADE. Pretendemos que a exposição de cada um dos capítulos seja breve, com a finalidade de facilitar a iniciação nesta matéria a todos os alunos que, pela primeira vez, se deparam com ela.

2º ESQUEMÁTICO. Objetivamos que, a todo momento, o texto adote uma forma ágil e leve, ampliando os esquemas com a bibliografia consultada para elaborar este livro e estimulando a ampliação e investigação dos diferentes temas da obra.

3º CONCEITUAL. Antes de tudo, desejamos que o aluno que entra pela primeira vez no mundo do turismo tenha alguns conceitos claros, simplificando, muitas vezes, cores e definições complexas.

4º ÁGIL. Proporcionamos um texto dinâmico, evitando citações bibliográficas em seu contexto, bem como no rodapé da página. Por isso, o aluno poderá encontrar sem dificuldade as referências dos temas no capítulo de bibliografia, caso queira ampliar determinados aspectos desse assunto ou matéria.

5º REITERATIVO. Às vezes, o texto é intencionalmente repetitivo para facilitar a compreensão e a retenção de seu conteúdo.

6º INTRODUTÓRIO. Esta obra pretende abrir caminhos para outras disciplinas que se estudam de forma específica ao longo da profissão.

7º PEDAGÓGICO E DIDÁTICO. Esperamos que este manual proporcione a informação e formação imprescindíveis para o futuro profissional do turismo e, que ao mesmo tempo, sirva como ferramenta de trabalho para uma aplicação teórico-prática.

8º ESCLARECEDOR. Este manual pretende esclarecer dúvidas que possam surgir a qualquer pessoa que se inicie acadêmica e profissionalmente no turismo.

9º MULTIDISCIPLINAR. O turismo é uma atividade multidisciplinar. Por isso, espera-se abranger, de forma sintética, a relação que o turismo tem com outras matérias científico-técnicas das áreas de cultura, humanas e ciências políticas, sociais e econômicas.

10º INCOMPLETO. Este manual adoece premeditadamente incompleto como o próprio turismo, considerado uma atividade nova e jovem, apesar de sua longa história. Trata-se de uma matéria ampla, ativa, dinâmica, em constante mudança e criativa, e que procura a cada dia novos modelos e fórmulas, nas ruas, nas encostas e montanhas, em monumentos e museus, em meios de comunicação, nas empresas, nas instituições e organizações públicas e privadas, etc. Por isso, muitas vezes, o texto pode ficar intencionalmente curto, assinalando temas e questões para que o aluno investigue e amplie por conta própria ou com a orientação do professor cada uma das matérias que compõe o conjunto de capítulos.

Esta atividade ampla, criativa e dinâmica está passando, atualmente, por mudanças, tanto em nosso país como no resto do mundo. O turismo na Espanha já não é a "galinha dos ovos de ouro" de outras épocas. Deixou de ser um "achado" nos anos 60 e 70 para uma atividade industrial que tem uma forte concorrência exterior e que necessita de uma boa gestão e de bons profissionais. Agora percebemos que nas décadas anteriores éramos tão competitivos que não se via a necessidade fundamental de um bom planejamento do mercado turístico a longo prazo, como a necessidade de sair para vender nosso produto turístico e não esperar simplesmente que viessem, por pura inércia, os turistas atraídos pelo sol, praias, preços e um certo exotismo, como pela tradicional "troika" de "sun, sand and sex" (sol, areia e sexo). O velho modelo do turismo espanhol está se esgotando e o novo acaba de nascer e criar forma.

A concorrência dos outros países mediterrâneos, apesar dos conflitos político-sociais e guerras, não descansa. A Espanha deve unir esforços na promoção e comercialização de seus atrativos menos conhecidos; tem necessidade de buscar um equilíbrio entre turismo, cultura e natureza; deve estudar as causas da mudança de modelos turísticos que produzem certa crise; deve verificar a nova forma de lazer dos europeus e o que a Espanha pode oferecer, considerando que mais de 80% da sua clientela provêm do velho continente. O turismo é a primeira atividade econômica e social de nosso país e está se convertendo na primeira em nível mundial. Por isso, é necessário que surjam profissionais bem preparados que convertam esta atividade ainda inacabada em um setor completo e competitivo.

Até aqui, os dez objetivos deste manual foram abranger os programas espanhóis oficiais da disciplina da Estrutura do Mercado Turístico da profissão de Técnico em Empresas e Atividades Turísticas, ou disciplinas similares de Formação Profissional, assim como as matérias introdutórias dos estudos de turismo nas universidades espanholas. É uma disciplina que, apesar de já ter mais de trinta anos de existência no plano de estudo da profissão, ainda hoje, possui poucos manuais escritos tanto em espanhol como em outros idiomas. Este livro pretende ampliar um pouco mais a limitada bibliografia existente sobre esta matéria na língua espanhola. Pretende também tornar conhecido, de modo simples, o abc das intimidades e inter-relações do complexo mundo da estrutura do mercado turístico, cuja atividade, uma vez conhecida, é apaixonante.

O AUTOR

# ÍNDICE

Capítulo 1

# INTRODUÇÃO À ESTRUTURA DO MERCADO TURÍSTICO

## 1.1. Conceito e definições relacionadas com o turismo

O fenômeno turístico é uma atividade humana baseada em uma série de disciplinas relacionadas com as ciências sociais e humanas. Um fenômeno vinculado diretamente com o tempo livre e com a cultura do lazer.

- *Turismo*: o turismo pode ser definido como a teoria e a prática de todas as atividades relacionadas com a atração, prestação de serviços e satisfação das necessidades do turista.
  O turismo é fundamentalmente um conjunto de técnicas baseadas em princípios científicos que têm como finalidade prestar uma série de serviços à pessoa que dedica seu tempo livre para viajar, convertendo-se em turista ou excursionista.
  Hoje, cientificamente, podem-se diferenciar os conceitos de turismo, visitante, turista e excursionista ou turista de dia. A Conferência das Nações Unidas, realizada em Roma, em 1963, estabeleceu uma série de definições que, por meio da Organização Mundial do Turismo (OMT), são aceitas por todo o mundo. Recentemente, essas definições foram atualizadas pela OMT e aprovadas pela Comissão de Estatística das Nações Unidas em 4 de março de 1993, com o objetivo de unificar os critérios estatísticos no momento de quantificar as correntes turísticas mundiais. Assim sendo, a organização internacional adotou as recomendações da OMT, mediante essas definições e classificações normalizadas, atualizando as existentes anteriormente para pro-

porcionar uma base comum, a fim de avaliar com precisão o impacto estatístico tanto econômico como social do turismo.

- *Turismo*: de acordo com a nova definição da OMT, entende-se por turismo o conjunto de atividades realizadas pelas pessoas durante suas viagens e estadas em lugares distintos do seu ambiente habitual, por um período de tempo consecutivo inferior a um ano, com finalidades de lazer, negócio e outros motivos, e não por razões lucrativas.

  Dessa forma, com a nova definição podemos destacar:

*a)* A idéia de "ambiente habitual' exclui como turísticos os deslocamentos dentro do lugar de residência habitual e os que têm caráter rotineiro.
*b)* O conceito de "duração" menor que determinado tempo implica excluir as migrações a longo prazo.
*c)* A noção de "motivo principal diferente do de exercer uma atividade que seja remunerada no lugar visitado", implica exclusão dos movimentos migratórios de caráter local.

Também as novas definições incluem os seguintes conceitos:

*a)* Turismo interno: o dos residentes de um país que viajam unicamente dentro deste.
*b)* Turismo receptor: o dos não-residentes que viajam dentro de certo país.
*c)* Turismo emissor: o dos residentes de certo país que viajam para outro país.

Estas três formas básicas de turismo podem ser combinadas por sua vez, dando origem às seguintes categorias de turismo:

*a)* Turismo interno, que compreende o turismo interno e o turismo receptor.
*b)* Turismo nacional, que compreende o turismo interno e o turismo emissor.
*c)* Turismo internacional, que compreende o turismo receptor e o turismo emissor.

Subjacente à conceitualização anterior do turismo está o conceito geral de viajante, definido como toda pessoa que se desloca entre dois ou mais países diferentes ou entre dois ou mais lugares dentro de seus países de residência habitual.

- *Visitante*: define-se como visitante qualquer pessoa que visite um país diferente daquele no qual possui sua residência habitual, com finalidades diferentes da de exercer uma ocupação remunerada no mesmo país visitado. Delimitando essa definição, a OMT a redefiniu como aquela pessoa que viaja, por um período não superior a 12 meses, para um país diferente daquele em que tem sua residência habitual e cujo motivo principal da visita não é o de exercer uma atividade que seja remunerada no país visitado.

Assim, todos os tipos de viajantes por motivos de turismo são descritos como visitante, termo que representa o conceito básico para o sistema geral de estatísticas de turismo.

O conceito de visitante é subdividido em duas categorias:

- *Turista*: define-se como turista os visitantes temporais que permanecem pelo menos 24 horas no país que visitam e que devem pernoitar nele. Complementando essa definição, o turista é o visitante que permanece uma noite pelo menos em um meio de hospedagem coletiva ou privada no país visitado e por extensão qualquer destino nacional ou internacional diferente de seu lugar de residência habitual. Dessa forma, entende-se que o turista internacional é aquela pessoa que visita um país diferente daquele no qual tem seu lugar de residência habitual, embora fora de seu ambiente habitual, por uma estada de pelo menos uma noite, porém não mais que um ano e cujo motivo principal da visita não é o de exercer uma atividade remunerada no país visitado.

  As finalidades de sua viagem podem ser classificadas da seguinte maneira:

  *a)* Prazer, lazer, férias, saúde, estudos, religião e esporte.
  *b)* Negócios, família, missões e reuniões.

  Com a nova definição da OMT, o turista tem como objetivos em sua viagem:

  *a)* Recreativos: prazer, lazer e férias.
  *b)* Profissionais: reuniões, missões, negócios e motivos profissionais.
  *c)* Outros motivos de caráter turístico: estudos, saúde, em trânsito e outros.

- *Excursionista ou visitante de dia*: define-se como excursionista aquele visitante que permanece menos de vinte e quatro horas no país que visita – isto é, o visitante que não pernoita em um meio de hospedagem coletiva ou privada do país visitado –, inclusive os viajantes que realizam cruzeiros e os viajantes em trânsito em aeroportos e que devem permanecer algumas horas na cidade fazendo escala.

O deslocamento dos turistas, formando correntes ou fluxos turísticos, sempre parte de dois pontos geográficos determinados, chamados emissor e receptor, tanto se forem de regiões dentro de um mesmo país como entre dois ou mais países.

Podemos resumir todas essas definições, segundo foi estipulado na Conferência de Ottawa e aprovado pela Comissão de Estatísticas das Nações Unidas no mês de março de 1993, onde pela primeira vez foram abordados os termos "interno" e "nacional", já que, até agora, se analisava quase exclusivamente o turismo internacional, conforme resumo, acompanhando o seguinte esquema do especialista José Luis Agüí López:

*a) Turismo internacional (Receptor e Emissor)*

1. *Residente*: uma pessoa é residente em um país se permaneceu neste durante, pelo menos, um ano ou 12 meses consecutivos, precedentes ao momento de sua entrada em outro país por um período não superior a um ano.
2. *Visitante*: toda pessoa que viaja, por um período não superior a um ano, para um país diferente daquele em que tem sua residência habitual, porém diferente de seu ambiente habitual e cujo motivo principal de visita não é o de exercer atividade remunerada no país visitado.
3. *Turista*: todo visitante que viaja para um país diferente daquele no qual tem sua residência habitual, que efetua uma estada de pelo menos uma noite, contudo não superior a um ano e cujo motivo principal da visita não é o de exercer atividade remunerada no país visitado.
4. *Excursionista*: todo visitante que viaja para um país diferente daquele no qual tem sua residência habitual, porém diferente do seu ambiente habitual, por um período inferior a 24 horas, sem incluir pernoite no país visitado e cujo motivo principal da visita não seja o de exercer atividade remunerada no país visitado.

*b) Turismo interno*

1. *Residente*: considera-se que uma pessoa é residente em um lugar se permaneceu ali pelo menos seis meses consecutivos, precedentes ao momento de sua entrada em outro lugar do mesmo país por um período não superior a seis meses.
2. *Visitante*: toda pessoa que reside em um país e que viaja, por seis meses ou menos, para um lugar dentro do país, porém distinto de seu ambiente habitual e cujo motivo principal da visita não é o de exercer atividade remunerada no lugar visitado.
3. *Turista*: todo visitante que reside em um país e que viaja para um lugar dentro do país, todavia diferente de seu ambiente habitual, que efetua uma estada de pelo menos uma noite, porém não superior a seis meses e cujo motivo principal da visita não é o de exercer atividade remunerada no lugar visitado.

4. *Excursionista*: todo visitante que reside em um país, que viaja para um lugar dentro deste, porém diferente de seu ambiente habitual, por um período inferior a 24 horas sem incluir pernoite no lugar visitado e cujo motivo principal da visita não é o de exercer atividade remunerada no lugar visitado.

Outras definições relacionadas com o turismo são:

- *País emissor de turismo*: é aquele país que, devido às suas características de alto nível econômico e social, gera uma corrente turística em direção a outro que possui uma série de recursos turísticos (paisagem, clima, monumentos, praias, etc.). Por exemplo: Alemanha, Holanda e Reino Unido geram fluxo turístico ou corrente turística em direção aos países do Mediterrâneo, entre eles a Espanha.
- *País receptor de turismo*: é aquele país que, devido aos seus recursos naturais, histórico-monumentais, climáticos, etc., atrai uma corrente turística ou fluxo turístico.
- *Corrente turística*: entenderemos como corrente turística ou fluxo turístico aquele movimento migratório – por terra, mar ou ar – que desloca os turistas de um ponto geográfico para outro. Ambos os pontos estabelecem algumas relações de mercado.
  Estas correntes turísticas podem desenvolver-se dentro ou fora de um mesmo país, gerando o conceito de turismo interno, turismo exterior e turismo receptivo.
- *Turismo interno*: denomina-se turismo interno aquela corrente turística que se desloca de uma zona geográfica a outra, dentro do próprio território nacional. Por exemplo: o deslocamento dos turistas galegos até Andaluzia.
- *Turismo exterior*: entenderemos por turismo exterior aquele que é produzido entre dois ou mais países, ou seja, que transcende as fronteiras nacionais. Por exemplo: os turistas espanhóis que visitam a França, ou os turistas alemães que visitam a Espanha. O turismo exterior está estreitamente relacionado aos conceitos de país emissor de turismo e país receptor de turismo.

A Declaração Universal dos Direitos Humanos reconhece em seu quinto item o direito de todo homen trocar de residência e de trabalho, ao deslocamento e às viagens. O turismo é considerado, pois, na Carta da Organização das Nações Unidas, um dos direitos inalienáveis do homem. Como reafirmação, em 1963, a citada Conferência das Nações Unidas sobre Turismo, que aconteceu em Roma, reiterou esse direito inalienável quando afirmou que, "como foi dito na Declaração Universal dos Direitos Humanos, toda pessoa tem o direito à liberdade de ir e vir".

O conjunto destes deslocamentos entre zonas geográficas determinadas – países, regiões, comarcas, cidades ou povoadas – gera uma atividade econômica fundamentada em uma estrutura de mercado que, por um lado, gera uma oferta – recursos turísticos e infra-estruturas para prestar estes serviços – e, por outro lado, ocorre uma demanda destes serviços turísticos – hospedagem, transporte, manutenção, informação turística, etc. – pelos futuros clientes que podem deslocar-se individualmente, em grupos ou em massa, diferenciando-se, assim, o conceito de turismo individual e turismo de massas.

- *Turismo individual*: é formado pelo conjunto de turistas que viajam de forma individual e cuja viagem foi organizada particularmente ou através de uma agência de viagens. Quando os serviços que requerem são de um alto nível e preços elevados, denomina-se turismo de luxo ou de qualidade.
- *Turismo de massas*: o conjunto de turistas que viajam em grupo ou maciçamente em viagens ou estadas organizadas por agências de viagens ou operadoras de tour, com preços mais baixos ou competitivos.
- *Turismo itinerante*: podemos denominar turismo itinerante aquele que desenvolve suas atividades turísticas ao longo de um itinerário e que se compõe basicamente de transporte com estadas curtas em diferentes pontos geográficos. Por exemplo: uma viagem pela Suíça e Áustria de 15 dias de duração em ônibus, visitando os diferentes pontos de um itinerário geográfico.
- *Turismo de estada ou residencial*: ao contrário do turismo itinerante, o turismo de estada ou residencial se baseia na permanência prolongada das férias em determinado lugar geográfico. Por exemplo: o turista alemão ou holandês que permanece uma semana em Benidorm ou Lloret de Mar.

## 1.2. Fenômeno turístico e sua incidência econômica, social e cultural. Uma atividade interdisciplinar

O fenômeno turístico tem uma incidência de primeira ordem na vida econômica das sociedades, já que é uma fonte de ingressos – divisas – básica para equilibrar as economias dos países em desenvolvimento e crescimento, como os países árabes do Mediterrâneo, ao mesmo tempo que permite aos países industrializados consolidar sua posição econômica, como é o caso da França.

O turismo tem também uma incidência nas relações sociais entre os turistas dos países emissores e os cidadãos dos países receptores, produzindo-se intercâmbios de hábitos e normas sociais, assim como melhor conhecimento entre os povos, convertendo-se em elemento fundamental de paz e harmonia entre eles.

No campo da cultura, o turismo contribui para o crescimento cultural dos povos. As viagens, com suas correspondentes visitas, favorecem um enriquecimento da formação e conhecimento dos turistas em relação aos lugares visitados.

O turismo, devido a esses vínculos, converte-se em uma disciplina técnico-científica que está estreitamente relacionada com outras disciplinas e conhecimentos científicos, dando-lhe um vínculo interdisciplinar e multidisciplinar. Quais são estas inter-relações que posteriormente serão desenvolvidas em capítulos sucessivos?

### *a) A política e o turismo*

Em qualquer país onde o turismo desempenhe ou possa desempenhar papel importante dentro de sua economia, seu regime político baseado em uma Consituição e em uma série de disposições legais contempla, na maioria dos casos, o papel de disposição, promoção e controle da atividade turística por parte do Estado por meio de seus respectivos governos e demais órgãos de poder.

As políticas adotadas pelos Estados sobre este tema vão desde competências absolutas e controle por parte das autoridades, como era o caso da ex-União Soviética ou Cuba, até a máxima liberalização, como ocorre nos EUA.

Na maioria dos casos, a intervenção do Estado é realizada em matéria de disposição, promoção e controle, sendo a iniciativa privada, a que realiza, sujeita a legislação vigente, atividades de organização, venda e prestação dos serviços turísticos, como é o caso de França, Espanha, Itália, etc.

### *b) As relações internacionais e o turismo*

A atividade turística é uma atividade estreitamente ligada às relações políticas entre países. As relações internacionais, sujeitas à disposição do Direito Internacional e às normas de convivência, coexistência e cooperação, ficam delimitadas pelos tratados e acordos internacionais que assinam os países de forma bilateral ou multilateral nos campos da cooperação política, econômica e cultural, nos quais se inclui o turismo. Por exemplo: o estabelecimento de vistos de entrada para os turistas, a concessão de créditos de financiamento ou ajuda técnica, a cooperação internacional por meio de organismos como a União Européia (UE) ou a Organização Mundial do Turismo (OMT).

### *c) O direito e o turismo*

As atividades turísticas estão sujeitas a uma normativa legal que é estabelecida pelos Estados por meio dos respectivos parlamentos, e sua aplicação está controlada, como já se viu na seção sobre a política e o turismo, pelos governos. Assim, o turismo está regulamentado tanto pelo Direito Público como pelo Direito Privado.

As normas legais aplicadas ao turismo procedem do:

- Direito Político: estabelecimento das incumbências da Administração Pública, por meio das respectivas Constituições.
- Direito Internacional: o estabelecimento de acordos e tratados que são assinados pelos estados de forma bilateral ou multilateral em matéria de turismo; organismos internacionais de turismo, etc.
- Direito Trabalhista: a normativa que regula as relações trabalhistas dos profissionais do setor do turismo.
- Direito Civil: o estabelecimento de contratos de prestação de serviços, hospedagem, transporte, os direitos de nacionalidade, etc.
- Direito Administrativo: as disposições e procedimentos legais que estabelecem as normativas de constituição das empresas e atividades turísticas. Exemplo: as normativas de hotéis, de agências de viagem, profissões turísticas, etc.
- Direito Mercantil: o estabelecimento das normas no que diz respeito à constituição mercantil das empresas turísticas, bem como suas relações mercantis. Exemplo: constituição das sociedades mercantis, seguros, relações financeiras e bancárias, etc.
- Direito Fiscal: o estabelecimento legal das normas sobre os impostos e taxas que afetam as empresas e as pessoas que intervêm na atividade turística. Por exemplo: o Imposto de Valor Agregado (IVA) aplicado às empresas turísticas; os impostos e taxas sobre produtos e serviços turísticos, etc.

### *d ) A economia, a estatística e o turismo*

O turismo é uma atividade fundamentalmente econômica, tanto nos aspectos microeconômicos como nos macroeconômicos, que estabelece algumas relações de financiamento, produção e comercialização de produtos e serviços turísticos, por meio das empresas do setor – hotéis, agências de viagens, transporte, etc. – assim como contribui de forma importante, às vezes decisiva, com os parâmetros macroeconômicos das sociedades econômicas, como o Produto Interno Bruto (PIB), a Balança de Pagamentos, o emprego, etc.

A estatística, por sua vez, é fundamental para contabilizar a oferta e a demanda turística. Por exemplo: determinar o número de hospedagens turísticas e seus índices de ocupação; contabilizar o número de turistas que visitam um núcleo turístico por nacionalidade, sexo, motivações, etc.

### *e) A psicologia e o turismo*

O estudo científico do comportamento do indivíduo, objeto da psicologia, tem sua especialização na psicologia aplicada no campo do turismo quando estuda, entre outras coisas, o conjunto de motivações e necessidades que o ser humano tem para satisfazer seu tempo livre ou tempo de lazer dedicado às férias e às atividades turísticas.

Ao mesmo tempo, o estudo do comportamento humano no setor trabalhista do turismo é outro aspecto da psicologia em sua especialização da psicologia industrial e das organizações empresariais, bem como a gestão dos recursos humanos.

### *f) A sociologia, a antropologia e o turismo*

O estudo científico do comportamento social dos grupos, massas, sociedades e organizações que constituem nossas sociedades também tem sua especialização no aspecto sociológico das correntes turísticas no que diz respeito aos destinos, motivações, preferências e comportamentos em massa. Por exemplo: os comportamentos do turismo de massas.

Por sua parte, a antropologia turística se converteu também em uma especialidade das ciências antropológicas, ao estudar cientificamente os comportamentos do homem no que diz respeito a ritos, hábitos, costumes, jogos, instituições e manifestações culturais relacionados com a atividade turística e os aspectos étnicos.

### *g) A história e o turismo*

A história e a arte têm um duplo vínculo com o turismo. Uma primeira relação com a própria evolução do turismo ao longo dos diferentes séculos e em especial no século XX, já que o turismo é considerado o fenômeno socioeconômico de massa mais importante de nossa época. A segunda relação é porque os fatos históricos e os vestígios deixados em cada época são uma das motivações de atração das correntes turísticas. Por exemplo: a história e seus vestígios do México maia, o Egito faraônico ou o Românico catalão.

### *h) A geografia, a arquitetura, o urbanismo, o meio ambiente e o turismo*

A geografia é também uma ciência fundamental para o turismo. Qualquer destino turístico – povoado, cidade, comarca, província, região, país – está sujeito a alguns laços estreitos do ponto de vista geográfico pelo seu clima, sua orografia, sua urbanização, arquitetura e meio ambiente, etc. Hoje, podemos dizer que existe uma geografia do turismo e do lazer, como uma especialização da geografia que estuda as zonas da Terra relacionadas com as correntes turísticas que se deslocam para elas a fim de passar seu tempo livre ou de lazer. Por exemplo: o Mediterrâneo ou o Caribe são duas áreas do mundo com alguns recursos fundamentais para os fluxos turísticos.

*i) O jornalismo e a literatura em relação com o turismo*

A informação hoje em dia é fundamental para a comunicação social. O profissional de turismo e os próprios turistas necessitam estar informados ou de tempo livre para desenvolver suas atividades profissionais. Os meios de comunicação de massas – imprensa, rádio, televisão, cinema – cumprem e devem cumprir este serviço do ponto de vista informativo e formativo em sua dimensão política, econômica, social, esportiva, cultural e de lazer relacionados com o turismo.

Entretanto, hoje, podemos dizer que existe uma especialidade dentro da literatura relacionada com as viagens. Os guias turísticos e os livros de descrição de viagens escritos por jornalistas e escritores ao longo da história e, em particular, nas últimas décadas do século XX, aumentam essa especialidade literária. Escritores como Homero, Lord Byron, Washington Irving, Josep Plà são exemplos dessa literatura de viagens.

*j) A medicina e o turismo*

A prevenção e tratamento de enfermidades contraídas nos deslocamentos para zonas turísticas onde há risco de contágio é objeto de estreita relação entre a medicina tropical e o turismo. Por exemplo: a prevenção e tratamento da malária para os fluxos até países turísticos africanos onde exista o risco de contrair essa enfermidade.

*k) O marketing, a publicidade, as relações públicas e o turismo*

Os produtos e serviços turísticos devem ser bem comercializados no mercado turístico para obter seu ótimo grau de venda e rentabilidade. Para isso é fundamental que o turismo se apóie nas técnicas de estudo do mercado e realize as correspondentes políticas de ação comercial por meio do marketing ou das correspondências técnicas de informação e persuasão comercial por publicidade e relações públicas.

*l) A religião e o turismo*

A atividade turística permite não apenas algumas possibilidades de descanso, entretenimento, recreação e cultura, como também certa terapia e paz interior de caráter psicológico e, inclusive, espiritual. O turismo religioso, por exemplo, é uma das atividades que têm mais importância entre o conjunto de turistas crentes e praticantes de determinada religião. Por exemplo: as peregrinações para lugares de interesse religioso e ao mesmo tempo turístico: Jerusalém, Roma, Benares, Meca, Covadonga, Montserrat, etc.

## 1.3. Conceito e características da estrutura do mercado turístico

Podemos definir a estrutura do mercado turístico como a parte da economia que estuda e analisa a realidade econômica do turismo baseada em um mercado no qual confluem a oferta de produtos e serviços turísticos e a demanda que está interessada e motivada em consumir esses produtos e serviços turísticos.

### 1.3.1. Oferta turística

A oferta turística se baseia em alguns recursos e infra-estruturas para atrair e prestar os correspondentes serviços aos turistas.

Os recursos baseiam-se nos potenciais geográficos, histórico-monumentais, e culturais que possuem um núcleo turístico – povoado, cidade, província, comarca, região, país –, como são suas praias, monumentos, paisagem, folclore, gastronomia, etc., e que têm um poder de atração e motivação sobre os turistas.

As infra-estruturas baseiam-se nos elementos físicos que compõem o mercado para poder atender as necessidades dos turistas, como vias de comunicação – rodovias, estradas, etc. –, hospedagens, restaurantes, transportes, instalações esportivas e recreativas, etc.

Concluindo, a oferta turística se baseia em alguns produtos ou serviços que estão sujeitos a uma qualidade e preço e que devem competir no mercado frente a outros produtos e serviços, com o objetivo final de conseguir uma sólida demanda que permita obter rentabilidade e alguns benefícios.

### 1.3.2. Demanda turística

Podemos definir a demanda turística como o conjunto de turistas que, de forma individual ou coletiva, estão motivados por uma série de produtos e serviços turísticos com o objetivo de satisfazer suas necessidades de descanso, recreação, entretenimento e cultura em seu período de férias.

Hoje em dia, a demanda turística está muito segmentada devido a suas motivações particulares e necessidades sociais condicionadas por idade, sexo, estado civil, poder aquisitivo, nível cultural, etc. Podemos diferenciar, por exemplo, o turismo juvenil, o turismo da terceira idade, o turismo familiar, o turismo de negócios, etc.

### 1.3.3. Agentes turísticos

Denomina-se agentes turísticos o conjunto de pessoas, empresas, organizações e instituições que intervêm de forma ativa nas relações políticas, econômicas, sociais e culturais do mercado turístico.

Concluindo, o turismo, como será visto ao longo dos capítulos seguintes, é uma atividade humana com algumas características baseadas em:

*a*) Amplitude e variedade de âmbitos que abrangem: políticos, econômicos, sociais e culturais.

*b*) Progressão rápida no que diz respeito à sua implantação nas sociedades contemporâneas desenvolvidas, dando lugar para que a indústria turística seja uma das mais importantes do mundo e possa vir a ser, segundo as perspectivas de economistas e sociólogos, a primeira no século XXI, ultrapassando as indústrias de petróleo e a de automóveis que são consideradas as de maior importância socioeconômica no mundo.

*c*) Capacidade de inovação e adaptação a novas tecnologias – turismática, rodovias da informação, etc. – hábitos sociais e modas.

*d*) Constante poder de criação no que diz respeito a novas fórmulas empresariais e de atividades turísticas. Exemplos: novas empresas de hospedagem – multipropriedade, "interhome" – ou atividades de turismo alternativo – esportes e turismo de aventura, turismo rural, turismo industrial, etc.

*e*) Evolução qualitativa, já que o turismo permite ampliar e melhorar a qualidade de vida das sociedades desenvolvidas, no que diz respeito à ampliação do tempo livre e à organização de atividades relacionadas com a cultura ou civilização desse tempo livre dedicado ao lazer.

*f*) Um desenvolvimento das sociedades mais atrasadas. O turismo permite aos países subdesenvolvidos ou em desenvolvimento melhorar sua situação socioeconômica, inclusive converter-se em países desenvolvidos pelo efeito multiplicador do turismo.

# Capítulo 2

# POLÍTICA TURÍSTICA

## 2.1. Conceito de política turística. O tratamento do setor em função da política de cada país

A política, como ciência do Estado que trata da atividade relacionada com o bem público da sociedade baseada no conjunto de operações realizadas por indivíduos, grupos ou poderes estatais, tem duas vertentes: a macropolítica ou política geral que visa ao ordenamento supremo de todas as forças do país; e a micropolítica ou política especializada que concentra sua ação em aspectos parciais do bem público.

Nesse sentido de micropolítica ou política especializada, pode-se falar da política turística como uma parte da política que estabelece as diretrizes de disposição, planejamento, promoção e controle da atividade turística em um país realizados pelos poderes públicos que são convertidos em agentes turísticos por meio dos órgãos da Administração Pública.

Por exemplo, na Espanha a Administração Pública dedicada ao turismo é configurada em três níveis: Administração Central (Secretaria de Estado de Comércio, Turismo e Pequena e Média Empresa – Pymes), Administrações Autonômicas e Administrações Municipais ou Locais.

A política turística está muito ligada ao regime político de cada país, segundo as liberdades e direitos democráticos que estabelece a Constituição ou Carta Magna que ordena a vida pública.

Assim, a intervenção do Estado em matéria de turismo é muito diversa, segundo cada regime e disposição política de cada país. Podemos estabelecer três níveis de intervenção.

***a) Nível de intervencionismo total***

Este nível ocorre em regimes políticos totalitários nos quais não existem nem liberdades democráticas nem iniciativa privada no setor. O Estado assume todas as funções da atividade turística, enquadrada em uma economia socialista ou de planejamento e gestão estatais. É o caso dos países ex-socialistas que, contudo, sua evolução em direção às fórmulas democráticas está fazendo com que ocorram processos de liberalização em matéria turística. Exemplos: Cuba e a ex-URSS.

***b) Nível de intervencionismo parcial***

Este nível ocorre na maioria dos países democráticos com uma atividade turística importante. O Estado intervém, por meio de organismos públicos, em maior ou menor grau, na disposição, promoção e controle da atividade turística, deixando para o setor privado a liberdade de criação de empresas e atividades turísticas baseadas em uma economia de mercado. Exemplos: Espanha, Itália e Portugal.

***c) Nível de pouco ou nenhum intervencionismo***

Neste nível encontram-se os regimes políticos em que a intervenção do Estado na atividade turística é muito pouca ou nula, existindo pouca normativa legal nesse campo e deixando a iniciativa de promoção e criação de infra-estrutura e oferta nas mãos da iniciativa privada, baseada na plena liberdade da economia de mercado. O exemplo mais característico desse nível político é a política turística dos EUA e de outros países de âmbito anglo-saxão e escandinavo.

## 2.2. Intervenção do Estado em matéria turística

Nos regimes políticos em que o Estado intervém em maior ou menor grau, as funções de atuação e intervenção que adota são as seguintes:

***a) Disposição de recursos e oferta e infra-estrutura***

As Constituições ou Cartas Magnas de cada país costumam fazer referência ao papel que o Estado desempenha por meio da Administração Pública no que diz respeito a aprovação de normas legais – leis, decretos-leis, disposições e regulamentos –, disposição de recursos turísticos – monumentos, museus, festas típicas – e oferta e infra-estrutura – agências de viagens, hospedagens hoteleiras, hospedagens extra-hoteleiras, transportes, etc.

### *b) Planejamento*

O Estado realiza o planejamento dos recursos e da oferta no que diz respeito a desenvolver política, econômica, social e culturalmente, o turismo conforme a demanda turística, mediante projetos, programas e planos. Exemplo: o Estado espanhol realizou um estudo sobre a atual situação do turismo na Espanha, em 1990, por meio do *Libro Blanco del Turismo* (Livro Branco do Turismo), no qual é analisada a atual conjuntura e são estabelecidos planos futuros de mudança na política turística, com a finalidade de melhorar a oferta e consolidar e incrementar a demanda.

Nos países em desenvolvimento, geralmente países do Terceiro Mundo, são realizados planejamentos turísticos para desenvolver o turismo como fonte de riqueza para suas economias.

### *c) Promoção*

O trabalho da promoção turística por parte do Estado consiste em tornar conhecido dentro e, sobretudo, fora do país, os mercados emissores de turismo, os recursos turísticos e a oferta e infra-estruturas turísticas por meio do marketing, da publicidade e das relações públicas. Os Estados costumam canalizar essa atividade pelos escritórios de informação turística e escritórios de comercialização. Exemplo: a maior parte dos países turísticos possui uma rede de escritórios de turismo, tanto dentro do território nacional como no exterior, canalizando a promoção turística.

### *d) Gestão*

Às vezes, o Estado gera diretamente recursos, ofertas e infra-estruturas turísticas total ou parcialmente. O Estado por meio da Administração Pública se constitui como empresário. Exemplo: na ex-URSS, a Intourist era a empresa estatal, hoje em processo de privatização, que administrava e promovia a maior parte da rede de hotéis, restaurantes, transportes por estradas e atuava como agência de viagens. Na Espanha, a Administração Pública é proprietária e administra a rede nacional de hotéis e albergues, e as companhias de transportes Iberia e Renfe.

#### *e) Fiscalização*

A política fiscal no setor do turismo é outra intervenção do Estado sobre a constituição de impostos, taxas e emolumentos que impõem uma obrigação fiscal sobre as relações socioeconômicas das empresas e atividades turísticas, assim como o fator humano. Exemplo: o IVA sobre as hospedagens turísticas ou qualquer outro imposto geral ou específico aplicado ao setor.

#### *f) Controle*

O Estado realiza um trabalho de vigilância do cumprimento da normativa turística vigente e impõe, no caso de não-cumprimento, sanções que podem ir desde advertências e multas até, inclusive, o fechamento das instalações turísticas.

#### *g) Auxílio, prêmios, créditos e subvenções*

Com o objetivo de fomentar e melhorar a oferta turística das empresas e atividades turísticas, o Estado realiza também um trabalho de auxílio e promoção para melhorar a qualidade dos serviços turísticos mediante pequenos créditos, subvenções, ajudas econômicas e prêmios. Um exemplo, nesse campo, é o crédito hoteleiro ou os créditos de planos de modernização hoteleira.

A intervenção do Estado normalmente recai em parte sobre a demanda turística, isto é, sobre os turistas, e parte sobre as empresas, organizações e instituições privadas relacionadas com o turismo.

### 2.2.1. Intervenção sobre os turistas

Os controles que o Estado estabelece sobre os turistas são de quatro tipos:

- *Controles sanitários*: os países, de acordo com as normas gerais da Organização Mundial da Saúde (OMS), estabelecem uma série de medidas

para prevenir o contágio de enfermidades, assim como para combatê-las por meio dos serviços de saneamento da Administração Pública tanto em todo o Estado como em regiões.
Por meio de documentos de certificação de vacinas ou de controles de quarentena, os Estados estabelecem controles nos postos de fronteira sobre turistas e alimentos ou animais de estimação.

- *Controles monetários*: com a finalidade de proteger a economia monetária de cada país, os Estados estabelecem uma política monetária no que se refere à entrada e saída de divisas e valores estrangeiros, bem como à saída de moeda própria.
Nesse aspecto, os controles podem ser mais ou menos rígidos em função da liberalização econômica de cada país, segundo seu sistema econômico. Assim, os países socialistas costumam ter um controle muito mais rígido que os países de economias mais liberais.
Cada país costuma estabelecer uma normativa para o controle de entrada e saída de divisas, assim como de moeda própria por parte tanto de estrangeiros como de cidadãos nacionais.
- *Controles de polícia*: na maioria dos países os estrangeiros, para entrar, permanecer ou sair, são obrigados a levar um passaporte, por regra, que comprove sua identidade pessoal. Sem ele, não possuem os direitos que lhes são concedidos pelos tratados e acordos internacionais ou leis de cada país no qual são visitantes.

O passaporte é expedido pela autoridade competente da nação à qual pertence o visitante ou por seus representantes diplomáticos ou consulares credenciados em outro país.

A validade do passaporte é: *a*) temporal, por tempo determinado, com possibilidades de prorrogação – três, cinco ou dez anos, em geral; e *b*) geográfico, isto é, para o mundo todo ou com exceção de determinados países com os quais não há acordos ou relações diplomáticas.

A tendência, atualmente, baseada no fato de o turismo ser considerado a "quinta liberdade" do homem dentro do conjunto da Declaração Universal dos Direitos Humanos, é a supressão dos passaportes, sendo válidos somente os documentos nacionais de identidade para poder deslocar-se para outros países. O exemplo mais próximo da Espanha que a assegura é o regime da liberdade de circulação e documento, que é adotado para os cidadãos da União Européia.

O passaporte foi implantado de maneira geral depois da Primeira Guerra Mundial pela Conferência Internacional de Passaportes, reunida em Paris em 21 de outubro de 1920.

Nem todos os países apresentam seus passaportes com as mesmas características – duração, validade, possibilidades de renovação, etc. –, inclusive, há países que exigem além do passaporte um visto pelo qual se permite a entrada, estada e saída de um cidadão em um país que concede o visto com limitações – duração de estada, lugares a serem visitados, etc. Alguns modelos desse tipo de controle são aqueles estabelecidos, por exemplo, pela Rússia e outros países da ex-URSS.

Os tipos de passaportes mais freqüentes que existem atualmente são:

*a*) *Comum*: válido para qualquer cidadão que não esteja em pendência com o serviço militar ou submetido a processos judiciais. Tem validade temporal e geográfica. Este último extremo depende das relações diplomáticas entre países e dos acordos sobre a maior ou menor liberdade de circulação de cidadãos entre ambos os países, exigindo-se, às vezes, também um visto.

*b*) *Especiais*
- Diplomáticos. Para os membros do Corpo Diplomático.
- Familiares. Válido para o titular, esposa e filhos menores. Apenas o titular pode viajar sozinho.
- Funcionários ou oficiais para viagens em comissão de serviço ou de representação oficial.
- Sem pátria. Para estrangeiros residentes em um país sem nacionalidade específica.
- Coletivos. Para grupos (escolares, juvenis, de peregrinações, etc.)
- Emigrantes.

Como já foi mencionado, outro requisito, imposto sobre o passaporte, é o chamado visto. Consiste no reconhecimento da identidade do viajante, não por parte de seu próprio Estado – que já expediu o passaporte – mas sim pelo país que se vai visitar.

Podem ser de quatro tipos:

- De entrada. Indica a data de chegada e o ingresso no país.
- De permanência ou estada. Indica os dias autorizados para se permanecer no país, indicando, em alguns casos, os lugares a ser visitados.
- De saída. Data de saída do país e, indicando, às vezes, o posto de fronteira pelo qual se deve deixar o país.
- De trânsito. Autorização para permanecer curto tempo em um país para continuar viagem até outro.

- *Controles alfandegários*: os Estados estabelecem escritórios situados em fronteiras – marítimas, aéreas, terrestres – destinadas a registrar o tráfego internacional de bagagens de passageiros e de mercadorias de exportação, e recolher, nesse caso, os impostos ou taxas que essas mercadorias possam impor obrigação fiscal, segundo os sistemas fiscais vigentes.

Contudo, os "artigos pessoais e de uso pessoal" que fazem parte das bagagens dos viajantes, conforme o artigo 2º da Convenção de 1954 sobre as Facilidades Alfandegárias para o Turismo, não estão sujeitos à tributação de impostos, taxas ou emolumentos.

Por "artigos pessoais" entendem-se todos os artigos de uso pessoal sem nenhum fim comercial, entre os quais se destacam: jóias, câmeras fotográficas e de vídeo, rádios e gravadores portáteis, carrinhos de bebê, barracas de acampar, objetos de esportes, licores e tabacos de consumo pessoal, etc. Também existem os controles correspondentes e permissões sobre automóveis, aeronaves e embarcações de recreação.

### 2.2.2. Intervenção sobre empresas, organismos e instituições privadas relacionados com o turismo

A intervenção que o Estado realiza sobre a oferta turística baseada em empresas, organismos e instituições relacionadas com o setor se baseia nos seguintes controles:

- *Controle administrativo*: permissões para criar empresas, associações, organismos, com suas correspondentes autorizações e categorias – hotéis, agências de viagens, etc. O controle de cumprimento da normativa administrativa vigente.
- *Controle trabalhista*: normas para a contratação do fator humano e o cumprimento dos direitos e deveres trabalhistas segundo a legislação vigente.
- *Controle fiscal*: estabelecimento de impostos, taxas e emolumentos sobre as atividades das empresas – Imposto sobre sociedades, IVA, Imposto sobre o Rendimento das Pessoas Físicas, etc.
- *Controle sanitário e higiene no trabalho*: vigilância da limpeza e higiene das instalações – hotéis, bares, restaurantes, etc. – por parte das autoridades sanitárias.
- *Controle de registro e boletins policiais*: obrigação dos proprietários e diretores de hotéis e demais hospedagens turísticas de controlar um livro de registro de viajantes e de emitir um boletim, que se destina à polícia, de toda pessoa que se hospeda uma ou mais noites em seu estabelecimento.

Na Espanha, as hospedagens turísticas têm a obrigação de entregar nas respectivas delegacias o boletim de pessoas hospedadas.

## 2.3. Organização político-turística na Espanha

A atualização do setor público no Estado espanhol estrutura-se em três níveis de organização político-turística: administração central, administração autonômica e administração municipal.

### 2.3.1. Administração central

As competências em matéria de turismo dependem atualmente da Secretaria de Estado de Comércio, Turismo e Pequena e Média Empresa (Pymes) (1996), que está agregada ao Ministério da Economia e Fazenda, segundo o Real Decreto 780/1996, de 7 de maio de 1996.

As competências de turismo, dentro da Secretaria de Estado de Comércio, Turismo e Pymes, dependem, concretamente, da Direção Geral de Turismo; e a Direção Geral do Instituto de Turismo da Espanha, que absorve as direções gerais da Estratégia Turística, e de Promoção Turística da Secretaria Geral de Turismo do extinto Ministério de Comércio e Turismo, conforme o Real Decreto 1376/1996, de 7 de junho do Ministério da Presidência.

A Direção Geral de Turismo é concebida com a finalidade política e de relações institucionais.

A Direção Geral do Instituto de Turismo da Espanha é concebida com funções promocionais.

Todavia, as competências são reduzidas ao se transferir grande parte das competências da administração central para as Comunidades Autônomas, segundo o artigo 148, XVIII, da Constituição Espanhola, de 1978, cujo texto expressa:

> "Artigo 148.§1º. As Comunidades Autônomas poderão assumir competências nas seguintes matérias:
> Inciso XVIII: Promoção e disposição do turismo em seu âmbito territorial."

Assim, a atual estrutura turística da administração central espanhola (Secretaria de Estado de Comércio, Turismo e Pymes, dependente do Ministério da Economia e Fazenda) herda as concorrências do mencionado extinto Ministério de Comércio e Turismo, que tinha o seguinte esquema:

Segundo o artigo 1º, do Real Decreto de 22 de julho de 1994, as funções e atuações em matéria de turismo, no âmbito de competências da Administração Geral do Estado, se desenvolveriam sob a autoridade superior do Ministro de

Comércio e Turismo, pela Secretaria Geral de Turismo e pelo organismo autônomo Instituto de Turismo da Espanha.

1. A Secretaria Geral de Turismo tinha as seguintes funções:

*a*) Definir, propor, impulsionar e, sem prejuízo das competências da Comissão Internacional de Turismo, coordenar a política turística do Governo.
*b*) Decidir as diretrizes de execução e desenvolvimento da política turística do Governo sobre promoção exterior do turismo e as de colaboração e cooperação com as Comunidades Autônomas, instituições locais e setor turístico em geral, para projetar e planejar estratégias dirigidas à manutenção e melhora da competitividade e ao desenvolvimento tecnológico e ao fomento do setor turístico nacional de forma equilibrada, integral e com qualidade.
*c*) Assinalar os critérios gerais e dirigir o exercício de relações institucionais turísticas, de caráter nacional e internacional, de incumbência da Administração Geral do Estado, com organizações supranacionais, internacionais, públicas ou privadas, em coordenação, nesse caso, com o Ministério de Assuntos Exteriores.
*d*) Dirigir as funções que a disposição jurídica atribui ao Ministério de Comércio e Turismo, com relação à Escola Oficial de Turismo, bem como com relação a tal entidade, a gestão da taxa que impõe uma obrigação fiscal sobre a expedição do título de Técnico de Empresas e Atividades Turísticas.
*e*) Definir estratégias, planos e orçamentos do Instituto de Turismo da Espanha.
*f*) Avaliar e controlar qualidade de atuações da Administração Turística do Estado.

2. O Instituto de Turismo da Espanha (Turespaña), organismo autônomo dependente da Administração Geral do Estado, tinha e continua tendo as seguintes funções:

*a*) A realização de análises e estudos e a recompilação de dados, documentos e estatísticas do setor turístico com o fim de contribuir para o mais eficaz cumprimento das funções que à Administração Geral do Estado correspondem em tal setor, assim como o diagnóstico e a valorização dos aspectos ou fatores econômicos de mercado ou de outra característica para o projeto de estratégias do setor turístico nacional em seu conjunto, objetivando mantê-lo adaptado às exigências do mercado, com atenção especial para a melhora da competitividade e para o desenvolvimento tecnológico das empresas turísticas e crescimento, de forma equilibrada e com qualidade, dos produtos e serviços turísticos. Com esse fim, pode promover e elaborar, de acordo com as diretrizes determinadas pela Secretaria Geral de Turismo, planos e programas de fomento do setor, diretamente e/ou em colaboração e cooperação com as Comunidades Autônomas, organismos locais ou setores empresariais, conforme seja procedente.

*b*) O exercício imediato das relações, em matéria turística, com as diferentes Administrações Públicas, impulsionando a coordenação e colaboração entre estas, assim como a relação imediata com os organismos internacionais de caráter turístico e o exercício da cooperação turística internacional, de incumbência da Administração Geral do Estado.

*c*) O planejamento e fomento do turismo espanhol, bem como a coordenação e desenvolvimento de sua promoção exterior, com a cooperação, se proceder, das Comunidades Autônomas, da comercialização dos produtos turísticos espanhóis no exterior e da internacionalização das empresas turísticas espanholas, apresentando a oferta turística espanhola no exterior, como conjunto integrador de características, peculiaridades e interesses das diversas Comunidades Autônomas.

*d*) A fixação das diretrizes e determinação dos objetivos de atuação da Escola Oficial de Turismo.

*e*) A gestão e exploração, que tenham confiadas, de estabelecimentos turísticos, assim como realizar os investimentos que sejam correspondentes nos bens de seu próprio patrimônio, agregado naqueles cujo uso tenha sido transferido de outros organismos ou associações públicas; em particular, é de sua incumbência fixar a estratégia e o planejamento da atuação de "Paradores de Turismo", S.A., e o controle de eficácia da mesma instituição, constituída em sociedade estatal e que tem como finalidade a gestão e a exploração da rede de tais estabelecimentos.

O Instituto de Turismo da Espanha se estruturava nos seguintes centros de direção, que agora foram absorvidos em uma única direção geral:

1. Direção Geral de Estratégia Turística.
2. Direção Geral de Promoção Turística.

Entretanto, dependem do Instituto de Turismo da Espanha:

3. Escritórios Espanhóis de Turismo.
4. Instituto de Estudos Turísticos.

### *a) Diretoria Geral de Estratégia Turística*

À Direção Geral de Estratégia Turística correspondiam as seguintes funções:

- Identificação de novos recursos turísticos para sua transformação em produtos comercializáveis, seu registro e elaboração dos planos gerais que facilitem o fomento e o desenvolvimento de produtos turísticos tradicionais e novos, a cooperação interempresarial e institucional para o projeto de produtos turísticos de caráter inovador que apresentem diversificação da oferta turística e de projetos de demonstração e para a melhora e modernização de determinadas zonas turísticas; com este último fim, pode promover e negociar a realização de convênios de colaboração com Comunidades Autônomas, Prefeituras e setores empresariais.
- Diagnóstico e a valorização dos aspectos ou fatores concretos de caráter econômico, social ou de outra característica, com incidência no setor turístico e especialmente em sua competitividade, assim como a elaboração de planos e programas que contribuam para a melhoria da qualidade e tecnificação das empresas turísticas, para o desenvolvimento de tais empresas e para a cooperação interempresarial entre empresas do setor turístico ou de serviços relacionados com este.

### *b) Direção Geral de Promoção Turística*

As seguintes funções correspondiam à Direção Geral de Promoção Turística:

- Formulação, coordenação e desenvolvimento dos planos de promoção do turismo espanhol, no ou para o exterior; a elaboração e execução dos planos de meios de promoção integral para cada produto e mercado exterior, assim como o desenvolvimento de sistemas de comunicação e informação turística em tal âmbito, e a análise e estudo dos mercados emissores e competidores, prestando atenção especial às áreas geográficas de maior incidência turística.
- Fomento da comercialização de produtos e serviços turísticos e realização de tantas atividades quantas sejam adequadas para incrementar a comercialização de tais produtos e para a promoção de empresas turísticas, sua internacionalização e a expansão de suas atividades, bem como das marcas turísticas nacionais com fins comerciais e, em geral, a execução dos planos de promoção do turismo espanhol que, no exterior, realizarão os Escritórios Espanhóis de Turismo.

### *c) Escritórios Espanhóis de Turismo*

Os Escritórios Espanhóis de Turismo têm como missão:

- Realizar a promoção do turismo e do setor turístico nacional no exterior e, em especial, estimular a presença do setor empresarial nos mercados emissores, a fim de incrementar a comercialização de seus bens ou serviços, bem como os investimentos no setor turístico nacional.
- Corresponde a eles, da mesma forma, a análise dos mercados turísticos dos países designados e das políticas que nestes são desenvolvidas por suas instituições e empresas, assim como das atuações que realizam outros países receptores de turismo nesse mesmo mercado.
- Junto à realização de outras atividades de caráter turístico que possam ser delegadas a eles, se ocupam da promoção e apoio às empresas turísticas que desejam implantar-se ou desenvolver negócios turísticos nos diferentes mercados, prestando serviços de assistência específicos para empresas e instituições do setor turístico, geradores de fluxos turísticos com destino à Espanha, que tenha acertado mediante retribuição, com o Instituto de Turismo da Espanha.
- Quando, contando com a autorização do Estado receptor, os Escritórios Espanhóis de Turismo formam parte da Missão Diplomática, como Corporações ou Agregações setoriais, ou do Escritório Consular correspondente, os diretores e diretores-adjuntos destas serão credenciados como membros do pessoal diplomático ou como funcionários consulares. Nesses casos, sua nomeação corresponderá ao Ministério de Assuntos Exteriores para proposta do Ministério de Comércio e Turismo.
- Quando as Comunidades Autônomas realizarem atividades de promoção do turismo de seu âmbito territorial no exterior, os Escritórios Espanhóis de Turismo cooperarão com as Comunidades Autônomas sempre que as atuações forem sujeitas a normas e diretrizes de promoção turística exterior, que estabeleçam os planos de promoção ou, na falta, a Administração Geral do Estado.

### *d) Instituto de Estudos Turísticos*

O Instituto de Estudos Turísticos tem as seguintes funções:

- Investigar quanto aos aspectos que incidem sobre o turismo, como elaboração, valorização e recompilação de documentação, dados e estatísticas relativos a este, com o fim de contribuir para o mais eficaz cumprimento das funções que correspondem à Administração Geral do Estado em tal setor. Quanto a esses efeitos prestará atenção especial à manutenção e ao desenvolvimento de um centro de documentação turística nacional.

- Promover e fomentar, em cooperação com as Comunidades Autônomas e/ou setores empresariais, conforme seja procedente, a prestação de serviços especializados de análise econômica, pesquisa de mercados, normativa jurídica e dos relacionados com as necessidades de formação e especialização de recursos humanos para o setor turístico.
- Desenvolver sistemas de difusão e distribuição da informação turística que tenha sido recompilada, prestando esse serviço para a petição das Administrações Públicas, instituições ou empresas do setor turístico.

## 2.3.2. Administração autonômica

Pelo artigo 148§1º, XVIII, já vimos que grande parte das competências em matéria de turismo foi transferida para as Comunidades Autônomas – Governos autônomos por meio de suas Corporações ou Departamentos de Turismo – a partir de 1980, ano em que começaram a entrar em vigor, de forma escalonada, os estatutos de autonomia das 17 comunidades autônomas que têm competência nos seguintes campos:

*a*) Disposição de recursos turísticos e oferta turística.
*b*) Promoção dos recursos turísticos, por meio dos escritórios de turismo e de ações promocionais.
*c*) Auxílio, subvenções e prêmios.
*d*) Formação turística.
*e*) Controle e vigilância do cumprimento da normativa vigente com poder sancionador.
*f*) Disposição das atividades e profissões turísticas.

## 2.3.3. Administração municipal

As prefeituras de municípios turísticos também têm competências em matéria de promoção e informação turística, mediante corporações de turismo, patronatos municipais de turismo e escritórios municipais de turismo.

Em alguns municípios, com certa tradição turística, existem Centros de Iniciativas e Turismo que são centros privados criados para promover o turismo no município.

## 2.4. Organização político-turística em outros países

Todos os países apresentam uma organização turística oficial que desempenha um papel na formação e na realização do programa turístico oficial. Porém, as funções dessa entidade variam consideravelmente de acordo, em termos gerais, com o nível de incremento turístico no país em questão e com o grau de intervenção direta que o Governo exerce. Essas diferenças de função são refletidas na estrutura e no estado constitucional da organização.

Podemos estabelecer vários tipos de estrutura:

1. Em alguns países, dessa maneira, os organismos de turismo formam parte da máquina central do Governo mediante a qual este último opera diretamente no setor turístico. Por exemplo: Espanha e Portugal.
2. Em outros países, possuem um estado semi-autônomo e funciona não como um organismo governamental, mas sim como uma entidade profissional independente. Como regra geral, pode-se dizer que essa segunda fórmula do papel dos organismos oficiais de turismo é mais apropriada para países em que o turismo já está bastante avançado e o setor privado intervém de forma ativa. Por exemplo: EUA.
3. Em países que mal começaram a incrementar seu potencial turístico ou onde se deseja dar um grande passo adiante. O Governo desempenha, no geral, um papel mais ativo na promoção do desenvolvimento do turismo e utilizará uma série de organismos administrativos para realizar este propósito. Por exemplo: Nepal, Índia, Tunísia, etc.

Não há nenhuma fórmula estabelecida que indique a disposição constitucional mais satisfatória para a organização turística nacional. Como já vimos para o caso espanhol, os objetivos desse organismo são em geral:

*a*) Dispor legalmente recursos, ofertas e atividades turísticas, bem como proteger o patrimônio natural, monumental e cultural.
*b*) Realizar políticas de promoção e expansão do turismo com a finalidade de desenvolvimento econômico e obter os benefícios máximos nesse campo, com base no Produto Interno Bruto, Balança de Pagamentos, incremento de empregos, etc.
*c*) Fomentar a iniciativa privada no setor de turismo.
*d*) Fiscalizar e velar pelo cumprimento das normas legais no setor do turismo e afins.

Qual deve ser a estrutura organizadora e administrativa do Estado em matéria de turismo? A representação do turismo no nível estatal depende da filosofia política de cada país e da importância dada ao turismo. Há, porém, correlação evidente entre a categoria que o Governo designa para a organização turística nacional e o reconhecimento da importância do turismo para a economia nacional, ainda que também intervenham outras considerações políticas e sociais. Outro índice de reconhecimento governamental é a quantidade de fundos que o Governo outorga para a administração e gestão turísticas. Em alguns países, as atividades dos organismos de turismo são financiadas não apenas com os impostos gerais do Estado, mas também mediante um imposto direto para os turistas.

1. Em alguns países todas essas funções são realizadas no nível ministerial, quando o turismo é planejado no Estado e tem um papel predominante na economia do país. Existem ministérios únicos ou compartilhados com outras atividades. Esse sistema centralizado permite melhor coordenação das medidas de intervenção e a adaptação à política econômica geral. Como elementos negativos, essa organização tem o perigo de burocratização. Por exemplo: na Espanha, as competências de turismo, como já vimos, dependem do Ministério de Comércio e Turismo. Em outros países, dependem diretamente da Presidência do Governo.
2. Há um segundo grupo de países, nos quais o turismo está representado por uma agência governamental ou por um escritório autônomo dependente de um departamento mais amplo. Por exemplo: estrutura que ocorre nos EUA e no Canadá.
3. Um terceiro tipo de organização nacional de turismo é a criação de um organismo semipúblico ou a utilização de associações privadas, criando empresas, consórcios e corporações mistas. Por exemplo: Hong Kong (Hong Kong Tourist Association), Reino Unido (British Tourist Authority). Essa forma de organização permite maior flexibilidade ao compartilhar com o setor privado as áreas de desenvolvimento e promoção do turismo.

Capítulo 3

# RELAÇÕES TURÍSTICAS INTERNACIONAIS

## 3.1. Relações turísticas internacionais. Conceito e classes

A atividade turística é uma atividade internacional. O deslocamento de correntes turísticas de um país para outro e as relações públicas e privadas estabelecidas entre eles, por meio dos Estados, organizações, empresas e particulares, fazem com que o turismo se integre plenamente nas relações internacionais.

Nesse sentido, podemos definir as relações turísticas internacionais como o conjunto de relações que estabelecem os estados soberanos com território próprio, reconhecidos segundo o direito internacional com a finalidade de realizar acordos de qualquer tipo, bilaterais ou multilaterais, tanto no âmbito público como no privado, ou com relação ao estabelecimento de paz e cooperação da comunidade internacional. O turismo é um meio para se conseguir paz e cooperação mundiais. Nesse aspecto, 1967 foi declarado pela ONU o Ano Internacional do Turismo e o lema era "O Turismo é um passaporte para a paz".

As relações turísticas internacionais são estabelecidas, portanto, de acordo com as normas do Direito Internacional Público e do Direito Internacional Privado, assim como por políticas adotadas pelos Estados interna e externamente aos sistemas de interação no âmbito da comunidade internacional.

Ainda que as relações turísticas internacionais sejam basicamente de cooperação e desenvolvimento socioeconômico, também são estabelecidos acordos e convênios em outros campos direta ou indiretamente relacionados com o turismo, como controles policiais, alfandegários, monetários, de segurança do cidadão, etc.

As relações turísticas internacionais baseiam-se em:

### a) Atores

Os atores das relações são os Estados por meio de seus órgãos de representação como os Ministérios de Assuntos Exteriores com suas Embaixadas e Consulados e os funcionários agregados a eles.

No campo do turismo, a representação é muito variada. Nos Ministérios de Turismo ou organismos similares sua representação no exterior é estabelecida por meio dos escritórios nacionais de turismo e dos agregados de turismo das Embaixadas.

Também entende-se por agentes as organizações internacionais integradas por representantes públicos ou privados que se unem para realizar melhores processos de interação – cooperação, etc. – Por exemplo: Organização Mundial do Turismo (OMT).

### b) Meios físicos

As relações são estabelecidas de acordo com um meio físico baseado em um território de soberania delimitado por fronteiras, onde são estabelecidas relações jurídicas, econômicas e sociais e algumas comunicações internacionais – marítimas, fluviais, terrestres e aéreas. Por exemplo: as autorizações para atravessar fronteiras – passaportes e vistos –, normas de trânsito e territorialidade dos meios de transporte (aviões) são estabelecidas pela Organização Internacional de Aviação Civil (OACI) ou pela Associação Internacional de Transporte Aéreo (IATA).

### c) Sistemas e processos de interação

Os sistemas e processos de interação ocorridos na comunidade internacional em matéria de turismo são traduzidos sob uma série de tipos de relações que, basicamente, são os seguintes:

*a*) Relações de cooperação baseadas na assinatura de tratados, acordos e pactos de caráter bilateral – entre dois países – ou multilateral – entre vários países ou no âmago de organizações e associações internacionais.

*b*) Relações de competência no mercado internacional entre países turísticos situados na mesma área geográfica.

*c*) Relações de colaboração com a organização de assembléias, feiras, congressos e encontros de turismo internacionais para trocar experiências.

*d*) Relações de ajuda, assistência técnica e assessoramento entre países, principalmente entre aqueles industrializados e em desenvolvimento.

*e*) Relações de união com a criação de associações internacionais empresariais, profissionais, etc.

*f*) Relações de planejamento e financiamento por meio de organizações políticas, socioeconômicas e financeiras.

## 3.2. Evolução histórica das relações turísticas internacionais

Depois da Primeira Guerra Mundial, em 1919, o mundo entra definitivamente no século XX. As relações internacionais vão se estreitando com o objetivo de procurar a paz estável e a colaboração entre os países protagonistas da primeira confrontação bélica mundial.

A atividade turística mundial também vê nesse momento uma virada do ponto de vista de colaboração e cooperação mundiais. Em 1925 foi fundada em La Haya a União Internacional de Organismos Oficiais de Turismo, que em 1975 desapareceu para dar lugar, no dia 2 de janeiro desse mesmo ano, à Organização Mundial do Turismo (OMT).

Em relação a organizações e associações, também apareceram várias no período entre as guerras (1919-1939), como a União Internacional de Estradas de Ferro (1922); a União Internacional de Hoteleiros converte-se na Aliança Internacional de Hotelaria (1921).

Em 1924 são assinados os primeiros pactos internacionais sobre transporte por estradas de ferro – sendo revisados em Roma, em 1933 – e sobre o tráfego marítimo internacional. Quanto à aviação, é assinado em 1929 o Pacto de Varsóvia sobre aviação civil.

A nova ordem internacional, que surge depois do final da Segunda Guerra Mundial, desemboca na criação de uma série de organizações com a finalidade de manter e velar pela paz e cooperação internacionais em todos os campos. Em 1945, nasce a Organização das Nações Unidas, cujo precedente havia sido a Sociedade das Nações, depois da Primeira Guerra Mundial, com suas agências especializadas. Em 1963, a Conferência das Nações Unidas que aconteceu em Roma, de 21 de agosto a 5 de setembro, estabeleceu um conjunto de recomendações sobre o turismo internacional, baseadas na definição dos conceitos de visitante e turista para efeitos de estatística internacional, na simplificação das formalidades oficiais para os viajantes internacionais e no desenvolvimento e fomento do turismo internacional.

Tanto no âmbito governamental como não-governamental aparecem organizações e associações que abrangem todos os aspectos da vida turística internacional, como veremos no tópico seguinte. Desde a criação da IATA e da OACI para estabelecer a cooperação internacional do transporte aéreo, em 1944, até a Organização Mundial do Turismo, em 1975, passando pelo reconhecimento do turismo social no aspecto internacional com a criação do "Bureau International du Tourism Social" (BITS) em 1956, por iniciativa de 17 organizações e serviços nacionais do tempo livre na Europa Ocidental, estabeleceu-se, em 1972, uma Carta pela qual foram instituídos os princípios de ação de fomento e desenvolvimento do turismo social – familiar, juvenil, da terceira idade – em todo o mundo.

## 3.3. Organizações e associações internacionais públicas e privadas relacionadas com o turismo

As organizações e associações internacionais relacionadas com o turismo são de diferentes tipos, tanto por seu caráter público ou privado quanto por seu âmbito geográfico.

De ambos os pontos de vista, as organizações e associações podem ser classificadas do seguinte modo:

### *a) Âmbito mundial*

*Organização Mundial do Turismo (OMT)* – Criada em 1975, é fruto da transformação da "International Union of Official Travel Organization" (IUOTO). Tem sua sede em Madri. Ainda que não seja uma agência oficial das Nações Unidas, a OMT tem missões de assessoramento. Fazem parte dela os governos de 131 países, bem como membros associados e 250 organizações turísticas afiliadas. Tem como objetivo promover o desenvolvimento econômico, social e cultural do turismo e as viagens em aspecto mundial; realizar programas de cooperação entre países e organizações, especialmente naqueles em desenvolvimento; elaborar e difundir informações e estatísticas sobre as correntes turísticas mundiais; promover cursos, seminários e congressos de turismo; promover a compreensão internacional, a paz, a prosperidade e a observação dos direitos humanos por meio do turismo. Apresenta seis comissões regionais e sua assembléia geral se reúne a cada dois anos.

A OMT promulgou vários documentos considerados declarações de princípios sobre o turismo:

*a*) Declaração de Manila sobre o turismo mundial, em 1980.
*b*) Declaração de Acapulco, em 1982.
*c*) Carta do Turismo, em 1985.
*d*) Código do Turista, em 1985.

A OMT elabora periodicamente estudos e informativos sobre a atividade turística mundial, organiza cursos, seminários e reuniões e promove acordos internacionais.

*Organização de Cooperação e de Desenvolvimento Econômico (OECD)* – Foi fundada em 14 de dezembro em 1960, em Paris, por uma convenção intergovernamental de 18 países europeus à qual foram incorporados outros países de outros continentes. Na atualidade, são 28 os países-membros – Alemanha, Austrália, Áustria, Bélgica, Canadá, Dinamarca, Espanha, EUA, Finlândia, Grécia, França, Hungria, Irlanda, Islândia, Itália, Japão, Luxemburgo, México, Noruega, Nova Zelândia, Países Baixos, Polônia, Portugal, Reino Unido, República Tcheca, Suécia, Suíça e Turquia. A Iugoslávia assinou com a OECD acordo sobre um estatuto especial.

Os objetivos da OECD são, basicamente: fomentar o desenvolvimento econômico e social dos países-membros e realizar estudos periódicos sobre a situação econômica dos países que a constituem, como o resto do mundo, estabelecendo uma série de indicadores. Diferente da UE, a OECD não tem como objetivo perseguir uma política econômica comum para os países-membros, mas sim constatar os problemas econômicos e sociais e formular previsões.

Os países que formam a OECD são os principais países turísticos do mundo, tanto pela importância dos ingressos como dos gastos do turismo internacional.

*Organização Internacional de Aviação Civil (OACI)* – Tem sua sede em Montreal (Canadá). Foi criada em 1945 depois dos acordos adotados na Conferência de Chicago, em 1944, com o propósito de promover a aviação civil em escala mundial e estabelecer normas internacionais nesse campo. É uma agência especializada das Nações Unidas e conta com 161 membros, todos governamentais. Tem a função de regulamentar a técnica, solucionar diferenças entre Estados e concluir acordos internacionais. Estabeleceu os direitos de tráfego e os princípios de liberdade aérea.

*Associação Internacional de Transporte Aéreo (IATA)* – Criada em 1945, depois dos acordos da Conferência de Chicago de 1944. É de caráter privado, diferente da OACI. Tem suas sedes em Genebra (Suíça) e Montreal (Canadá). Fazem parte desta 220 companhias aéreas do mundo inteiro. Pode ser membro da IATA qualquer companhia aérea encarregada por seu Governo de explorar um espaço aéreo de forma regular.

Tem como funções, entre outras:

*a*) Estabelecer a cooperação entre companhias quanto a serviços, quitação de passagens, tarifas, etc.
*b*) Intervir e regular os serviços de tráfego de passageiros, bagagens, carga, etc.
*c*) Estabelecer um código sistematizado de companhias aéreas, aeroportos, aviões e passagens.
*d*) Padronizar as informações dos serviços aéreos quanto a horários e tarifas (APT e ABC).
*e*) Atuar no campo da segurança nos serviços aéreos.
*f*) Servir de referência nas negociações de acordos intergovernamentais, estabelecimento de tarifas, etc.

*Federação Universal e Associações de Agências de Viagens (UFTAA)* – Foi criada em 1966. Tem suas sedes em Bruxelas (Bélgica) e Mônaco. É formada por associações nacionais de agências de viagens de 81 países. Tem como objetivo a cooperação e defesa dos interesses das agências de viagens associadas e a ajuda e assistência mútua no âmbito internacional.

*Associação Mundial de Agências de Viagens (WATA)* – Foi criada em 1949. Tem sua sede em Genebra. É formada por 250 membros que têm como objetivo o fomento do turismo e de viagens organizadas; recompilar e difundir informações do setor; aconselhar organizações e instituições nacionais de turismo de todo o mundo; favorecer os interesses econômicos de seus membros, assim como o intercâmbio de serviços entre eles.

É, definitivamente, uma associação cooperativa restrita a agências de viagens importantes, de reputação provada e que dispõem de forte clientela.

*Associação Internacional de Hotelaria (IHA)* – Surgiu em Londres, em 1946. Tem sua sede em Paris. Fazem parte dela 100 associações nacionais de hotéis, 250 restaurantes, 240 membros afiliados, 95 cadeias hoteleiras nacionais e internacionais e 3.250 hotéis. Tem como objetivo o estudo e o progresso da hotelaria, a melhoria da qualidade dos serviços, a formação e o aperfeiçoamento do fator humano no setor e o intercâmbio de estudantes.

*Associação Internacional de Hoteleiros, Restauradores e Cafeteiros (HOTREC)* – Foi criada em 1949 e tem sua sede em Zurique (Suíça). Fazem parte dela organizações empresariais de 29 países. Tem como objetivo a cooperação para o desenvolvimento do setor da restauração.

*Aliança Internacional do Turismo (AIT)* – Fundada em 1898, sendo reestruturada em 1919. Tem sua sede em Genebra. Suas funções são estudar todas as questões relativas ao turismo internacional e sugerir reformas, incitar o desenvolvimento do turismo e todas as matérias relativas a transporte, segurança na estrada, defesa do consumidor e preservar os interesses das associações turísticas. Integram-na 123 associações que englobam um total de 78 milhões de membros de 85 países.

*Associação Internacional de Especialistas Científicos em Turismo (AIEST)* – Foi criada em 1949. Tem sua sede em Saint Gallen (Suíça). Fazem parte dela 398 personalidades (1994) do mundo do turismo em todos os campos (professores, investigadores, consultores, etc.) de 50 países. Tem como objetivos promover a investigação científica, aconselhar e apoiar as instituições turísticas de caráter científico e organizar seminários e congressos. Publica uma revista quadrimestral chamada *Revista de Turismo.*

*Academia Internacional do Turismo* – Criada em 1951, tem sua sede em Montecarlo (Mônaco). É formada por 117 personalidades em todos os campos do turismo. Tem como objetivo o desenvolvimento dos aspectos humanísticos e estabelecer e aceitar um vocabulário de terminologia turística.

*Federação Internacional de Jornalistas e Escritores de Turismo (FIJET)* – É uma organização internacional privada que agrupa jornalistas e escritores especializados no campo do turismo e das viagens em todo o mundo. Tem sua sede em Bruxelas.

*Associação Internacional de Congressos e Convenções* – Foi fundada em 1963. Tem sua sede em Amsterdã. Fazem parte dela 400 membros de 70 países. Tem como objetivo estabelecer a cooperação mundial para o fomento de congressos, convenções e exposições, incluindo agentes de viagens, companhias aéreas, hotéis e organizadores e diretores de centros de congressos.

*Associação Mundial para a Formação Turística (AMFORT)* – Tem sua sede em Madri e foi criada em 1969. É formada por centros de ensino turístico, organismos oficiais, graduados e diplomados em turismo e profissionais do turismo não-titulados. Tem como finalidades racionalizar as técnicas de formação profissional na indústria turística, regulamentar programas e assegurar o desenvolvimento da formação turística em função das diversas orientações da economia do turismo no mundo.

### b) Âmbito regional

#### 1. Europa

*Comissão Européia do Turismo* – Foi criada em 1948 e tem sua sede em Paris. É formada pelas organizações turísticas nacionais de 23 países europeus. Tem como objetivo a promoção do turismo para a Europa, particularmente dos EUA, do

Japão e da Austrália, assim como o turismo entre seus países-membros; a cooperação e o intercâmbio de informação e o estudo e a investigação.

*União Européia (UE)* – A Comunidade Econômica Européia nasceu em 1958 com o Tratado de Roma (1957) que foi assinado pelos seis países fundadores – Bélgica, Holanda, Luxemburgo, RFA, França e Itália – na capital italiana, para desenvolver uma atividade econômica e política comum. Na atualidade são quinze os países que formam a CEE que, com as novas incumbências atribuídas pela Ata Única Européia e o Tratado da União Européia, assinado em Maastricht (Holanda) em 1992, passou a ser denominada União Européia. Aos seis países de fundação foram adicionados outros nove – Grã-Bretanha, Irlanda, Dinamarca, Grécia, Portugal, Espanha, Áustria, Suécia e Finlândia.

Ainda que o turismo seja citado no tratado de fundação, não lhe foi dada a categoria prioritária de subsetor econômico dentro do setor terciário, já que não se poderia prever a expansão e o desenvolvimento que teria alguns anos depois com o "boom" turístico mundial. Posteriormente, no Tratado de Maastricht (1992) especifica-se que será um dos setores a serem tratados na revisão do mesmo texto na conferência a ser realizada em 1996.

Todavia, embora não haja ainda uma política comunitária integrada do turismo, existe sim uma reflexão comunitária sobre o tema desde 1982, que mais tarde foi ampliada em outros documentos. Em junho daquele ano, a Comissão apresentou ao Conselho de Ministros da Comunidade as "Primeiras orientações para uma política comunitária do turismo", publicadas no *Diário Oficial da UE*, número C115/2 de 30 de abril de 1984.

Construído com base em seis objetivos prioritários, esse documento propõe aumentar a eficácia das políticas nacionais com uma ação ajustada. Trata-se de realizar escalonamento da temporada turística, proteção do patrimônio arquitetônico, desenvolvimento das atividades turísticas nas regiões desfavorecidas e promoção social, do turismo cultural e rural.

Esses temas foram preocupação ao longo dos anos seguintes, até a decisão do Conselho de 22 de dezembro de 1988 de declarar 1990 como "Ano Europeu do Turismo", cujo principal objetivo foi instigar os cidadãos comunitários a viajar "em todas as estações do ano", baseando-se principalmente no turismo social, rural e cultural.

Outros dois documentos devem ser somados ao de 1982: A decisão do Conselho de 13 de julho de 1992, pela qual aprova-se um plano de ações comunitárias em favor do turismo (rural, cultural, juvenil, meio ambiental e social); e a decisão de 6 de abril de 1994, pela qual são estabelecidas novas ações comunitárias em favor do turismo, e o Livro Verde do Turismo (abril de 1995).

A partir daí, o Conselho de Ministros adaptou uma série de recomendações e orientações relacionadas a:

*a*) Informação padronizada dos hotéis.
*b*) Segurança dos hotéis contra o risco de incêndios.
*c*) Melhor distribuição sazonal e geográfica do turismo.
*d*) Viagens, férias e circuitos combinados.
*e*) Multipropriedade ou "time sharing".

Paralelamente a essas disposições, a UE adotou também outra série de medidas que, embora afetem outros aspectos da comunidade, são de aplicação ao setor do turismo, como:

*a*) Facilidades policiais, monetárias e alfandegárias entre os cidadãos membros da União com uma política de livre circulação e proteção dos turistas.
*b*) Facilidades no terreno da saúde (enfermidades e acidentes).
*c*) Direito ao estabelecimento e livre prestação de serviços no mercado único (empresas turísticas).
*d*) Livre circulação de trabalhadores dentro da UE.
*e*) Acordo fiscal e em especial do Imposto sobre o Valor Agregado em agências de viagens e estabelecimentos hoteleiros.
*f*) Política regional da UE e desenvolvimento do turismo em zonas desfavorecidas.
*g*) Política de transportes: liberalização do transporte aéreo e acordo do transporte terrestre, ferroviário e marítimo.
*h*) Política de proteção aos consumidores turistas em relação às viagens combinadas, férias combinadas e circuitos combinados.

*Federação Européia de Motéis* – Criada em 1956, tem sua sede em Utrecht (Holanda). É formada por 133 proprietários de motéis europeus que têm como objetivo o fomento desse tipo de hospedagem e a colaboração mútua.

*Federação Internacional de Centros Turísticos* – Tem sua sede em Bad Ischl (Áustria) e foi criada em 1949. Fazem parte dela 12 países europeus que têm como finalidade promover e colaborar com a criação de centros turísticos.

*Associação Interparlamentária do Turismo* – Fundada em Rapallo (Itália) em 1948, seus estatutos são de 1963. É formada por 11 países europeus. Sua incumbência é o turismo no aspecto interparlamentar.

### *2. Ásia e Oceania*

*Associação Turística do Leste Asiático* – Foi criada em 1966. Tem sua sede em Tóquio (Japão). É composta pelas organizações turísticas nacionais de seis países, sete companhias aéreas e duas associações de agências de viagens. Tem como finalidade promover o turismo ao Leste Asiático e desenvolver as indústrias regionais de turismo, assim como a colaboração entre seus membros.

Associação de Viagens da Ásia e Pacífico (PATA) – Foi criada em 1951, tem sua sede em San Francisco (EUA) com delegações em Manila e Sidnei. Fazem parte dela governos, companhias de transporte, agências de viagens, operadoras de tour, hotéis de 68 países. Tem como objetivo a promoção das viagens para esta área e entre os países da zona.

### *3. África*

*Escritório Interestadual do Turismo Africano (OIETA)* – Surgiu em 1961. É formado por 11 países africanos. É membro da OMT e tem como finalidade coordenar a ação dos estados membros para promover o turismo aos seus países e assegurar sua representação exterior. Reúne-se em assembléias anuais.

### *4. América*

*Associação Caribenha de Turismo (ACT)* – Foi criada em 1951. Tem sua sede em Nova York (EUA) e foi criada em 1951. Fazem parte dela 26 países do Caribe e 400 membros associados. Tem como finalidade promover e ajudar o desenvolvimento do turismo na área do Caribe.

*Confederação de Organizações Turísticas da América Latina (COTAL)* – Criada em 1957, tem sua sede em Buenos Aires. É formada pelas organizações nacionais turísticas latino-americanas de 19 países e membros afiliados de outros 70. Tem como objetivo a promoção do turismo mundial para a América Latina e a colaboração entre agências de viagens e outras organizações e instituições.

### *5. Países Árabes*

*Organização Árabe do Turismo (OAT)* – Foi fundada em 1954. Tem sua sede em Amã (Jordânia). Fazem parte dela as organizações turísticas nacionais de 21 países árabes e quatro membros associados do setor privado. Tem como finalidade a promoção e o desenvolvimento do turismo no mundo árabe.

Capítulo 4

# PSICOLOGIA DO TURISMO

## 4.1. Conceito de psicologia do turismo

A atividade turística é basicamente uma relação de comunicação na qual o contato humano é fundamental e em que são estabelecidas estreitas comunicações e condutas psicológicas. Por isso, a psicologia aplicada adequa-se totalmente à atividade turística.

A psicologia do turismo pode ser definida como a parte da psicologia aplicada e social que estuda o comportamento humano com relação à sua conduta de tempo livre, gerada por uma série de motivações orientadas para satisfazer as necessidades originadas pelas viagens e prestações de serviços turísticos.

Podemos dizer que a psicologia aplicada ao turismo abrange o estudo dos comportamentos de conduta com relação aos aspectos econômicos, sociais, trabalhistas e culturais da atividade turística.

## 4.2. Motivações da viagem e do turista

O homem precisa satisfazer uma série de necessidades que vão desde as mais fundamentais para sua sobrevivência até as de auto-realização e prestígio até as de sua pertinência social e afetiva.

Atualmente, uma das teorias de motivação mais aceitas quanto às necessidades humanas é a teoria de Abraham Maslow que estabelece em seus livros *Motivación y personalidad* (Motivação e personalidade) e *Una teoría de la motivación humana*

(Uma teoria da motivação humana) uma pirâmide de necessidades que vão desde as mais fundamentais, situadas na base da pirâmide até as de realização pessoal situadas em seu vértice. Abraham Maslow parte de um série de premissas básicas para explicar sua hierarquia de necessidades.

1. Todas as necessidades humanas podem ser agrupadas em cinco grandes hierarquias em forma piramidal. Assim que uma necessidade é satisfeita, outra vem para ocupar seu lugar. As necessidades superiores são mais difíceis de satisfazer que as inferiores.
2. Para que uma necessidade motive o comportamento, é preciso que sejam satisfeitas as de categoria inferior.
3. Quando surge uma necessidade, automaticamente o organismo tende a satisfazê-la, criando a conduta adequada.
4. Uma necessidade satisfeita deixa de ser um fator importante e motivacional do comportamento.

Dessa forma, a disposição maslowiana das necessidades é a seguinte:

*a*) Necessidades orgânicas ou fisiológicas primárias: são as de maior prioridade para o homem: alimento, descanso, exercício, abrigo e sexo. Quando essas necessidades estão satisfeitas em alta porcentagem, as de escalão superior da pirâmide podem motivar o indivíduo.
*b*) Necessidades de segurança: têm como objetivo buscar proteção contra o perigo ou qualquer ameaça; sejam estas do tipo físico (acidentes) ou econômico (instabilidade econômica ou no emprego).
*c*) Necessidades de vínculos ou sociais: começam a ser importantes uma vez que o homem tenha assegurado sua sobrevivência e sua segurança (ser aceito pelos demais, ser membro de um grupo, conseguir a estima dos outros).
*d*) Necessidades psicológicas, de estima ou de amor próprios: referem-se à condição, à relação com os demais, aos conhecimentos e às posses. Nesse escalão piramidal, busca-se a confiança e o reconhecimento por parte dos demais. Satisfeito esse desejo, o indivíduo pode sentir-se reconhecido, considerado, aumentando sua confiança e sua independência.
*e*) Necessidades de auto-realização, de desenvolvimento ou de auto-relação: são as que estão no topo da pirâmide. Essas necessidades movem o indivíduo para realizar todo seu potencial, pois nunca podem chegar a satisfazer-se totalmente. Esse nível apenas pode ser alcançado pelas pessoas que tenham alto nível de possibilidades e de cultura. É a necessidade de criar, de contribuir, de se realizar.

Cabe destacar que é conveniente subir todos esses degraus da pirâmide, segundo Maslow, de forma sucessiva. Não é possível passar de primeiro para o terceiro. Por exemplo, se algum dos degraus não for conseguido, é possível inclusive descer em vez de subir. Deve-se ressaltar também que o homem pode estar em vários degraus ao mesmo tempo, já que não é necessário uma satisfação de 100% para passar ao degrau superior.

Maslow considera que as necessidades são satisfeitas, como média: as fisiológicas em 85%, as de segurança em 70%, as sociais em 50%, as de estima ou psicológicas em 40% e as de auto-realização em 10%.

No que diz respeito às motivações do turista, pode-se considerar que suas necessidades estão englobadas nas necessidades fisiológicas de Maslow, quanto ao descanso e ao equilíbrio físico e psíquico; as de segurança, quanto a acidentes e agressões (roubos, etc.); e as necessidades de desenvolvimento pessoal (culturais, prestígio, etc.).

Assim, as motivações do turista podem ser agrupadas nos seguintes tipos:

*a*) *Motivações físicas.* As motivações físicas incluem as relações com descanso físico, prática de esportes, recreação em praias ou campo, entretenimento relaxante e outras motivações relacionadas diretamente com a saúde. Entre as razões adicionais seriam contadas as recomendações ou as ordens do médico para irem a centros de saúde, balneários de águas medicinais, banhos de mar, tomar sol e outras atividades similares de tratamento de saúde. Todas essas motivações têm um aspecto em comum: reduzir a tensão mediante atividades físicas e conseguir novamente o equilíbrio físico e psíquico depois de um período de trabalho, graças ao descanso.

*b*) *Motivações culturais.* As motivações culturais são identificadas como o desejo de conhecer outros países com outras culturas, do ponto de vista histórico, monumental e artístico. Assim como conhecer todas as manifestações culturais e antropológicas relacionadas com a música, o folclore, o artesanato, a gastronomia, a religião, etc.

*c*) *Motivações sociais.* As motivações sociais ou interpessoais incluem o desejo de conhecer novas pessoas, visitar amigos ou familiares.

*d*) *Motivações de mudança de atividade e de lugar geográfico.* As motivações de mudança de atividade são orientadas para sair da rotina, do trabalho e da atividade diária. Romper com a monotonia diária. Sair do ambiente diário (lugar de residência) e deslocar-se para novas paisagens geográficas.

*e*) *Motivações de condição e prestígio.* As motivações de condição e prestígio referem-se às necessidades do ego e ao desenvolvimento pessoal. Dentro dessa categoria estão incluídas as viagens relacionadas com negócios, convenções, estudos e educação. O desejo de reconhecimento, atenção, estima e boa reputação podem ser satisfeitos por meio das viagens.

*f)* *Motivações de diversão e entretenimento.* As motivações de descanso muitas vezes estão atreladas às motivações de diversão e entretenimento, pois podem ser atividades lúdicas de todo tipo: dança, prática de um esporte, escutar música, passeios, etc.

## 4.3. Psicologia da oferta e da demanda turística

A psicologia tem sua aplicação nas relações econômicas e sociais do turismo, baseadas na oferta e na demanda turística.

### 4.3.1. Psicologia da oferta turística

A psicologia da oferta turística abrange o estudo de todos os aspectos psicossociais de produção, comercialização e prestação dos serviços turísticos, baseados na comunicação do marketing, na psicologia da venda, na psicologia do consumo e no impacto do marketing, na publicidade e nas relações públicas com o cliente:

*a)* *Comunicação de marketing, publicidade e relações públicas.*

*b)* *Psicologia da venda.* A lista do vendedor e a lista do prestador dos serviços turísticos, baseadas em:

1. Técnicas de comunicação: processos, elementos e tipos de comunicação, retroalimentação.
2. Habilidades sociais aplicadas a: informação e venda (agências de viagens), negociação com provedores; atenção ao cliente: amabilidade, serviço, qualidade e profissionalismo na prestação dos serviços (hospedagens, restauração, informação e animação turísticas, etc.)
3. Técnicas de protocolo e imagem pessoal.
4. Técnicas e processos de negociação com provedores: planejamento dos encontros, estratégias, interação agente–provedor, fechamento de operações.
5. Estudo do tipo de clientela turística, segundo suas motivações e necessidades. Descobrimento de novas necessidades.

6. Técnicas e processo de venda direta: formas de vender, recepção, informação, interação vendedor–cliente, sugestões e recomendações, acompanhamento, fechamento da venda ou do cumprimento da prestação do serviço.
7. Tratamento das queixas sobre as vendas e prestações de serviços.
8. Técnicas de assistência e animação de grupos (guias e animadores turísticos).

*c) Gestão de pessoal.* A gestão de pessoal, como direção dos recursos humanos fundamentados em seus comportamentos psicossociais em seus postos de trabalho necessários para produção, comercialização, venda e prestação dos produtos e serviços turísticos, deve-se basear em:

1. Perfis de cargos, segundo as necessidades da empresa.
2. Recrutamento e seleção de pessoal.
3. Formação e promoção do pessoal com sua correspondente motivação e integração na empresa.
4. Elaboração da folha de pagamentos.
5. Definir as características dos perfis psicoprofissionais de todas as atividades profissionais e trabalhistas relacionadas ao contato direto com os turistas: guias, informantes, animadores turísticos, garçons, recepcionistas, concierges, responsável por transfers, motoristas, vendedores, comissárias de bordo, etc.
6. Zelar pelos aspectos ergonômicos dos postos de trabalho, em relação a psicologia, psicologia social, segurança e higiene, prevenção de acidentes de trabalho.
7. A comunicação na empresa. Redes de comunicação. Comuncações verticais – ascendentes e descendentes – e horizontais.
8. A negociação coletiva.
9. Solução de problemas e tomada de decisões.
10. A condução dos grupos e equipes de trabalho na empresa. Estilos de chefia. Aulas de administração ou de liderança: "laissez-faire", paternalista, burocrático, autocrático, democrático.

## 4.3.2. Psicologia da demanda turística

A psicologia da demanda turística abrange o estudo de todos os aspectos psicossociais do cliente – turista – no que se refere a comportamento, motivações, necessidades, agendas culturais, etc., com base em:

*a*) Motivações e necessidades do turista já vistas no tópico anterior.

*b*) Tipologia da clientela turística. Existem diversas escolas e teorias sobre o comportamento da clientela turística tanto no processo de compra como no da prestação dos serviços turísticos. Destacamos as seguintes tipologias baseadas em personalidade, atitudes e centros de interesse, fruto de motivações e necessidades, além do perfil demográfico comum a todas elas – idade, sexo, poder aquisitivo, profissão, nível cultural e escolaridade, local de residência, estado civil, etc.

1. A tipologia da clientela no que diz respeito à forma de comportar-se durante a compra ou a prestação do serviço pode ser classificada como segue: sabe-tudo, indiferente, impaciente, charlatão, indeciso, paciente, econômico, reflexivo, que discute, influenciável, dependente, conformista, tímido, explorador, mal-educado ou indelicado, agressivo, exigente, apressado, autônomo e independente.
2. A tipologia baseada na constituição física do cliente ou a biotipologia. Neste grupo, vale destacar as tipologias da personalidade de Kretschmer e de Sheldon.

– *Teoria de Kretschmer*. A teoria do psiquiatra alemão Kretschmer trata de descobrir as relações que existem entre um conjunto de características corporais e diversos grupos de características psíquicas. Estabelece quatro tipos, ainda que na maioria das vezes não ocorram quimicamente puros, mas sim são tendências ou combinações de tipos:

*Leptossômico*. É uma pessoa magra e esbelta. Ausência de tecido adiposo. Predomínio do cerebral. É um tipo pouco sociável. Tendência à introversão e autista, taciturno, nervoso ainda que controlado. Gosta de realizar, a princípio, atividades independentes do tipo cultural e recreativo. Observador, atento. Deseja informação meticulosa, deixando pausas para que possa refletir e decidir.

*Atlético*. Forte desenvolvimento do esqueleto ósseo e musculatura. Estatura média ou acima da média; costas largas. Mãos e pés fortes e largos. É um ser insensível, agressivo e tenaz. Conduta tranqüila, trabalhador, constante. Predomínio do muscular. Interessado, a princípio, nas atividades turísticas de risco, aventura, novidade. Gosta de ir direto ao ponto.

*Pícnico*. Forte expansão das cavidades viscerais (crânio, tórax e abdome). Tendência ao acúmulo de gordura sobre o tronco. Influenciável. Sociável. Predomínio do digestivo. Gosta, a princípio, das atividades turísticas organizadas do tipo sedentário, recreativo, gastronômico, etc.

*Displástico.* Não se trata de um tipo definido. Afasta-se do tipo médio habitual (gigantismo, masculinismo, infantilismo) e pode ter combinações dos três tipos fundamentais anteriores.

- *Teoria de Sheldon.* Similar à tipologia de Kretschmer, baseia-se no desenvolvimento predominante de uma das três camadas que constituem a estrutura do embrião humano: endoderme, mesoderme e ectoderme. Os tipos básicos são três:

  *Endomorfo-viscerotônico.* Predomínio das formas redondas em todo o corpo. Gordo, lento, amigo da comodidade, da boa mesa e dos contatos sociais. Senso de humor. Estabilidade emocional. Gosta das atividades turísticas organizadas dedicadas a diversão, recreação, prazer, gastronomia, atividades familiares. Sociável, jovial, tolerante, amável, acolhedor, lisonjeiro. Adora a comodidade física. Reações lentas. Humor estável. Tipo parecido com o pícnico de Kretschmer.

  *Mesomorfo-somatotônico.* Musculoso, enérgico, forte, com desejo de se impor. Auto-afirmação, segurança em si mesmo. Dominante, ama o poder e o risco. Insensibilidade psicológica. Agressividade competitiva. Interessado em atividades esportivas em contato com a natureza (esportes e viagens de aventura). É decisivo. Assemelha-se ao tipo atlético de Kretschmer.

  *Ectmorfo-cerebrotônico.* Desenvolvimento fraco da estrutura visceral e somática. Extremidades compridas e finas. Delicadeza em todo o corpo. Alongado, de atitude reservada e pouco sociável. Mostra desconfiança e insegurança. Reflete e custa a decidir-se. Cerebral e silencioso. Tende à intimidade e à sociofobia. Curiosidade pelo novo. Tendente à agorafobia (não gosta de espaços abertos) ou claustrofilia (amante dos lugares fechados). Interessado em atividades turísticas individuais e independentes do tipo cultural e paisagista.

3. A tipologia da personalidade psicossocial baseia-se nas relações sociais e nos traços de personalidade – temperamento e caráter – com relação aos demais. Uma das três teorias dessa tipologia é a de Jung.
   - *Teoria de Jung.* Estabelece dois tipos relacionados com os comportamentos psicossociais do indivíduo:

     *Extrovertido.* As características da pessoa extrovertida são: sociabilidade, comunicação, amantes das atividades turísticas organizadas em grupo, aberto para o exterior, para a amabilidade e para a amizade.

*Introvertido*. As características da pessoa introvertida são: predominância das idéias e da reflexão, pouco sociável, interessado pelas atividades turísticas individuais e pouco organizadas em grupo, com poucos amigos e pouca comunicação.

4. *A tipologia do psicólogo americano Stanley C. Plog* está baseada no comportamento psicográfico e o perfil demográfico – sexo, idade, estado civil, poder aquisitivo, nível cultural, local de residência, etc.– relaciona-se com as características das viagens. Plog estabelece dois tipos de comportamento psicográfico: os psicocêntricos e os alocêntricos.
   - *Psicocêntricos*. Os psicocêntricos centrados em si mesmos, introvertidos, preferem: o familiar nos lugares de destino; atividades comuns; lugares onde brilha o sol e se pode descansar; baixo nível de atividade; locais aonde que se possa chegar de automóvel; hospedagem turística característica com grande desenvolvimento hoteleiro, restaurantes de tipo familiar e lojas de artesanato; ambiente familiar no que diz respeito a refeições e entretenimento, e não ambiente estranho; e um pacote completo de excursões apropriadas com intenso programa de atividades.
   - *Alocêntricos*. Os alocêntricos com uma conduta extrovertida enfocam seus centros de interesse em atividades diversas e variadas; aventura; desejo de procurar e experimentar coisas novas; possui confiança em si mesmo e viajar se converte em um meio de expressar sua curiosidade e satisfazê-la.

     As características de suas preferências ao viajar são: áreas não-turísticas; gozar do descobrimento e deleitar-se com experiências novas antes que outros tenham visitado o local; escolha de lugares novos e diferentes; alto nível de atividade; preferência por chegar ao destino por via aérea; preferência por uma hospedagem que inclua hotéis e alimentação de meio a bom termo, não necessariamente moderno, ou de tipo de cadeia hoteleira e com poucas atrações do tipo turístico; interesse por conhecer e tratar as pessoas de culturas diferentes ou estrangeiras; os serviços das excursões deverão incluir os aspectos básicos – transporte e hospedagem; e permissividade e interesse por grande liberdade e flexibilidade nas atividades e serviços turísticos.
5. A tipologia do comportamento da clientela turística, segundo a opinião dos especialistas e operadoras de tour, prevista no futuro, depois de analisar demandas, motivações dos últimos anos e tendências futuras. De acordo com essa classificação surgem cinco grandes tipos de turistas que não são exaustivos nem de exclusão:

- *Aventureiros*. Viajam à margem de grupos organizados.
- *Veranistas*. Procuram o sol, o mar, a praia.
- *Culturais*. Colocam o destaque nos recursos histórico-artísticos.
- *Esportistas*. Querem o desenvolvimento de exercícios e recuperação física.
- *Recreacionistas*. Procuram atividades organizadas de animação e espetáculos em geral.

*c*) Psicologia do consumo. Estudo do comportamento do cliente na compra dos produtos e serviços turísticos, tendo em conta suas motivações e necessidades, seu poder aquisitivo, etc.
*d*) O impacto do marketing, a publicidade e as relações públicas no cliente.

## 4.4. Psicossociologia dos povos

A psicossociologia dos povos é fruto de uma série de fatores que estabelecem algumas características como forma de ser, costumes, hábitos, reações diante de fatos políticos, sociais e culturais, organização das agendas e comportamentos sociais, organização da vida individual e coletiva, atitudes, crenças, opiniões e preconceitos. Falar da tenacidade e organização do alemão, do sentido artístico do italiano, da simpatia espanhola são elementos diferenciadores que criam um conjunto de estereótipos e pressupõe uma tipologia dos diferentes povos que se resumem em dois tipos de configurações: que opinião têm os povos de si mesmos e que opinião têm os outros deles.

Os principais fatores que configuram a psicossociologia dos povos são os seguintes:

*a*) Educação. Os sistemas de educação de cada uma das sociedades condicionam o comportamento psicossocial dos povos.
*b*) A herança cultural e as tradições das sociedades transmitidas de geração para geração.
*c*) Diferencial da personalidade coletiva, baseada no temperamento e caráter dos povos, fruto da herança e da aprendizagem social.
*d*) Climático, que condiciona a personalidade das sociedades, assim como as agendas e formas de vida e de relação social.
*e*) Ideológico e religioso que condicionam os roteiros culturais e sociais.

Todas essas condicionantes influenciam as relações entre as sociedades emissoras de turismo e as sociedades receptoras de turismo. Na maioria das vezes, o turista deve-se relacionar com sociedades diferentes da sua no que diz respeito à tipologia psicossocial de suas condutas, hábitos de vida e costumes. Podemos fazer uma classificação dessas diferentes tipologias com relação aos principais mercados emissores e receptores de turismo.

### *a) Psicologia latina ou mediterrânea*

A psicologia latina ou mediterrânea é influenciada por seu passado cultural, pelo clima ameno e por alguns comportamentos baseados na extroversão, amabilidade e improvisação. Essa tipologia pode se estender à psicologia latino americana.

As características do comportamento psicossocial do turista que se origina desses mercados são, segundo o professor José R. Díaz Álvarez:

- Os franceses procuram preços mais baixos nos serviços, turismo familiar, proximidade geográfica, afinidade cultural, conhecer pessoas, descanso e banho de sol.
- Os portugueses procuram a cultura, as compras. É um turista de passagem.
- Os italianos procuram conhecer pessoas, cultura, descanso, contato com a natureza, preços competitivos. É um turismo individual, pouco organizado por operadora de tour.

### *b) Psicologia alemã, anglo-saxã e nórdica*

A psicologia das sociedades alemãs, anglo-saxãs e nórdicas está condicionada sobretudo por educação, história, clima e roteiros culturais. São comunidades formadas por pessoas ordenadas e organizadas. Não são amantes do improviso, são menos extrovertidos que os latinos e são planejadores:

- Os ingleses escolhem seu destino pelo clima, preços, gastronomia, diversão e descanso. Turista que viaja tanto organizado por operadora de tour como por conta própria. Procura relação qualidade–preço.
- Os alemães são amantes de cultura, natureza e ecologia. Procuram conhecer pessoas, descanso, banho de sol, relação qualidade–preço. Viajam organizados por operadoras de tour ou por sua conta, em regime de camping, hotéis familiares, etc.
- Os turistas da Benelux procuram conhecer pessoas, banho de sol, descanso, relação qualidade–preço e viajam tanto individualmente como em grupos.

### *c) Psicologia americana*

Deve-se distinguir três tipologias: a do americano da costa leste e a do centro mais próxima da do anglo-saxão, e a da costa oeste, mistura mediterrânea e anglo-saxã. O americano que viaja para a Europa não procura o sol nem os preços baixos, mas sim as raízes de seus antepassados europeus, a peculiaridade de outras culturas, utilizar serviços de alta qualidade – hotéis, transportes, etc. – e dedicar-se às compras.

### *d) Psicologia japonesa e oriental*

A conduta oriental, geralmente, é influenciada pela cultura e pela religião – Índia, Tailândia, Filipinas – e seu comportamento socioturístico é de extroversão, amabilidade e improviso, que contrasta com a organização e programação das atividades sociais e turísticas dos japoneses. A psicologia chinesa pode-se dizer que se trata de uma simbiose entre as duas anteriores.

### *e) Psicologia árabe e africana*

O mundo árabe, enraizado em sua tradição histórico-religiosa, apresenta uma psicologia social aberta, acolhedora, de improviso, ao mesmo tempo que ocorre, nos setores mais radicais e fundamentalistas islâmicos, uma conduta fechada diante do turismo, de anticontato com outras sociedades visitantes e, também, de agressão. A conduta africana é parecida com o primeiro tipo da psicologia árabe: sociedade aberta, acolhedora e de improviso.

Capítulo 5

# SOCIOLOGIA DO TURISMO

## 5.1. Conceito de sociologia do turismo

A análise sociológica do turismo e das viagens é um fato recente. O homem viaja há centenas de anos, porém o conceito do turismo foi introduzido mais recentemente, no final do século XVIII na Inglaterra, quando mudaram os costumes com a revolução industrial.

Todavia, o turismo não foi analisado como fenômeno social até o aparecimento do turismo de massa, quando a maioria dos trabalhadores dos países desenvolvidos tinha férias legalmente e, além disso, férias pagas.

Os primeiros trabalhos específicos e científicos sobre a sociologia turística datam de 1935 com Robert Glucksmann que define o turismo não como corrente de pessoas, nem como expedição ou viagem, mas sim como fenômeno social ligado às relações interpessoais e transpessoais e à comunicação humana. "Quem interpreta o turismo – disse Glucksmann – como um problema de transporte o confunde com a passagem de turistas. O turismo começa onde o tráfego termina, no porto do turismo, no lugar de hospedagem."

À definição sociológica de Glucksmann deve-se adicionar a definição feita pelos investigadores e professores suíços Kurt Krapf e Walter Hunziker, da Universidade de Berna: "Turismo é o conjunto de relações e fenômenos sociais produzidos pelo deslocamento e pela permanência das pessoas fora de seu local de residência por motivos não trabalhistas, mas sim culturais, recreativos, de descanso, entretenimento e prazer, tanto que tais deslocamentos e permanência não sejam motivados por uma atividade lucrativa."

O contato entre comunidades e culturas que proporciona o turismo também dá fundamento a outra definição sociológica do turismo, entendido como o conjunto de relações pacíficas e esporádicas que resultam do contato entre pessoas que visitam um lugar por razões não-profissionais e os naturais desse lugar.

Esse reconhecimento do fenômeno social ocorre na Declaração de Manila sobre o turismo mundial, feita em 1980, no transcorrer da assembleía geral da Organização Mundial do Turismo reunida na capital filipina. Nessa declaração "Parece oportuno e necessário analisar o fato turístico em função fundamentalmente da amplitude que alcançou ao obterem os trabalhadores o direito às férias pagas e passar de um plano limitado de um prazer elitista ao plano geral da vida social e econômica das grandes camadas da sociedade."

Assim, o turismo converte-se em uma das formas de vida social de nosso tempo, com o qual a sociologia do turismo pode ser definida como parte da sociologia – estudo científico da sociedade – que abrange os aspectos do tempo livre e da civilização do lazer de tal sociedade, concretizado nas viagens e nas atividades turísticas de descanso, recreação, entretenimento e cultura.

## 5.2. Férias e o tempo livre

Um dos elementos fundamentais para a atividade de tempo livre frente ao tempo de trabalho ou industrial é o do tempo de descanso – festas semanais, férias de inverno e de verão. A noção de tempo livre intervém a partir do momento em que os membros de uma sociedade se submetem a temas culturais, de descanso e entretenimento, que não estão ligados à atividade de grupos socioeconômicos concretizados.

O tempo de que o homem dispõe ao longo de sua vida pode ser classificado, segundo Robert Lanquar, em vários tipos:

1. Social e pessoal: tempo dedicado às atividades de trabalho, vida associativa e familiar e também ao cuidado físico e cultural pessoal.
2. Atividade e descanso: tempo dedicado às atividades de trabalho, sociais e domésticas e ao descanso.
3. Atividade produtiva e tempo não relacionado com a produção lucrativa (não-remunerada).
4. Estruturado e não-estruturado. Tempo com calendário e horário de atividade organizados e tempo sem organização prevista.

O tempo livre está relacionado com cada um desses tipos, ao que se une a possibilidade econômica para poder desenvolver atividades culturais, recreativas e de entretenimento e conseguir a civilização do lazer.

As férias – tempo livre não trabalhado e remunerado – oferecem ao homem a possibilidade de aperfeiçoar-se em todos os aspectos – culturais, esportivos, recreativos e turísticos. Porém, exceto no caso das classes mais ricas, as férias se limitam a viagens coletivas, cujo atrativo está nos custos bastante reduzidos, mas que estimulam o instinto agregador das massas.

O tempo livre pode ser estruturado nos seguintes períodos, estando ou não sujeitos à sazonalidade:

*a*) Finais de semana e feriados prolongados.
*b*) Natal.
*c*) Semana Santa e Páscoa.
*d*) Férias estivais, coincidindo com os meses de verão.
*e*) Férias invernais, fora da época de Natal.

## 5.3. Efeitos socioculturais do turismo

O turismo produz sobre a sociedade uma série de efeitos que modificam positiva ou negativamente os comportamentos sociais dos indivíduos tanto nas comunidades, sociedades ou mercados emissores de turismo como nas comunidades, sociedades ou mercados receptores.

Os principais efeitos socioculturais que o turismo tem sobre as comunidades e os mercados emissores são os seguintes:

*a*) Torna possível melhor qualidade de vida física e mental. Tanto pelo descanso físico como intelectual. É um elemento da higiene mental e combate o estresse.
*b*) Permite melhor conhecimento das outras culturas e sociedades, proporcionando enriquecimento cultural.
*c*) Gera uma atividade socioeconômica sobre o mercado receptor que se traduz, entre outros efeitos, em criar emprego.
*d*) Estreita os laços de comunicação e de entendimento entre os povos.
*e*) Pode criar problemas de preconceitos raciais, xenofobia.
*f*) Pode produzir fenômenos de repetição. Devolve aos mercados receptores, por seu trato, amabilidade, compreensão, acolhimento, preços, etc.

Os principais efeitos socioculturais nas comunidades, sociedades e mercados receptores de turismo são os seguintes:

1. Efeito de aculturação, isto é, são produzidas mudanças nas normas de conduta e hábitos de cultura da sociedade receptora ao estar exposta às normas de conduta e hábitos e costumes da sociedade emissora. Esse efeito pode ser o inverso, também. Depende da força e influência que tenham as normas de conduta e hábitos da cultura de uma sociedade sobre a outra ou vice-versa, motivadas nesse caso pela fragilidade das mesmas normas de conduta e hábitos que provoquem uma mudança ou uma nova aquisição. Por exemplo: horários, atividades de descanso, refeições, vestuário, trato humano, normas de conduta sexuais, etc.
2. No âmbito trabalhista, produz aumento social de emprego, criação de novos postos de trabalho. Quanto às relações entre turistas e trabalhadores, podem ser estabelecidas relações de servilismo, desapego, avidez e abusos ou aproveitamentos.
3. Modificação da sociologia rural e urbana ao receber de forma regular correntes turísticas maciças.
4. A instabilidade no mercado receptor por motivos políticos – ditaduras, revoltas, guerras, etc. – e sociais – greves, normas rígidas para entrar e circular pelo país, insegurança dos cidadãos –, produz rapidamente uma contração do turismo (fenômeno retrátil).
5. Preconceitos e barreiras sociais por falta de cultura, intolerância, indiferença, xenofobia, espírito de superioridade ou inferioridade, racismo, analfabetismo, dificuldade e impermeabilidade idiomática.
6. Pode permitir a comunicação, a compreensão e a paz até os mercados emissores. Porém, contrariamente, pode ser objeto de ambientes fechados, repercutindo negativamente nas relações turísticas futuras.
7. Problemas positivos ou negativos da gastronomia: refeições saborosas, culinária "fechada", inexistência de pratos internacionais, de alimentos frescos, de água potável, etc.
8. Boa ou má assistência médico-sanitária.

## 5.4. Turismo de minorias e turismo de massas

A polêmica entre o turismo de massas e o de minorias, de qualidade ou de luxo, surge nos países que sofrem a invasão do primeiro e com este a problemática da saturação, ou seja, a sobrecarga e as insuficiências na infra-estrutura e a superlotação nos grupos receptores.

Tradicionalmente, o turismo de minorias ou de luxo foi denominado de turismo de qualidade. Atualmente, porém, o conceito de qualidade não se relaciona apenas com produtos ou serviços caros, já que a qualidade também é exigida em produtos e serviços baratos. Por isso, ainda que continue sendo designado turismo de qualidade, os sociólogos e economistas empregam também os conceitos de turismo de minorias, de luxo ou turismo de elite, porque se ajustam mais à atividade turística da população que faz parte desse segmento:

*a*) Pode viajar, a princípio, em qualquer época do ano, já que não está sujeito a um calendário trabalhista tão rígido.
*b*) Hospeda-se em estabelecimentos de luxo (cinco estrelas).
*c*) Alimenta-se em restaurantes de alta categoria ou luxo.
*d*) Tem o hábito de viajar na primeira classe dos meios de transporte (avião, trem, cruzeiros, etc.)
*e*) Costuma praticar atividades turísticas selecionadas ou pouco massificadas, devido ao custo elevado de sua prática: golfe, esportes náuticos, etc.

Diante dessa disjunção entre turismo de qualidade, de luxo ou de elite e turismo de massas, o país receptor, atualmente, expõe uma das duas opções ou as duas simultaneamente: é preferível um turismo de luxo com menos turistas, porém de maior gasto e maior estada, que pode dar, a princípio, um maior rendimento ou, pelo contrário, a um turismo de massas quanto ao volume de turistas que comportará um maior volume de infra-estrutura e de equipes para a prestação dos serviços turísticos que, ainda que tenham um preço mais acessível, nem por isso devem deixar de ter sua correspondente qualidade e alguns ingressos nada depreciáveis?

A atividade turística foi originalmente, segundo reflete a história do turismo, uma atividade dos segmentos da sociedade com situação privilegiada – nobreza – ou com grande poder econômico e social – a burguesia. No século XIX e até parte do século XX, a corrente turística era reduzida e concentrada unicamente a algumas classes sociais determinadas e também com motivações e necessidades concretas: descanso, recuperação da saúde, certo interesse pelas praias, reuniões sociais em cassinos, etc. Era um turismo de elite.

Depois da Segunda Guerra Mundial, os trabalhadores conseguem nos países onde se produz e se consolida o desenvolvimento industrial uma série de conquistas econômicas e sociais que permitiram o desenvolvimento do turismo de massas. Em 1945, a Declaração Universal dos Direitos Humanos reconhece universalmente que "toda pessoa tem direito a descanso e lazer, especialmente para uma limitação razoável da duração do trabalho, às férias pagas e à liberdade de deslocamento".

Dessa forma, as principais conquistas obtidas que desencadearam o turismo de massa são as seguintes:

*a*) Redução da jornada de trabalho – número de horas trabalhadas, semanal e anual – frente ao tempo livre. Com a Revolução Francesa já se expunha na França a supressão do trabalho aos domingos e feriados. No I Congresso da Associação Internacional de Trabalhadores, que aconteceu em 1866, aborda-se, como tema prioritário, a obtenção da jornada de trabalho de oito horas. O descanso dominical foi instituído nas sociedades industrializadas no início do século XX; já a partir da década de 20, a jornada de oito horas.
*b*) Férias remuneradas. A partir da década de 30, começa-se a conseguir o direito a férias pagas. Esse aspecto é resguardado na Declaração de Manila da OMT, em seu artigo 14, quando afirma: "O turismo moderno nasceu da aplicação da política social que conduziu à obtenção por parte dos trabalhadores das férias renumeradas anuais, o que se traduz ao mesmo tempo em reconhecimento de um direito fundamental do ser humano ao descanso e ao lazer."
*c*) Livre circulação das pessoas. O direito de poder se deslocar livremente de sua residência a qualquer outro lugar, devido a acordos bilaterais e multilaterais entre os países que formam a comunidade internacional.
*d*) Avanços técnicos e comerciais dos transportes e a "democratização" de seus preços: automóvel, avião, estrada de ferro, etc.
*e*) A "industrialização" maciça dos pacotes turísticos com todos os serviços inclusos em um mesmo preço econômico e competitivo, organizados pelas operadoras de tour e agências de viagens.

Poderia se dizer, como dá a entender o professor Fernández Fúster, que na história do turismo do século XX há um primeiro período em que se deseja o "boom", caracterizado pela cifra de milhões de turistas. Para consegui-los toda promoção é válida, e todos os meios de informação, de propaganda e de formação dos bens de equipe correspondentes são aceitáveis.

Depois surgem os problemas da massa recebida que vem a superar, em muitos casos, as vantagens econômicas da demanda. O desgaste dessa problemática faz pensar se é certa a suposição primitiva de que "valem mais muitos poucos que poucos muitos" e expõe o problema novamente, em conseqüência, toda uma política de redução e seleção.

A disjunção apresenta um problema socioeconômico importantíssimo, quando o "boom" criou uma equipe colossal de recepção apta para milhões de visitantes, para a qual se deve dar um novo uso ou fechá-lo, com o conseguinte desemprego e prejuízo das instalações.

Para terminar, podemos estabelecer os seguintes segmentos do mercado turístico:

1. Minorias: é o segmento do mercado que viaja, tanto de forma individual, familiar ou em grupo, para lugares de pouca freqüência turística e em qualquer época do ano. Normalmente, esse tipo de turismo coincide, basicamente, com o turismo de luxo ou de elite.
2. Massas: é o segmento da demanda turística que se desloca de forma individual, familiar ou em grupo, coincidindo os destinos de grande afluência turística e em determinada época do ano: verão, finais de semana, etc. Costuma ser um turismo organizado em serviços oferecidos pelas agências de viagens em "pacotes turísticos", ou também em viagens demandadas ou organizadas individualmente.
3. Turismo de grupo: segmento da demanda turística que viaja formando um grupo de várias pessoas, amigos, companheiros de estudos ou de trabalho, familiares ou desconhecidos entre si que realizam uma viagem organizada por agência de viagens.
4. Turismo social: segmentos da demanda turística formados por: turismo juvenil, turismo da terceira idade e turismo familiar, como veremos no tópico seguinte.

## 5.5. Turismo social: familiar, juvenil e da terceira idade

### 5.5.1. Conceito e características

Unido ao "boom" do turismo de massas surge o turismo social, ou seja, o conjunto de serviços e atividades turísticas organizadas para os segmentos da sociedade em situação de desvantagem.

Hunziker definiu o turismo social como "o conjunto de relações de fenômenos turísticos resultantes da participação de categorias sociais economicamente fracas".

Os fatores que desencadeiam o turismo social são:

*a*) Idade.
*b*) Situação familiar.

*c*) Poder aquisitivo.
*d*) Nível cultural.
*e*) Motivações e possibilidades de organização do tempo livre.
*f*) Estado de saúde.
*g*) Disponibilidade de tempo.

Podemos considerar vários ramos segundo o segmento da sociedade implicado:

1. Turismo familiar e das classes trabalhadoras.
2. Turismo juvenil.
3. Turismo da terceira idade ou de aposentados.

## 5.5.2. Turismo familiar

O desenvolvimento do turismo familiar ou das classes trabalhadoras pode ser realizado, como vimos, quando se conseguem as férias remuneradas. Entretanto, essa condição não é suficiente, no momento em que se planeja possuir economias ou orçamento destinado a fazer turismo.

O Estado interveio e intervém no fomento do turismo familiar e das classes trabalhadoras. Originariamente, surgiu nos anos 20 e 30 do século XX na Itália e na Alemanha e foi se estendendo para outros países industrializados, como França, Espanha e Reino Unido.

Em âmbito internacional, foi criado em 7 de junho de 1963, em Bruxelas, o Escritório Internacional do Turismo Social (BIT) com a finalidade de promover para a escala internacional o turismo social.

Que atividades desenvolve o Estado para fomentar o turismo?

1. Cria colônias de férias para os trabalhadores. Na Espanha, por meio do Instituto do Tempo Livre do Estado e das Comunidades Autônomas.
2. Organiza viagens e estadas de férias direta ou indiretamente para os trabalhadores a preços econômicos.
3. Facilita subvenções e ajudas para o fomento do turismo familiar.

Além do Estado, outras organizações e instituições – sindicatos, partidos políticos, associações privadas coordenam as próprias empresas – também ou atividades desse tipo.

O turismo rural ou verde com estada em casas-grandes é outro tipo de serviço e atividade turística para o turismo familiar.

### 5.5.3. Turismo juvenil

O turismo juvenil é outro tipo de turismo social. É centrado nos segmentos mais jovens da população, podendo ser classificado em turismo escolar, juvenil e universitário.

O desenvolvimento das atividades para o turismo juvenil em geral é empregado tanto por órgãos públicos – Estado, Comunidades Autônomas e Prefeituras – como pela iniciativa privada – escolas, colégios, universidades, centros religiosos, instituições culturais e esportivas.

Quais são as atividades e serviços para o turismo juvenil com limitações econômicas, de idade e situação social?

1. Hospedagens especiais: residências universitárias, albergues da juventude, colônias e acampamentos, refúgios de montanha pertencentes ao Estado, a Comunidades Autônomas, Prefeituras, centros e associações religiosas (YMCA, etc.), associações excursionistas e esportivas.
2. Organização de viagens, estadas e atividades turísticas por agências de viagens públicas e privadas especializadas.
3. Organização de atividades culturais, recreativas, lúdicas e esportivas: colônias de verão, acampamentos, competições esportivas, cicloturismo, esportes de aventura, viagens de aventura, turismo rural ou verde, etc.
4. Descontos nos meios de transporte, por meio de cartão e tarifas especiais:
   - Avião: tarifas infantis, APEX, de grupo, noturnas, etc.
   - Trem: cartões Inter-Rail, quilométricos, "chequetrén", etc.
5. Para conseguir descontos, reservas e quaisquer outras vantagens em qualquer um desses serviços e atividades turísticas, existem vários documentos úteis reconhecidos nacional e internacionalmente, especiais para o turismo juvenil que são: caronista de estudante, carteira de alberguista, carteira internacional de camping, carteira de caronista, seguros para estudantes, etc.

### 5.5.4. Turismo da terceira idade

O terceiro segmento do turismo social é o turismo dos aposentados ou da terceira idade. Como para os outros dois, tanto os órgãos públicos como a iniciativa privada realizam serviços e atividades para pessoas idosas, levando em conta: *a*) idade e estado de saúde; *b*) poder aquisitivo; *c*) maior disponibilidade de tempo, etc.

Os serviços e atividades para a terceira idade são os seguintes:

*a*) Estadas a preços econômicos em hospedagens turísticas em baixa temporada ou em hospedagens especiais.
*b*) Organização de viagens realizadas por agências de viagens especializadas com subvenção e ajuda públicas.
*c*) Visitas culturais e atividades de tempo livre: concursos, exposições, cursos, bailes, atividades esportivas, etc.

## 5.6. Valores socioespirituais do turismo

As autoridades religiosas – desde os máximos representantes da Igreja Católica até as paróquias e igrejas em zonas turísticas – mostraram seu interesse pelos valores sociais e espirituais do turismo. Nesse sentido, a declaração final do IV Congresso Mundial da Pastoral do Turismo, ocorrido em Roma, em novembro de 1990, afirmava que "o turismo deve promover um intercâmbio cultural eficaz, no qual cada grupo possa viver sua própria cultura enriquecida com a dos demais".

A questão é saber se o tempo livre para as férias permite uma expansão dos valores espirituais, filosóficos ou religiosos. Em todas as sociedades industrializadas, observa-se que a prática de atividades religiosas no período de férias continua existindo. O turista crente e praticante comemora a Semana Santa ou o Natal no local em que estiver de férias. As férias permitem mais tempo livre para refletir sobre a vida cotidiana de cada um.

Por outro lado, as crenças religiosas fazem com que o turista se dirija – como peregrino – para lugares onde estejam estreitamente vinculados à sua fé ou se a obrigatoriedade das práticas religiosas assim o exigir (peregrinação uma vez na vida para Meca aos que creem na religião muçulmana).

A peregrinação é uma das formas de viajar mais antigas e tem dimensões espirituais relacionadas com as raízes comuns da consciência coletiva da maior parte da sociedade.

Assim, a peregrinação é uma viagem até um lugar sagrado. Em latim, *peregrinus* significa estrangeiro e, ao mesmo tempo, o que viaja, que passa, que percorre um itinerário e que vai encontrar um lugar sagrado definido por uma ou várias aparições – Lourdes, Fátima, Medjugorie; por um túmulo de um santo – Santiago de Compostela; por uma tradição de Maria – Montserrat, Covadonga, Guadalupe; por ser o centro e origem de uma religião – Jerusalém, Roma, Meca, Benare; e por ser o lugar onde foram produzidos milagres – Lourdes.

Entretanto, com desenvolvimento do turismo de massas na Europa e na América do Norte, instituiu-se o movimento da Pastoral do Turismo. Desde 1960, diversas autoridades religiosas multiplicaram as reflexões e os encontros sobre o tema dos valores sociais e espirituais do turismo.

Nas conclusões de um encontro da Igreja Católica, ocorrido em Genebra em 1967, o turismo foi considerado uma conquista do homem "que o separa da gravidade e das preocupações do trabalho alienante e desumanizado e o transporta para um ambiente em que pode dialogar consigo mesmo e com os demais em clima mais descontraído e mais natural". Desse ponto de vista, o turismo constitui um meio de unidade da família, assim como de transformação e de elevação social, de solidariedade do homem com o universo e, definitivamente, da restauração da pessoa.

As férias permitem o conhecimento recíproco dos homens, o desenvolvimento da personalidade, a redução das distâncias entre as classes e as raças humanas, pôr fim ao isolamento dos povos e favorecer o desaparecimento dos preconceitos.

O turismo pode não apenas converter-se em um instrumento de paz – como assim declararam em 1967 as Nações Unidas e posteriormente foi admitido pela Organização Mundial do Turismo (OMT), ao proclamar aquele ano "Ano Internacional do Turismo", sob o lema "O turismo, passaporte para a paz"–, mas sim um símbolo de fraternidade entre os povos e de instrumento de encontro econômico e de diálogo que permite facilitar os contatos concretos e eficazes entre os crentes das diversas regiões e os não-crentes.

Dessa forma, o turismo contribui para o desevolvimento de valores espirituais e deve ser considerado um fator de restauração da personalidade e da dignidade humana. Graças ao turismo, o corpo e o espírito se restabelecem da fadiga do trabalho e do ritmo cotidiano da vida.

O homem reafirma sua necessidade vital de liberdade e de movimento, e estabelece relações interpessoais em um contexto de serenidade particular, de maior confiança e de mais completa disponibilidade para o reencontro e o diálogo.

O turismo não é, portanto, simples evasão ou distração, exclusivamente para romper com a monotonia de uma vida de trabalho. É um fator de solidariedade do homem com o homem e com o universo, já que permite o contato direto do homem com a natureza e contribui para promover os valores dos recursos naturais.

Diante dessa dimensão espiritual do turismo, depois do Concílio do Vaticano II, a Santa Sé recomendou expressamente que os trabalhadores tivessem a possibilidade de desenvolver livremente faculdades e capacidades que poucos podiam exercer em sua profissão.

O Vaticano definiu sua política turística mediante os discursos dos pontífices nos quais destacaram os valores espirituais, morais e deontológicos do turismo. Ao mesmo tempo, existe uma Comissão Pontifícia para a Pastoral da Emigração e do Turismo que se encarrega desses temas e que foi criada pelo Papa Pablo VI, em 7 de abril de 1970.

Por outro lado, a OMT, por meio da Declaração de Manila, também destacou os valores socioespirituais do turismo em seu artigo 21, quando disse: "Na prática do turismo, os elementos espirituais devem prevalecer sobre os elementos técnicos e materiais. Esses elementos espirituais são:

*a*) A plena expansão da pessoa.
*b*) Uma contribuição crescente para a educação.
*c*) A igualdade de destinos dos povos.
*d*) A liberação do homem no que diz respeito à sua identidade e dignidade.
*e*) A afirmação da originalidade das culturas e o respeito do patrimônio moral dos povos."

## 5.7. Correntes e mercados turísticos. Fluxos

Os fluxos e correntes turísticas, como já definimos no primeiro capítulo, são o conjunto de visitantes – turistas, excursionistas ou turistas em trânsito que se deslocam de um lugar de residência determinado (mercado emissor) para outros lugares com recursos (núcleos receptores) e ofertas turísticas determinadas (mercado receptor) e geram comportamentos sociais motivados precisamente por esses deslocamentos ou estadas com finalidades culturais que podem ser quantificadas quanto a tempo, espaço, volume demográfico e gastos, meios de transporte e hospedagem.

Quanto ao tempo, baseiam-se nas estadas e na sazonalidade.

Em relação a espaço, zonas ou áreas mais visitadas (núcleos receptores de turismo).

Referente ao volume demográfico e de gastos, quanto ao número de visitantes, procedências, destinos, idades, estado civil, poder aquisitivo e gastos no conceito de turismo realizados com os correspondentes fluxos ou movimentos de divisas. Os gastos turísticos baseiam-se em: hospedagem, restauração, transporte, compras, atividades culturais, recreativas e de diversão.

Quanto ao tipo de oferta que utilizam: meios de transporte, hospedagens, etc.

A troca ou oscilações conjunturais das correntes turísticas podem ser motivadas por causas:

*a*) Motivacionais: cansaço dos núcleos receptores, devido à repetição.
*b*) Políticas: instabilidade, guerras, terrorismo, etc.
*c*) Econômicas: inflação, flutuação da cotação de divisas, falta de relação qualidade–preço dos serviços, etc.
*d*) Sociais: insegurança do cidadão, etc.

Os principais mercados emissores do turismo que geram correntes turísticas mundiais são:

– Na Europa: mercado centro e norte europeu (Alemanha, Países Baixos, Escandinávia, Reino Unido e França).
– Na América: Canadá e EUA.
– Na Ásia: Japão.

Os principais mercados receptores de turismo que recebem correntes turísticas mundiais são:

– Na Europa: os países mediterrâneos europeus e africanos e um turismo intra-europeu entre os países da União Européia (UE), do Leste da Europa e da Europa escandinava.
– Na Ásia: Oriente Médio (Egito, Turquia, Israel, Jordânia e Síria); península indostânica: Índia, Nepal; sudoeste asiático: Tailândia, Filipinas, Indonésia, etc.
– Na África: os países árabes do Magreb, Egito; Quênia; os arquipélagos do Índico (Maurício, Seychelles, Maldivas, etc.)
– Na América: EUA, México, Caribe, Peru e Brasil. Turismo interamericano.
– Na Oceania: os arquipélagos do Pacífico.

## 5.8. Sazonalidade

A sazonalidade é um dos fatores básicos no turismo de massas. Entende-se por sazonalidade a conseqüência do acúmulo da demanda turística ou das correntes turísticas em determinado período do ano, produzindo-se em duas épocas ou etapas claramente definidas: a "estação" ou alta temporada e "fora de estação" ou baixa temporada. A maioria do turismo de massas pertence às classes médias, que originaram esse fenômeno. As características sociológicas dessa classe média, são as férias remuneradas no verão. Por sua vez, as classes altas, não tão sujeitas à legislação trabalhista que restrinja o período de férias, podem fazer turismo em qualquer época do ano, e por si mesmas condicionam a sazonalidade.

Na primeira são observados todos os problemas de saturação de uma grande demanda com a resposta de uma elasticidade muito fraca na oferta correspondente (hotéis, transporte, etc.); na segunda, pelo contrário, os derivados de uma demanda fraca com a rigidez de uma oferta do mesmo grupo receptor. A sazonalidade, portanto, produz um desequilíbrio na demanda de bens e serviços – demanda elástica –, e origina saturação na alta estação ou alta temporada e desemprego e perdas no grupo receptor nos períodos de baixa temporada.

No hemisfério Norte e, concretamente, no Mediterrâneo, primeira zona turística do mundo, a sazonalidade se comporta do seguinte modo: alta temporada correspondente aos meses de julho, agosto e setembro, e baixa correspondente ao resto do ano, com oscilações com alta de preços em dezembro – temporada de Natal – e em março ou abril – temporada de Semana Santa.

As causas da sazonalidade são motivadas basicamente por:

*a*) A concentração das férias trabalhistas e escolares em um período de tempo determinado, geralmente no verão (meses de julho e agosto).
*b*) O clima ou qualquer outro fator que influa de modo que as atividades turísticas tenham de ser realizadas em um período de tempo determinado. Por exemplo, nos núcleos receptores de turismo invernal, para a prática de esportes de inverno, a "estação" ou alta temporada é no inverno. No hemisfério norte, o verão – em princípio, a época do ano com melhor clima – corresponde aos meses de junho, julho, agosto e setembro; pelo contrário, no hemisfério sul, o verão coincide com os meses de novembro, dezembro, janeiro e fevereiro. Nas zonas quentes e tropicais, onde as estações não estão tão marcadas e oscilam entre época seca ou de chuvas também geram sazonalidade, levando em conta que são zonas de grande atração turística (Caribe, Índia, etc.)

A correção da sazonalidade pode ser feita com as seguintes medidas:

*a*) Flexibilidade das normas trabalhistas e educativas quanto aos períodos de férias. Pode-se escolher férias em qualquer época do ano, fracioná-las ou escaloná-las. Hoje, começa a haver uma tendência nesse sentido.
*b*) Promover novos recursos turísticos que não sejam os tradicionais e que fiquem condicionados a um período de tempo determinado (clima, sol, etc.) com a finalidade de ampliar o período sazonal.

*c*) Adotar uma política de preços competitivos e mais baixos nos serviços turísticos para poder deslocar a sazonalidade ou alta temporada. Por exemplo: melhores tarifas de transporte, de hotéis e de qualquer oferta na baixa temporada para aumentar a demanda.

## 5.9. Sistema de medição das correntes turísticas. Estatísticas das correntes turísticas

A sociologia do turismo baseia-se nos métodos tradicionais que a sociologia emprega para estudar e quantificar estatisticamente as correntes turísticas e seus comportamentos.

Os meios mais utilizados são:

*a*) *A observação documental e estatística.* Verificação e análise do conteúdo de qualquer documento e da observação estatística relacionados com as correntes turísticas. Esse sistema estatístico baseia-se em sondagens ou amostras escolhidas ao acaso para que seus resultados, posteriormente, possam ser generalizados para toda a população, devido à impossibilidade de fazer uma segunda contagem pormenorizada e total das correntes turísticas e de seus comportamentos.

*b*) *A observação direta extensiva.* É baseada em amostras de turistas que são submetidos a questionários para conhecer seus gostos, preferências, serviços turísticos que utilizam, destinos, motivações, etc. Os resultados dessas amostras escolhidas ao acaso e tratadas estatisticamente poderão ser extrapoláveis para toda a corrente turística, devido, como vimos antes, à impossibilidade de tempo, econômica e de poder abranger toda a população turística.

*c*) *A observação direta intensiva.* Fundamentada em entrevistas, aplicação de testes e medição das atitudes, tem as mesmas conotações que a observação extensiva, porém se aprofunda nas perguntas e nas respostas.

*d*) *A análise sistemática ou método quantitativo.* Tem base no processo científico e de experimentação de delimitar um objetivo em questão para investigar, lançar uma hipótese de trabalho, definir a amostra sobre a qual se vai trabalhar, pesquisar ou entrevistar essa amostra, tirar conclusões e verificar e comprovar a veracidade ou não da hipótese.

De todos esses métodos sociológicos, os mais utilizados para estudar as correntes turísticas são a observação documental e estatística e a observação direta.

A observação documental e estatística servem para sabermos o número de turistas que entram e suas características.

Não há uniformidade para essa segunda contagem nos países receptores de turismo, o que faz com que as estatísticas tenham relativa confiabilidade. A segunda contagem, geralmente, tem duas procedências a partir das sondagens feitas em:

*a*) As entradas e saídas de turistas por qualquer posto de fronteira. O grande inconveniente que esse sistema possui é classificar os visitantes que entram ou saem, assim como suas nacionalidades, já que as amostras, às vezes, não são estatisticamente as mais ortodoxas possíveis. Esse sistema é o que se utiliza na Espanha por meio das Administrações Públicas (Estado e Comunidades Autônomas).

*b*) Os pernoites dos turistas nas hospedagens turísticas. Esse sistema é mais confiável, ainda que se possa perder a segunda contagem dos turistas que pernoitam em outro tipo de hospedagem (apartamentos, casas particulares, com familiares, etc.). Esse método é o que a França utiliza, apoiado também no de fronteira.

*c*) Outras segundas contagens no interior do país, contabilizadas no município, por prefeituras, patronatos de turismo, etc.

A União Européia expõe, desde 1993, a unificação e formas de segunda contagem dos turistas que entram e saem de quaisquer dos países comunitários, devido à disparidade de métodos.

O segundo método utilizado pela sociologia do turismo é o da observação direta baseada em questionários, pesquisas, entrevistas, para obter, também com amostras ao acaso que depois podem ser generalizadas para toda a população, motivações, atitudes, gostos, preferências dos turistas.

As estatísticas mais utilizadas tanto pelos organismos públicos nacionais – Estados – como pelos internacionais – OMT, OCDE, UE – referem-se a dois tipos:

*a*) *Estatística da oferta baseada no conjunto da equipe turística que um país possui*:

1. Transportes.
2. Hospedagens.
3. Agências de viagens.
4. Oferta complementar.
5. Restauração.
6. Outros serviços turísticos.

*b) Estatística da demanda turística com base no seguinte conjunto de dados ou indicadores:*

1. Número de turistas que visitam o país, conhecendo também seus indicadores pessoais e socioeconômicos que são: sexo, idade, estudos, profissão, posição social, estado civil, etc.
2. Lugares de procedência ou nacionalidade.
3. Lugares de destino e número de turistas que visitam cada uma das localidades do país.
4. Duração da estada e dias que têm de férias.
5. Gastos por pessoa.
6. Finalidade da viagem.
7. Meios de transporte utilizados.
8. Meios de hospedagem utilizados.
9. Preferências e motivações dos lugares e atitudes turísticas.
10. Qualidade do turismo: individual, grupo, etc.
11. Estilo de férias (descrição e classificação psicográfica) que preferem: viagem familiar ou em grupo, busca de prestígio social depois da viagem, viajante de primeira classe, viagem de férias, viajante de final de semana, etc.

Das respostas podem ser estabelecidas posteriormente correlações entre os diferentes indicadores.

Capítulo 6

# HISTÓRIA DO TURISMO NA ESPANHA

## 6.1. Origens e antecedentes. Século XIX

### 6.1.1. Origens e antecedentes

O fenômeno turístico, como o entendemos hoje, pode-se dizer que tem seus antecedentes no século XIX, período que pode ser considerado, na Espanha e mundialmente, a pré-história do turismo. Todavia, em épocas anteriores na Espanha e no mundo, como veremos no próximo capítulo, houve acontecimentos que podem ser vistos como fatos históricos relacionados ao turismo.

Na Antiguidade, o que se entende como atividade do turismo balneário – o termalismo –, e o contato com o mar e as praias, foi conhecido e praticado por gregos e romanos na Espanha. A colônia de Empúries, na atual Costa Brava, e alguns balneários espanhóis hoje em exploração eram conhecidos pelos romanos. Assim, vários balneários catalães, por exemplo, já haviam sido descobertos naquela época.

No vale de Otañes, em Santander, como estudou o professor Luis Fernández Fuster, os mananciais também foram usados pelos romanos como meio curativo, como demonstra o descobrimento de uma pátera de prata banhada a ouro de 21cm de diâmetro que foi dedicada como ex-voto a um manancial medicinal divinizado com o nome de "Salvs Vmeritana", por L. P. Corelianus. É uma amostra significativa do balneário da Espanha romana.

Na Idade Média, a veneração dos restos do apóstolo Santiago, depois do descobrimento de seu túmulo em Compostela, gerou uma corrente de peregrinos, que hoje poderia ser considerada turismo religioso, procedentes de toda a Europa.

Através do Caminho de Santiago, criou-se uma rota que cruzava os Pirineus e se estendia por todo o norte da Espanha, na qual foram nascendo mosteiros, hospedarias e vias de comunicação até Santiago de Compostela, que hoje poderia ser considerado infra-estrutura turística para prestar o serviço de hospedagem, acolhimento e vias de comunicação de todos os peregrinos.

Apenas duas cidades, Roma e Santiago de Compostela, têm o privilégio de celebrar o Ano Santo. Em Santiago de Compostela vem desde os tempos de Calixto II, em 1122. Alejandro III, em sua bula "Regis Aeterni", outorgou a graça de jubileu para os fiéis que visitaram o templo do apóstolo em todos aqueles anos em que a festividade de Santiago correspondia ao Dia do Senhor, isto é, no domingo. Com ele, ganhava-se indulgência plena.

A devoção ao apóstolo Santiago, cujo túmulo foi descoberto no ano de 813, em tempos de Alfonso II, o Casto, em Compostela – *Campus Stellae* ou *Campus Apostolis* – foi geral em toda a Europa, especialmente a partir do século XI, estimulada pela Ordem de Cluny, cujos monges começaram a fundar mosteiros por toda a Espanha cristã. No século XII, foi fundada a Ordem Militar de Santiago para proteger os romeiros jacobistas.

Em 1140, um peregrino francês, Aymeric Picaud, escreveu o primeiro guia turístico de Santiago, guardado no Livro V do "Codex Calixtinus", no qual fornece informações completas das "jornadas", das qualidades de terras e pessoas, das águas amargas e doces do caminho, da cidade e igrejas de Santiago.

O impacto das peregrinações para Santiago foi grande por todo tipo de influências. Igualmente, a Europa se enriqueceu com as contribuições espanholas com uma sibiose da aculturação.

Com a chegada da Idade Moderna, a época dos descobrimentos geográficos contribuiu com o espírito viajante de numerosos espanhóis, que com afã de aventura, de busca de riquezas e de encontrar novas terras se estenderam pela África, América e Ásia. Sobre esse aspecto, é válido mencionar "Las epístolas doradas y discursos saludables" de don Antonio de Guevara, bispo de Mondoñedo, pregador e cronista do Imperador Carlos V, que contém um curioso texto sobre conselhos nas viagens pelo mar – "Trabajos y privilegios de las galerias" – que retratam o ar de aventura proibido no século XVI.

Assim mesmo, é interessante destacar, nessa época, o interesse dos monarcas na defesa dos viajantes. Duas leis espanholas tiradas da Nova Recompilação dão o testemunho disso. A primeira corresponde aos Reis Católicos e foi ditada em Toledo no ano de 1480. A segunda, do ano de 1560, foi uma pragmática do rei Felipe II, promulgada também em Toledo.

Quanto ao transporte, também com a chegada da Idade Moderna, experimenta-se uma transformação. Surgem as carroças e berlindas e, posteriormente, no final do século XVII, a diligência que, puxada por cavalos, amplia sua potência e capacidade de ocupantes. No século XVIII, na época borbônica surgem novos veículos: a caleça e o landó. Tanto a berlinda como esses dois últimos derivam, segundo Gonzalo Menéndez Pidal em seu livro *Los caminos en la historia de España* de 1951, dos progressos da metalurgia na fabricação de aço e da disposição e projeto do veículo.

Outros dois carros empregados na Espanha foram o "simón" e a "manuela". O primeiro foi inventado por Simón Garrou, francês a serviço de Carlos III, que generalizou na Espanha os carros de aluguel, que duraram até época muito recente.

### 6.1.2. Século XIX

Chegamos ao século XIX, que pode ser considerado como a primeira pré-história do turismo moderno. É o século da revolução do transporte com a invenção da máquina a vapor e sua aplicação no transporte marítimo e na estrada de ferro, que nasce nesse século e vem para reforçar o transporte em diligência.

O estabelecimento de diligências regulares data de 1815, época em que surgiu em Barcelona, e até 1819, depois de lutar com dificuldades, Madri não contou com elas. A partir desse período, e durante muito tempo, esse serviço foi privilégio da companhia denominada Diligencias Generales. Posteriormente, aproximadamente nos anos 30, foi criada uma nova companhia chamada Garsi Ferrer, cujo nome mudou para Diligencias Peninsulares e Postas Peninsulares. Essa companhia, como a citada anteriormente Diligencias Generales, reunia o serviço geral de transportes pela estrada em meados do século XIX. Ambas as companhias faziam as mesmas linhas, com mais ou menos freqüência ou rapidez, de Madri a Valência; para Bayona por Burgos, Vitória e Tolosa; para Bilbao, por Valladolid e Palência; de Valência para Barcelona, entre outras.

Outro meio de viajar pela Espanha em 1850 era empregando as postas que para o traslado do correio tinham estabelecido a Dirección General de Correos. Eram, na ocasião, simples cavalos ou mulas, porém, pelos caminhos gerais eram utilizadas carruagens que permitiam, por sua capacidade, de três a seis viajantes. Para viajar desse modo era necessária uma autorização especial, prévia à apresentação do passaporte.

Todavia, a verdadeira revolução do transporte no século XIX foi a invenção da estrada de ferro aplicando a máquina a vapor. O desenvolvimento da estrada de ferro fez com que as pessoas pudessem se deslocar juntas, diferente dos meios terrestres que funcionavam até aquele momento. O progresso da estrada de ferro teve início, portanto, no século passado como conseqüência da invenção da locomotiva a vapor por Stephenson em 1825, na Inglaterra, e rapidamente se estendeu por vários países europeus, entre eles a Espanha, e pelos EUA.

A estrada de ferro oferecia grandes vantagens sobre a diligência ou sobre os animais, que eram os meios de transporte terrestres nessa época, como já vimos, e possuía maior velocidade e capacidade de viajantes e mercadorias.

Na Espanha, os primeiros projetos de construção de estradas de ferro datam de 1825 a 1830. A concessão mais antiga foi a outorgada a don José Díez Imbrechts, pelo Real Decreto de 23 de setembro de 1829, para a "criação de um trilho de ferro com máquina de locomoção de Jerez até Portal, com um percurso de 7.000 varas." A empresa fracassou porque não produziu afluência suficiente de associados para preencher a emissão de capital realizada para financiar o projeto.

Depois de outras duas tentativas falidas, em 1837 foi inaugurada a primeira linha de ferro espanhola, que cobria uma distância de 17 léguas, entre Havana e Güines, na ilha de Cuba. Na metrópole – a Espanha peninsular–, as guerras civis e a escassez de capital atrasaram o início das obras de construção da rede ferroviária.

Em 1843, o Governo encarregou os irmãos Subercasse e Calixto Santa Cruz de que se informassem sobre as normas que deviam ser adotadas na construção das estradas de ferro espanholas. Baseando-se na opinião da comissão, criada em 1844, foi promulgada uma ordem real, primeira norma legal espanhola sobre as estradas de ferro, na qual constava como largura da via 1,672 metros. Duas são as teses sobre a eleição dessa largura da via, maior que a européia. Uma, razões estratégicas, e a outra, baseada em critérios de rentabilidade sobre a idéia, muito difundida naquela época, de que, sem aumentar consideravelmente os gastos de criação do percurso, a largura espanhola superior permitiria o emprego de locomotivas de dimensões suficientes para produzir, em certo tempo, a quantidade de vapor necessária para obter, com a mesma carga, uma velocidade maior que a que se poderia conseguir com menor amplitude da via. Por essa razão, a rede ferroviária espanhola foi construída com largura diferente da européia, com todas as grandes desvantagens que isso significaria.

A rede foi iniciada com a linha Barcelona–Mataró, inaugurada em 1848, a primeira do estado espanhol e três anos mais tarde com a de Madri a Aranjuez, em 1851. Desde essa época, o desenvolvimento se fez com ritmo muito diferente. A primeira lei ferroviária data de 1855, para o favorecimento da qual foram constituídas as primeiras empresas ferroviárias: Companhia do Norte, MZA (Madri-Zaragoza-Alicante), Isabel II e outras, vinculadas ao capital estrangeiro, principalmente francês, inglês e belga.

Na segunda metade do século ocorre atração pelo mar. A nobreza da corte de Isabel II assim como a própria rainha freqüentavam as praias de San Sebastian, onde se desenvolve também uma série de atividades sociais relacionadas com o cassino. Originariamente, a presença da rainha Isabel II era por motivos de saúde. Por prescrição facultativa, a rainha devia curar-se de herpes.

Além de San Sebastian, El Escorial, Villaviciosa de Odón, Aranjuez e La Granja também eram lugares de veraneio que, com os reis, eram povoados com a corte.

Igual fenômeno dos banhos de mar ocorre na costa de Gerona, aquele na época ainda não era denominado de Costa Brava. Seu nome aparecerá mais tarde. Concretamente, essa denominação surgirá em 1908 pelo gerudense Ferran Agulló. Na obra *Datos históricos, geográficos de la provincia de Gerona*, de Martínez Quintanilla, em 1865, fala-se do "veraneio" e da presença de banhistas em pequenas cidades da costa, como Lloret de Mar, Blanes ou San Felíu de Guixols. Assim mesmo, são mencionadas as praias de Lloret de Mar na opereta "Marina" do maestro Francesc Camprodón, que estreou em 1855, com a conhecida expressão: "Costas las de Levante, playas las de Lloret" (Costas as de Levante, praias as de Lloret).

Também em meados do século, os museus começam a ser de interesse para os turistas, como o Museu do Prado de Madri, chamado na época de Real Museo de Pintura y Escultura de Su Majestad, segundo o "Calendário Manual e Guia de Forasteros de Madri de 1842".

Cabe mencionar, também, ao longo do século XIX, as visitas e viagens que realizaram os escritores estrangeiros para a Espanha e que ficaram refletidas em suas obras, como Washington Irving, George Saud, Hans Christian Andersen, Victor Hugo e Teófilo Gautier.

## 6.2. Evolução e desenvolvimento do turismo espanhol no século XX

O desenvolvimento do turismo espanhol no século XX está marcado por quatro etapas.

1. A primeira, que coincide com o reinado de Alfonso XIII, caracteriza-se por ser a época em que a atividade turística é assumida pela primeira vez pelo Estado criando-se os dois primeiros organismos em matéria de turismo – Comissão Nacional (1905) e a Comissaria Regia (1911) –, graças à iniciativa do marquês de Vega-Inclán.
2. A segunda etapa ocorre na Segunda República e com o desenvolvimento de uma estrutura incipiente que tem suas repercussões na Catalunha com a nova instauração da Generalitat e criação do Escritório de Turismo,

do citado organismo autonômico em coordenação com o Patronato Nacional de Turismo que cede suas instalações em Barcelona para a Generalitat.
3. A terceira etapa coincide com o franquismo. É o momento do desenvolvimento do turismo na Espanha, sobretudo a partir da década de 60.
4. A última etapa coincide com o período de transição para a democracia até a atualidade. O fato mais destacado é a nova configuração da Espanha das autonomias com as transferências em matéria de turismo para os respectivos Governos autônomos, ficando, em parte, como incumbência da Administração Central a coordenação em matéria legislativa, a promoção turística, a formação e investigação turísticas e a gestão dos paradores nacionais.

Vejamos mais amplamente cada um destes períodos.

### 6.2.1. Turismo durante a Monarquia de Alfonso XIII (1902-1931)

A primeira disposição de planejamento turístico, que marca o início da política turística na Espanha, data de 6 de outubro de 1905, e se concretiza no Real Decreto que cria a Comissão Nacional de Turismo, integrada ao Ministério do Fomento, com a missão de desenvolver a prática do turismo na Espanha e a atração de estrangeiros que contribuíssem com suas divisas para o saneamento da economia espanhola.

Seis anos depois da criação da Comissão Nacional de Turismo, em 1911, cria-se a Delegacia Real de Turismo, que é um novo passo na política turística espanhola. A nova Delegacia absorveu as funções da Comissão inicial e alcançou uma categoria superior por depender da Presidência e por ter integrado funcionários dos Ministérios do Estado, Fomento, Governo e Instrução Pública. A pessoa da Delegacia Real que realizou um importante trabalho de fomento e promoção do turismo foi o marquês de la Vega-Inclán.

Como delegado real, Benigno de la Vega-Inclán (1858-1942) foi o primeiro promotor do turismo na Espanha. A ele se devem a restauração de uma série de monumentos e museus – Casa e Museu de El Greco, em Toledo; os jardins de Alcazar de Sevilha; a fundação do Museu Romântico de Madri; a publicação de uma série de obras artísticas e de viagem – Guia de Viagem a Santiago – e a série de guias "El Arte en España" (A Arte na Espanha); e a promoção turística da Espanha no estrangeiro como a participação na Exposição de 1914, em Londres, favorecendo o primeiro lema turístico: "Sunny Spain" (Espanha Ensolarada).

Na época da Ditadura de Primo de Rivera (1923-1931), é criado o Real Decreto de 25 de abril de 1928, o Patronato Nacional de Turismo, que trata de reproduzir na Espanha as organizações turísticas dos estados fascistas, sem que se prestasse tanta atenção no turismo social do próprio povo como ocorreu na Itália a "Opera Nazionale del Dopolavoro", ou a "Kraft Freude", na Alemanha de Hitler.

O Patronato Nacional de Turismo já dispunha de uma Delegação de Propaganda e outra de viagens, e faz a primeira distribuição de zonas turísticas do território espanhol, que poderia ser considerada o início do planejamento territorial. Talvez, uma das principais contribuições do Patronato para a potencialização e planejamento do turismo na Espanha fosse a execução de um excelente plano de albergues e paradores nacionais de turismo que adquirissem um prestígio que logo ultrapassou as fronteiras espanholas.

A filosofia da criação de paradores e albergues era a de criar locais de hospedagem onde a zona geográfica tinha um interesse turístico, porém carecia de hospedagem. O primeiro albergue nacional foi o de Serra de Gredos, em 1926.

### 6.2.2. Turismo durante a Segunda República e a Guerra Civil (1931-1939)

No dia 14 de abril de 1931, as urnas originam uma mudança de regime. Proclama-se a Segunda República que teve um efeito rápido no campo da política turística. Três dias depois da proclamação republicana, 17 de abril, é dissolvida a junta do Patronato Nacional e são designadas para o diretor geral de Serviços as funções de Turismo com o cargo de presidente da Junta do Patronato. No dia 23 de abril daquele mesmo ano são promulgados dois novos decretos: um deles nomeando Cláudio Rodríguez Porrero diretor geral de Turismo, e o segundo ordenando o novo diretor e o Patronato a "conjuntamente, examinar a gestão do período anterior, liquidar os contratos que não deveriam continuar e modificar os serviços que deveriam ser suprimidos". Esse período de inspeção durou até dezembro de 1931.

Uma vez sanada a gestão anterior, o Patronato Nacional de Turismo inicia uma nova etapa que durou até a Guerra Civil.

O Patronato outorga à Generalitat de Catalunha sua representação e cede em usufruto os escritórios que tinha em diversas populações do Principado. O conjunto dos serviços turísticos dos quais tinha sob seu comando a Generalitat estava englobado sob a denominação de Escritório de Turismo de Catalunha, que dependeu de diversos departamentos econômicos.

A Exposição Universal de 1929 foi importante para a projeção turística não apenas de Barcelona como também da Espanha. Nessa época e até a Guerra Civil, é importante o auge do turismo na Costa Brava e em Sitges.

Em 18 de julho de 1936, estoura a Guerra Civil que paralisa a atividade turística. Durante esse período, a República criou as "rotas de guerra", nas quais foram convidados jornalistas e personalidades para visitar as frentes da batalha. As zonas percorridas foram a frente de Aragão e a de Madri.

Em 1938, o Governo do general Franco, na zona nacional, cria o Serviço Nacional de Turismo que substitui o Patronato Nacional de Turismo republicano. São criadas também as "rotas de guerra" da zona Nacional, paralelas às da zona republicana que duraram ainda depois da guerra civil.

Terminada a guerra, em 8 de agosto de 1939, o Serviço Nacional de Turismo converte-se na Direção Geral de Turismo, agregada ao Ministério do Interior.

### 6.2.3. Turismo durante o franquismo (1939-1975)

A Direção Geral do Turismo teve duração de 1939 até 1951, data em que é criado o Ministério de Informação e Turismo. Durante essa etapa não se pode falar de modalidade alguma de planejamento, devido à atonia na qual se afunda o setor, por causa dos fatos bélicos relacionados com a Segunda Guerra Mundial e pelo posterior bloqueio internacional à Espanha franquista. O turismo nacional teve a mesma sorte, pois havia sido castigado por uma péssima rede de transporte e pela miséria econômica na qual se encontrava o país. A Direção Geral exerce um papel tutelar sobre os restos da anterior indústria turística, controlado os preços e mantendo o que restava da rede de albergues do período republicano.

Em 1951 é criado o Ministério de Informação e Turismo, como sinal da determinação política para desenvolver o turismo, ainda que essa atividade continue sendo regulada e tutelada por uma Direção Geral de Turismo, que se declara competente para "inspecionar, gerir, promover e fomentar as atividades relacionadas a promoção de viagens, indústria hoteleira e informação, atração e propaganda para estrangeiros; aumentar o interesse, dentro e fora da Espanha, pelo conhecimento da vida e do território nacional e executar as ordens que o Ministério disponha para o melhor desenvolvimento dos serviços".

Em 1954 é criada uma Comissão Interministerial de Turismo, depois de a Espanha haver se unido ao convênio de Nova York sobre as facilidades alfandegárias ao turismo. Essa comissão se encarregaria de potencializar a oferta turística nacional, concedendo créditos para a construção de estabelecimentos hoteleiros, mediante crédito hoteleiro.

Com a criação do Ministério de Informação e Turismo, inicia-se o planejamento turístico em sentido estrito. Em 1953 e 1959 são anunciados como planos de turismo, que são mais um compêndio de normativas para regular a atividade já existente, ou a previsível, que planos autênticos diretrizes da atividade do setor. São muitos os especialistas que negam a existência de um autêntico plano regulador das atividades turísticas. No mais alto grau, admitem a intervenção setorial em alguma das múltiplas facetas da atividade desenvolvida no setor. Todavia, em honra à verdade, deve-se admitir esse planejamento a partir da década de 60, ainda que os resultados sejam criticáveis e a atuação questionável do ponto de vista social.

Com o Plano de Estabilização econômica de 1959, que põe fim ao longo período de autarquia precedente e que abre caminho para o planejamento tecnocrata dos Planos de Desenvolvimento, e com o reconhecimento internacional da Espanha na década de 50 – ingresso na ONU, restabelecimento de relações diplomáticas com os EUA, a assinatura do Tratado com a Santa Sé – o país se encaminha na década de 60 para o grande "boom turístico".

Essa decolagem coincide com a chegada ao Ministério de Informação e Turismo do ministro Manuel Fraga Iribarne que dará grande impulso legislativo e promocional ao turismo. Desse período – 1962 a 1969 – datam as ordenações legais das empresas e atividades turísticas; as normas pelas quais são criados organismos especializados – Instituto de Estudos Turísticos; a criação da Escola Oficial de Turismo e a regulamentação dos estudos de turismo; a promoção do turismo com a criação de novos escritórios de turismo no exterior e a construção de novos albergues e paradores nacionais de turismo.

Em 1962, é criada a Subsecretaria de Turismo, que eleva a categoria institucional da política turística do Estado. É satisfeita dessa forma a recomendação do Banco Internacional de Reconstrução e Fomento, no momento que se admite "de fato" a importância econômica crescente adquirida pelo setor.

Durante o período de 1960 a 1973, o turismo contribui para financiar e equilibrar o elevado déficit da balança comercial do país, graças ao crescente volume de divisas ocasionadas pelos turistas que anualmente visitam a Espanha. Assim, diante de uma diferença de 21,2542 bilhões de dólares que existiu entre as importações e as exportações no decorrer do citado período, as arrecadações líquidas pelo turismo ascenderam para 16,6803 bilhões de dólares, isto é, quase 80% do saldo negativo da balança comercial.

Essas arrecadações foram crescendo a cada ano – salvo ligeira diminuição em 1967 e 1968 –, o que permitiu passar de 385 milhões em 1961 para 3,0912 bilhões em 1973, multiplicando-se, portanto, a cifra inicial por um coeficiente próximo a 8, crescimento paralelo ao do aumento de turistas, que chegaram a ser 7,4 milhões em 1961, cifra certamente importante já nesse ano, caso se tenha em conta que não foram superados os níveis de pré-guerra até 1949.

A decolagem era produzida em 1960, com a cifra de 6,1 milhões, que seriam já 20 em 1969, para chegar a 34,5 milhões em 1973. Dessa maneira, a Espanha se situava como segundo país da Europa – depois da Itália – por número de entrada de turistas portadores de passaporte. Ainda que as arrecadações precedentes do turismo tenham sido o aspecto mais destacado desse complexo fenômeno que afetou também as normas de conduta do comportamento de uma sociedade como a espanhola – excessivamente isolada do exterior durante os anos de pós-guerra até o começo dos anos 60 –, de uma perspectiva econômica seria necessário insistir também na incidência do turismo sobre o emprego, o desenvolvimento regional – ao concentrar-se, sobretudo, em torno de áreas muito definidas como Costa Brava, Costa do Sol, Baleares e Canárias –, o impacto sobre o setor de serviços, e inclusive sobre os aspectos do neocolonialismo que o acompanharam e de deterioração do meio ambiente diante da falta de planejamento adequado que evitasse o crescimento irracional que se produziu em torno de alguns núcleos, e que foi impulsionado pela especulação desenfreada que provocou o "boom turístico" dos anos 60 e parte dos 70.

Essa improvisação, que caracterizou a política turística durante o franquismo, também foi responsável pela falta de aproveitamento que, em termos estritamente econômicos, colocou no auge as operadoras de tour européias que proliferaram na Espanha e pelas quais as empresas dos países que enviavam turistas controlavam uma elevada proporção do setor, mediante os canais de comercialização desses serviços e da fixação de seus preços, impondo, às vezes, condições rigorosas aos hoteleiros espanhóis, cuja oferta atomizada era incapaz de fazer frente à força dos operadores estrangeiros que organizavam desde o vôo charter até os detalhes mais insignificantes da viagem, com o que se reduzia consideravelmente a afluência de divisas para a economia espanhola. Empresas como as alemãs Touristik Union International (TUI), Neckermann und Reisen (NUR), Hetzel; as inglesas Cosmos, Clarksons, Horizon, Thomson Holidays ou as suecas Tjareborg, Atlas Ressort ou Scandinavian Touring são exemplos desse controle dos canais de comercialização, enquanto o risco dos investimentos na construção de hotéis e apartamentos era para o pequeno empresário hoteleiro ou construtor, que além disso deveria suportar os baixos níveis de contratação a que está submetida uma atividade sazonal tão intensa.

Reino Unido, França e Alemanha ocasionaram naquele período as duas terças partes do fluxo de turistas que chegavam à Espanha, ainda que do ponto de vista das receitas recebidas seja necessário destacar também a presença de turistas escandinavos e americanos, com gastos médios superiores, nesse último caso, aos dos turistas europeus pertencentes – em sua maior parte – às classes médias.

A Subsecretaria de Turismo, criada em 1962, contou com duas direções gerais, a de Promoção do Turismo e a de Empresas e Atividades Turísticas, cujas incumbências ficam bem definidas em sua própria denominação. A Subsecretaria existiu até em 1967, no qual é suprimida no âmbito de uma contenção do gasto público, porém permanecem as duas direções gerais e todas as suas incumbências.

Durante essa etapa, a política turística se encarregará de exercer seu controle em três vertentes: a do controle de preços, a de publicidade e a de organização territorial das zonas turísticas. Nas duas primeiras vertentes a atuação foi muito efetiva e até se pode dizer elogiável, já que, de um lado, foram evitados os possíveis abusos sobre os que pudessem se inclinar a um tipo de empresas que viam a possibilidade de uma especulação fácil com o dinheiro do turista; e, por outro, foi estruturada a informação de forma atraente para apresentar a oferta dos espaços naturais, culturais e recreativos de que se dispunha no país, porém sempre por uma publicidade unifome sem distinguir os diferentes recursos turísticos de cada uma das regiões espanholas fruto de seu passado histórico e cultural. A promoção era a do sol, praias, flamenco, touros e paella, que identificava por igual todas as zonas turísticas espanholas.

A organização territorial foi muito mais complexa e questionável, pois nela intervieram fatores múltiplos privados, e o exercício de influências a favor da especulação esvaziou o conteúdo de muitas das normativas dirigidas a preservar as riquezas e os patrimônios paisagísticos de muitos locais.

Nos últimos anos do franquismo, quando o regime já começava a padecer das convulsões internas da oposição política, econômica, trabalhista e cultural, e do próprio regime eram tentados alguns movimentos balbuciantes de liberalização e democratização, o turismo viveu da inércia do impulso dado nos anos 60. Depois da saída de Manuel Fraga Iribarne do Ministério de Informação e Turismo, em 1969, quatro ministros ocuparam a posição até a morte do general Franco em 1975.

### 6.2.4. Turismo de 1975 a 1996

As tentativas de renovação informativa e turística de 1974, na breve etapa no Ministério de Informação e Turismo do ministro Pío Cabanillas, não tiveram continuidade. Algumas das disposições do verão do primeiro ano da crise energética – surgida em 1973 pela nova guerra árabe-israelita, conhecida como do Yom Kippur –, sofreram grande atraso em seu desenvolvimento regulamentar e em sua aplicação.

Precisamente nos anos imediatamente seguintes, em 1975 – em 20 de novembro daquele ano morria o general Franco – e 1976, surgiu a conjuntura, talvez, mais crítica, que atravessou o setor turístico espanhol, já que a incapacidade da Administração para afrontar a problemática setorial será não apenas notória, mas também maior. Ao mesmo tempo, abre-se a incerteza depois da morte do chefe de Estado quanto ao futuro político espanhol que teve repercussões nos mercados emissores de turismo para a Espanha quanto à estabilidade política e social.

O ano de 1976, o primeiro do pós-franquismo, foi politicamente marcado pela dialética ruptura–reforma política e por uma grande deterioração do clima social, trabalhista e político, como foram os fatos de Montejurra e de Vitoria, dois exemplos de acontecimentos que colaboraram para a configuração internacional de uma imagem que incide negativamente no plano turístico.

No âmbito turístico deve-se destacar, também em 1976, o surgimento de novas atitudes socioeconômicas. Fazem sua aparição – atrasada em relação a outros setores trabalhistas – importantes movimentos reivindicativos dos trabalhadores da hotelaria. Também uma parte do empresariado mudaria a atitude de resignação ou de grito no deserto por atitudes mais combativas. Assim, por exemplo, numerosos hotéis de Lloret de Mar e de outros pontos da costa mediterrânea são expoentes por adotar postura crítica e de oposição contra a política turística do Governo espanhol.

Em 15 de junho de 1977 ocorreram as primeiras eleições gerais democráticas. Ganham os comícios da União do Centro Democrático (UCD), liderada por Adolfo Suárez, que se converte em presidente de um Governo que faz desaparecer o Ministério de Informação e Turismo e as incumbências de turismo são transferidas para o departamento de Comércio que se transformara em Ministério de Comércio e Turismo, com a Secretaria de Estado de Turismo.

A solução adotada era mais uma entre as diversas que se cogitavam naquela época com certa polêmica e que iam da proposta da criação de um ministério dedicado exclusivamente ao turismo até a constituição de uma secretaria de Estado dependente da Presidência do Governo.

Tudo faz pensar que a Secretaria de Estado de Turismo não foi integrada, de fato, à nova estrutura administrativa, mas sim de maneira superficial, desaproveitando assim parte das vantagens que logicamente podiam ser esperadas da nova disposição dos órgãos turísticos no conjunto da Administração Central. Em outras palavras, a Secretaria de Estado de Turismo veio a ser uma espécie de corpo estranho dentro de um departamento ministerial, cujo titular, García Díez, passou por cima da problemática de um setor do qual nunca chegou a se responsabilizar plenamente.

Uma decisão importante no decorrer desse período foi a de liberalizar o regime de preços dos estabelecimentos hoteleiros. Assim foi criada uma Ordem Ministerial de 27 de julho de 1978. A liberdade de preços foi efetiva a partir de 1º de janeiro de 1979. Uma decisão acertada, porém que chegava com um atraso de muitos anos, difícil de justificar, já que o controle de preços havia sido instaurado pela Ordem Ministerial de 28 de março de 1966.

Entre as dificuldades que a situação política geral projetou sobre a recepção turística, durante os primeiros anos da transição democrática, destacam-se dois: o terrorismo, com campanhas específicas de caráter turístico como a dos verões de 1979 e 1980, sob comando da organização terrorista ETA, e a degradação da situação municipal devido ao atraso até final de abril de 1979 das primeiras eleições municipais democráticas.

Com relação ao primeiro problema, cabe destacar que a reação da Secretaria de Estado de Turismo e, em geral, do Governo para combater a guerra psicológica da organização terrorista basca, não foi talvez a mais adequada nem teve contundência suficiente. No que faz referência à problemática das prefeituras, em especial nos municípios turísticos, a degradação foi certamente considerável, devido ao caráter provisório e inclusive à falta de autoridade que se traduziu, entre outros aspectos, na falta de iniciativa para melhorar a situação das finanças locais. Até julho de 1979, depois do acontecimento dos comícios locais, não foi aprovada a primeira disposição com esse objetivo: o Real Decreto-lei sobre medidas urgentes de financiamento. Ainda não havia sido aprovada a nova legislação de regime local que substituiria a da ditadura franquista nem tampouco nenhuma outra disposição direcionada especificamente para aumentar as receitas dos municípios turísticos.

Com a aprovação da nova Constituição Espanhola, em dezembro de 1978, que permitia o desenvolvimento democrático em todos os campos em nosso país, foram possíveis alterações importantes na estrutura da Administração turística, pelo fato de a Espanha constituir-se de um Estado autonômico baseado em uma monarquia parlamentar com um regime de comunidades autônomas, as quais lhes transferiam incumbências exclusivas em matéria turística, exceto por muito poucas incumbências residuais, como a promoção turística exterior, a administração da rede de paradores e albergues, entre outras. Como era de se esperar em um Estado de raízes centralistas tão profundas nas quais pesaram os quarenta anos de franquismo, as reservas ao processo de alteração foram fortes e afetaram de forma recriminada a própria racionalidade do processo.

As condições adversas nas quais se movimentou o setor turístico durante o período de 1975 a 1980, com as exigências próprias da nova situação política e, mais concretamente, da democratização das relações trabalhistas, estimularam um processo lógico de organização do setor privado, um setor que tradicionalmente havia estado totalmente desorganizado.

Dentro desse processo de organização setorial, também cabe incluir a progressão experimentada pelo censo de entidades de promoção turística – patronatos de turismo, centros de iniciativas turísticas –, com âmbitos territoriais e figuras jurídicas diversas. Também aumentou o esforço promocional, adquirindo importância notável as fórmulas de ação combinadas entre a Administração Central e as entidades de promoção, assim como os planos de modernização hoteleira.

No último Gabinete do presidente Adolfo Suárez, antes de sua demissão em fevereiro de 1981, foi produzida uma mudança na Administração turística deixando de depender de Comércio e passou a depender do de Transporte e Comunicações.

Em outubro de 1982, os socialistas chegam ao poder. As incumbências de turismo continuaram dependendo nos diferentes Gabinetes presididos por Felipe González do Ministério dos Transportes, Turismo e Comunicações. Contudo, a Secretaria de Estado passa a se chamar Secretaria Geral de Turismo.

Nesse último período, de 1982 a 1994, cabe destacar a política de marketing e promoção turística que realizou a Administração e o conflito de competências quanto à promoção turística que realizam as comunidades autônomas no estrangeiro. Concretamente, em 1984, o Governo chegou a aprovar um decreto, sendo ministro do ramo Enrique Barón, pelo qual se restringiam as competências de promoção turística no exterior dos Governos autonômicos. Os Governos autonômicos de Catalunha, País Basco e Galícia recorreram ao Tribunal Constitucional que deu a sentença a favor do recurso apresentado.

Em 1º de janeiro de 1986, Espanha, país eminentemente receptor de turismo procedente em grande parte da UE, ingressa na União Européia. Esse acontecimento fez com que a Espanha devesse também harmonizar sua política turística com o resto dos países comunitários, com vistas, fundamentalmente, à Acta Única que colocou em andamento desde janeiro de 1993 o Mercado Único Europeu, assim como as disposições do Tratado de Maastricht, de 1992.

Diante da constatação de um começo de crise no setor turístico a partir de 1989, a Secretaria Geral de Turismo colocou em andamento um plano de recondução do setor por meio de um estudo – *Libro Blanco del Turismo* –, tornado público em dezembro de 1990, pelo qual se marcavam uma série de objetivos para o futuro do turismo espanhol na década de 90. A tal estudo deve-se adicionar o Plan Futures pelo qual se põe em andamento um programa de relançamento do turismo para torná-lo mais competitivo, do ponto de vista técnico e comercial.

Esse projeto responde ao planejamento que haviam feito a Federação Espanhola de Hotéis (FEH) e a patronal das Zonas Turísticas (ZONTUR) da necessidade de novas medidas políticas favorecedoras do turismo; impulso para a modernização hoteleira; unificação do tipo impositivo do IVA para todas as categorias hoteleiras; melhora ambiental de infra-estruturas; saneamento de praias; publicidade de imagem de marca da Espanha diante de novos mercados competidores do Mediterrâneo; acordo referencial entre hoteleiros e agências de viagens, etc.

Com a guerra do Golfo em 1991, surgiu o fundamentalismo integrista islâmico e outros grupos terroristas em destinos turísticos concorrentes como Marrocos, Egito, Argélia e Turquia; a guerra na ex-Iugoslávia e os grandes acontecimentos de 1992 – Expo de Sevilha e os Jogos Olímpicos de Barcelona –, e a corrente turística para a Espanha superou a baixa do final dos anos 80 e experimentou um novo crescimento mantido, que coincidiu com a mudança de ministério e ministro a partir das eleições de junho de 1993, por passar as incumbências de turismo para o Ministério de Comércio e Turismo, dirigido por Javier Gómez Navarro, um engenheiro que vinha profissionalmente do setor turístico.

Em 1996, com a chegada ao poder do Partido Popular, as incumbências de turismo passam a depender do Ministério de Economia e Fazenda, por meio da Secretaria de Estado de Comércio, Turismo e Pymes.

# Capítulo 7

# HISTÓRIA DO TURISMO MUNDIAL

## 7.1. Origens e antecedentes desde a Antiguidade até o século XIX

Ainda que o conceito moderno da palavra turismo tenha surgido no final do século XVIII na Inglaterra com o "gran tour" que realizam a nobreza e a incipiente classe burguesa fruto da revolução industrial, podemos apreciar desde a Antiguidade até os séculos XVIII e XIX uma série de fatos que podem ser catalogados, salvo as distâncias, da atividade turística e de viagens.

Os conceitos turista e turismo são definidos no dicionário Oxford de 1800 como: "turista" – "alguém que faz viagens por lazer ou cultura, visitando uma série de lugares de seu interesse, paisagem ou agrado". "Turismo" –"a teoria e prática de touring; viajar por lazer".

Na história da humanidade encontramos uma amostra contínua de viagens, viajantes e organizadores de viagens, porém o conceito de "viagem" tinha matizes diferentes em outras épocas. Em primeiro lugar, a viagem – como diz com acerto a professora Isabel Albert – não se "desfrutava", mas sim se "sofria", já que as condições realizadas eram incômodas, difíceis e inseguras. Em segundo lugar, a viagem não era um fim em si mesma, mas sim simplesmente um meio para chegar ao destino. Em terceiro lugar, os deslocamentos estavam restritos a uma minoria, vivendo e morrendo a maior parte da população sem haver abandonado seu entorno mais imediato.

Grande parte das causas que deslocavam os viajantes de outras épocas subsiste ainda. Nas origens da humanidade, a viagem estava unida ao comércio, à procura de bens para a subsistência, à necessidade de melhorar as condições de vida, aos desejos políticos de expansão territorial e aos desejos de descanso e saúde que moviam as classes privilegiadas aos centros termais.

Na Bíblia, concretamente, já se fazia referência às viagens com fins comerciais. O Egito faraônico começa a desenvolver as condições necessárias para a viagem. No momento de maior esplendor, tanto a viagem com fins de negócios como a viagem com fins de prazer têm grande atividade. Viajar é necessário entre o Governo Central e os territórios periféricos do império, constante que também ocorrerá no Império Romano.

Para acomodar os viajantes que se deslocam tanto por negócios como por prazer são criados e desenvolvidos centros de acolhimento e de atenção nos principais caminhos e cidades, como descreve o próprio escritor grego Heródoto, que pode ser considerado um dos primeiros viajantes da história. Hoje em dia podem ser vistos alguns grafites em hieróglifos de mensagens deixadas por viajantes como constatação de que visitaram determinado lugar.

Ao longo da história também encontramos os amantes e aficionados pela viagem e por relatar por escrito suas vivências de viagens. Eram uma mescla de aventureiros e eruditos para os quais não custava muito movimentar-se e que deixaram relatos de suas peripécias em várias crônicas e escritos. Esta estirpe de viajantes provinha das classes mais instruídas de sua época e incluía embaixadores, escritores, artistas, descobridores, etc.

Na Antiguidade grega surge uma série de viajantes que deixam escritas suas vivências de viagens. Assim, Heródoto e Pausanias são dois exemplos disso. A *Anábasis* de Xenofonte não é mais que um diário de rota da grande retirada de um comandante de soldados mercenários italianos empenhado em encontrar a administração de sua propriedade nos arredores de Atenas. Assim mesmo, Homero, em sua obra *Odisséia*, torna evidente a grande vocação que os gregos tinham para viajar, os quais com freqüência participavam de festas de caráter religioso, nas quais aconteciam simultaneamente competições atléticas, tanto em Atenas como em Delfos, Corinto e Olímpia, esta última cidade na qual se originaram, precisamente, os Jogos Olímpicos. Alguns escritores antigos, como é o caso citado de Heródoto, considerado por muitos o "pai dos escritores de turismo", descrevem as extensas viagens realizadas em sua época, em que é possível observar, como indica o professor Miguel Ángel Acerenza, atividades idênticas às que hoje conhecemos com o nome de turismo. Atividades similares ocorriam no Império Romano.

A história conta que durante o apogeu do Império, nos meses de verão eram produzidos movimentos consideráveis de pessoas que se dirigiam de Roma para o campo e para os lugares de veraneio situados à beira-mar. O professor Fernández Fuster cita as vilas de férias localizadas em Baías, lugares considerados verdadeiros antecessores dos centros de férias das praias atuais, citado, inclusive, na literatura da época, como faz referência Ovídio em seu livro *A arte de amar*.

Os romanos, que visitavam também templos e santuários, assistiam a festividades e participavam de banhos termais nas termas de Caracalla ou nas de Cartago, lugares de descanso e de banhos com propriedades curativas.

Nessa época, já se dispunha de itinerários e guias nos quais eram especificadas as rotas, os nomes dos caminhos, as distâncias e o tempo necessários para viajar entre os diferentes pontos do Império.

Com a queda do Império Romano e a invasão dos bárbaros, a atividade das viagens decaiu até a Idade Média, época que com a expansão do cristianismo se inicia uma nova atividade turística, a que hoje podemos denominar turismo religioso: as peregrinações aos lugares santos cristãos, como Canterbury, Santiago de Compostela, Terra Santa, Roma, etc.

As peregrinações – segundo H. Robinson, em sua obra *Geography of Tourism* (Geografia do Turismo) – se converteram em um acontecimento da época e apareceu *Guía del viajero del siglo XIV* (Guia do viajante do século XIV), que oferecia aos peregrinos informações detalhadas sobre os países e as regiões que cruzariam e o tipo de hospedagem que poderiam encontrar no caminho.

As Cruzadas vieram dar um novo ímpeto às viagens e contribuíram para revitalizar o comércio como conseqüência do movimento de soldados, peregrinos e mercadores que transitavam ao longo dos caminhos da Europa Medieval.

O movimento de viajantes começou a ser de tal magnitude que no ano 1282 os proprietários das principais pousadas da cidade de Florença se reuniram para formar o primeiro grêmio de donos de pousadas, com a finalidade de transformar a hospedagem em uma atividade comercial. Veneza também é a outra cidade que, com Florença, desperta grande interesse "turístico" no final da Idade Média.

A viagem de prazer e de instrução não surgiria até o final da Idade Média, no momento do Renascimento italiano com Maquiavel, Brunetto Latini, Petrarca, Fortunato. Ao mesmo tempo, foi no Renascimento, com a entrada na Idade Moderna, quando começam a realizar viagens por razões distintas das que motivavam os peregrinos. As grandes expedições marítimas realizadas desde o final do século XIV até o século XVI foram as que ampliaram o horizonte da época – descobrimento da América, descobrimentos de novas zonas da África e Ásia –, e as que despertaram a curiosidade por conhecer outros povos e lugares, que foi o que deu origem a uma nova era da história das viagens.

Gaston Paris, um erudito do século passado, cita o historiador e humanista italiano Pasto que afirma que aceitar a viagem de recreação apenas foi possível a partir do século XVI e unicamente na Itália. Nessa época aparecem os livros de viajantes impressos que figuram entre as grandes edições de final do século XVI até o século XVIII. Por outro lado, Montaigne realiza uma reflexão sobre a viagem e Francis Bacon, na Inglaterra de 1612, realiza um ensaio muito elaborado intitulado *Of Travel* (Sobre Viagem), em que estima que a viagem deve ser parte da educação dos jovens e da experiência dos mais velhos.

No período que se inicia no século XVI que chega até o século XIX são estabelecidas as bases do turismo moderno. Durante esse período tem sua origem o denominado "gran tour" (grande turismo), do qual posteriormente deriva-se o termo "turismo" e é nessa época que começam a desenvolver-se os centros de férias, muitos dos quais subsistem, como é o caso concreto de Bath, na Inglaterra.

No século XVII começa a se recomendar, aos jovens da nobreza e da classe média inglesa, viajar para o continente com a finalidade de complementar seus conhecimentos e ganhar, desse modo, experiência pessoal. As viagens por este motivo foram se tornando normais e, em sua época, tinham grande duração que poderia alcançar de um a três anos – entre outras razões, deve-se levar em conta a precariedade e lentidão do transporte naquela época – razão pela qual na segunda metade do século XVII, concretamente em 1670, que é a data mais precoce na qual se pode comprovar o uso do termo, já se identificavam com o nome de "gran tour". A inquietude viajante respondia a um afã de conhecimento e cultura. Essa simbiose entre viagem e cultura deu origem ao nascimento do "gran tour" ou volta pela Europa da época (Paris, Florença, Veneza, etc.) que se constituiu no símbolo de educação para os jovens aristocratas ingleses.

Em virtude de suas características, as viagens deram lugar a uma extensa bibliografia cuja aparição se situa no final do século XVII e no início do século XVIII, que continha livros nos quais se recomendava a forma de viajar e como tornar mais proveitosas e honráveis as viagens para países estrangeiros. Mediante o estudo da citada bibliografia, assim como dos relatos e das cartas escritas por viajantes durante seus "tours" pelo continente, nos quais descreviam os itinerários – França, Itália e Alemanha – realizados, as distâncias percorridas, os meios de transporte e os lugares de hospedagem utilizados, foi possível elaborar alguns mapas daqueles itinerários.

Enquanto os jovens realizavam essas grandes viagens, impulsionados fundamentalmente por motivos educacionais, ainda que em parte também por um espírito aventureiro, no final do século XVI começava a despertar um interesse especial por banhos termais, cujas propriedades curativas já eram conhecidas tanto na Grécia antiga como no Império Romano, como já vimos. Esse interesse pelo termalismo se prolongará até o século XIX, quando voltará a ter um grande auge.

No século XVII, os médicos começaram a recomendar as propriedades curativas dos banhos termais. Nas termas iniciaram a organização de entretenimentos para os pacientes e, logo, os que iam pelas propriedades curativas das águas se viam acompanhados pelos que procuravam amenidades e diversão. De tal maneira que, na última metade do século XVII, os centros termais gozavam de grande popularidade, tanto na Inglaterra quanto no continente.

Na primeira metade do século XVIII, Bath e muitos outros centros termais contavam com boa atividade social e atraíam as pessoas mais importantes da época. Não obstante, no final do século XVII já se havia começado a manifestar certa alteração nas preferências como conseqüência do incremento de popularidade que iam adquirindo os banhos de mar. Em meados do século XVIII é publicada uma tese sobre o uso da água do mar e isso generaliza uma nova moda de viagens. Moda que dura até hoje. O mesmo que ocorreu nos centros termais se repete no que se refere aos banhos de mar, e as pessoas que procuravam diversão foram embora mesclando-se com os que iam por razões de saúde. De tal maneira que no final do século XVIII, os centros situados à beira-mar ofuscaram os centros termais. Os professores ingleses Burkart e Medlik, em sua obra *Tourism past, present and future* (Turismo passado, presente e futuro), mencionam o fato de que a população meridional inglesa de Brighton, junto ao Canal da Mancha, de uma simples aldeia de pescadores em 1760, chegou a ser, na segunda metade do século XVIII, o lugar mais alegre e mais na moda não apenas na Inglaterra, mas sim em toda a Europa.

Desde a segunda metade do século XVIII até início do século XIX foi produzido um importante salto qualitativo na evolução do turismo. A transformação econômica e social ocorrida como conseqüência da Revolução Industrial iniciada na Inglaterra e o conseguinte surgimento de uma classe média que foi crescendo e enriquecendo, com novos gostos e necessidades, especialmente no que se refere a férias favorecidas, além das rápidas melhorias ocorridas nos tranportes – a invenção da máquina a vapor aplicada ao navio e a criação da estrada de ferro –, fato que aumentaria o número de pessoas que viajavam por prazer.

## 7.2. O turismo no século XIX. A era do vapor: a estrada de ferro e o navio

### 7.2.1. Revolução do transporte

No século XIX, o processo provocado pela Revolução Industrial favoreceu o desenvolvimento da estrada de ferro e da navegação a vapor, ao ser utilizada a máquina a vapor inventada por James Watt, em meados do século XVIII, a estes meios de transporte. Concretamente em 1825, Stephenson inventa a locomotiva a vapor na Inglaterra, que rapidamente se estende para outros países europeus, EUA e Inglaterra e aos impérios coloniais, basicamente britânicos e franceses.

A estrada de ferro oferecia grandes vantagens sobre a diligência ou sobre os animais que eram os meios de transporte terrestres nessa época, sobretudo maior velocidade, comodidade e capacidade de viajantes e mercadorias. As empresas que empreenderam sua exploração eram privadas e a construção das redes ferroviárias causou grande impacto social e intensa reação crítica, pois temiam graves conseqüências para os campos, colheitas, caça, etc.

O turismo esteve desde o princípio muito vinculado à estrada de ferro e de fato as primeiras viagens organizadas a partir de Londres por Thomas Cook, que é considerado o pioneiro e criador da moderna concepção de agências de viagens, foram em estrada de ferro e navio, já que, embora esse tipo de transporte fosse conhecido, a incorporação da máquina a vapor como energia que substituía o vento ou a força humana, deu-lhe um impulso de iguais características que ao trem: maior velocidade, comodidade e capacidade de viajantes e mercadorias.

Por outro lado, as companhias ferroviárias promoveram a construção de hospedagens em torno das estações de trem e organizavam trens especiais para lugares de férias, como Brighton ou Bornemouth, etc.

Graças ao navio a vapor foi incrementado o tráfico da Europa para a América e Extremo Oriente e se desenvolveram grandes companhias britânicas, como a P & O y Cunard, que estabeleceram serviços regulares como os principais portos do mundo. A abertura do Canal de Suez em 1869 permitiu reduzir as distâncias com o Extremo Oriente.

No final do século XIX, começam as grandes emigrações da Europa para a América, cujas condições deprimentes de viagem contrastariam com os luxuosos cruzeiros que já desfrutavam, então, as altas classes sociais.

### 7.2.2. Surgimento das agências de viagens

Um dos anos mais memoráveis na história do turismo foi 1841, no qual, por rara coincidência, começam suas atividades nesse tempo o britânico Thomas Cook e o americano Henry Wells.

Cook cria no Reino Unido a empresa Thomas Cook and Son, e Wells faz o mesmo nos EUA com American Express, esta última criada em 1859. E de maneira muito especial para Thomas Cook, que é reconhecido como o primeiro agente de viagens profissional dedicado em tempo integral ao exercício dessa atividade.

Em 5 de julho de 1841, Cook concebeu e realizou a idéia de alugar um trem para transportar 570 pessoas, em viagem de ida e volta que custou um chelín por pessoa, recebendo um bilhete para ir de Leicester a Loughborough para assistir a um congresso antialcoolismo. Cook efetuou todos os arranjos da viagem de 11 milhas de trem, que incluía um lanche composto de chá e sanduíches de presunto, a possibilidade de participar de um jogo de críquet e a oportunidade de dançar ao som da música da banda que acompanhou os viajantes.

Para os habitantes da pequena localidade de Loughborough, a façanha das 570 pessoas que se arriscaram a viajar nos vagões descobertos do trem para passar todo o dia na cidade pequena não poderia ser recompensada com menos do que vivas e discursos de felicitação.

Persuadir o diretor da estrada de ferro da Midland Counties a alugar o trem a um preço moderado não deve ter sido uma tarefa fácil para Cook, porém, uma vez convencido, o diretor quis ir até o final. Inspirado pelo movimento contra o álcool, Cook tinha a opinião de que viajar podia melhorar as condições de vida da classe trabalhadora a qual devia ser mantida a todo custo longe das intenções de bebida, dentro do contexto puritano da sociedade vitoriana. Cook efetuou todos os arranjos da viagem sem aspirar nenhum benefício pessoal, porém logo compreendeu o imenso potencial de negócios existente na organização de viagens e foi assim que em 1845 inicia sua atividade de tempo integral como organizador de excursões.

O êxito de sua primeira viagem o animou a continuar organizando excursões cuja principal inovação era que tudo estava incluído no preço da passagem. Algum tempo depois, em 1870, com a tentativa de facilitar ainda mais a vida do viajante, Thomas Cook inventaria o que hoje são os cheques de viagem. Também, por ocasião de uma excursão que organizou da cidade de Leicester ao porto de Liverpool, preparou para o uso dos participantes o que se chamou de "Handbook of the Trip", que constitui o primeiro itinerário descritivo da viagem, preparado de forma profissional, especialmente para o uso de turistas.

Em 1846 realizou um tour com participação de guias de turismo, que foi o primeiro conhecido com essas características e no qual levou 350 pessoas em viagem à Escócia. Com a oportunidade da Primeira Exposição Mundial, realizada em 1851 e da qual participaram cerca de 6 milhões de visitantes, calcula-se que não menos que 165 mil pessoas fizeram uso dos serviços oferecidos por Cook para os arranjos de transportes e hospedagem, o que, é claro, deixa evidente sua extraordinária capacidade receptiva, já nessa época.

Em 1856, Cook organizou a primeira excursão ao continente; em 1866, a primeira excursão aos EUA; em 1872, a primeira volta ao mundo com um grupo de 9 pessoas, viagem que teve duração de 222 dias e cujas crônicas foram publicadas pelo *Times* de Londres e que, segundo consta, foram as que inspiraram o escritor francês Julio Verne a escrever sua famosa obra *A volta ao mundo em 80 dias* e, em 1878, levou 75 mil pessoas para visitar a exposição de Paris.

Cook foi o criador também em 1867 do primeiro cupom de hotel, que hoje é conhecido como "voucher". A maior contribuição efetuada por Cook ao turismo, sem dúvida, tem raízes na introdução nessa atividade do conceito da excursão organizada que atualmente se conhece como pacote turístico e que permitiu que grande massa da população tivesse acesso às viagens de férias.

A companhia Thomas Cook and Son já havia se transformado, em 1938, em potência mundial, requerida para os serviços mais variados: reorganizar as viagens dos peregrinos a Meca; intermediar na África do Sul durante a guerra dos Boers e preparar o primeiro vôo charter de Nova York a Chicago para que os fãs de boxe pudessem assistir ao combate entre Dempsey e Tunney.

O outro pioneiro nas agências de viagens foi o americano Henry Wells que com William F. Fargo deram direção a outra das grandes organizações de viagens – American Express –, que nasceu vinculada ao transporte de correios e mercadorias para converter-se no final do século XIX em organização financeira emissora de cheques de viagens. Até em 1920, converteu-se em agência de viagens.

### 7.2.3. Nova concepção da hotelaria

As tradicionais pousadas, estalagens e hospedarias revolucionaram seu conceito de hospedagem no século XIX graças a César Ritz, que idealiza um nova idéia de hospedagem hoteleira criando uma nova concepção nos hotéis da França, Suíça, Reino Unido e Itália, dando origem à criação de uma cadeia de hotéis, cujo nome e caráter tradicional chegaram até nossos dias.

### 7.2.4. Tendências das motivações turísticas

No século XIX, e em especial a partir da segunda metade, a tendência das correntes turísticas foi dupla, por um lado, alguns turistas preferem o sedentarismo, a estada em uma praia ou balneário e, por outro, os que preferem o deslocamento ou o itinerário.

As preferências e motivações do turismo dessa época são as seguintes:

1. As praias, tanto as frias do norte da Europa como as mais quentes do Mediterrâneo, em especial a Costa Azul francesa.
2. O termalismo. A afluência aos balneários centro-europeus (alemães, franceses, etc.).
3. O termalismo e a afluência às praias originam uma atividade social com a organização de uma série de atividades ao redor dos cassinos do sul da Europa – San Sebastian, Montecarlo, etc. – "kursaales", do norte da Europa.
4. Contato com a natureza, a paisagem e a prática de esportes de inverno, preferivelmente nas zonas alpinas da Suíça e da Itália. Foi uma época em que foram criados numerosos centros excursionistas.

Em todo o período da segunda metade do século XIX até a Primeira Guerra Mundial, experimenta-se um certo "boom" turístico. O movimento turístico havia assumido dimensões consideráveis e ultrapassava tudo o que era conhecido até então. Havia se desenvolvido como um simples fenômeno local para transformar-se em mundial, do qual países como Áustria, Suíça, França, Reino Unido, Itália, entre outros, nessa época obtiveram notáveis rendimentos anuais.

No que se refere à evolução do turismo na América, nesse mesmo período, sem dúvida os acontecimentos mais importantes ocorrem em:

*a*) EUA, com a criação dos primeiros parques nacionais (1872) e centros turísticos da costa, como o Atlantic City, que é criado próximo de Nova York, em 1824, como um centro de férias e de praia, ou os da península da Flórida.
*b*) Centros de Mar del Plata, na Argentina, e Viña del Mar, no Chile, ambos criados no final do século XIX, e o desenvolvimento, no início do século XX, de Pocitos e Piriápolis, no Uruguai.

## 7.2.5. Pioneiros do turismo

Ao longo do século XIX surge uma série de personagens que, por sua atividade, podem ser considerados os pioneiros das modernas empresas e atividades turísticas. De alguns deles, já fizemos referência:

### *a) Thomas Cook*

Thomas Cook, pai das agências de viagens, e por extensão da atividade turística, nasceu na Inglaterra em 22 de novembro de 1808. Órfão de pai desde pequeno, e de família humilde, deixou a escola cedo para ajudar a família. Trabalhou como torneiro e mais tarde em editora e associação batista que o levou a uma tarefa de proselitismo e de ajuda aos alcoólicos. Foi em 1841, quando organizou a histórica viagem de Leicester a Loughborough de 570 viajantes para assistir ao congresso antialcoolismo e, a partir desse acontecimento histórico, desenvolveu toda sua ampla e completa atividade como primeiro agente de viagens da história, como já vimos anteriormente.

Quando Cook morreu em 1892, a agência Thomas Cook and Son era a mais importante do mundo, chegando até nossos dias com mais de 600 escritórios abertos em todo o mundo. Seus atuais proprietários estão vinculados à cadeia hoteleira Trust House Forte.

### b) César Ritz

Se Thomas Cook é considerado o pai das agências de viagens, César Ritz é considerado o pai da hotelaria moderna. Ritz, assim como Cook, procede de uma família numerosa e pobre da pequena população suíça de Niederwald e teve de trabalhar desde muito pequeno para ajudar sua família. Trabalhava quando criança como pastor de cabras. Seu primeiro contato com os hotéis lhe proporcionou um trabalho de garçom de restaurante de uma pousada suíça. Conta-se que o dono da pousada lhe disse: "Nunca aprenderá o negócio dos hotéis. É necessário um talento que você não tem."

Em 1867 muda-se para Paris onde esteve trabalhando em diversas tarefas de hotelaria e restauração, até que voltou para a Suíça com 28 anos e começou a dirigir o Hotel Nacional de Luzerna. Nesse hotel, um dos melhores da época, Ritz teve um "insight" e compreendeu que devia mudar o estilo e a gestão de organizar e prestar os serviços hoteleiros.

Sua fama cresceu e foi solicitado a modernizar e tornar rentáveis hotéis em decadência. Foi criando novos hotéis ou modificando outros com uma concepção arquitetônica diferente e mais funcional. Hotéis como o Gran Hotel de Roma (1883); Hotel Ritz, de Paris (1898); Hotel Carlton, de Londres (1899) foram alguns dos quais Ritz deu seu impulso e criatividade. Chegou a dirigir doze hotéis simultaneamente. Alterou também a forma de tratamento tanto com os clientes quanto com o pessoal do hotel, com maior amabilidade, boas relações públicas e humanas.

### c) George Mortimer Pullman

O trem foi durante todo o século XIX o meio de transporte por excelência para longos percursos por terra. Paulatinamente foi melhorando seus serviços e tornando-se mais confortável. George Mortimer Pullman concebeu a idéia em 1860, nos EUA, de criar o vagão-salão e melhorar os serviços de hospedagem nos trens. A inovação de Pullman foi adotada na Europa continental em 1872, ano no qual é fundada a Companhia Internacional de Wagons-Lits e poucos anos depois foi adotada na Inglaterra, com a inauguração em 1880 do primeiro serviço Pullman na rota Londres a Brighton.

Pullman foi nomeado em 1867 presidente da Pullman Place Company, que assinou contratos com a maior parte das companhias ferroviárias americanas para fabricar diferentes tipos de vagões: vagões para fumantes, vagões-restaurante, vagões de recepção. Em 1881, as fábricas de Pullman produziam 100 mil vagões para mercadorias, 500 para passageiros e cerca de 200 vagões-dormitório. Pullman morreu em 1897.

Com Pullman, cabe citar Negelmackers que foi quem em 1872, por um convênio de licenças, promoveu a Companhia Internacional Wagons-Lits na Europa, mais precisamente na Bélgica. A companhia inaugurou a grande rede européia de vagões-dormitório com as linhas Berlim–Ostende, Paris–Colônia e Paris–Viena, que deram origem aos Grandes Expressos Europeus, trens especialmente dedicados a uma clientela de luxo. Em 1931, a firma de Wagons-Lits se fundiu temporariamente com a de Thomas Cook.

#### *d) Karl Baedecker*

Karl Baedecker pode ser catalogado como o pioneiro da moderna concepção dos guias turísticos de viagem. De família de editores, Baedecker nasceu em Essen (Alemanha) e viajou muito durante sua juventude, o que lhe permitiu ver a importância e interesse que poderiam ter para os viajantes a produção e o lançamento no mercado uma série de guias de viagem, que não apenas detalhavam a viagem e as impressões desta, como também davam conselhos e dados de interesse para o viajante, como hospedagens, meios de transporte, visitas a serem realizadas, artigos para se comprar como recordação, etc.

O primeiro guia que editou foi sobre viagem pelo Reno, "Rheinlande", escrito por Klein, em 1839. Posteriormente, foi ampliando seu conjunto editorial com novos guias sobre Alemanha, Áustria, *Handbuch für Reisende durch Deutschland und den Österreich*, etc., que foram traduzidos para vários idiomas. O primeiro guia sobre a Espanha, publicado pela editora Baedecker, foi em 1868 do qual foram feitas várias edições, inclusive traduzidas para o castelhano. Nessa mesma época, Murray iniciou guias semelhantes na Inglaterra.

Baedecker morreu em 4 de outubro de 1859 na Suíça e seus filhos continuaram publicando livros de viagem. A editora chegou até nossos dias e é uma das mais importantes ainda em seu gênero de coleção de guias de viagens de todo o mundo, com Guides Bleu, Fodor, Michelin, Nagel, etc.

No capítulo da história do turismo espanhol, já vimos que a figura pioneira na Espanha foi Benigno de la Vega-Inclán, marquês de la Vega-Inclán, que foi o primeiro comissário real e promotor do turismo nesse país.

## 7.3. Evolução e desenvolvimento do turismo no século XX. Etapas

O fenômeno do "boom" do turismo ocorre no século XX, depois da Segunda Guerra Mundial, momento em que surgem as principais condições para o desenvolvimento maciço do turismo de massas. Porém, durante a primeira metade do século (1900-1945), a atividade turística vai se consolidando com uma série de fatos históricos que vamos analisar, prevalecendo um turismo de elite que está motivado pelas praias frias, do norte da Europa, os balneários e os grandes cruzeiros.

O século XX foi marcado por duas guerras mundiais e vários momentos de recessão econômica – o "crack" econômico de 1929, as crises petrolíferas de 1973 e 1978 – que repercutem de forma direta e negativa sobre o desenvolvimento ou recessão do turismo.

Vamos estabelecer, motivados por esses fatos, os seguintes períodos históricos.

### 7.3.1. Do começo do século até o final da Primeira Guerra Mundial (1900-1918)

#### *a) Evolução do transporte: surgimento do automóvel*

Quanto ao transporte, a pré-história do automóvel e do ônibus como meio coletivo de transporte se situa entre 1914 e 1921 como conseqüência do começo da fabricação em série de ambos os tipos de veículos. O primeiro ônibus, tal como entendemos hoje, saído de fábrica foi construído por Frank Fageol, em 1921, nos EUA. Porém, seu auge se daria no período seguinte. Nesse, a estrada de ferro e o navio eram ainda os meios de transporte turísticos de maior incidência.

#### *b) Correntes turísticas*

Como já vimos, no final do século XIX, o período se prolonga desde o século passado até o estouro da Primeira Guerra Mundial, momento que o turismo mundial tem grande recessão, principalmente na Europa. Caracteriza-se como anos de "boom" turístico das classes ricas burguesas com algumas preferências parecidas no final do século passado e que se estendem até países como Suíça, que ocupa um lugar de privilégio, França, Noruega, Itália e Reino Unido, entre outros.

### 7.3.2. Período de entre guerras (1918-1939)

Nesse período, ocorre uma curva ascendente no desenvolvimento do turismo até a crise econômica de Wall Street, com o "crack" de 1929, no qual se inicia uma depressão econômica nos EUA e que se estende pela Europa com a desvalorização da moeda na Alemanha e no Reino Unido, repercutindo consideravelmente no turismo em 1932. Essa crise é superada até 1938, um ano antes do começo da Segunda Guerra Mundial.

#### *a) Desenvolvimento do automóvel e do avião como transportes públicos*

Este período se caracteriza pelo auge paulatino que chega a experimentar o transporte automotor e posteriormente a aviação. Os veículos excedentes da guerra foram se adaptando para o transporte de passageiros e, entre 1919 e 1920, os ingleses começaram a realizar excursões em ônibus para os campos de batalha de França e Flandres e estenderam de forma gradual seu raio de ação até a Costa Azul, Espanha e, depois, a outras zonas da Europa. Em 1935, as excursões chegavam já ao norte da África e nesse mesmo ano ocorre também a primeira excursão em ônibus do Reino Unido até Leningrado e Moscou.

Estima-se que, em 1939, apenas na Inglaterra, foram transportados em ônibus cerca de 37 milhões de passageiros, entre aqueles que utilizaram os serviços regulares e de excursão. Outro aspecto relevante nesse período foi o surgimento da aviação civil.

#### *b) Correntes turísticas e mercados receptores*

É um período de turismo de elite, cujas motivações são as praias frias do norte da Europa e alguns pontos do Mediterrâneo, a prática de esqui nos Alpes.

A Suíça continua sendo o país que, com França, Bélgica e Itália, contou com uma expansão turística nessa época. Seu projeto hoteleiro e serviços foram a máxima qualidade dentro do mercado internacional.

Começa a se desenvolver o turismo social na Itália fascista e na Alemanha nazista, assim como na Áustria e na França.

Segundo dados da UIOOT, os anos anteriores à Segunda Guerra Mundial (1933-1939) deram um total aproximado, nos principais países europeus, de cerca de 12 milhões de turistas, que se distribuíam entre Itália, Alemanha, Suíça, Áustria, França e Reino Unido. Na Espanha, em 1934, foram recebidos 190.830 visitantes.

### 7.3.3. Segunda Guerra Mundial (1939-1945)

Durante os seis anos que durou a Segunda Guerra Mundial (1939-1945), produziu-se uma estagnação econômica que repercutiu de forma total no turismo.

A recuperação do pós-guerra durou cinco anos e só a partir de 1950 começa, de novo, a curva ascendente do turismo, originando-se o período de ouro do "boom" turístico.

Porém, com o estabelecimento da paz e a nova ordem internacional que surge depois da contenda mundial, a fundação da Organização das Nações Unidas, a criação a partir de 1945 de uma série de organismos e associações públicas e privadas que contribuirão para posterior desenvolvimento do turismo, como veremos no período seguinte.

### 7.3.4. Período do "boom" turístico (1945-1973)

Esse período que se abre depois da Segunda Guerra Mundial e que abrange algo mais do que um quarto de século foi considerado o de maior expansão do turismo, com um ligeiro estancamento em 1967-1968, motivado pela Guerra árabe-israelita dos Seis Dias, que afetou, principalmente, a corrente turística do Mediterrâneo.

#### *a) Fatores que tornam possível a explosão do turismo de massas*

- *Políticos*: o mundo vive nesse período uma prolongada etapa de paz, exceto pelas guerras regionais do pós-guerra – Coréia, Vietnã, etc. –, que permite o desenvolvimento do turismo em zonas de estabilidade política – Mediterrâneo, Centro da Europa, EUA, etc.
- *Econômicos*: a partir dos anos 50 aumenta o poder aquisitivo de amplas camadas da população nos países ocidentais como conseqüência do desenvolvimento industrial e produtivo. São consolidadas as classes médias.
- *Educacionais e culturais*: a expansão da educação e da cultura desperta maior interesse por conhecer outros povos e civilizações.
- *Sociológicos e trabalhistas*: a expansão da população urbana e industrial e os problemas que projetam quanto à vida contra o relógio, o estresse, a contaminação, etc., provoca o desejo de evasão, descanso e recreação para ambientes mais próximos da natureza. Depois da melhora das condições trabalhistas e sociais, foram reduzidas as jornadas de trabalho e permitiu-se a criação de férias anuais remuneradas.
- *Técnicos*: os grandes avanços tecnológicos na comunicação e o transporte – automóvel, avião, etc. – permitem viajar com mais rapidez e comodidade para as zonas mais distantes do mundo, com redução progressiva dos preços de transporte, em especial o avião.

– *Psicocomerciais*: a expansão da publicidade e as técnicas do marketing levam ao conhecimento geral das populações todos os aspectos do turismo com grande poder de invasão e influência e estabelecem um aumento motivacional para as atividades do turismo e da viagem.

### b) Evolução do sistema de transporte

Nesse período ocorre a separação decisiva e o desenvolvimento maciço da aviação comercial. Os aviões experimentam um considerável progresso técnico – do avião com hélice passa-se para o avião com turbina até o Concorde –; são praticados os vôos noturnos; a capacidade dos aviões passa de menos de uma centena para quase quinhentos lugares; os aeroportos melhoram seus equipamentos e sua disposição; são incrementadas as velocidades dos aviões – de 300km/h para 900, 1.000 e até 1.500km/h – e estes são melhorados tecnicamente com a incorporação de radares, etc.

No que diz respeito ao direito aéreo, flexibiliza-se mediante uma série de conferências internacionais que deram origem à Associação Internacional do Transporte Aéreo (IATA), em 1945, em Havana.

Os fatos técnicos que colocaram a aviação ao alcance do turismo internacional foram: o avião a reação, o avião de grande capacidade e o vôo charter. No final dos anos 50, a velocidade dos aviões foi multiplicada por dois pela introdução do avião a jato. No início dos anos 70 foi a chegada dos aviões de grande capacidade como o Boeing 747 (Jumbo), o DC-10 Mac Donnell-Douglas e o Airbus francês para distâncias grandes, médias e curtas.

### c) Evolução da estatística turística mundial

As correntes turísticas durante esse período sofrem uma expansão considerável. Em 1950, segundo a Organização Mundial do Turismo (OMT), as chegadas de turistas internacionais em nível mundial ultrapassaram 25 milhões. Em 1960, quase triplicaram, passando para 69 milhões de turistas. Dez anos mais tarde, em 1970, o total de chegadas quase alcançou 160 milhões e no último ano desse período que estamos analisando, em 1973, foi de 190 milhões.

Quanto à arrecadação por turismo nesses mesmos anos, foram alcançadas as seguintes cifras: 2,1 milhões de dólares (1950); 6,867 milhões de dólares (1960); 17,9 milhões de dólares (1970) e 31,054 milhões de dólares (1973).

### *d) Preferências pelos destinos turísticos*

No período que surge, expande-se e consolida-se o turismo de massas baseado nas viagens econômicas "a forfait" com todos os serviços incluídos, organizadas pelas agências de viagens e operadoras de tour, utilizando o frete dos transportes – vôos charter; ônibus, em serviço reservado; cruzeiros, etc.

São consolidados como países emissores de turismo: os países escandinavos, Alemanha, Países Baixos e EUA. E são consolidados como países eminentemente receptores de turismo, os países do Mediterrâneo: Espanha, Itália, etc.

### *e) Configuração de associações e organizações turísticas*

Nesse período surge um grande número de associações e organizações turísticas nacionais e internacionais públicas e privadas com o objetivo de fomentar, desenvolver e cooperar no campo do turismo. Entre outras, destacam-se:

1. Econômicas: Comunidade Econômica Européia (1958); Organização de Cooperação e Desenvolvimento Econômico (OECD).
2. Transporte: Organização Internacional de Aviação Civil (OACI) (1944); Associação Internacional de Transporte Aéreo (IATA) (1945); Organização Consultora Internacional (OMCI) (1959).
3. Empresas turísticas: Associação Internacional de Hotelaria (IHA) (1946); Associação Internacional de Hoteleiros, Restauradores e Cafeteiros (HOTREC) (1949); Federação Universal das Associações de Agências de Viagens (1966).
4. Especialistas em Turismo: Associação Internacional de Especialistas Científicos em Turismo (AIEST) (1949).

## 7.3.5. Os últimos dois decênios do turismo mundial (1973-1994)

A tendência inflacionária que ocorre nos dois primeiros anos da década de 70, agravada pela nova guerra árabe-israelita, de setembro de 1973, conhecida como a guerra do Yom Kippur, faz com que subam consideravelmente os preços do petróleo por parte da OPEP, o que repercute em grande intensidade nos preços dos serviços turísticos, principalmente no transporte, produzindo-se recessão no setor em nível mundial que duraria até 1978, ano em que volta a se experimentar recuperação. Outros acontecimentos políticos, econômicos e sociais, desses últimos anos, também alterariam o desenvolvimento do turismo: queda do muro de Berlim, em novembro de 1989; a queda do comunismo e as alterações no leste da Europa e na ex-União Soviética; a Guerra do Golfo (1991); a guerra e desintegração da ex-Iugoslávia; o ressurgimento do fundamentalismo islâmico em países turísticos, como Argélia, Marrocos, Egito, etc.

Quais são as características do turismo nesse período?

### a) *Evolução do transporte*

Nesse último período, a aviação comercial se consolida tanto no vôo regular como no charter. Aparecem novos modelos mais rápidos e maiores, como o Concorde (1975) e o Tupolev (TU 144) soviético.

Na Europa se enfoca o processo de liberalização do transporte aéreo, como nos EUA, com o aparecimento das companhias aéreas privadas que competem com as estatais que deixam de ter o monopólio aéreo e que fazem proliferar novas e mais competitivas tarifas. As companhias aéreas privadas criam novos serviços regulares. Também começa um processo de união, fusão e de maior cooperação entre as companhias aéreas.

Na Europa se experimenta também uma tendência à melhora do transporte por estrada – ônibus mais confortáveis, uma rede de rodovias que une mercados emissores e receptores –; melhora do transporte por estrada de ferro, com o trem de alta velocidade – TGV francês – que se impõe como forte competidor ao avião no que tange curtas e médias distâncias.

Nesse período se consolida o vôo charter e as tarifas de vôo regular competem com as tarifas charter.

### b) *Evolução das correntes turísticas*

A evolução das correntes turísticas – chegadas de turistas internacionais em nível mundial – nesse último período é a seguinte, segundo a OMT: 198 milhões de turistas (1973); 267 milhões (1978); 292 milhões (1983), 401 milhões (1988), 500 milhões (1993).

No que se refere aos ingressos do turismo internacional, nesses mesmos anos, são os seguintes: 31,054 milhões de dólares (1973); 68,845 milhões (1978); 100,596 milhões (1983); 199,282 milhões (1988) e 316,055 milhões (1993).

### c) *Aplicação de novas tecnologias na indústria turística*

O desenvolvimento da informática e sua aplicação nas "estradas" da informação, nesses últimos decênios, tornam possível também sua incorporação nas empresas turísticas – hotéis, transportes, agências de viagens, escritórios de informação turística, etc. –, como veremos no capítulo dedicado à Turismática.

### *d) Política de cooperação internacional: criação da Organização Mundial do Turismo*

A cooperação turística internacional se consolida nesse período, não apenas com os acordos de cooperação bilateral entre países, mas também no nível multilateral com a criação da Organização Mundial do Turismo em 1974, assim como a atenção econômica que lhe dedicam outros organismos e instituições internacionais – Banco Mundial, OCDE, União Européia, etc.

### *e) Tendências nos mercados emissores e receptores*

Nesse período continua-se experimentando, como no anterior, uma forte sazonalidade devido à concentração das férias nos meses de verão. Todavia, experimenta-se uma tendência a aumentar as temporadas de Natal, Semana Santa, assim como os finais de semana.

O Mediterrâneo consolida-se como a primeira área turística do mundo com uma incipiente concorrência entre países da zona: os países árabes do norte da África com relação aos países europeus do Mediterrâneo. Contudo, o problema do fundamentalismo islâmico nesses países prejudica sua expansão turística.

Nascem e se desenvolvem outras áreas turísticas do mundo como o Caribe, as ilhas do Índico e do Pacífico, e o sul e sudeste asiáticos. Com a queda do muro de Berlim e do comunismo, abrem-se novos mercados emissores e receptores nos países ex-socialistas do Leste da Europa e da ex-União Soviética.

### *f) Concentração empresarial*

Nesse período ocorre consolidação das empresas multinacionais do setor turístico, em especial das cadeias hoteleiras, assim como consolidação e crescimento das operadoras de tour. Também ocorre um processo de concentração empresarial no setor das companhias aéreas. Experimenta-se, mesmo assim, um processo de financiamento para as empresas turísticas procedente de instituições bancárias e financeiras nacionais e multinacionais.

Capítulo 8

# ECONOMIA DO TURISMO

## 8.1. Conceito de economia do turismo

Os professores Hunziker e Krapf estabeleciam em 1942 a seguinte definição do turismo em sua relação com a economia que é universalmente admitida atualmente: "Turismo é o conjunto das relações e fenômenos – econômicos, sociais e culturais – produzidos pelo deslocamento de pessoas fora de seu lugar habitual de residência, de modo que tais deslocamentos e permanência não estejam motivados por uma atividade lucrativa principal, permanente ou temporal."

Dessa primeira definição podemos demarcar uma segunda, de acordo com o professor Manuel Figuerola, que se limita mais diretamente à relação econômica que o turismo possui. Assim, o turismo "é toda atividade que causa deslocamento que implica gasto de renda, cujo objetivo principal é conseguir satisfação e serviços, que são oferecidos por meio de uma atividade produtiva geralmente mediante um investimento prévio e cujo objetivo final é obter rentabilidade".

Com esse panorama conceitual, o turismo se emoldura perfeitamente dentro da economia como o conjunto das atividades industriais e comerciais que produzem bens e serviços consumidos total ou parcialmente por visitantes estrangeiros ou por turistas nacionais.

O turismo não é diretamente uma indústria, já que, seguindo a definição mais rígida, não produz nenhum bem econômico, mas sim uma atividade de prestação de bens e serviços. Contudo, ao ter algumas conotações praticamente iguais às da indústria e, sobretudo, a importante dimensão que tem para o crescimento e desenvolvimento da economia de um país, em especial para os países com potencial turístico em desenvolvimento, o turismo foi denominado de "indústria sem chaminé".

A economia do turismo fundamenta-se na teoria econômica geral que tem dois âmbitos muito delimitados. A macroeconomia e a microeconomia.

*a*) A macroeconomia como o estudo das magnitudes agregadas da economia turística e de seus comportamentos e inter-relações. Estuda, portanto, as atividades humanas com relação à atividade turística de grandes grupos – países, regiões, etc. –, expressando-se mediante as magnitudes ou agregados econômicos seguintes:

1. O emprego total direto e indireto da população ativa dedicada ao turismo.
2. A renda nacional e a posição da renda nacional turística dentro do conjunto.
3. Os investimentos globais em empresas de serviços turísticos.
4. O consumo turístico global (gasto total efetuado em bens e serviços diversos).
5. Os preços dos produtos e serviços turísticos, e o índice geral de variação de tais preços.
6. Os salários da população ativa dedicada ao setor turístico.
7. A demanda turística, tanto: *a*) a procedente do estrangeiro; *b*) a interior ou nacional que se distribui dentro do país; e *c*) a demanda nacional que se dirige ao exterior.
8. A oferta da infra-estrutura turística: *a*) a básica formada pelo transporte, a hospedagem e a manutenção; e *b*) a complementar, baseada nas empresas de recreação, comerciais e outros serviços.
9. Os ingressos de divisas no conceito de turismo, refletidos na balança de pagamentos.
10. Os pagamentos de divisas por saídas de nacionais para o estrangeiro ou a compra ou importação de infra-estrutura turística do exterior, refletidos na balança de pagamentos.
11. Valor adicionado bruto do turismo.
12. O turismo dentro do marco do Produto Interno Bruto e do Produto Nacional Bruto.

*b)* A microeconomia turística estuda as atividades humanas tanto individuais como de pequenos grupos, tratando de determinar o comportamento econômico geral como um somatório das atividades e comportamentos individuais. Esse estudo costuma basear-se no consumo, no sistema de preços e nos fatores de produção.

A economia turística, tanto em seus aspectos macroeconômicos como microeconômicos, fundamenta-se nas empresas turísticas, como célula-motor e soma das engrenagens de sua atividade.

## 8.2. Setores da economia. O turismo dentro do setor terciário

A atividade econômica divide-se em três setores, relacionados com os diferentes tipos de bens e serviços econômicos, assim como com os processos de produção e obtenção destes. Estes setores são:

*a*) Setor primário. O conjunto de atividades relacionadas com a obtenção de produtos procedentes da agricultura, criação de gado, mineração e pesca.
*b*) Setor secundário. É formado pelo conjunto de atividades econômicas relacionadas com a obtenção de bens que experimentam uma transformação. Também é denominado setor industrial. Exemplo: as empresas industriais de produção ou transformação de bens.
*c*) Setor terciário. Este setor é formado pelo conjunto de atividades econômicas relacionadas com a prestação de serviços para os setores secundários ou primários ou para os particulares. Também é denominado setor de serviços.

Neste setor estão englobados os seguintes tipos de empresas: bancos, comércios, seguros, transportes, turismo, empresas de entretenimento e de diversão.

O turismo, como vemos, está englobado no setor terciário ou setor de serviços. O turismo é a "indústria sem chaminé" que engloba as empresas que se dedicam à prestação de serviços de transporte, organização de viagens, hospedagem, manutenção e informações turísticas.

Os sociólogos e economistas – que fazem estudos prospectivos com vistas ao futuro, às décadas vindouras – prevêem e afirmam que dentro de alguns anos se poderá falar de um quarto setor econômico: o setor das empresas dedicadas ao tempo livre e à civilização do lazer, especialmente nas sociedades industrializadas onde se experimentam, diante da aplicação de novas tecnologias, o alto nível de vida, o aumento da expectativa de vida, um progressivo aumento do tempo livre da população ativa e, sobretudo, da população aposentada.

Por um lado, a população ativa – o conjunto de pessoas da sociedade que estão incluídas na idade trabalhista – verá reduzirem-se seus anos de atividade. Entrará mais tarde no setor trabalhista e as idades de aposentadoria serão adiantadas. Por outro lado, a expectativa de vida – anos de vida – crescerá progressivamente devido aos avanços da medicina e ao aumento da qualidade de vida. Essas duas condições determinarão que a chamada terceira idade terá mais tempo livre que poderá ser dedicado a atividades de viagem, de descanso, de recreação, de esporte e de cultura.

Isso quer dizer que, em futuro não muito distante, deverão aumentar, em número e em variedade de atividades, as empresas dedicadas a preencher o tempo livre e a cultura do lazer. Por essa razão, essas empresas que agora formam parte do setor terciário – incluindo o turismo – passariam a criar esse quarto setor econômico.

## 8.3. O turismo e o Produto Interno Bruto

O Produto Interno Bruto (PIB) é o valor da produção bruta total de bens e serviços de um país mais os rendimentos líquidos dos fatores produtivos de origem estrangeira durante um período determinado, geralmente um ano.

Ao Produto Interno Bruto deve-se adicionar o conceito de Produto Nacional Bruto (PNB) e Produto Nacional Líquido (PNL). O primeiro é entendido como o valor da produção bruta total de bens e serviços de um país, calculado nos preços de mercado, durante um período de tempo, em geral, de um ano. E o segundo é entendido como o valor da produção líquida total de bens e serviços de um país, calculado nos preços de mercado, durante um período de tempo determinado, geralmente um ano. Se do PNL nos preços de mercado forem deduzidos os impostos indiretos e adicionadas as subvenções governamentais, é obtida a Renda Nacional.

Com o que se pode definir a Renda Nacional como aquele valor da produção líquida total de bens e serviços de um país, calculado nos preços de custo, durante determinado período, normalmente um ano. A Renda Nacional é igual ao Produto Nacional Líquido no custo de fatores.

A atividade produtiva das empresas turísticas representa para os países em vias de desenvolvimento econômico uma cifra importante no Produto Interno Bruto, tanto pela geração de riqueza direta como indireta de outras empresas vinculadas indiretamente ao setor do turismo – comércios, discotecas, empresas de atividades esportivas, etc.

Os países com um grande potencial turístico em desenvolvimento, que fundamentam sua economia no setor turístico, têm um alto índice de Produto Interno Bruto por esse conceito, dentro do conjunto da produção total.

## 8.4. O turismo e a Balança de Pagamentos

A Balança de Pagamentos é o registro contábil e sistemático das transações econômicas efetuadas entre os residentes de um país e os do resto do mundo durante determinado período, geralmente um ano.

A Balança de Pagamentos, por ser um registro contábil, consta de um ativo, em que são anotadas todas as receitas procedentes de terceiros-países e de um passivo no qual se anota a dívida – pagamentos e dívidas – que um país tem com outros países. Quando o passivo é mais alto que o ativo, o país se encontra em uma posição desfavorável frente ao resto do mundo, devido à sua situação de dívida.

As receitas por conta do turismo ajudam em grande proporção a equilibrar a Balança de Pagamentos, como um ativo frente ao passivo. Os países em desenvolvimento – Terceiro Mundo – com uma dívida grande frente a outros países têm no turismo uma maneira eficaz de equilíbrio. A Balança de Pagamentos da Espanha nas décadas de 60 e 70 ficou equilibrada ou com superávit graças às receitas – divisas – que entraram por esse meio.

Tendo em conta a natureza das operações registradas, a Balança de Pagamentos compreende dois tipos principais:

### a) Balança de operações correntes

Compreende as receitas e pagamentos relativos aos bens, serviços, rendas obtidas e transferidas durante o período de tempo correspondente. Subdivide-se, por sua vez, em três grupos principais:

*a*) Balança comercial, que compreende as importações e exportações de mercadorias.

*b*) Balança de serviços, denominada também invisível, que inclui os gastos realizados pelos turistas, fretes, transportes e seguros, os "royalties" e assistência técnica, assim como transações governamentais e serviços diversos.

*c*) Balança de transferências, que compreende as transações públicas e privadas realizadas no período de tempo considerado.

### b) Balança de operações de capital

Inclui todos os movimentos de capitais e ouro de caráter público ou privado.

A balança de pagamentos referente ao turismo é formada, basicamente, pelas seguintes partes:

- *Ativo*

1. As exportações de bens para fins turísticos e de turistas estrangeiros.
2. As receitas em divisas procedentes dos serviços – transporte, hospedagem, manutenção, etc. – prestados aos turistas estrangeiros.
3. O produto dos capitais investidos em instalações turísticas no estrangeiro.
4. As transferências dos salários que recebem os espanhóis que trabalham em empresas turísticas no estrangeiro.

- *Passivo*

1. As importações de bens destinados a fins turísticos.
2. Os pagamentos em divisas dos serviços turísticos – hospedagem, transporte, manutenção, etc. – que são prestados aos espanhóis que viajam, por conta do turismo, ao estrangeiro. Os pagamentos em divisas que são realizados no estrangeiro para satisfazer as campanhas de promoção turística, propaganda, publicidade, marketing e relações públicas.
3. Os juros dos capitais estrangeiros investidos na Espanha no setor do turismo.
4. Os salários que recebem os estrangeiros que trabalham na Espanha no setor do turismo.

## 8.5. O turismo e o emprego

O turismo é tradicionalmente considerado um setor que utiliza, de forma intensiva e muitas vezes sazonal, o fator trabalho. É um importante gerador de novos postos de trabalho, tendo o componente de serviços pessoais na maioria das prestações turísticas: garçons, recepcionistas, etc.

A questão é saber se essa capacidade de criar emprego é superior ou não à de outros setores produtivos da economia. Diversos estudos demonstram que, nos casos menos favoráveis, o turismo pode situar-se em um nível duplo:

1. Tarefas manuais e subalternas: garçons, cozinheiros, barmans, garçons de andares, carregadores, etc.
2. Tarefas administrativas e intelectuais: recepcionistas, pessoal de agências de viagens, guias, etc.

Em matéria de emprego turístico, a terminologia é pouco precisa. Normalmente, designa-se por emprego direto que se realiza em empresa turística – hotel, agências de viagens – e pelo emprego indireto, posto de trabalho em uma empresa relacionada indiretamente ao turismo – discotecas, comércios situados em zonas turísticas – ou em empresa fornecedora de bens e serviços para o setor turístico.

Outra das características do emprego no setor turístico é o caráter instável e descontínuo motivado pela sazonalidade estival ou invernal.

## 8.6. O turismo e o mercado. A demanda e a oferta. O consumo turístico

A atividade econômica do turismo, como já vimos no capítulo introdutório, emoldura-se dentro do mercado com uma estrutura baseada na oferta e outra na demanda.

### 8.6.1. Demanda turística

A demanda turística está configurada como o conjunto de pessoas – turistas – que se deslocam periodicamente e de forma temporal para fora de seu lugar de residência habitual, por motivos de viagem que não sejam para trabalhar ou cumprir uma atividade remunerada. Em vários países, a demanda turística tem um comportamento sazonal, ou seja, que se concentra em alguns meses do ano. A demanda turística é considerada por uma série de fatores:

*a*) *Disponibilidade de tempo.* O reconhecimento das férias remuneradas por parte dos Estados foi o fator mais importante que permitiu o desenvolvimento da demanda turística moderna. À medida que esse direito foi introduzido efetivamente em grande número de países e cada vez mais camadas da sociedade puderam ter acesso a essa situação, criou-se uma base objetiva, condição necessária para a existência de maior demanda turística potencial. Por outro lado, como já vimos anteriormente, observa-se, a curto e médio prazos, uma tendência para a redução do tempo de trabalho e, o que parece mais importante, melhor valorização do tempo livre.

*b*) *Disponibilidade econômica.* As receitas pessoais e familiares experimentaram, progressivamente, um aumento nesses últimos decênios, um aumento real em bom número de pessoas pertencentes à população ativa, o que estimula vigorosamente o consumo privado de bens materiais e de serviços, entre eles o turismo. O fato é que esse benefício foi sendo ampliado e atingiu quase todos os segmentos da população, o que permitiu, ao menos nos países desenvolvidos, ver o turismo como uma atividade que é praticada por quase todas as classes sociais. A "democratização" dos preços nos serviços turísticos possibilitou o incremento das férias fora do lugar de residência habitual.

*c*) *Fatores demográficos*. Constata-se que as populações têm um comportamento diferente segundo suas características demográficas. Em geral, pode-se afirmar que os grupos sociais com modelo de vida urbana têm maior propensão para viajar. Outras características, como idade, sexo, situação familiar, etc., influem também de forma considerável na hora de tomar a decisão de sair de férias.

*d*) *Fatores sociais*. Sem dúvida, a valorização social das férias produz um efeito de imitação, o de assimilar modelos de consumo das pessoas de nível de receitas superior. Contudo, apesar deste comportamento mimético, há outros motivos. O fato de viver em uma sociedade mais aberta e integrada em um contexto cada vez melhor ultrapassou, sem dúvida, os limites geográficos e políticos, o que permitiu crer que o turismo predispõe a uma aproximação entre os povos e entre as classes sociais, ao mesmo tempo que colabora de forma notável para melhorar a qualidade de vida das pessoas.

### 8.6.2. Oferta turística

A oferta turística é o conjunto da infra-estrutura de bens e serviços – hospedagens, transportes, restauração, etc. – para prestar os correspondentes serviços à demanda turística, quantificada no valor de tais serviços e bens criados pelo setor de atividade durante determinado período, em geral um ano. Devido à variedade de setores que formam parte da origem da produção turística, o turismo é, do ponto de vista econômico, um elemento qualitativamente dinamizador do sistema econômico.

O turismo gera um efeito multiplicador sobre a oferta e a produção de outros produtos de consumo, tanto pelo próprio setor econômico terciário – relações do turismo com o transporte ou com a atividade bancária ou de seguros –, como com os outros setores: primário – os bens agrícolas para a elaboração de cardápios, etc. –, e secundário ou industrial – as câmaras frigoríficas ou elevadores para os hotéis, etc. Isso quer dizer que, graças ao turismo, há outros produtos de consumo que se beneficiam dele. Com esse estreito vínculo, o turismo estabelece um importante papel como valor adicionado na produção nacional, valorizada por meio do Produto Interno Bruto.

Como conseqüência de suas relações diretas com o conjunto de setores da atividade econômica, o turismo contribui, portanto, para diversificar a atividade econômica nacional, o que é interessante não apenas para os países desenvolvidos, mas também, especialmente, para os países menos desenvolvidos ou em desenvolvimento. Para esses países, o turismo permite completar sua estrutura produtiva em momentos de recessão econômica ou de restrições no comércio exterior.

### 8.6.3. Consumo turístico

O consumo turístico é uma soma ou agregação, expresso em termos monetários, relativa aos gastos feitos pela demanda turística sobre uma série de bens e serviços, isto é, os gastos produzidos por um turista em sua atividade turística.

Devido às características do setor, o volume do consumo turístico equivale ao volume de produtos e serviços consumidos, ou seja: número de pernoites, número de refeições consumidas, trajetos de viagem, etc.

O volume do consumo turístico é, essencialmente, função do nível de preços efetivos e dos ingressos disponíveis do consumidor. As relações fundamentais entre essas variáveis se vêem afetadas por uma série de fatores não-econômicos, como a valorização social do consumo turístico, o que implica que o turismo está integrado no modo de vida das populações cada vez mais numerosas, não apenas nos países desenvolvidos, mas também na elite urbanizada dos países em desenvolvimento.

Existem dois tipos de consumo turístico: 1) O consumo turístico nacional, isto é, o que afeta os residentes de um país no mesmo país; 2) o consumo turístico internacional ou exterior, o efetuado em país diferente do de residência habitual do turista.

A estrutura do consumo turístico distribui-se tradicionalmente em: 1) hospedagem; 2) restauração e alimentação; 3) transporte; 4) compras, visitas e outros gastos.

## 8.7. Efeitos econômicos do turismo

Analisar o impacto econômico do turismo é observar o lugar que o turismo ocupa no comércio internacional e nas economias nacionais. Para isso, utilizaremos a classificação e a identificação dos efeitos que a Organização Mundial do Turismo (OMT) elaborou, em 1980, por ser uma das formas de análise dos efeitos mais completa.

A OMT estabelece três tipos de efeitos:

1. Os efeitos sobre a estratégia do desenvolvimento turístico ou efeitos globais, baseados em:

*a*) Efeitos globais sobre a economia nacional (financiamento do déficit exterior, atividade motora, etc.)

*b*) Efeitos sobre a dependência exterior e sobre a nova ordem econômica internacional.

2. Os efeitos parciais sobre a economia nacional, ou seja, sobre os agentes, os setores, as variáveis e as macrodimensões da economia nacional baseados em:

*a*) Efeitos sobre a produção. Efeito multiplicador sobre os outros setores produtivos em relação com o turismo, como já vimos anteriormente.
*b*) Efeitos sobre o emprego.
*c*) Efeitos sobre a balança de pagamentos.
*d*) Efeitos sobre as taxas de câmbio.
*e*) Efeitos sobre a oferta monetária e a rapidez de circulação monetária.
*f*) Efeitos sobre a arrecadação pública.
*g*) Efeitos sobre os gastos públicos.
*h*) Efeitos sobre a inflação.
*i*) Efeitos sobre a especulação do solo.
*j*) Efeitos sobre a distribuição da renda.
*k*) Efeitos sobre o desenvolvimento regional.
*l*) Efeitos sobre o meio rural.
*m*) Efeitos sobre o movimento demográfico.

3. Efeitos externos que, no terreno sociocultural, no terreno físico e no de recursos humanos, estão mais próximos dos efeitos econômicos tomados no estrito sentido da palavra. Estes se baseiam em:

*a*) Efeitos sobre o meio ambiente.
*b*) Efeitos sobre a formação profissional.
*c*) Efeitos sobre os hábitos de consumo.
*d*) Efeitos sobre as alterações sociais e culturais.

## 8.8. Cadeias de distribuição na indústria turística

A distribuição dos produtos e serviços turísticos desde a oferta produtora até a demanda consumidora é estabelecida por uma série de canais mais ou menos diretos.

Estes canais podem ser classificados nos seguintes:

### *a) Canal direto (produtor do serviço → consumidor)*

Este canal é estabelecido entre qualquer empresa produtora e o demandante ou consumidor. A reserva e contratação direta de um hotel ou de um meio de transporte, entre a empresa prestadora do serviço e o cliente.

### *b) Canais indiretos*

Este sistema é produzido na maioria das vezes quando a demanda de produtos e serviços é canalizada por meio de empresas de intermediação e comercialização de tais produtos ou serviços – agências de viagens majoritárias ou minoritárias. Podem ser estabelecidos dois canais:

– Produtor → Majoritário → Minoritário → Consumidor.
– Produtor → Minoritário → Consumidor.

No primeiro caso, seria, por exemplo, o transportador ou o hoteleiro cujo produto ou serviço é oferecido mediante um "pacote turístico", organizado por uma operadora de tour (majoritário) para uma agência de viagens minoritária que o oferece para venda ao cliente.

No segundo caso, seria o produtor – transportador, hoteleiro, restaurador, responsável por transfer –, cujo produto ou serviço se canaliza através de uma agência de viagens minoritária que o oferece ao consumidor.

Esses sistemas de comercialização entre a oferta e a demanda ocorrem no setor do turismo como em outros setores da vida econômica. A comercialização desses produtos e serviços turísticos é realizada por meio das empresas ou serviços de intermediação que são as agências de viagens, os escritórios de turismo (no nível de informação) e as profissões turísticas: guias, animadores, responsável por transfer, informantes turísticos, etc.

Capítulo 9

# ECONOMIA DA EMPRESA TURÍSTICA

## 9.1. Conceito de economia da empresa turística. Relação com a macroeconomia turística

A empresa turística é aquela organização social, estruturada em níveis de comando e funções, que, investindo um capital, tem como finalidade produzir e prestar alguns serviços – viagens, hospedagem, transporte, manutenção, etc. – e sua posterior comercialização e venda no mercado com a finalidade última de obter um benefício.

Da definição se podem extrair as seguintes características:

*a*) A empresa é uma organização social composta por vários níveis de comando e responsabilidade e diferentes funções que realizam os trabalhadores ou o fator humano.

*b*) A empresa investe um capital desembolsado em infra-estrutura: bens imóveis – edifícios, bens móveis – maquinaria, mobiliário, etc. – e capital em moeda corrente para prestar serviços.

*c*) A empresa produz e presta uma série de serviços turísticos: transporte, manutenção, organização de viagens, etc.

*d*) A empresa comercializa os serviços turísticos no mercado por meio do marketing e da publicidade, estabelecendo alguns pontos de venda: hotéis, restaurantes, agências de viagens, companhias de transporte.

*e*) A empresa estabelece a comercialização no mercado turístico no qual existe oferta – serviços produzidos e prestados pela empresa – e demanda – os turistas – segmentada em idades, sexo, posição social, poder aquisitivo e em motivações e preferências de serviços.

*f* ) A empresa tem como objetivo final a obtenção de um benefício pela venda de seus produtos e serviços. O benefício será bruto quando não houverem sido descontados os gastos fixos e variáveis que foram gerados pela produção, comercialização e prestação dos serviços turísticos. A obtenção do benefício virá precedida da superação do ponto morto ou umbral de rentabilidade, quando a empresa iguala as arrecadações produzidas pelas vendas ou faturamentos com os gastos fixos e variáveis gerados pela própria produção, comercialização e venda.

A empresa turística é considerada a célula microeconômica e motor da macroeconomia turística, estruturada nas magnitudes do Produto Nacional Bruto, o Mercado, a Balança de Pagamentos, etc.

A empresa turística, quanto ao seu tamanho, pode ser classificada em:

*a*) Pequena ou familiar.
*b*) Média.
*c*) Grande. Conjunto de várias empresas (cadeia de hotéis), multinacionais, etc.

O tamanho da empresa turística varia em função dos seguintes critérios:

*a*) Volume de produção a preço de custo.
*b*) Volume de vendas.
*c*) Volume de recursos próprios.
*d*) Número de empregados ou fator humano.
*e*) Cifra do ativo total líquido.
*f*) Valor adicionado.
*g*) "Cash flow": recursos gerados pela própria empresa e determinados pelo benefício líquido e as amortizações do exercício econômico correspondente.
*h*) Benefícios brutos.

## 9.2. Gestão administrativa da empresa turística: planejamento, organização e direção, motivação, coordenação e controle

A gestão administrativa da empresa turística tem como missão organizar e dirigir os recursos com os quais conta para conseguir os objetivos desta que é a obtenção de uma rentabilidade pela venda e prestação de produtos e serviços turísticos – hospedagem, manutenção, transporte, etc.

A função administrativa da empresa, como atividade básica desta, implica:

### *1. Planejamento*

O planejamento é aquela parte da gestão administrativa que tem como finalidade prever o futuro, selecionando entre uma série de alternativas os objetivos, programas, orçamentos, financiamento, diretrizes técnicas, comerciais e contábeis. Por exemplo: planejar todos esses aspectos em um hotel quanto ao número de locais, serviços a serem prestados, orçamentos, preços, sistemas técnicos de prestação de serviços, etc.

### *2. Organização e direção*

É o processo de descrição e agrupamento do trabalho a ser efetuado, definição e delegação de autoridade, comando e responsabilidade e estabelecer as relações e funções com a finalidade de conseguir a maior eficácia do fator humano – trabalhadores – para conseguir os objetivos.

A organização da empresa costuma plasmar-se nos organogramas em que, de forma gráfica, são estabelecidos os níveis de comando e funções da empresa. Nas empresas existem os seguintes:

*a*) Nível de propriedade, integrado pelos proprietários das empresas.
*b*) Nível de linha, formado pelos trabalhadores que realizam as funções das empresas, isto é gestão e execução das tarefas e atividades. Esse nível é subdividido em três:

- Nível de direção, integrado pelos diretores e gerentes da empresa. Por exemplo: diretor do hotel.
- Nível médio, integrado pelos chefes de departamento, seção ou unidade produtiva. Por exemplo: o chefe de recepção, a governanta executiva, chefes de conciergerie, etc.
- Nível operacional, integrado pelas pessoas que cumprem as tarefas ordenadas pelos níveis superiores. Por exemplo: garçons, cozinheiros, recepcionistas, etc.

*c*) Nível de assessoria, congruente pelo pessoal técnico, integrado ou não à empresa que realiza funções de assessoramento. Por exemplo: consultores jurídicos, econômicos, publicitários, etc.

### 3. *Motivação*

É a função da gestão administrativa da empresa que tem como finalidade estimular, fomentar, comunicar, animar com o objetivo de manter a máxima atividade e rendimento do fator humano, conseguindo sua plena integração na empresa. É uma das funções da gestão pessoal.

### 4. *Coordenação*

Implica atuar sobre os esforços e atividades de cada unidade de produção da empresa com a finalidade de conseguir a unidade de ação, a harmonização e sincronização precisas. Por exemplo: a coordenação de funções dos departamentos de cozinha e refeitório em um hotel.

### 5. *Controle*

Valorizar a execução ou o cumprimento ou não dos programas e orçamentos do planejamento a fim de conseguir os objetivos propostos e adotar as medidas e ações corretivas. Exemplo: a contabilidade do hotel é um meio de controlar, e uma política de redução de custos em função dos resultados do exercício contábil seria uma medida corretiva.

## 9.3. Financiamento, produção e comercialização da empresa turística

### 9.3.1. Financiamento

O financiamento é o conjunto de fontes e meios com os quais uma empresa turística obtém os recursos necessários para a realização de seus fins.

As fontes de financiamento que a empresa possui são de dois tipos:

### *a) Fontes internas ou próprias*

As fontes internas ou próprias são aquelas que têm sua origem no interior da empresa, como conseqüência da economia efetuada por esta. Isso quer dizer procedentes das reservas, previsões, amortizações (autofinanciamento) e dos benefícios extraordinários não distribuídos e obtidos pela empresa.

Assim, estas fontes podem ser classificadas em:

- Capital social ou jurídico.
- Reservas: legais, estatutárias, voluntárias e especiais.
- Subvenções em capital.
- Resíduos ou resultados de exercícios anteriores sem aplicação.
- Resultados do exercício.

### *b) Fontes externas ou alheias*

As fontes de financiamento externas ou alheias são aquelas que procedem do exterior da empresa, por meio de diferentes instituições financeiras, nacionais ou estrangeiras, como bancos, cadernetas de poupança, particulares, etc.

Assim, essas fontes podem ser classificadas em:

Créditos a curto ou longo prazo.

- Empréstimos a curto ou longo prazos.
- Empréstimos de dívidas. As dívidas são um tipo de valor mobiliário representativo de um empréstimo efetuado para uma empresa privada sujeito a um tipo de juros anual.

  As dívidas podem ser de dois tipos: dívidas convertíveis, são aquelas que podem ser convertidas em ações da sociedade ou empresa turística emissora uma vez vencido o período de amortização destas. E as dívidas simples, que são aquelas emitidas sem nenhum compromisso especial por parte da entidade ou empresa correspondente, que garante a autorização destas com seu patrimônio.
- Emissões de ações.
- Leasing que é uma operação financeira a médio ou longo prazos formalizada mediante contrato, pelo qual o proprietário de um bem econômico (arrendador) – terreno, edifício, infra-estrutura – concorda em permitir a outra pessoa (arrendatário) seu uso de exploração e gestão durante um

período de tempo determinado, em troca do pagamento de uma quantia de dinheiro ou de certas prestações designadas no contrato com possibilidades de direito à compra daquele bem econômico.

Existem dois tipos de leasing: o operativo e o leasing financeiro. Leasing operativo: nessa modalidade a relação é estabelecida entre o fabricante de um determinado bem e o usuário deste. Este último, mediante o pagamento de uma cota, utiliza o bem durante o período de tempo combinado, sendo a assistência técnica dos equipamentos por conta do fabricante ou arrendador.

Leasing financeiro: nessa modalidade, a sociedade ou empresa de leasing põe em relação os fabricantes e provedores de bens de equipamento com os usuários de tais bens, financiando a aquisição ou o uso destes. O arrendatário ou usuário do bem paga à sociedade de leasing um aluguel periódico pelo uso do correspondente bem – exploração das instalações – durante a vigência do contrato, ao término do qual pode optar pelas seguintes alternativas:

– Devolver o bem à sociedade de leasing que o arrendou.
– Estabelecer um novo contrato de arrendamento.
– Adquirir o bem utilizado mediante o pagamento do valor residual previamente fixado.

O sistema financeiro do leasing costuma ser utilizado no setor da hotelaria e restauração.

6. O factoring: é um sistema financeiro externo mediante o qual a empresa usuária do factoring cede suas faturas ou créditos comerciais a curto prazo, para outra empresa, a sociedade factor, que se encarrega de sua contabilização e cobrança, recebendo por isso determinada comissão.

### 9.3.2. Produção

A produção na empresa turística consistirá em conseguir o produto ou serviço – viagem, cardápio, hospedagem cômoda e limpa, etc. – mas idôneo quanto a qualidade, preço e aceitação da demanda ou clientela.

O produto ou serviço turístico como bem econômico que deve satisfazer algumas necessidades devem ter os seguintes traços ou características:

*a*) Preço competitivo.
*b*) Qualidade ótima para que satisfaça e cubra as necessidades do comprador e esteja em relação direta com o preço.

*c*) Marca de identificação e prestígio. Por exemplo: cadeia Sheraton, Holiday Inn, Hilton, etc.
*d*) Boa apresentação com uma boa promoção no ponto-de-venda (merchandising).
*e*) Tamanho: o produto ou serviço deve ter as dimensões que o cliente necessita. Por exemplo: tipo de hotel (grande ou pequeno); dias de viagem (poucos ou muitos); tipo e classe de transporte (primeira classe ou turística); etc.
*f*) Traços funcionais: o produto ou serviço turístico deve cumprir algumas funções para deixar o cliente satisfeito.

Todo produto ou serviço turístico tem a vida fundamentada em algumas fases:

1. Descobrimento e experimentação. A primeira fase é a do descobrimento e experimentação do produto, baseada nas investigações técnicas e econômicas, com a finalidade de valorizar seus custos, as receitas e rentabilidades possíveis.
2. Decolagem ou lançamento. A segunda fase, de decolagem ou lançamento, está baseada na introdução do produto ou serviço no mercado para que se consolide e consiga seu posicionamento.
3. Desenvolvimento ou expansão. Nessa terceira fase o produto ou o serviço já é conhecido e aceito no mercado e cresce a sua demanda, devido à excelência de sua qualidade, preço e cobertura de necessidades.
4. Estabilidade ou maturidade. Ao chegar a essa fase, o produto ou serviço conseguiu seu grau máximo de posicionamento quanto às vendas.
5. Declive ou envelhecimento. Nesta última fase do produto ou serviço já se conseguiu o ótimo de vendas e começa a declinar sua aceitação no mercado, assim como suas vendas. Começa a declinar, a envelhecer até sua morte ou relançamento com outras características.

### 9.3.3. Comercialização

A comercialização consiste em todos os processos e técnicas para estudar a aceitação ou não do produto ou serviço, a difusão informativa e publicitária deste e sua distribuição nos pontos-de-venda.

A comercialização baseia-se nas técnicas do marketing, da publicidade e das relações públicas.

Assim o marketing é o conjunto das atividades direcionadas ao estudo das necessidades do consumidor, dos produtos ou serviços adequados para satisfazer as necessidades e os canais e preços idôneos para chegar ao mercado.

O marketing baseia-se em quatro elementos inter-relacionados – marketing mix:

*a*) Produto: características, qualidade e utilidade.
*b*) Preço competitivo e conforme a qualidade, utilidade e grau de satisfação do produto ou serviço.
*c*) Comunicação publicitária e de relações públicas: campanhas de comunicação e de anúncios para informar e persuadir a demanda que adquire o produto.
*d*) Distribuição: buscar os canais mais idôneos e eficazes, assim como o maior número possível de pontos-de-venda para chegar mais rapidamente e melhor ao cliente. Por exemplo: as agências de viagens minoritárias que canalizam os produtos e serviços das agências de viagens majoritárias.

A publicidade é constituída por todas aquelas atividades compreendidas na apresentação para a demanda potencial ou real de uma mensagem por meio de um ou vários meios de comunciação de massas. A publicidade costuma ser um instrumento eficaz de vendas e de expansão conseguinte da empresa.

A mensagem publicitária contém o que se quer comunicar para informar e persuadir a demanda do produto ou do serviço mediante vários processos. Um dos mais utilizados é o AIDA que consiste em quatro fases:

1. Atenção. Despertar a atenção do cliente para o produto ou serviço.
2. Interesse. Despertar o interesse pelo produto.
3. Desejo. Despertar o desejo de consumir o produto ou serviço, despertando suas motivações e necessidades de consumo.
4. Ação. Que o cliente adquira e consuma finalmente o produto ou serviço.

A difusão da mensagem, como veremos mais adiante, pode ser feita por meios diretos – correio, telefone – ou meios indiretos – anúncios na imprensa, rádio, televisão, etc.

Esse processo de comunicação comercial também tem seu contato direto pelas relações públicas.

## 9.4. Gestão de pessoal. Conceitos e características

A gestão de pessoal é aquela parte da gerência e direção administrativa da empresa turística que tem como finalidade administrar os recursos humanos ou fator humano por meio do departamento pessoal da empresa.

As principais funções da gestão de pessoal podem ser concretizadas nas seguintes:

1. Fixação das planilhas de pessoal, segundo a valorização dos postos de trabalho, a serem preenchidas na empresa turística.
2. Recrutamento e seleção de pessoal, conforme as necessidades de cobertura dos postos de trabalho.
3. Contratação provisória e definitiva de pessoal.
4. Estabelecer os períodos de prova e a formação permanente dos trabalhadores.
5. Realizar a política salarial. Estabelecer os salários e confeccionar a folha de pagamento.
6. Realizar as relações sociotrabalhistas com os trabalhadores.
7. Velar pela ergonomia – ajuste do trabalhador ao meio físico e ambiental do posto de trabalho –, pela saúde e higiene em tais postos de trabalho.
8. Motivar o fator humano para seu pleno rendimento e integração na empresa, por meios econômicos, de ascensão ou promoção, etc.

## 9.5. Classes de empresas turísticas: agências de viagens e operadoras de tour, hospedagens turísticas, restauração, transporte e outras

As empresas turísticas são aquelas que se dedicam a prestar por mediação ou diretamente uma série de produtos ou serviços turísticos. Contudo, há outro tipo de empresas que, embora não possam ser consideradas relacionadas com a prestação direta aos turistas de tais produtos ou serviços, indiretamente se beneficiam dele. Por exemplo: estabelecimentos comerciais, farmácias, supermercados em populações turísticas.

As empresas turísticas podem ser classificadas do seguinte modo:

1. Empresas de mediação e comercialização de produtos e serviços turísticos:

   – Agências de viagens.
   – Operadoras de tour.

2. Empresas de transporte:

   – Companhias aéreas.
   – Companhias marítimas e fluviais.
   – Companhias de transporte por estrada.
   – Companhias ferroviárias.
   – Empresas de aluguel de veículos.

3. Empresas de hospedagens hoteleiras:
   - Hotéis.
   - Hotéis-apartamento.
   - Motéis.
   - Pensão.
4. Empresas de hospedagens extra-hoteleiras:
   - Campings.
   - Apartamentos.
   - Casas-grandes.
   - Albergues juvenis.
   - Chalés e casas de campo.
   - Ressorts.
   - Refúgios de montanha.
   - "Interhome" e multipropriedade.
5. Empresas de restauração:
   - Restaurantes.
   - Bares e cafeterias.
   - Restaurantes de refeição rápida ou "fast food".
   - Empresas de "catering".
   - Empresas de refeições para coletividade.
6. Outras empresas:
   - Agências de informação turística privadas.
   - Empresas de organização de congressos, seminários, de atividades de animação turística.
   - Empresas de computação de reservas e venda dos serviços turísticos, etc.
   - Empresas de diversão e entretenimento: discotecas, instalações esportivas, culturais e recreativas, parques temáticos, etc.

# Capítulo 10

# AGÊNCIAS DE VIAGENS E OPERADORAS DE TOUR

## 10.1. Conceito e funções das agências de viagens

As agências de viagens são empresas mercantis que, de posse do correspondente título-licença outorgado pela Administração Pública, se dedicam profissional e comercialmente em exclusividade ao exercício das atividades de assessoramento, mediação e organização de serviços turísticos, podendo utilizar meios próprios na prestação destes ou sendo, na maioria dos casos, agente intermediário entre os prestadores de serviços – hospedagens, transportadores, restaurantes, guias, etc. – e os clientes.

A normativa legal das agências de viagens é atualmente regulamentada na Espanha pelo Real Decreto 271/1988, de 25 de março de 1988 (Boletim Oficial do Estado de 29 de março de 1988) e pela Ordem Ministerial de 14 de abril de 1988. As Comunidades Autônomas que têm concedidas as concorrências sobre agências de viagens podem ter sua legislação correspondente, sempre harmonizada com a de âmbito estatal.

A condição legal e a denominação de agências de viagens ficam reservadas exclusivamente às empresas que têm como incumbência as três seguintes funções.

### 1. *Função de assessoramento*

É uma função gratuita e consiste em informar e assessorar o cliente sobre as alternativas de viagem que possam interessá-lo e ajudá-lo a tomar uma decisão sobre qual é o serviço mais idôneo para suas possibilidades e necessidades.

**2. *Função organizadora***

A função organizadora ou produtora consiste na preparação e organização técnica das viagens combinadas, tanto ofertadas diretamente como solicitadas individualmente pelos clientes, assim como a tramitação dos serviços avulsos – reservas em transporte, em hospedagens, etc.

**3. *Função mediadora***

Esta função consiste em pôr em contato os prestadores de serviços – hospedagem, transporte, restaurantes, etc. – com os possíveis clientes, ampliando os pontos-de-venda dos prestadores.

Com relação a essas três funções, podemos estabelecer dois tipos de atividades das agências de viagens: próprias e complementares.

***a) Atividades próprias***

- Mediação na venda de passagens e reservas de lugares em todo tipo de meios de transporte.
- Reserva de quartos e serviços nos estabelecimentos hoteleiros e demais hospedagens turísticas.
- Reserva de serviços em outras empresas turísticas ou paraturísticas.
- Organização, venda e realização dos denominados serviços combinados e viagens "a forfait" ou "pacotes turísticos", incluindo recepção, assistência e traslado dos clientes.
- Atuação, por delegação, como representantes de outras agências de viagens nacionais ou estrangeiras para a prestação, em seu nome e para a clientela destas, dos serviços que constituem objeto próprio de sua atividade.

As agências de viagens estrangeiras, com autorização prévia por parte da Administração Pública espanhola, poderão atuar do seguinte modo em território espanhol:

- Orientar sua representação com caráter permanente ou simplesmente para atos concretos para uma ou mais agências de viagens espanholas. Quando a representação for outorgada com caráter permanente a uma agência de viagens espanhola, esta é obrigada a assegurá-lo diante da Administração turística competente.

- Contratar diretamente locais de hospedagem e outros serviços turísticos.
- Criar uma ou várias delegações com o exclusivo objetivo de atender seus clientes do exterior.

***b) Atividades complementares***

As agências de viagens podem desenvolver outras atividades complementares que não são fundamentais nem obrigatórias. Entre essas outras atividades, destacam-se:

- Informação turística gratuita e difusão de material de propaganda, assim como a venda de guias turísticos e de transporte, horários e publicações do mesmo gênero.
- Troca de divisas e venda e câmbio de cheques de viagem.
- Expedição e transferência de bagagens por qualquer meio de transporte relacionado com os títulos de transporte emitidos ou vendidos por elas.
- Formalização, a favor dos clientes, de apólices de seguros, além dos que a agência contrata para seus próprios serviços, para perda ou deterioração de bagagem, para acidentes ou enfermidades dos viajantes e quaisquer outras que cubram outros riscos derivados das viagens.
- Aluguel de veículos com ou sem motorista, assim como o fretamento de aviões, trens especiais ou outros meios de transporte.
- Reserva e aquisição, para seus próprios clientes, de bilhetes ou entradas de teatro, cinema, corridas de touros e demais espetáculos.
- Aluguel de utensílios e equipamentos destinados à prática do turismo esportivo.

## 10.2. Categorias de agências de viagens. Capitais e finanças

As agências de viagens podem ser classificadas segundo os serviços que prestam – receptoras, emissoras especializadas, etc. – bem como os sistemas de organização e comercialização dos serviços – majoritárias, minoritárias, etc.

### a) Agências majoritárias

As agências majoritárias são aquelas empresas mercantis que projetam, elaboram e organizam toda categoria de serviços ou pacotes turísticos para seu oferecimento às agências minoritárias, não podendo oferecer seus produtos diretamente ao usuário ou consumidor. Contratam serviços em grandes quantidades e, portanto, a preços mais vantajosos, e os revendem de porta em porta por meio de agências de viagens minoritárias.

Ainda que no tópico seguinte vejamos as características das operadoras de tour, na prática se confundem com os termos operadoras de tour e agências de viagens majoritárias, cujas características são muito similares.

As agências majoritárias espanholas, segundo a legislação vigente, devem desembolsar um capital de 20 milhões de pesetas, uma fiança individual de 20 milhões de pesetas e uma apólice de seguro de responsabilidade civil de 25 milhões de pesetas para cada um dos três blocos seguintes: 1) responsabilidade civil da exploração do negócio; 2) responsabilidade civil indireta ou subsidiária; e 3) responsabilidade por danos patrimoniais primários.

### b) Operadoras de tour

As operadoras de tour são aquelas empresas mercantis que organizam "pacotes turísticos" – viagens com tudo incluído –, em grandes quantidades e a preços mais reduzidos, podendo prestar elas mesmas todos ou parte dos serviços a serem adquiridos, em regime de integração empresarial de caráter horizontal, ou seja, com outras agências, ou vertical com companhias aéreas, cadeias hoteleiras, empresas de restauração, etc.

As operadoras de tour fazem, portanto, reservas maciças de locais de transporte e de hotelaria, o fretamento de trens, ônibus, aviões em serviço "charter" que, durante temporadas mais ou menos longas, com idênticos itinerários, horários e freqüências, chegam a ser, na realidade, como linhas regulares.

Os efeitos de capitais e finanças a serem desembolsados são regidos pelos mesmos critérios que para as agências majoritárias.

A comercialização pode ser realizada por três canais:

1. As operadoras de tour preparam viagens e as vendem por meio de canais próprios exclusivamente (agências ou escritórios minoritários).
2. As operadoras de tour organizam viagens e as vendem por dupla via: seus próprios canais de venda minoritários e por meio de agências

minoritárias, aproveitando-as, especialmente, naqueles lugares em que não possuem filiais.

3. As operadoras de tour planejam viagens, deixando as vendas para as minoritárias ou varejistas chegando, inclusive, a suprimir seus próprios escritórios ao público.

### c) *Agências minoritárias*

As agências minoritárias são aquelas empresas mercantis que, ou comercializam o produto das agências de viagens minoritárias, proporcionado diretamente ao usuário ou consumidor, ou projetam, elaboram, organizam e/ou fornecem todo tipo de serviços, tanto avulsos – reservas de transportes, hospedagem, etc. – quanto combinados ou para pacotes turísticos diretamente ao usuário, não podendo oferecer seus produtos a outras agências.

São empresas pequenas cuja principal função é a de mediação de serviços turísticos avulsos ou de pacotes elaborados por agências de viagens majoritárias.

As agências de viagens minoritárias espanholas, segundo a legislação vigente, devem desembolsar um capital mínimo de 10 milhões de pesetas; depositar uma fiança individual de 10 milhões de pesetas; e fornecer uma apólice de seguro de características iguais às das agências majoritárias.

### d) *Agências majoritárias-minoritárias*

As agências de viagens majoritárias-minoritárias são aquelas empresas mercantis que, segundo a legislação vigente, podem tornar simultâneas as atividades das minoritárias e das majoritárias.

Essas agências devem desembolsar um capital mínimo de 30 milhões de pesetas; depositar uma fiança individual de 30 de milhões de pesetas; e fornecer uma apólice de seguros de características iguais às dos outros tipos de agências.

*Fianças coletivas das agências*: as agências de viagens poderão se amparar também em fiança coletiva. Essa fiança poderá ser realizada mediante inclusão voluntária, pelas associações legalmente constituídas, em fundo solidário de garantia. A quantia dessa fiança coletiva será 50% da soma das fianças individuais e seu valor total não poderá ser inferior a 400 milhões de pesetas por associação de caráter nacional ou regional.

As quantias das fianças cobrirão a abertura de seis estabelecimentos. Para cada estabelecimento que ultrapasse a cifra anterior, deverá ser incrementada a fiança individual na quantia de 2 milhões pesetas, ou a coletiva na quantidade de um milhão de pesetas.

As agências de viagens podem também ser classificadas:

- *Agências receptoras.* As agências de viagens receptoras se ocupam de trazer e atender os turistas que provêm de outras zonas geográficas. Essas agências podem ser de dois tipos:
  - Agências receptoras costeiras que costumam trabalhar com agências majoritárias e operadoras de tour estrangeiras para oferecer aos seus clientes assistência e translado, contratação de hospedagens, organização de visitas e excursões, etc.
  - Agências de viagens grandes e médias com departamento receptor para organizar serviços turísticos para clientes procedentes de outras áreas geográficas, basicamente serviços combinados.
- *Agências emissoras.* As agências de viagens emissoras dedicam-se preferencialmente a organizar viagens para demanda ou petição prévia, ou serviços avulsos (reservas) e a realizar sua expedição aos lugares de destino contratados.
- *Agências emissoras-receptoras.* As agências emissoras-receptoras são as que realizam simultaneamente ambos os comércios – emissor e receptor.
- *Agências especializadas.* As agências especializadas são aquelas, tanto majoritárias como minoritárias, que dirigem seu produto a um segmento do mercado, com destinos, características e produtos concretos.

As principais atividades desse tipo de agências se dedicam a produtos e serviços para:

1. Turismo juvenil.
2. Turismo de aventura.
3. Turismo de terceira idade.
4. Turismo esportivo: esqui, esporte-aventura.
5. Turismo fluvial.
6. Turismo de feiras e congressos.
7. Viagens profissionais e de incentivo.
8. Cursos de idiomas.
9. Viagens para empresas.

## 10.3. Tipos de serviços das agências de viagens

Podemos estabelecer os seguintes tipos de serviços que são prestados e organizados pelas agências de viagens:

*a*) *Serviços avulsos.* Os avulsos consistem em oferecer a assistência e a mediação da agência entre o cliente e o prestador do serviço, podendo ser: as reservas em meios de transporte, hospedagem, aluguel de equipamentos para prática de esportes, câmbio de moeda, etc.

*b*) *Serviços combinados.* Os serviços combinados consistem na programação, organização, elaboração e realização de viagens nas quais estão incluídos todos os serviços. Esse tipo de serviço pode ter várias denominações: viagens a "forfait" ou tudo incluído e o "pacote turístico".

O "pacote turístico" ou viagem com tudo incluído tem as denominações de "forfait" na França; de "package" nos EUA e "inclusive tour" no Reino Unido.

As principais características do "pacote turístico" são as seguintes:

1. A viagem inclui todos os principais serviços: transporte, transfers, hospedagem, manutenção e visitas.
2. O "pacote" é organizado e oferecido ao mercado pela agência majoritária ou operadora de tour mediante política de marketing, campanha publicitária apropriada à base de folhetos ou catálogos e canalização das vendas.
3. O "pacote" é pago em sua totalidade antes da viagem, exceto se existir a possibilidade de "credi-viaje" (crédito-viagem).

"*Inclusive tour*". O "inclusive tour" (IT), de fato, é também um "pacote turístico" ou viagem programada, porém tem algumas características diferenciadoras. O IT é uma combinação de serviços turísticos com transporte aéreo que é vendido com preço total e compreende os seguintes serviços:

1. Transporte em avião e outros transportes em terra.
2. Hospedagem em escalas e destino.
3. Serviço de restauração total ou parcial.
4. Outros serviços (aluguel de carros, transfers, visitas em ônibus, etc.)

Os serviços das agências de viagens também podem ser classificados em:

*a*) Serviço para a demanda ou na medida: aquele que é solicitado diretamente pelo cliente, segundo suas necessidades, motivações, poder aquisitivo, etc.

*b*) Serviço para a oferta: viagem programada e oferecida pelas agências de viagens em forma de pacote turístico ou serviço combinado por meio de folhetos e catálogos para a demanda potencial.

## 10.4. Organização, contratação e comercialização de viagens e outros serviços turísticos

A elaboração e a colocação à venda de um serviço combinado de viagens, assim como os serviços avulsos, requerem uma série de gestões e processos técnicos e administrativos, que se relacionam com os seguintes pontos.

### 10.4.1. Reservas e sistemas de fornecimento ou contratação

As agências de viagens partem da base para a mediação ou produção de seus serviços de alguns sistemas de reservas e de contratação que estabelecem com as empresas prestadoras dos serviços turísticos: hospedagens, transportes, transfers, restauração, etc., por qualquer meio de comunicação: carta, telefone, telex, telefax, terminal de computador, etc.

### 10.4.2. Tarifas confidenciais

As agências de viagens possuem, para mediação e produção de seus serviços, algumas tarifas especiais – tarifas confidenciais – mais reduzidas para poder estabelecer suas margens de lucro na fixação dos preços de venda ao cliente, que oferecem as diferentes empresas prestadoras ou provedoras dos serviços (hotéis, agências de viagens, transportadores, agências de aluguel de automóveis, etc.).

### 10.4.3. Comissões e sobrecomissões ("rappeles")

As comissões são a porcentagem de lucro que as empresas provedoras oferecem pela reserva e venda de seus serviços para as agências de viagens e que costumam oscilar entre 7 e 20%, dependendo do tipo de serviço. Por exemplo: os hotéis, entre 8 e 10%; os transportadores, entre 7 e 10%; as agências de viagens majoritárias para as agências minoritárias pela venda de seus pacotes turísticos, entre 10 e 20%.

Os "rappeles" ou sobrecomissões são a porcentagem de lucro que incrementa os provedores pela maior venda de seus produtos e serviços por parte das agências de viagens, ou a comissão concedida, por sua vez, pelas agências de viagens, quando obtêm clientela por meio de outras agências, geralmente minoritárias.

### 10.4.4. Conceito de risco no planejamento das viagens

Para qualquer agência de viagens ou operadora de tour que organiza uma série de pacotes turísticos, um dos problemas que se enfoca é o do risco no planejamento destes e baseia-se na grande dedicação e custos fixos e variáveis que implicam a criação e as perdas que podem sofrer se o pacote não for aceito pela clientela. O risco é tanto maior quanto maior for o número de pacotes para vender, e tanto maior será o lucro se a clientela comprar.

Os riscos podem ser de três tipos: mínimo, médio ou máximo, com relação ao número de pacotes, contratações que a agência majoritária ou operadora de tour estabelece com as empresas fornecedoras ou prestadoras dos serviços – transportadores, hoteleiros, restauradores, responsáveis por transfer, etc.

### 10.4.5. Relações das agências de viagens com clientes e provedores

As agências de viagens estabelecem um laço comercial duplo:

1. Com a demanda potencial ou real mediante comunicação permanente direta com o cliente ou indireta por meio de outras agências de viagens. Essa comunicação é estabelecida pelo marketing direto ou indireto: "mailing", envio de catálogos e folhetos de viagens pelo correio; contato por telefone, contato personalizado na própria agência, atos sociais de relações públicas; coquetéis de apresentação, etc. O laço comercial com outras agências de viagens se estabelece para:

*a*) Sistema de contratos de venda em "pool".
*b*) Estabelecimento das comissões e "rappeles".
*c*) Viagens de familiarização e incentivo.
*d*) Distribuição dos folhetos e catálogos de viagens, assim como assistência informativo-técnica para a venda de produtos e serviços.

2. Com os provedores ou prestadores dos serviços para estabelecer:

*a*) Os contratos comerciais.
*b*) Os sistemas de reservas.
*c*) As comissões e "rappeles".
*d*) Viagens e visitas de familiarização e de incentivo.

### 10.4.6. Conceito correspondente-representante. O agente geral de vendas

O correspondente ou representante costuma ser aquela agência de viagens que representa dentro do território nacional ou no estrangeiro outra agência de viagens com a qual estabelece laços comerciais, como agência receptiva ou para vender qualquer tipo de serviços da outra agência, constituindo-se, então, em agente geral de vendas (GSA).

Esse sistema de agente geral de vendas costuma ser aplicado também nas relações comerciais das agências de viagens com os transportadores ou outras empresas provedoras, contrato prévio em que são estabelecidas as cláusulas de reservas e vendas de bilhetes, assim como as correspondentes liquidações das vendas, comissões, "rappeles", etc.

### 10.4.7. Documentação nas agências de viagens

A documentação que a agência de viagens precisa para realizar suas funções de assessoramento, mediação e produção pode ser classificada nos seguintes tópicos:

*a*) Documentação informativa, tanto técnica como turística:
   1. Guias turísticos, mapas, folhetos, etc.
   2. Manuais de horários e tarifas de meios de transporte, agências de aluguel de carros, etc.
   3. Guias e tarifas de hospedagens, etc.

Sua finalidade é dupla: informativa para o cliente ou para elaborar os serviços combinados ou pacotes turísticos, assim como os serviços avulsos.

*b*) Documentação e impressos editados e difundidos pelas empresas prestadoras ou provedoras dos serviços:

   1. Folhetos e tarifas de hotéis.
   2. Folhetos e catálogos de viagens de outras agências de viagens, etc.

3. Documentos técnicos: bilhetes, “voucher”, apólices de seguro, folhas de confirmação, de anulação, de liquidação, etc.

*c*) Documentação e impressos internos das agências:
1. Impressos técnicos: folhas de orçamentos de viagem, etc.
2. Documentos de controle e de contabilidade.

*d*) Documentação e impressos externos às agências de viagens que são entregues ao cliente:
1. “Voucher” para clientes.
2. Folhetos e programas de viagem para o cliente.
3. Passagens.
4. Outro tipo de documentação ou artigos de promoção: etiquetas de bagagem, mala de viagem, canetas, isqueiros, etc.

## 10.5. Principais operadoras de tour estrangeiras e espanholas

As principais operadoras de tour estrangeiras e espanholas são as seguintes:

### 10.5.1. Operadoras de tour estrangeiras

***a) Reino Unido***

- Thomson Holidays: a mais importante do Reino Unido. Em 1981, criou o Budget Break (transporte aéreo e hospedagem, separados). Adquiriu, há alguns anos, a Horizon.
- Clarksons. Fundada em 1959. Com participação da Shipping Industrial Holding Group.
- ILG (International Leisure Group).
- Cosmos Tours: quarta operadora de tour britânica.
- Intasun.
- Thomas Cook.
- Enterprise.

***b) Escandinávia***

- Tjaereborg Rejser. Fundada na Dinamarca. Possui aviões próprios.
- Bangs Rejser-Raffels (Unisol). Companhia de vôos charter Maersk.

- Skibby.
- Falke-Rejser.
- Fritids Rejser.
- Vingresor.
- Fritidsresor.
- Spies.

*c) Alemanha*

- TUI (Touristik Union International). A maior da Alemanha e uma das maiores do mundo. Procede da fusão de seis operadoras de tour alemãs.
- Neckermann und Reisen (NUR).
- Hetzel.
- ITS.
- DER.

*d) Holanda*

- Hint.
- Cristoffel.
- Holland International.

*e) Suíça*

- Kuoni: a maior do país com 84 escritórios em todo o mundo. Nasceu no final do século XIX.
- Hotelplan.

*f) França*

- Grupos Sotair, filial de Air France; Jet Tours, Jet Tours-Charter e Jumbo.
- Fram.
- Eurotour.
- Airtour Euro-7.
- Club Mediterranée.
- Nouvelles Frontières.

***g) EUA***

- American Express.
- Maritz Travel.
- American Automobile Association.
- Globus Gateway.
- Nawas International Tours.

***h) Itália***

- Aviatour.
- Alpitour.
- Italtourist.
- Franco Rosso.
- CIT.

***i) Bélgica***

- Wagons-Lits.

***j) Canadá***

- Jolivac.

***k) Japão***

- Jalpak.
- Look.
- Japan Travel Bureau.

***l) Portugal***

- Capistranos.
- Abreu.

### 10.5.2. Operadoras de tour espanholas

Entre as operadoras de tour espanholas mais importantes, destacam-se:

- Ambassador Tours.
- Aviotel.
- Catai Tours.
- Central de Cruceros.
- Costa Cruceros.
- Club de Vacaciones.
- General Tours.
- Golden Tours.
- Iberojet.
- Iberrail.
- Intermundos.
- Juliatours.
- Kuoni Giras.
- Latitud 4.
- Pullmantur.
- Politours.
- Tiempo Libre-Mundicolor.
- Touring Club.
- Transrutas.
- Trapsatur.
- Turavia.
- Turvisa.
- Unituvi.
- Wacs Travel.

## 10.6. Associações de agências de viagens

As principais associações de agências de viagens espanholas e estrangeiras são as seguintes:

### 10.6.1. Associações espanholas

- AEDAVE (Asociación Empresarial de Agencias de Viajes Españolas). Agrupa as grandes e médias agências de viagens, incluindo majoritárias e minoritárias.

- ACAV (Asociación Catalona de Agencias de Viajes). Reúne mais de 200 agências de viagens catalãs.
- UNAV (Unión Nacional de Agencias de Viajes). Agrega pequenas agências de viagens.
- FEAAV (Federación Española de Asociaciones de Agencias de Viajes).
- AETO (Asociación de Touroperadores Españoles). Em 1972, foi criada a "Asociación de Operadores Turísticos Asociados" (OTA), que agrupa as agências majoritárias-operadoras de tour: Club de Vacaciones, Tiempo-Mundicolor e Pullmantur.

### 10.6.2. Associações estrangeiras

- UFTAA (Federação Universal de Associações de Agências de Viagens).
- WATA (Associação Mundial de Agências de Viagens).
- ECTAA (Associação de Agências de Viagens da Comunidade Européia) .
- IFTO (Federação Internacional de Operadoras de Tour).

# Capítulo 11

# HOSPEDAGEM TURÍSTICA: ESTABELECIMENTOS HOTELEIROS

## 11.1. Conceito e categorias de hospedagens turísticas: estabelecimentos hoteleiros e extra-hoteleiros

As hospedagens turísticas compreendem o conjunto de empresas mercantis que se dedicam de forma profissional e habitual, mediante preço fixo, a proporcionar habitação ou residência às pessoas com ou sem outros serviços complementares.

Podem ser distinguidos dois tipos de hospedagens turísticas:

*a*) As hospedagens turísticas hoteleiras sujeitas a uma normativa e classificação específica. A atual legislação hoteleira se baseia no Real Decreto 1.634, de 15 de junho de 1983.

*b*) As hospedagens extra-hoteleiras formam um compêndio de diferentes tipos com infra-estruturas, serviços e normativas distintas para cada caso. Como hospedagens extra-hoteleiras são considerados, por exemplo, os acampamentos, apartamentos turísticos, ressorts, etc. Esse tipo de hospedagem será estudado no capítulo seguinte.

## 11.2. Estabelecimentos hoteleiros: regulamentação e classificação

As hospedagens ou estabelecimentos hoteleiros estão sujeitos, como já vimos, ao Real Decreto 1.634, de 15 de junho de 1983, que atualiza dois anteriores: a Ordem Ministerial de 19 de julho de 1.968 e o Real Decreto 3.039 de 15 de outubro de 1982.

Os diferentes tipos de estabelecimentos hoteleiros são os seguintes:

### *a) Primeiro grupo*

#### • *Hotel*

Hotel é o estabelecimento mercantil que proporciona hospedagem com ou sem serviços complementares. Podem ser classificados em cinco categorias – de 5 a 1 estrelas – segundo as características de: suas instalações, comunicações, zonas de clientes, serviços gerais e zonas reservadas ao pessoal. O distintivo que identifica um hotel é uma placa retangular de metal, de tamanho padronizado com fundo azul turquesa, com a letra H em branco e na parte inferior da placa a quantidade de estrelas douradas, segundo a categoria. Quando pelas características especiais do hotel se outorga a denominação de hotel cinco estrelas, "gran lujo" é especificado no distintivo com as letras GL. Os quartos podem ter com banheiro completo, ducha ou somente lavabo, segundo as categorias.

A denominação dos serviços fundamentais que o hotel oferece é a seguinte:

1. Quarto individual, aquele que possui apenas uma cama para uma pessoa.
2. Quarto duplo, aquele que possui duas camas ou uma cama ampla para duas pessoas.
3. Camas suplementares. Segundo as dimensões do quarto, nos quartos individuais e duplos podem ser adaptadas uma ou duas camas a mais, mediante pagamento de um valor complementar que oscila entre 25 a 60%, segundo as modalidades seguintes:

| | Uma cama mais | Duas camas mais |
|---|---|---|
| Quarto individual | 60% | 40% |
| Quarto duplo | 35% | 25% |

4. Pensão completa é o conjunto do serviço composto pela hospedagem mais a manutenção das três refeições (café da manhã, almoço e jantar).
5. Meia-pensão é o conjunto de serviço composto por hospedagem, café da manhã e uma das duas refeições principais (almoço ou jantar).
6. Pensão alimentícia é o conjunto das três refeições: café da manhã, almoço e jantar. Um cliente que permanece mais de 48 horas ininterruptas em regime de pensão – hospedagem mais pensão alimentícia – tem direito à redução, a partir das 48 horas, de 15% sobre o preço total das três refeições.
7. Quando possui a denominação de "residência", o hotel não oferece serviço de manutenção, somente o café da manhã, o distintivo se especifica com as letras HR.

Os hotéis podem ter o reconhecimento de sua especialização em determinados serviços, tais como:

- Hotel de praia.
- Hotel de montanha.
- Hotel balneário.
- Hotel de cidade.
- Hotel de convenções, congressos, banquetes, etc.

• ***Apart-hotel***

Apart-hotel é o estabelecimento mercantil que, por sua estrutura e serviços, dispõe das instalações adequadas para conversação, preparação e consumo de alimentos dentro da unidade de hospedagem.

O apart-hotel, como o hotel, é classificado em cinco categorias – de 5 a 1 estrelas – e são distinguidas por uma placa retangular de metal, de tamanho padronizado com fundo azul, turquesa, com as letras HA em branco e na parte inferior da placa as estrelas douradas, segundo a categoria.

• ***Motel***

Motel é o estabelecimento situado nas proximidades das estradas que facilita hospedagem em apartamentos com garagem e entrada independente para estadas de curta duração – 24 ou 48 horas.

Os motéis são classificados em categoria única. Seu distintivo é uma placa retangular de metal, de tamanho padronizado com fundo azul e a letra M em branco. Os quartos dos motéis devem reunir, no mínimo, as condições exigidas aos hotéis de duas estrelas.

***b) Segundo grupo***

• ***Pensão***

A pensão é o estabelecimento mercantil que oferece o serviço de hospedagem e, às vezes, também o de manutenção, e que se classifica em duas categorias – de duas ou uma estrela. O distintivo da classificação é uma placa retangular de metal, de tamanho padronizado, com fundo azul-turquesa, com a letra P em branco e as estrelas prateadas, segundo a categoria.

A pensão de duas estrelas deve ter lavabo, com instalações de água quente em todos os quartos.

Além desses tipos de hospedagem dos estabelecimentos hoteleiros, existem outros que ainda não foram adaptados à legislação atual e têm denominação e características da normativa anterior de 1968 e 1982, que são:

*a*) *Hospedaria.* A hospedaria é o estabelecimento mercantil que, com as instalações e serviços exigidos como mínimos, segundo a normativa legal, fornece ao público tanto serviço de hospedagem como de refeições, sujeito ou não ao regime de pensão completa, à escolha do cliente e com exceção da hospedaria-residência que não tem serviço de refeitório. As hospedarias são classificadas em três categorias – de 3 a 1 estrela, e seu distintivo consiste em uma placa retangular de metal, com fundo azul-turquesa, com as letras H e S pequenas no meio de H e na parte inferior da placa as estrelas prateadas, segundo a categoria.

*b*) *Pousadas e casas de hóspedes.* As pousadas e casas de hóspedes são estabelecimentos mercantis que prestam serviço de hospedagem e manutenção (pousadas) com um mínimo de metros quadrados para os quartos e refeitórios e com serviços sanitários comuns. Têm categoria única e seu distintivo é uma placa retangular, de metal, com fundo azul-turquesa e letras em branco P (pousadas), CH (Casa de Hóspedes).

## 11.3. Organograma dos hotéis. Noções básicas do funcionamento interno. Serviços e departamentos do hotel

### 11.3.1. Organograma dos hotéis

A organização dos hotéis especificada por sua estrutura organizativa em níveis de comando e funções pode ter várias modalidades que são expressas graficamente por meio de seus organogramas correspondentes.

O organograma-base do hotel compõe-se de:

*a*) Nível de direção, integrado pelo diretor ou diretores do hotel. Há organizações do hotel em que o diretor assume todas as funções de direção para todos os departamentos. Em outros, os diretores são divididos de acordo com as áreas, podendo ser: Hospedagens, Refeições e Bebidas, Comercial, Vendas, Publicidade e Relações Públicas, etc.

*b*) Nível médio integrado pelos chefes de cada um dos departamentos do hotel. Por exemplo: chefe de recepção, governanta executiva, etc.

*c*) Nível operacional ou operativo, integrado por trabalhadores sem comando que cumprem ordens em cada um dos departamentos do hotel. Exemplo: garçons, cozinheiros, recepcionistas, etc.

### 11.3.2. Noções básicas do funcionamento interno

As funções básicas de organização, planejamento, motivação, coordenação e controle do hotel dependem do nível de direção que delega, segundo as características do hotel – número de lugares, serviços e pessoal – parte de suas funções no nível médio por meio dos chefes de departamento, os quais dão as ordens e velam pelo cumprimento destas no aspecto operacional, sendo responsáveis diante do diretor pelo bom ou mal funcionamento do departamento.

Cada departamento tem funções específicas, como veremos no tópico seguinte, porém devem estar coordenadas com os outros departamentos com os quais têm estreita relação. Por exemplo: a coordenação dos departamentos de cozinha e refeitório.

### 11.3.3. Serviços e departamentos do hotel

O hotel pode ter os seguintes departamentos com suas funções e pessoal correspondentes, conforme o tipo de serviços que prestar:

#### *a) Departamento de reservas. Centrais de reservas*

Este departamento, que em muitos hotéis é uma das funções do departamento de recepção, tem como incumbência canalizar as reservas individuais ou de grupos que procedam de particulares, agências de viagens, operadoras de tour e outras empresas, verificando ou não sua aceitação.

Há hotéis ou cadeias de hotéis que têm uma central de reservas própria ou em outros casos dependem de empresas especializadas para realizar as reservas de grande número de hotéis. Por exemplo: as empresas Keytel ou Utell.

### b) Departamento de recepção

As funções básicas do departamento de recepção são as seguintes:

- As reservas de lugares.
- Atender a entrada –"check-in" – e saída – "check-out" – dos clientes.
- Manutenção das relações com o cliente durante sua estada no hotel.
- A coordenação de departamentos para os serviços que devem ser prestados ao cliente.
- O faturamento e a contabilização dos serviços do cliente na "main courante" (registro de ocorrências).
- Caixa (cobrança das faturas dos clientes, câmbio de moeda, etc.).
- Serviço de cofres para os clientes.

O pessoal agregado ao departamento abrange:

- *Nível médio*: chefe de recepção. Subchefe de recepção.
- *Nível operacional*: recepcionistas, ajudantes de recepção, faturadores, caixa, etc.

### c) Departamento de conciergerie

As funções do departamento de conciergerie são:

- Informação externa e interna e auxílio em geral ao cliente.
- Tramitar as fichas e o livro de polícia.
- Controle de clientes.
- Distribuição de bagagem.
- Custódia e entrega de chaves dos quartos aos clientes.
- Acompanhar os clientes aos quartos, na sua chegada ao hotel.
- Recepção e distribuição de correspondência, avisos, mensagens, pacotes, etc., aos clientes.
- Cuidar do depósito de bagagens.
- Cumprir os encargos dos clientes.

O pessoal que trabalha neste departamento classifica-se em:

- *Nível médio*: chefe de conciergerie. Subchefe de conciergerie.
- *Nível operacional*: concierge, ajudantes de concierge, carregadores, vigias noturnos, porteiros de entradas, porteiros de estacionamento, carregadores, ascensoristas, garçons, commins.

### *d) Departamento de andares*

As funções do departamento de andares são as seguintes:

– Limpeza e preparação dos quartos.
– Conservação da mobília e outros bens móveis.
– Limpeza de corredores, salões e zonas comuns.
– Atenção ao cliente quanto à arrumação do quarto e a limpeza de peças de roupas pessoais.
– Ajuda, a pedido do cliente, para fazer e desfazer as malas com a assistência do valete.
– O serviço de cobertura: arrumar o quarto e a cama antes de o cliente ir descansar à noite.
– Há hotéis nos quais as funções de rouparia e lavanderia dependem do departamento de andares.

O pessoal agregado a esse departamento compreende:

– *Nível médio*: governanta executiva. Subgovernantas.
– *Nível operacional*: camareiras de andar, ajudantes de camareiras, valetes (atendem o cliente quanto à sua bagagem ou serviço de lavanderia).

### *e) Departamento de rouparia e lavanderia*

As funções básicas do departamento de rouparia e lavanderia são:

– Deixar corretamente lavada, passada e costurada a rouparia do quarto, do refeitório, da cozinha, etc.
– Deixar corretamente lavada, passada e costurada a roupa entregue aos clientes e a roupa do pessoal do hotel (uniformes, etc.).
– Controle dos estoques e inventários da roupa dos quartos, cozinha e refeitório.

O pessoal agregado a esse departamento é o seguinte:

– *Nível médio*: encarregado de rouparia e lavanderia.
– *Nível operacional*: lavadeiras, roupeiras, passadeiras, costureiras, cerzideiras, etc.

### f) Departamento de almoxarifado e adega

As funções básicas do departamento de almoxarifado e adega são as seguintes:

- Realizar as compras dos produtos de almoxarifado e adega.
- Controlar o almoxarifado e a classificação dos produtos de almoxarifado e adega.
- Controlar os inventários e a gestão dos estoques dos produtos alimentícios e bebidas de almoxarifado e adega.
- Distribuir os produtos de almoxarifado e adega para os diferentes departamentos, com pedido prévio por meio do vale-pedido.

O pessoal agregado a esse departamento é o seguinte:

- *Nível médio*: encarregado de almoxarifado e adega que costuma depender do chefe de compras e do diretor de refeições e bebidas.
- *Nível operacional*: ajudantes de almoxarifado e ajudantes de adega.

### g) Departamento de cozinha

As funções básicas do departamento de cozinha são:

- Preparar e elaborar os diferentes pratos dos menus e cardápios, pedido prévio do departamento de refeitório, "office de pisos", bar, etc., por meio da correspondente comanda.
- Limpar bens e utensílios do departamento de cozinha e de refeitório (jogos de panelas, maquinaria de cozinha, talheres, cristais, vasilhas, etc.)
- Calcular o preço da elaboração dos diferentes pratos, considerando o custo de produção correspondentes.
- Conduzir a organização da despensa e da câmara fria.

O pessoal agregado ao departamento é o seguinte:

- *Nível médio*: chefe de cozinha – "chef" –, subchefes de cozinha e chefes de partida, cozinheiro III.
- *Nível operacional*: cozinheiros, ajudantes de cozinha, ajudantes de cozinheiro, "entremetiers" (preparam os primeiros pratos), cozinheiro II, cozinheiro III (condimentam os pratos, preparam os molhos e verificam a

apresentação dos pratos), encarregados da dispensa e da câmara fria (arrumar a matéria-prima dos alimentos antes de realizar sua seleção e preparo), confeiteiros, cafeteiros, "steward" de panelas (encarregados da limpeza e do funcionamento da maquinaria de cozinha, especialmente as panelas com tampa metálica e uma ou duas alças ou panelas de pressão), lavadores de louça, etc.

### h) Departamento de refeitório

As funções do departamento de refeitório são:

- Solicitar as comandas aos clientes, assessoramento prévio.
- Servir os menus com serviço de garçons, bufês, etc.
- Aconselhar e servir as bebidas.
- Controlar o inventário e os estoques dos bens de uso do departamento.
- Controlar o faturamento e caixa de restaurante.

O pessoal agregado a esse departamento compreende:

- *Nível médio*: chefe de refeitório ou "maître"; subchefe de refeitório; chefes de setor ou de sala; "sommelier" ou sumiller (encarregado de aconselhar os vinhos e demais bebidas aos clientes).
- *Nível operacional*: garçons, commins, aprendizes, "sumilleres".

### i) Departamento dos serviços de manutenção e segurança

As funções básicas do departamento dos serviços de manutenção e segurança são:

- Realizar as funções preventivas das instalações, ou seja, de manutenção ou de conservação.
- Executar as funções corretivas ou de reparo das instalações.
- Executar a administração e a gestão dos estoques do almoxarifado de material para realizar as funções anteriores.
- Executar o controle e a segurança das instalações contra qualquer tipo de sinistro (incêndios, inundações, etc.) ou roubo.

O pessoal agregado a esse departamento é o seguinte:

- *Nível médio*: chefe de manutenção, chefe de segurança.
- *Nível operacional*: pedreiros, encanadores, calefatores mecânicos, eletricistas, carpinteiros, marceneiros, pintores, encarregados do parque móvel, jardineiros, vigias, etc.

### j) Departamento de administração

As funções de administração do hotel são tão complexas e variadas que, em regra geral, é comum haver subdepartamentos ou departamentos independentes.
As funções fundamentais de administração compreendem:

- Contabilidade e caixa geral.
- Correspondência.
- Relação com fornecedores, etc.
- Arquivo geral, etc.

Além disso, há outras funções que normalmente são confiadas a subdepartamentos ou departamentos independentes que são:

- *Departamento de compras*. Fazer a aquisição e a contabilidade de todos os bens, materiais de equipamento e de uso para o bom funcionamento do hotel.
- *Departamento de vendas*. Executar, coordenadamente ou com o departamento de marketing, as tarefas de venda dos produtos e serviços que o hotel oferece.
- *Departamento de marketing*. Realizar os estudos de mercado quanto a demanda, oferta própria e oferta da concorrência, e estabelecer o plano de comercialização e de vendas.
- *Departamento de publicidade e relações públicas*. Denominado também departamento de comunicação, tem como missão realizar as campanhas de publicidade, imprensa, imagem e relações públicas do hotel coordenadas com marketing e vendas.
- *Departamento de pessoal*. Efetuar a gestão do pessoal ou dos recursos humanos, quanto a:

• Recrutamento e seleção de pessoal, segundo as necessidades do quadro de funcionários do hotel para ocupar os diferentes postos de trabalho.
• Elaboração das folhas de pagamento: salários.

- Incentivo e motivação do fator humano. Realizar a promoção do pessoal.
- Estabelecer os quadros de funcionários do pessoal do hotel.
- Conduzir as questões sociotrabalhistas do fator humano com a Segurança Social e Fazenda, etc.
- Realizar cursos de formação e reciclagem.

O pessoal agregado a esse departamento corresponde:

– *Nível médio*: os chefes ou diretores de cada um dos departamentos anteriores.
– *Nível operacional*: formado pelo pessoal técnico em cada uma das matérias e pelo pessoal administrativo.

### *k) Departamento de comunicações*

As funções básicas do departamento de comunicações, que na maioria dos hotéis costuma ser um subdepartamento de conciergerie ou de recepção, compreendem:

– Controlar a central telefônica e encaminhar todas as ligações externas e internas.
– Serviço de despertador para o cliente, coordenado com o departamento de zeladoria.
– Dirigir o funcionamento de outros sistemas de comunicação como: telex, telefax, etc.
– Dirigir o sistema de megafonia interna do hotel.

O pessoal agregado a esse departamento é o seguinte:

– *Nível médio*: encarregado ou chefe de comunicações que costuma depender do chefe de recepção ou do chefe de conciergerie.
– *Nível operacional*: telefonistas, telegrafistas, etc.

## 11.4. Outros serviços do hotel

Atualmente, o hotel procura novas fórmulas quanto a outros serviços para oferecê-los ao mercado, com o objetivo de ser mais competitivo, conseguir maiores receitas, maiores lucros e rentabilidade, e um posicionamento mais sólido no mercado.

Além dos serviços tradicionais de hospedagem e manutenção, os hotéis podem oferecer:

*a*) *Serviços de banquetes*. Organização de banquetes para empresas, instituições e organizações públicas e privadas ou para atos sociais: casamentos, batizados, comunhões, apresentações comerciais, jantares de gala para a entrega de prêmios culturais, esportivos, etc., bufês para almoços, "brunchs", etc.
*b*) *Atividades de animação sociocultural e turística*. Organização de animação sociocultural e turística, como exposições, concursos, competições esportivas, atividades infantis, jornadas gastronômicas, etc.
*c*) *Reuniões de trabalho*. Alugar as instalações de salas, material eletrônico e audiovisual, tradução simultânea para reuniões de trabalho de empresas.
*d*) *Conferências, seminários, congressos e simpósios*. Organizar ou alugar as instalações para conferências, seminários, congressos, conferências de imprensa, simpósios, "workshops", etc.
*e*) *Coquetéis de apresentação de produtos e serviços*. Organização de coquetéis de apresentação de produtos e serviços comerciais de empresas.

## 11.5. Franquias em hotelaria

A franquia – "franchising" – em hotelaria consiste em um contrato que diferentes empresas hoteleiras estabelecem, pelo qual, uma delas, a franqueadora, concede a outras, as franqueadas, o direito de explorar sua marca comercial – por exemplo, o nome de uma cadeia de hotéis – ou um procedimento comercial ou de serviços, assegurando a elas, muitas vezes, além da assistência técnica e dos serviços necessários para facilitar essa exploração em troca do pagamento de determinado cânon ou "royalty".

A denominação de cadeias franqueadoras é uma conseqüência do nome que recebe o contrato que liga as diferentes empresas: "franchise", "franchising" ou franquia. A origem da franquia vem dos EUA entre as duas guerras mundiais, época em que a General Motors, primeiro, e outros fabricantes de automóveis, depois, criaram um sistema de distribuição de seus produtos por meio das concessionárias exclusivas em determinadas zonas, mediante o pagamento de um "royalty" – direito de patente. Desde essa época, esse sistema se estendeu a setores muito diversos, como hotéis, restaurantes, alimentos congelados, aluguel de carros, serviços de lavanderia, salões de beleza, galerias de arte, etc.

A franquia pode ser aplicada tanto no campo da produção como no da distribuição de bens e serviços, seja para empresas grandes ou pequenas.

Conforme as características do franqueador e do franqueado podem ser distinguidos vários tipos de franquia:

*a*) *Integrada*: é a realizada entre um fabricante e vários varejistas. No caso de empresas de automóveis, de distribuição de produtos petrolíferos, etc.
*b*) *Semi-integrada*: é aquela realizada entre um fabricante e vários majoritários ou entre um majoritário e vários varejistas. Esse tipo de franquia é provavelmente a que mais se difundiu em todo o mundo, abrangendo produtos alimentícios, de ferragens, têxtil, acessórios de automóveis, etc.
*c*) *Horizontal*: é a que ocorre entre empresas situadas no mesmo nível da distribuição, ou seja, entre fabricantes, entre majoritários e entre minoritários (hotéis Hilton, Sheraton, Holiday Inn, etc.).
*d*) *Vertical inversa*: é a que ocorre entre um varejista e vários fabricantes, sendo o franqueador o varejista. Esse tipo costuma ocorrer na alta costura: Pierre Cardin, etc.

As principais vantagens que a franquia apresenta para cada uma das partes do setor hoteleiro são as seguintes:

*a*) Vantagens para o franqueador

1. Redução de seus investimentos, ao fazer recair sobre os franqueados o investimento fixado, necessário para o desenvolvimento do negócio.
2. Diversidade de ingressos, que provêm principalmente dos direitos de entrada e das cotas proporcionais à cifra de negócios efetuada, que cada franqueado tem de realizar.
3. Expansão da atividade da empresa, como conseqüência do maior número de pontos-de-venda existentes.
4. Controle da distribuição, como conseqüência dos direitos e deveres pactuados.
5. Fácil acesso aos mercados externos.

*b*) Vantagens para o franqueado

1. Segurança para o negócio, já que normalmente se trata de uma atividade realizada com êxito e expansão.
2. Facilidades financeiras para conseguir créditos que normalmente são concedidos pelo franqueador.
3. Incremento das vendas, como conseqüência das ações comerciais diversas realizadas pelo franqueador.

4. Imagem de marca.
5. Assistência de gestão sobre os diferentes aspectos, como administrativos, contábeis, de organização, etc.
6. Assistência técnica para seleção e formação de pessoal, assim como para certos aspectos trabalhistas.

### *Inconvenientes*

A franquia não representa nenhum inconveniente em geral para o franqueador, enquanto para o franqueado podem existir os seguintes:

1. Determinadas políticas gerais do franqueador podem não ser adequadas para alguns franqueados.
2. O franqueado tem de seguir as atuações indicadas pelo franqueador, dentro do quadro do acordo, ainda que estas não sejam de seu agrado.
3. Perda de controle do estabelecimento, ainda que continue sendo o proprietário do estabelecimento.
4. Certas dificuldades para vender o estabelecimento sem a conformidade do franqueador.

Na Espanha, a franquia começou a ser utilizada no final dos anos 50, se bem que o verdadeiro crescimento se deu na década de 70, com a chegada de diversas empresas franqueadoras francesas e americanas, como as de refeições rápidas Burguer King, ou o aluguel de automóveis Hertz.

**Quadro 11.1** – Distribuição das empresas de franquia na Espanha (1995)

| Setores | Marcas (nº) | % | Estabelecimentos (nº) | % |
|---|---|---|---|---|
| Alimentação | 28 | 7,08 | 382 | 2,75 |
| Confecção, moda têxtil | 57 | 14,43 | 2.190 | 15,80 |
| Distribuição, auto-serviço | 8 | 2,03 | 3.595 | 25,93 |
| Hotelaria – restauração | 52 | 13,16 | 1.495 | 10,78 |
| Produtos especializados | 44 | 11,14 | 626 | 4,51 |
| Tinturarias | 11 | 2,78 | 421 | 3,04 |
| Viagens | 8 | 2,03 | 193 | 1,39 |
| Outros setores | 187 | 47,35 | 4.963 | 35,80 |
| Total | 395 | 100 | 13.865 | 100 |

*Fonte*: Guía Franquicias de España 1996, elaboração própria.

Na década dos anos 80, pode-se dizer que já existia um autêntico desenvolvimento da franquia na Espanha, estimando-se que no final de 1988 existiam 16 mil pontos-de-venda franqueados de todas as atividades. Esse desenvolvimento foi incrementado na década de 90.

## 11.6. Cadeias hoteleiras: conceito e características. Principais cadeias hoteleiras espanholas e internacionais

Uma das características atuais da economia mundial é a concentração, expansão e fusão de empresas, entre estas as empresas hoteleiras, criando cadeias nacionais, internacionais e multinacionais.

As causas desse fenômeno são econômicas, pois visam obter maiores lucros, assim como um posicionamento forte dentro dos mercados nacionais e internacionais, inclusive a tendência de algumas cadeias internacionais é ampliar seus negócios com a aquisição de aeronaves, agências de viagens, restaurantes, etc.

### 11.6.1. Conceito e características das cadeias hoteleiras

As cadeias hoteleiras são aquele conjunto de empresas agrupadas, em forma de concentração horizontal, com diferentes fórmulas de propriedade e de gestão, cuja finalidade é obter maior rentabilidade, situação de poder, controle e prestígio no mercado nacional e internacional.

As principais características das diferentes categorias de cadeias são as seguintes:

*a*) Cadeia formada por hotéis nacionais próprios.
*b*) Cadeia internacional formada por hotéis próprios situados em vários países.
*c*) Cadeia formada por hotéis próprios e hotéis vinculados.
*d*) Cadeia formada por hotéis de propriedade de particulares, porém geridos e administrados sob o nome comercial de uma cadeia.
*e*) Cadeia de hotéis geridos à base de franquia.

As cadeias hoteleiras têm uma série de vantagens e inconvenientes dentro do mercado.

*a*) Dentro das vantagens, destacamos:

1. Aumento da clientela, devido à diversificação da oferta. Monopólio de certo tipo de clientela. Maior competitividade.

2. Redução de custos: diminuição de gastos gerais. Realização de uma propaganda comum.
3. Aquisição de bens de equipamento e de uso a bons preços devido à compra em grandes quantidades.
4. Aperfeiçoamento empresarial: trabalho de investigação, aplicação de novas tecnologias.
5. Diversificação e fracionamento do risco.
6. Utilidade de uma mesma imagem comercial.
7. Maior mobilidade geográfica e funcional do fator humano, segundo as necessidades.
8. Barateamento dos custos da produção.
9. Conseguir um pessoal mais qualificado e preparado. Formação própria do pessoal.
10. Maior facilidade para ter acesso a créditos.

*b*) Entre os inconvenientes, destacamos:

1. Abuso da posição de predomínio no mercado para pequenos e médios hotéis, já que marcam os modelos na demanda, por poderem oferecer preços mais baixos e por ter grande número de camas em relação às outras hospedagens.
2. Tendência a um tratamento padronizado diante do cliente pouco familiar.
3. Menor capacidade de decisão dos diretores dos hotéis da cadeia, já que as diretrizes em geral vêm da administração central.
4. Menos participação dos empregados nas tomadas de decisões e falha nas comunicações entre os empregados, o nível médio ou comandos intermediários e a direção.

### 11.6.2. Principais cadeias hoteleiras espanholas e internacionais

As principais cadeias hoteleiras espanholas e internacionais são as seguintes:

## 11.7. Hospedagens estatais espanholas: "Sociedad Nacional de Paradores de Turismo". Características e organização

Os paradores nacionais surgiram na década de 20, partindo da idéia do Marquês de Vega-Inclán, sob o reinado de Alfonso XIII, com a finalidade de criar hospeda-

**Quadro 11.2** – Cadeias espanholas (1994)

| Cadeia | Número de quartos | Número de hotéis |
|---|---|---|
| 1. Grupo Sol-Meliá | 30.517 | 120 |
| 2. Hotéis Husa | 9.846 | 77 |
| 3. Riu Hotéis | 6.978 | 34 |
| 4. Med. Playa Hotéis | 6.002 | 30 |
| 5. Fiesta Hotéis | 5.493 | 24 |
| 6. Paradores Nacionais de T. | 4.972 | 83 |
| 7. NH Hotéis | 4.828 | 48 |
| 8. Hotéis Hesperia | 4.499 | 28 |
| 9. Hotéis Barceló | 3.770 | 13 |
| 10. Hovima Hotéis | 3.655 | 12 |
| 11. Belhaven Hotéis | 3.245 | 12 |
| 12. Iberotel | 3.241 | 13 |
| 13. Hotéis Tryp | 3.572 | 22 |
| 14. Royaltur España | 3.013 | 14 |
| 15. Servilhotel Group | 2.464 | 12 |

*Fonte*: Associação de Cadeias Hoteleiras Espanholas e elaboração própria.

**Quadro 11.3** – Cadeias internacionais (1995)

| Cadeia | Número de quartos | Número de hotéis |
|---|---|---|
| 1. Hospitality Franchise Systems (EUA) | 415.700 | 4.261 |
| 2. Holiday Inn Worldwide (EUA) | 361.500 | 1.977 |
| 3. Choice Hotels International (EUA) | 296.600 | 3.431 |
| 4. Best Western International (EUA) | 277.500 | 3.395 |
| 5. Accor (França) | 261.400 | 2.313 |
| 6. Marriott International (EUA) | 189.000 | 903 |
| 7. ITT Sheraton Corp. (EUA) | 130.400 | 419 |
| 8. Forte PLC (Grã-Bretanha) | 101.600 | 926 |
| 9. Hilton Hotel Corp. (EUA) | 93.700 | 223 |
| 10. Promus Cos (EUA) | 81.400 | 586 |
| 11. Hyatt Hotéis (EUA) | 79.200 | 169 |
| 12. Carlson/Radisson/Colony (EUA) | 76.100 | 300 |
| 13. Club Meditérranée (França) | 65.128 | 262 |
| 14. Hilton International (Grã-Bretanha) | 53.200 | 162 |
| 15. Inter-Continental Hotéis (Grã-Bretanha) | 53.100 | 143 |
| 16. New World/Renaissance Hotéis (Hong Kong) | 49.600 | 165 |
| 17. Société du Louvre (França) | 46.600 | 562 |
| 18. Westin Hotels & Resorts (EUA) | 37.500 | 82 |
| 19. Grupo Sol-Meliá (Espanha) | 30.517 | 120 |
| 20. La Quinta Inns (EUA) | 29.276 | 227 |

*Fonte*: *Hotels Magazine* e elaboração própria.

gem naquelas zonas com recursos turísticos, nas quais não existia hospedagem privada e, ao mesmo tempo, recuperar e reabilitar antigos monumentos histórico-artísticos – conventos, mosteiros, castelos, palácios, etc. – como hospedagens. Durante o comando de Manuel Fraga Iribarne como ministro de Informação e Turismo (1962-1969), que coincidiu com o início do "boom" turístico, houve grande impulso na criação de novos estabelecimentos desse tipo.

O primeiro parador foi construído em 1926, na Serra de Gredos (Ávila), entrando em funcionamento em 1928. Passados mais de 65 anos desde a inauguração do primeiro parador, chegaram a ser construídos 112 estabelecimentos entre albergues, paradores, refúgios e tabernas, dos quais 86 permanecem ainda abertos.

Hoje, oferecem abrigo 13 castelos medievais – Alcañiz, Benavente, Tortosa, Cardona, entre outros; seis antigos conventos – Almagro, Trujillo, Granada, etc; seis palácios de estilo gótico ou barroco – Ávila, Úbeda, Pontevedra, Santillana del Mar, etc., e nove recintos históricos de diferentes épocas – Ceuta, Bayona, Santiago de Compostela, entre outros; mais de 51 estabelecimentos de construção moderna em seu conjunto.

A totalidade dos paradores e albergues está classificada como hotéis: dois são de cinco estrelas, 33 de quatro estrelas e o restante de três estrelas. Enquanto há paradores que costumam se situar no núcleo urbano das cidades e povoados, outros ficam (albergues) à beira da estrada, como hospedagem de final de etapa de viagem de carro. As tabernas não têm hospedagem e apenas funcionam como restaurante para divulgar a gastronomia espanhola, que também figura nos cardápios dos restaurantes dos paradores.

Até os anos 80, a exploração dos paradores resultava tão-somente em perdas, já que a filosofia era não tanto a de obter lucro, em primeiro lugar, mas sim a oferta

**Quadro 11.4** – Sociedad de Paradores de Turismo S.A.

| Anos | Receitas | Gastos (bilhões de pesetas) | Resultados | Número de empregados |
|---|---|---|---|---|
| 1987 | 13.345 | 12,351 | 994 | 4.241 |
| 1988 | 14.917 | 13,837 | 1.080 | 4.236 |
| 1989 | 16.552 | 15,356 | 1.196 | 4.499 |
| 1990 | 18.030 | 17,524 | 506 | 4.590 |
| 1991 | 19.243 | 18,428 | 815 | 4.335 |
| 1992 | 19.474 | 19,086 | 388 | 4.210 |
| 1993 | 19.790 | 19,358 | 432 | 4.295 |
| 1994 | 20.133 | 19,695 | 438 | 4.120 |
| 1995 | 21.583 | 20,605 | 978 | 3.870 |

*Fonte*: Sociedad de Paradores de Turismo S.A. e elaboração própria.

de qualidade e a manutenção dos edifícios históricos que prestigiavam a imagem da Espanha, sua cultura e sua gastronomia, para o que não existia uma política de marketing avaliada sobre a rentabilidade e o lucro.

Porém, a partir de 1985, a gestão da Administração Turística Espanhola, organismo autônomo que administrava esses estabelecimentos, converteu-se na sociedade estatal Paradores de Turismo S.A. e, a partir desse momento, conseguiu dar outro rumo às perdas e obter lucros, como pode ser visto no quadro 11.4:

A Sociedad de Paradores de Turismo S.A. da Espanha constitui uma das cadeias hoteleiras mais importantes do Estado espanhol. Conta com 84 estabelecimentos e com cerca de 3.900 trabalhadores (1995). Uma das reivindicações dos governos das Comunidades Autônomas é que os paradores, atualmente competência estatal (1996), passem a depender das respectivas Administrações Autônomas ou, em alguns casos, possam ser privatizadas.

de qualidade e um [illegible] pelo [illegible] em [illegible] do Estado [illegible] e sua gastronomia, para o que não existia uma política [illegible].

Em [illegible] de 19[illegible] Administração [illegible] a orga-nismo autônomo que [illegible] convênio [illegible] e, a partir desse momento, começou a dar [illegible] as perdas e [illegible], como pode ser visto no quadro [illegible].

A [illegible] do Turismo [illegible] constitui uma das [illegible] mente, com cerca de 3.000 trabalhadores [illegible]. Uma das reivindicações dos [illegible] das Comunidades [illegible] em alguns casos [illegible].

Capítulo 12

# HOSPEDAGEM TURÍSTICA: ESTABELECIMENTOS EXTRA-HOTELEIROS

## 12.1. Conceito e categorias de hospedagens extra-hoteleiras

As hospedagens extra-hoteleiras são estabelecimentos mercantis que oferecem diversos tipos de hospedagens diferentes dos que são oferecidos pelos hotéis devido à sua distinta disposição legal, natureza divergente, preços e serviço, sendo de índole diferente cada um deles.

Os principais tipos de hospedagens extra-hoteleiras são:

*a*) Campings.
*b*) Apartamentos turísticos.
*c*) Ressorts.
*d*) Albergues juvenis.
*e*) Colônias de férias.
*f*) Casas-grandes.
*g*) Refúgios de montanha.
*h*) "Interhome" e "time sharing" ou multipropriedade.
*i*) Casas de campo e chalés.

## 12.2. Campings

### 12.2.1. Conceito

Os campings são um tipo de hospedagem ideal para o turista que queira passar suas férias em contato direto com a natureza, que não tenha uma condição econômica muito elevada, mas que tenha respeito com a proteção do meio ambiente. Existe uma longa tradição de campings no centro e no norte da Europa, tanto no individual como no turismo familiar.

Os campings ou acampamentos turísticos são os espaços de terreno devidamente delimitados, dotados e acondicionados para sua ocupação temporária, com capacidade para mais de dez pessoas que pretendam viver ao ar livre, com a finalidade de férias ou turísticos, utilizando barracas de acampar, caravanas ou outros elementos de hospedagem facilmente transportáveis.

Nos acampamentos de turismo apenas são possíveis aquelas edificações que tenham por objetivo satisfazer as necessidades coletivas dos acampados, como primeiros socorros, supermercados, chuveiros, lavabos, restaurantes, etc., e os edifícios ou módulos térreos dedicados exclusivamente a dormitórios do pessoal de serviço, cuja superfície construída não exceda 7% da superfície total do acampamento. Em nenhum caso são permitidas construções fixas destinadas a moradias ou hospedagens turísticas.

Devido ao fato de suas características serem de uma hospedagem ao ar livre com menos proteção em relação à natureza e à contaminação, os acampamentos não podem ser estabelecidos:

*a)* Em terrenos situados em leitos naturais de água de chuva, leitos secos de rios e nos suscetíveis de serem inundados, assim como naqueles que por qualquer motivo sejam insalubres ou perigosos.
*b)* Num raio inferior a 150 metros dos lugares de captação de águas potáveis para o abastecimento de populações.
*c)* A menos de 500 metros de monumentos ou conjuntos histórico-artísticos legalmente declarados.
*d)* Nas proximidades de indústrias prejudiciais, insalubres, nocivas ou perigosas.

Os campings ou acampamentos turísticos estão regulamentados na Espanha por:

1. Ordem Ministerial de 28 de julho de 1966 que ordena os acampamentos turísticos.
2. Real Decreto 2.545/1982, sobre a criação de acampamentos de turismo.
3. As disposições que adotaram as Comunidades Autônomas, de acordo com a normativa geral do Estado sobre esse assunto.

### 12.2.2. Classificação

Os acampamentos públicos são classificados com relação às suas instalações – capacidade, acessos, construções, serviços, pessoal e dimensões nas categorias de luxo, primeira, segunda e terceira, cujos distintivos são respectivamente, "L", "1ª", "2ª" e "3ª", dentro de um perfil frontal de barraca de acampamento, devendo ter em cada uma delas o mínimo de infra-estrutura e de serviços.

Os preços dos campings, que são livres e de acordo com a sua categoria, podem ser fixados de dois modos: 1) preço total por pessoa e dia; ou 2) preço por dia individualizado: por pessoa, barraca ou tipo de hospedagem, meio de transporte, etc.

### 12.2.3. Organização

O camping se organiza em diversas zonas:

*a*) Zona de acampar, que constitui no mínimo as três quartas partes da superfície total do camping. A capacidade de hospedagem é determinada na razão de 25 metros quadrados de superfície útil por campista, nos acampamentos de luxo; 20 metros para os de primeira categoria; 17, para os de segunda e 15, para os de terceira.
*b*) Zona de construções destinadas a serviços comuns: recepção, restaurante, bar, supermercado, sala de curativos ou primeiros socorros, discoteca, etc.
*c*) Zona destinada a serviços higiênicos: chuveiros, lavabos, tanques, lixeiros, pias para lavar louças, etc.
*d*) Zonas dedicadas a espaços livres e zonas esportivas: jardins, piscinas, quadras de tênis, etc.
*e*) Zonas destinadas à circulação e à comunicação interna: caminhos, estradas, etc.

## 12.3. Apartamentos turísticos: conceito e organização de serviços

Os apartamentos turísticos na Espanha são regulamentados pelas seguintes disposições:

1. Ordem Ministerial de 17 de janeiro de 1967, pela qual são dispostos os apartamentos, "bungalows" (bangalôs) e outras hospedagens turísticas.
2. Ordem Ministerial de 14 de março de 1975, de normas complementares sobre classificação de apartamentos e outras hospedagens de caráter turístico.
3. Real Decreto 2.877/1982, pelo qual são dispostos os apartamentos turísticos e moradias turísticas de férias.
4. As disposições das Comunidades Autônomas que estão em harmonia com as do Estado.

Os apartamentos, em geral, podem ser classificados em dois grandes grupos, conforme sejam ou não considerados turísticos. Os não-turísticos ou denominados simplesmente apartamentos são controlados no caso de aluguel pela lei de arrendamentos urbanos e, caso contrário, são considerados primeiras ou segundas residências que na época de maior afluência turística desempenham a função de apartamentos turístico, com o que é muito difícil saber na prática quantos apartamentos são utilizados na Espanha como apartamentos turísticos.

No que diz respeito aos apartamentos turísticos, declarados como tais e sujeitos à legislação mencionada anteriormente, definem-se do seguinte modo, segundo o artigo do Real Decreto de 1982:

"Configuram-se como apartamentos turísticos e moradias turísticas de férias e, por conseqüência, sujeitos ao disposto na normativa vigente, os blocos ou conjuntos de apartamentos e os conjuntos de casas de campo, chalés, bangalôs e similares que sejam oferecidos empresarialmente em aluguel de modo habitual, devidamente dotados de mobília, instalações e serviços e equipamento para sua imediata ocupação por motivos de férias ou turísticos. Apenas esse tipo de hospedagem receberá a denominação oficial de apartamentos turísticos e terão direito a ser incluídos nos guias oficiais e beneficiar-se das ações de fomento promovidas pela administração turística do Estado."

Os apartamentos turísticos são classificados com relação às suas instalações, mobília, equipamento e serviços, nas categorias de luxo, primeira, segunda e terceira categoria com distintivos, respectivamente, de quatro, três, duas e uma chave, para o que devem reunir as condições mínimas que são estabelecidas de forma regulamentar. O distintivo é uma placa retangular de metal, com fundo vermelho vivo, com as letras AT e o número de chaves na cor ouro.

Nos preços de aluguel, que são livres e devem ser notificados à Administração Pública, incluem os fornecimentos de água e energias de luz e gás, coleta do lixo, o uso dos serviços comuns, como piscinas, instalações esportivas, parques infantis, estacionamentos – quando estejam ao ar livre não vigiados – nem com lugar reservado.

## 12.4. Ressorts

Os ressorts são aqueles estabelecimentos mercantis privados cuja situação, instalações e serviços permitem aos clientes desfrutar de suas férias em contato direto com a natureza, facilitando-lhes, por um preço fixado previamente, hospedagem em regime de pensão completa, com a possibilidade de praticar esportes e participar de diversões coletivas, segundo a Ordem Ministerial de 28 de outubro de 1968.

Os ressorts são classificados, com relação ao número e à qualidade das instalações e serviços que ofereçam, nas categorias de três, duas e uma estrela, cujo distintivo é uma placa retangular de metal com fundo azul-turquesa, letras CV na cor branca e estrelas na cor branca.

Os ressorts devem reunir algumas condições, segundo categorias:

### 1. *Gerais*

*a*) Situação: devem estar situadas em lugares que, por condições naturais, permitam a vida ao ar livre e a prática de esportes em amplos espaços abertos.
*b*) Fechamento.
*c*) Acesso e circulação interna.
*d*) Densidade de edificação, que não deve exceder a terça parte da área total do estabelecimento.
*e*) Áreas verdes: 15%, pelo menos, da superfície total.

### 2. *Particulares*

As condições particulares estão relacionadas, segundo a categoria, com:

*a*) As instalações comuns: recepção, conciergerie, salas de reuniões, bar-cafeteria, refeitório, limpezas gerais, instalações esportivas, de recreação e diversão, estacionamento, salas de curativos e primeiros socorros, etc.
*b*) As hospedagens e seus serviços sanitários.
*c*) As áreas de serviços: cozinhas, depósitos, etc.
*d*) As instalações e infra-estrutura urbanísticas: fornecimentos de água, energia elétrica, rede de esgotos, eliminação de lixo.
*e*) Os serviços.

Os ressorts recebem um preço fixado previamente por pessoa como remuneração pela hospedagem diária, na qual estão compreendidos, além da hospedagem e da pensão alimentícia, o uso e o proveito de todas as instalações e serviços do estabelecimento – de caráter esportivo e recreativo, com algumas exceções.

## 12.5. Albergues juvenis

Os albergues juvenis são hospedagens turísticas destinadas ao turismo juvenil, pertencentes geralmente a instituições e organismos públicos – Administração Central, Comunidades Autônomas ou Prefeituras. Também instituições privadas – centros religiosos, etc. – possuem e gerenciam esse tipo de hospedagem.

São estabelecidas algumas condições mínimas para poder hospedar-se em um albergue juvenil, tais como: 1) ter determinada idade que compreende entre 16 e 26 anos, regra geral e 2) possuir a carteira de membros de albergue juvenil. Em muitos albergues juvenis é aceita a carteira de estudante em vez da carteira de membros do albergue juvenil.

Quanto às características desse tipo de hospedagem juvenil, destacamos as seguintes:

1. Prestam o serviço de hospedagem, podendo apresentar também o serviço de manutenção.
2. Podem ser propriedade e gestão pública e/ou privada.
3. Podem organizar atividades culturais, esportivas e recreativas.
4. São hospedagens para fomentar o turismo juvenil devido aos preços baixos ou subvencionados.
5. São estabelecidos alguns limites mínimos e máximos de idade para poder hospedar-se ali.

## 12.6. Colônias de férias

As colônias de férias são hospedagens turísticas destinadas aos trabalhadores com a finalidade de promover o turismo social de famílias trabalhadoras.

As colônias de férias costumam ser hospedagens de organismos públicos – Ministério do Trabalho ou Departamentos de Trabalho e Bem-Estar Social das Comunidades Autônomas – ou de organizações trabalhistas e sindicais.

Algumas grandes empresas privadas também têm colônias para seus empregados.

As principais características das colônias de férias são as seguintes:

1. É uma hospedagem destinada aos trabalhadores e suas famílias com um nível de renda determinado.
2. Prestam serviço de hospedagem e manutenção, assim como costumam ter instalações para outro tipo de serviços: esportivos e recreativos.

3. Os preços dos serviços são baixos.
4. Em geral têm instalações para recreação e diversão de crianças e jovens.

## 12.7. Casas-grandes

O desenvolvimento do turismo rural, turismo verde ou "agroturismo" fomentado pelo Estado – com legislações especiais e ajudas e subvenções econômicas para seu desenvolvimento – ou por organizações internacionais como a Organização Mundial do Turismo ou a União Européia com programas e ajudas para o desenvolvimento das zonas mais desfavorecidas da comunidade, de preferência em zonas rurais com possibilidades turísticas, está emparelhado também com o desenvolvimento de um tipo de hospedagem de acordo com a paisagem rural: as casas-grandes ou casas de campo (casas de "payés", proprietário rural catalão na Catalunha; "caseríos" no País Basco, etc.).

Enquanto o desenvolvimento das segundas residências implica geralmente privação do solo e parque imobiliário devido à criação de novas moradias, apartamentos, chalés, etc., as casas-grandes implicam utilização de propriedade já existente ou, em último caso, transformada para hospedar uma população de férias.

O turismo rural compatibiliza a estada nesse tipo de hospedagem com atividades agrícolas ou do campo, e com uma série de atividades recreativas e esportivas em contato com a natureza. Essa modalidade de hospedagem adota principalmente duas características: 1) a hospedagem em casas-grandes propriamente ditas com a manutenção incluída ou com direito a poder usar as instalações de cozinha para a conservação e preparo dos alimentos; e 2) a hospedagem em terreno agrícola, em forma de moradias ou com sistema de camping ou acampamento.

Os países europeus que mais desenvolveram esse tipo de hospedagem são o Reino Unido (com o sistema "bed and breakfast" – hospedagem e café da manhã), Áustria, França, Suíça e, nos últimos anos, Espanha.

As principais características desse tipo de hospedagem são as seguintes:

*a*) Poder passar um período de férias em contato direto com a natureza e desenvolver uma série de atividades recreativas, culturais e esportivas no meio rural.
*b*) Preços baixos dos serviços.
*c*) Incremento das receitas para o setor agrícola e compensar a queda dos preços agrícolas.
*d*) Possibilidade de convivência dos turistas com as pessoas do campo.
*e*) Aproveitamento dos recursos infra-utilizados.

Devido ao fato de esse tipo de hospedagem ainda ser novo, apesar de haver sido desenvolvido por vários anos – desde a década de 70 –, essa modalidade de estada de férias não está ainda sistematizada e legislada o suficiente. Na Espanha há algumas Comunidades Autônomas que, contudo, já adotaram uma série de normativas e de ajudas a respeito, como, por exemplo na Catalunha, cuja disposição legal data de 1983 e que dispõe de cerca de 198 casas de "payés" (1993).

## 12.8. Refúgios de montanha

Os refúgios de montanha costumam ser um tipo de hospedagem extra-hoteleira unido à atividade excursionista e de montanha. A propriedade destes costuma ser, em regra geral, privada, pertencente a centros ou associações esportivas e excursionistas.

As principais características desse tipo de hospedagem são:

1. Hospedagem aberta, em princípio, aos sócios dos agrupamentos e centros excursionistas e esportivos.
2. Preços dos serviços, geralmente só de hospedagem, baixos.
3. Boa situação, em geral, que permite a eles serem um centro ou base de operações para realizar excursões e outras atividades de montanha.

## 12.9. "Interhome" e multipropriedade

O "interhome" ou intercâmbio gratuito de segundas residências e a multipropriedade ou "time sharing" ou compartilhar a propriedade de uma residência – apartamento, chalé, casa de uma família, etc. – são dois tipos de hospedagem que têm em comum compartilhar a moradia por motivos de férias. Porém, cada uma delas tem algumas características bem distintas e diferenciadas.

### 12.9.1. "Interhome"

O sistema de "interhome" ou intercâmbio gratuito de segundas residências para fins de férias surgiu nos anos 50 na Europa central. Concretamente essa modalidade surgiu em 1953, quando dois professores – um holandês, outro suíço – pensaram em tirar o maior proveito para seu longo descanso. Esse sistema estendeu-se a vários países europeus: Reino Unido, Irlanda, Holana, Suíça, etc. Na Espanha começaram a surgir empresas que se dedicam a gerir esse tipo de hospedagem no começo dos anos 80.

Esse sistema consiste no estabelecimento de uma série de empresas mercantis – agências – com correspondentes ou representantes de outras agências em outros lugares – cidades, províncias, regiões, países – que têm como objetivo recolher todo tipo de segundas residências de propriedade dispostas a ser intercambiadas de forma gratuita e publicá-las e difundi-las por meio de catálogos e folhetos. Essa relação de hospedagens com suas características, fotografias, instalações e localização são refletidas na publicação que serve de promoção para captar possíveis interessados nesse intercâmbio. As pessoas interessadas nesse sistema pagam uma cota anual para aparecer nos catálogos. Nestes, encontra-se uma série de normas que devem ser cumpridas por ambas as partes:

As principais características desse tipo de hospedagem são:

1. Dispor de uma moradia como própria, gratuitamente, para passar as férias em um lugar determinado que a pessoa disposta a intercambiar sua residência própria tem interesse em conhecer.
2. Conhecer um lugar – país, comarca, região, etc. –, vivendo no estilo próprio do lugar de destino.
3. Criar novas amizades em outros lugares.
4. Pagamento de uma cota anual para aparecer nos catálogos que são editados pelas agências que se dedicam à administração do intercâmbio.
5. Para garantir um melhor intercâmbio, procura-se que os assinantes das agências de intercâmbio tenham a casa segurada. Esse tipo de seguros se estende a outro tipo de apólices, como os de assistência médica, de roubo ou perda de bagagem ou no caso de ser anulado o intercâmbio na última hora.

## 12.9.2. Multipropriedade ou "time sharing"

A multipropriedade ou "time sharing" (tempo compartilhado) é um sistema de propriedade de uma hospedagem – apartamento, chalé, moradias unifamiliares, etc. – por determinado tempo – um mês, uma quinzena, no mínimo uma semana – cada ano, compartilhando a propriedade do tempo com os outros. A propriedade pode ser para alguns anos ou para sempre.

O "time sharing" nasceu na Europa. Contudo, sua prática foi generalizada na Flórida (EUA) a partir da crise energética dos anos 70, quando a recessão provocou grave diminuição das vendas de apartamentos nesse estado.

Segundo um estudo da Secretaria Geral de Turismo, elaborado em 1988, em 1975 existiam em todo o mundo 168 complexos com donos parciais, enquanto em 1986 superavam os 2.000. Na Europa, existiam em 1989, 290 complexos com cerca de 360 mil usuários. Espanha, Portugal e Reino Unido acolhem a maioria desse tipo de hospedagem extra-hoteleira na Europa. Os britânicos são os que mais o utilizam. Nos EUA, existiam em 1991 cerca de 960 mil proprietários, o que significava 60% do total mundial.

Na Espanha foi introduzido no final dos anos 70, porém foi no anos 80 que cresceu de forma acelerada, principalmente nas Canárias e na Costa do Sol. Em 1990 existiam na Espanha 220 complexos com mais de 10 mil hospedagens.

As principais características da multipropriedade são as seguintes:

1. O "time sharing" tem vantagem com relação à compra de uma moradia para uso exclusivo que barateia sensivelmente os custos da aquisição.
2. O preço total do imóvel e sua manutenção são divididos entre todos os seus usuários.
3. O "time sharing" é o sistema mais barato de acesso à moradia de propriedade individual, mas mais caro que o aluguel, segundo o estudo da Secretaria Geral de Turismo. A longo prazo, pode ser mais barato que o arrendamento.
4. Os proprietários podem alugá-la ou intercambiá-la por outra residência de férias.
5. A manutenção dos serviços que são realizados nesses estabelecimentos – basicamente lavanderia, restaurante e outros de caráter doméstico – é feita pela mesma empresa construtora ou uma empresa concessionária encarregada da exploração do complexo, normalmente contratada pelo promotor quando se inicia a venda.

Por ser um tipo de propriedade singular e nova, não existe uma legislação específica na Espanha para normalizar e regularizar sua atividade. O Governo espanhol tem em estudo, há anos, uma lei para regular e ordenar esse tipo de hospedagem extra-hoteleira e evitar qualquer irregularidade legal, segundo ditam as normas comunitárias que, nesse aspecto, fixou a União Européia, especialmente em defesa dos usuários.

## 12.10. Chalés e casas de campo

Os chalés e casas de campo são hospedagens extra-hoteleiras compostas por moradias isoladas de maior luxo e conforto, formando urbanizações dotadas de todos os serviços. Essas urbanizações ocorrem geralmente ao redor de um núcleo que possui não apenas os serviços típicos necessários para o fornecimento de água, luz, telefone, gás, meios de comunicação e coleta de lixos residuais, mas também pólos de diversão e de distração coletiva.

Os chalés e casas de campo costumam ser de propriedade ou de aluguel, por meio de contrato prévio entre seus proprietários ou empresas imobiliárias e clientes.

Os chalés e casas de campo são regulamentados na Espanha pelo Real Decreto 2.877/1982 de 15 de outubro, pelo qual são ordenados os apartamentos turísticos e moradias turísticas de férias e pelas disposições das Comunidades Autônomas.

O Real Decreto, em seu artigo 17, define esse tipo de hospedagem do seguinte modo: "Não têm a consideração legal de apartamentos turísticos, mas sim de moradias turísticas de férias, unidades isoladas de apartamentos, bangalôs, casas de campo e chalés e similares e, em geral, qualquer moradia que, independentemente de suas condições de mobília, equipamentos, instalações e serviços, se ofereçam em regime de aluguel por motivos de férias ou turísticos."

Capítulo 13

# RESTAURAÇÃO E GASTRONOMIA

## 13.1. Restauração fora do hotel. Classificação

A restauração fora do hotel é constituída por aquelas empresas mercantis que oferecem, mediante preço fixo, o serviço de manutenção: refeições e bebidas, etc., podendo ser classificada nos seguintes tipos de empresas:

*a*) Restaurantes.
*b*) Cafeterias e bares.
*c*) Empresas de refeições rápidas: "fast food", pizzarias, "take away".
*d*) Catering.
*e*) Restauração industrial para coletividades (empresas, colégios, hospitais, prisões, etc.).

A restauração na Espanha é regulamentada pelas seguintes disposições legais:

1. Ordem de 17 de março de 1965, pela qual se aprova a ordenação de restaurantes.
2. Ordem de 18 de março de 1965, pela qual de aprova a ordenação turística das cafeterias.
3. Ordem de 19 de junho de 1970, pela qual se incluem na ordenação turística de restaurantes a cafés, bares, salões de festas, clubes e similares.
4. Ordem de 29 de junho de 1976, pela qual são modificados os menus e cardápios em restauração e cafeterias.

5. Ordem de 31 de janeiro de 1980, pela qual se proíbe a entrada de menores de 16 anos nos salões de festas ou bailes e outros estabelecimentos.
6. A disposição das Comunidades Autônomas, em harmonia com a normativa geral do Estado.

## 13.2. Restaurante

### 13.2.1. Conceito e classificação

Os restaurantes são aqueles estabelecimentos mercantis que servem ao público, mediante um valor, refeições e bebidas para serem consumidas no mesmo lugar.

Os pratos que compõem os menus e cardápios dos restaurantes estão relacionados com:

- Cozinha convencional, sem nenhum tipo de especialização.
- Cozinha local, regional e nacional.
- Cozinha internacional.
- Cozinha de especialidades gastronômicas.
- Novas tendências culinárias: nova cozinha francesa, portuguesa, etc.

Os restaurantes são classificados nas categorias de luxo, primeira, segunda, terceira e quarta, cujos distintivos são, respectivamente, cinco, quatro, três, dois e um garfo.

Segundo as diferentes categorias, os restaurantes deverão ter alguns requisitos mínimos quanto à infra-estrutura, serviço, cardápios e menus.

Atualmente, costuma-se falar de neo-restauração que é a soma da restauração tradicional com novas tecnologias, novos produtos, novos sistemas de preparo e condimentação e novos tipos de gestão (marketing).

### 13.2.2. Organização e tipos de serviços

O restaurante está estruturado nos seguintes departamentos:

*a*) Refeitório.
*b*) Cozinha.
*c*) Almoxarifado-adega e depósito.
*d*) Administração.
*e*) Outros: bar, etc.

Quanto aos tipos de serviços, o restaurante pode oferecer os seguintes:

*a)* *Garçons.* O serviço à mesa é aquele em que o cliente permanece sentado durante toda a refeição e é servido pelos garçons. Esse serviço pode ser realizado mediante vários sistemas:

- Serviço de prato feito ou à americana: o garçom recebe da cozinha todos os alimentos servidos no prato, devendo somente limitar-se a levá-los da cozinha à mesa do cliente.
- Serviço à inglesa: o garçom recebe da cozinha os alimentos servidos em travessas e passa a servi-los nos pratos sobre a mesa do cliente. Este serviço é utilizado geralmente nos banquetes.
- Serviço à francesa: o garçom recebe os alimentos da cozinha servidos em travessas e os oferecem aos clientes sentados às mesas que se servem conforme seu apetite.
- Serviço ao guéridon: o garçom recebe da cozinha os alimentos em travessas, pondo-as em uma mesa auxiliar (guéridon), localizada próxima à mesa do cliente, onde realiza, às vezes, para terminar sua elaboração, a preparação dos pratos e os serve ao cliente. Esse tipo de serviço é usado geralmente nos estabelecimentos de grande categoria e o garçom costuma ser auxiliado por um ajudante.
- Serviço à russa: o garçom apresenta ao cliente os diferentes alimentos em travessas. Uma vez apresentados, o garçom os deposita sobre uma mesa auxiliar e realiza o desossar ou retirada de espinhos. Quando o prato estiver pronto é servido ao cliente.

*b)* *"Self-service" ou auto-serviço.* Neste serviço o cliente se serve diretamente de pratos já preparados em um balcão.

*c)* *Bufê.* Neste serviço o cliente se serve diretamente de alimentos de balcão ou bufê, escolhendo o tipo de pratos e bebidas, assim como suas quantidades.

## 13.3. Conceito e categorias de menus

Os serviços de refeições e bebidas podem ser classificados em menus e cardápio.

O menu é o conjunto de pratos, incluindo o pão, a sobremesa e a bebida, que se oferece ao cliente por um preço total. A denominação desse tipo de refeição evoluiu, tendo várias denominações: "menu turístico", "menu do dia" e "menu da casa".

O cardápio e a relação de refeições – pratos – e bebidas são oferecidos pelo restaurante com preços individualizados e dividido em seções, segundo a categoria de alimento e bebida, preparação dos pratos, especialidades, etc.

O cardápio costuma refletir as especialidades do restaurante, da cozinha típica do lugar ou da gastronomia especializada.

Os restaurantes devem dar a máxima publicidade aos preços dos pratos e vinhos que compõem seus menus e cardápios.

## 13.4. Outros serviços de restauração

Além do restaurante, existem outros tipos de restauração como cafeterias e bares, "fast food", catering e cozinha industrial para coletividades, etc.

### 13.4.1. Cafeteria e bares

Cafeterias são aqueles estabelecimentos mercantis, qualquer que seja a sua denominação que, além de sorvetes, bebidas batidas, refrescos, infusões e bebidas em geral, servem ao público mediante um valor, principalmente em tabela ou balcão e, a qualquer hora, desde que permaneça aberto o estabelecimento, pratos frios e quentes simples ou combinados, preparados normalmente para refrigeração rápida.

As cafeterias são classificadas em três categorias: especial, primeira e segunda cujos distintivos são, respectivamente, três xícaras, duas xícaras e uma xícara. Segundo as categorias, as cafeterias devem ter um mínimo de requisitos, quanto a infra-estrutura, serviços, cardápios, etc.

As cafeterias são obrigadas a oferecer ao público os cardápios de pratos e bebidas, cuja composição e variedade deverão estar de acordo com a categoria que ostentarem.

Entende-se por cardápio de pratos e bebidas as relações, respectivas, de refeições e bebidas que o estabelecimento oferece. As cafeterias, quaisquer que sejam suas categorias, devem oferecer ao público, pelo menos um "prato combinado da casa", em cujo preço estejam incluídos o pão e a bebida.

Bares são aqueles estabelecimentos mercantis, de catergoria única, que dispõem de balcão e também podem dispor de serviço de mesa, para proporcionar ao público, mediante um valor, bebidas acompanhadas ou não de aperitivos e sanduíches frios ou quentes, para serem consumidos no mesmo local.

Também existem bar-restaurantes que são estabelecimentos para o público e que oferecem o duplo serviço de bar e restaurante.

### 13.4.2. "Fast food" e "take away"

São o conjunto de estabelecimentos mercantis dedicados à venda de refeição e bebida, com oferta reduzida e elaboração simples, que é solicitada e transportada pelo próprio cliente para ser consumida no mesmo local ou para ser levada e consumida em outro lugar – "take away". Neste último tipo de estabelecimentos – "take away" – a oferta de refeições pode ser mais ampla e variada.

Nesse grupo estão incluídas as pizzarias, creperias, lanchonetes de hambúrgueres, "fried chicken", lanchonetes de "croissants", etc.

### 13.4.3. "Catering"

O "catering" é o conjunto de empresas destinadas a elaborar as refeições a serem consumidas em outros lugares, e são seus principais consumidores os clientes usuários de meios de transporte.

O principal meio de transporte abastecido pelo "catering" é o transporte aéreo, ainda que também forneça para outros, como, por exemplo, as estradas de ferro.

### 13.4.4. Restauração industrial para coletividades

A restauração industrial para coletividades é constituída por aquelas empresas mercantis, similares às de "catering", que elaboram refeições para serem consumidas em coletividades, podendo ser: empresas, colégios, hospitais, quartéis, prisões e comunidades religiosas.

## 13.5. Gastronomia e enologia

### 13.5.1. Generalidades

A gastronomia e a enologia se constituíram em mais um dos atrativos turísticos que possuem os núcleos receptores de turismo e que estão baseados em sua cultura culinária e enológica – vinhos – e demais variedades de bebidas – cidras, cavas, licores, etc. –, estabelecendo em muitos casos verdadeiras rotas gastronômicas.

Existem associações e clubes gastronômicos que fomentam a arte de comer e de beber bem como um atrativo mais turístico. Assim, podemos citar, como exemplo, a francesa "Chaîne des Rotisseurs".

O turismo gastronômico é fomentado também com a organização de festas e jornadas gastronômicas, bem como com concursos culinários.

### 13.5.2. Cozinha espanhola

A cozinha espanhola tem um mapa gastronômico dividido por zonas, segundo sua variedade de pratos e bebidas típicas:

1. *Zona dos molhos*: abrange todo o norte da Península (Galícia, Astúrias, Cantábria e o País Basco), com caldo galego, empanadas, mariscos, pote galego, peixes, fabada, presuntos crus de Avilés, queijos, torta de Santiago, etc. Vinhos: branco de Alava, Chacolí, Albariños, Ribeiro, cidra, etc.
2. *Zona dos chilindrones*: compreende La Rioja, Navarra e Aragão. A gastronomia baseia-se no frango a la chilindrón, olla podrida, frango em pepitoria, truta à navarra. Vinhos: tintos de Tudela e de Cariñena, Rioja, garnacha, etc.
3. *Zona dos peixes*: inclui a Catalunha. Pratos da gastronomia catalã são: zarzuela de mariscos e peixes, butifarra com judías, "escudella e carn d'olla", sopa de peixe, embutidos, cocas, torteles, creme, etc. Vinhos e cavas: del Penedès, del Priorato, de Alella, del Ampurdán, moscatel ou malvasía de Sitges, etc.
4. *Zona do arroz*: engloba a Comunidade Valenciana e a Comunidade Murciana. Pratos com a paella, peixes, turrones, torrijas, laranjas, etc. Vinhos de Yecla, Jumilla, Utiel, Requena, etc.
5. *Zona das frituras*: abrange Andaluzia. Variedades como o gaspacho, migas, peixe frito, presuntos crus, ovos à flamenca, azeitonas, polvorones, caldas de açúcar, amanteigados, pestiños, etc. Vinhos finos de Chiclana, Puerto de Santa María, aromáticos de Jerez, Montilla, Moriles, moscatel de Málaga, camomila (macela) de Sanlúcar de Barrameda, etc.
6. *Zona dos assados*: compreende as duas Castilhas (Castilha-Leão e Castilha-La Mancha) e Extremadura. Variedades como dobradinha à madrilenha, leitão novo assado, cozidos, migas, fritada manchega, variedade de sopas, queijos, amanteigados, doces, rosquinhas, gemas, etc. Vinhos de Valdepeñas, Cebreros, Barros, Salvatierra, etc.
7. *Baleares*: variedades de empanadas, cocas, frito mallorquín, sopa menorquina, sobrasada, perdizes à menorquina, ensaimadas, biscoitos de Inca. Vinhos tintos de Benisalem e Inca.
8. *Canárias*: variedades de peixes com molho picón e batatas encrespadas,

farinha torrada, sancocho, bananas, biscoitos e bolos. Vinhos tintos do Monte, de Lanzarote, de Gran Canaria, etc.

### 13.5.3. Cozinha internacional

Quanto à gastronomia internacional, destacam-se as seguintes cozinhas, segundo continentes:

- *Europa*: cozinha francesa, italiana, espanhola, portuguesa, grega, etc.
- *África e Oriente Médio*: cozinha árabe com especialidades marroquinas, argelina, síria, egípcia, libanesa.
- *Ásia*: cozinha chinesa – pequinesa e cantonesa –, coreana, índia, japonesa, malaia, etc.
- *América*: cozinha rápida americana, mexicana, argentina, uruguaia, brasileira, etc.

# Capítulo 14

# TRANSPORTE AÉREO

## 14.1. Conceito, classe e evolução histórica das empresas de transporte aéreo. A inter-relação do turismo e da aviação

As companhias aéreas são aquelas empresas mercantis que oferecem um serviço de transporte aéreo em regime de vôo regular, charter ou outros tipos de serviços – táxi aéreo, carga, etc. Costumam ter uma complexa estrutura empresarial devido à variedade de serviços: terra, vôo, manutenção, catering, segurança, assim como sua gestão administrativa, comercial, financeira, de produção, marketing, delegações territoriais, pessoal, etc.

A maioria das companhias aéreas procede de fusões de outras menores. A companhia mais representativa de cada país recebe o nome de companhia de bandeira e costuma ser de capital estatal, em sua totalidade ou em parte.

As companhias aéreas podem ser classificadas nos seguintes tipos, segundo:

*a*) Propriedade: públicas (Iberia), semipúblicas e privadas (todas as americanas).
*b*) Serviços:
   - Regulares: nacionais, internacionais, regionais ou de terceiro nível.
   - Reservados: charter, táxi aéreo.
   - Especiais: publicitários, fotografia, etc.

O transporte aéreo foi um dos elementos fundamentais para o desenvolvimento do turismo de massas depois da Segunda Guerra Mundial. Contudo, o início da aviação comercial se deu na década de 20, após o fim da Primeira

Guerra Mundial, que foi um cenário bélico próprio para a experimentação dos primeiros vôos. A primeira indústria aeronáutica foi criada em Paris pelos irmãos Voisin em 1906.

Os primeiros marcos da aviação ocorrem nas décadas de 10 e 20: em 1914, é inaugurada a primeira linha comercial regular entre Tampa Bay (Flórida, EUA) e São Petersburgo; em 1919, primeira travessia sem escalas do Atlântico por Alcok e Brown, de San Juan de Terranova a Clifden (Irlanda), em 15 horas e 37 minutos; em 1922, primeira travessia do Atlântico Sul pelos pilotos portugueses Sacadura Cabral e Gago Coutinho, de Lisboa ao Rio de Janeiro; em 1923, primeiro vôo de helicóptero de La Cierva, em Madri; em 1926, o hidroavião espanhol "Plus Ultra" faz pela primeira vez a rota Palos de Moguer a Buenos Aires, sem escalas; em 1927, primeiro vôo sem escalas de Nova York a Paris, por Charles Lindberg, em 33 horas e 30 minutos, no monoplano "Spirit of Saint Louis".

Na década de 30 começa a se experimentar o motor à explosão, a turbina e a primeira aterrissagem automática na aviação. Em 1939 é produzido o primeiro vôo à explosão com o Heinkel-178, que seria o primeiro passo na evolução tecnológica da aviação ao substituir as hélices por turbinas e motores à explosão.

A Segunda Guerra Mundial serviu para experimentar os avanços tecnológicos na aviação que permitiram, ao final desse período e na década de 50, o grande desenvolvimento da aviação comercial, com os primeiros vôos jet dos aviões Caravelle, Comet e Boeing 707, aumentando-se a velocidade de cruzeiro de 400 para 800km/h.

A partir da década de 60, o avião converteu-se em meio insubstituível para o tráfico turístico, devido às grandes alterações que melhoraram sua segurança, comodidade e velocidade, sendo o meio de transporte mais rápido que permite cobrir grandes distâncias e o acesso a lugares isolados. Nessa década começa o "boom turístico" das férias organizadas em vôo charter, bem como começam a operar aviões de maior capacidade e rapidez, como os Boeing 747 (Jumbo) (1975) e os primeiros vôos supersônicos do Concorde, avião criado pelo consórcio da sociedade francesa Aérospatiale e a britânica Aerospace. Comercialmente, começou a operar a partir de 1976.

Na década de 70, as companhias aéreas se defendem das companhias charter criando suas próprias filiais charter nos tours organizados a preços e tarifas mais competitivos. Em 1973, com a crise do petróleo, as companhias aéreas sofrem o aumento do combustível, produzindo-se fusões, quebras, redução e repartição de rotas aéreas, mantendo as tarifas em contínua diminuição e criando novas – Apex, excursão, grupos, etc. – com a finalidade de manter a demanda e o tráfego aéreo.

Na década de 80, a aviação experimenta uma recuperação. São criadas novas tarifas – promocionais – e classes – "bussiness class" –, e busca-se a redução de custos de exploração. As companhias se introduzem em outros campos de atividade econômica com a criação de cadeias hoteleiras, sistemas computadorizados de reservas (CRS) – Amadeus, Galileo, etc. – com outras companhias aéreas.

Dessa época até a atualidade, experimenta-se também a quebra de companhias – Pan Am, Eastern Airlines –, fusão e compra de companhias aéreas, formando-se empresas "megatransportadoras", especialmente nos EUA e na Europa e se vive o processo de desregulamentação e liberalização do tráfego aéreo e de suas tarifas, iniciado, primeiramente nos EUA (1987) e desde 1988 na Europa que culminará a partir de 1993, por meio das normas ditadas pela União Européia, coordenadas pela IATA, em 1997. Também se vive um momento de renovação de frotas, reestruturação de rotas aéreas, nascimento de novas companhias privadas regionais, tanto em vôo regular como em charter, com a incorporação de aviões menores. A guerra do Golfo (inverno de 1991), com a conseguinte crise no setor da aviação comercial, fez enfocar novamente e acelerar algumas dessas alterações.

Na atualidade funcionam mais de 220 companhias aéreas, tanto regulares como de charter, com uma frota de mais de 135 mil aviões em todas as partes do mundo, porém, especialmente, nas rotas européias e americanas (zona do Atlântico Norte), onde existe o maior tráfego aéreo.

No nível espanhol, a aviação comercial iniciou-se em 1919, ano em que se estabeleceu a primeira linha do Serviço Postal Aéreo do Governo entre Barcelona e Madri. Em 1921, surge a primeira companhia de aviação civil – Compañia Española de Tráfego Aéreo (CETA) – e, seis anos mais tarde, em 1927, surge a Iberia, que nos últimos anos da ditadura do general Primo de Rivera fizeram fusão dando origem à companhia CLASSA (Concesionarias Líneas Aéreas Subvencionadas S.A.). Com a Segunda República passou a ser denominada Líneas Aéreas Postales Españolas (LAPE), da qual 55% do capital social era propriedade do Estado. A companhia explorava, além de algumas linhas internas, as de Madri a Paris, Berlim e Lisboa.

Durante a Guerra Civil (1936-1939), criou-se na zona nacional a Empresa de Transportes Aéreos Iberia, com participação majoritária do Estado. A partir de 1940, passou a denominar-se Iberia, Líneas Aéreas de España. Em 1943, o Estado transferiu a totalidade das ações da companhia ao Instituto Nacional de Indústria, que posteriormente foi o único acionista.

Em 1948, foi constituída a companhia Aviación y Comercio (Aviaco) de capital privado, para a exploração de serviços reservados e linhas aéreas regulares de serviços nacionais. Posteriormente, passou para INI, convertendo-se também em empresa pública.

A atual situação da aviação comercial na Espanha pode ser concretizada nos seguintes pontos:

*a*) Processo de desregulamentação e liberalização do tráfico aéreo, conforme normas comunitárias da UE. Introdução paulatina de serviços de outras companhias aéreas européias no território espanhol, por meio do serviço de "cabotagem" ou prolongamento de linhas.

*b*) Processo de desregulamentação da Iberia, com a criação de empresas regionais – Binter – e outras companhias com finalidades turísticas – Viva Air –, bem como um processo de aquisição de companhias aéreas sul-americanas – Aerolíneas Argentinas. Participação da Iberia nos Sistemas Computadorizados de Reservas, por meio de Savia e Amadeus. Essa situação, contudo, levou a companhia aérea a uma situação de crise, devendo ser realizado um processo de drástica reestruturação e de viabilidade para refazer a frota da empresa, segundo as diretrizes comunitárias da UE, procurando: reduzir as grandes perdas, congelar salários, reduzir quadro de funcionários; vender ou liquidar companhias regionais ou de vôo charter (Viva Air); reestruturar serviços aéreos, etc.

*c*) Criação de linhas aéreas – Air Europa, Spanair, etc., assim como outras companhias de terceira ordem (regionais, charter, etc.).

*d*) Fim do monopólio da "ponte aérea" Barcelona-Madri, da Iberia, ao surgirem novas companhias, como Air Europa e Spanair, que fazem esse serviço competindo em preços e serviços.

*e*) Grande número de aeroportos e reestruturação de alguns deles que compensam a baixa densidade de rodovias e estradas de ferro, porém ocasionam um excessivo peso da rede aérea nacional sobre as linhas internacionais.

## 14.2. Conceito de linha regular e vôo charter

O serviço regular implica um transporte executado através do espaço aéreo, dentro de um mesmo Estado ou entre vários Estados, de caráter comercial público e regular, sujeito a itinerário, calendário e horários fixos publicados em manuais, circulares, guias e horários. Ainda que as tarifas de vôo regular sejam as mais caras do mundo, as companhias aéreas para torná-las mais competitivas criaram grande número de tarifas especiais, como veremos mais adiante.

As companhias aéreas de vôo regular realizam seus vôos independentemente do número de passageiros que tenham negociado lugares. Muitos de seus vôos podem ser pouco rentáveis se transportarem poucos viajantes. Ao mesmo tempo, oferecem aos passageiros, além do transporte, serviços complementares a bordo, gratuitos ou pagos –, alimentação, bebidas, revistas e jornais, entretenimentos, etc. – relacionados com a duração do vôo e o preço da passagem, de acordo com as categorias.

Em terra, as companhias aéreas oferecem também serviços aos clientes para incrementar a demanda, como conexões imediatas, agilização dos trâmites de faturamento, combinações com outros serviços, etc.

As companhias aéreas tanto podem ter serviços regionais e nacionais como internacionais e transcontinentais.

O transporte por encargo ou o fretamento de aviões para serviços comerciais reservados, não sujeitos a itinerário, calendário, horários fixos e tarifas mais econômicas é o que denominamos de vôo charter.

A introdução do vôo charter no transporte turístico na década de 60, como já vimos, contribuiu para o desenvolvimento do "boom turístico".

Os vôos charter, devido à contra-ofensiva das companhias aéreas de vôo regular que criaram suas próprias filiais de charter, estão perdendo seu caráter excepcional, convertendo-se em charters programados, com uma frota de aviões novos, não de segunda mão. No entanto, estão perdendo sua utilização estrita em pacotes turísticos e é comercializado apenas o transporte por avião.

Na Espanha, as companhias de vôo charter também estão atualmente em fase de reestruturação diante do processo de liberalização e desregulamentação aérea.

Em 1990, 80% dos turistas que chegavam à Espanha viajavam em vôo charter, segundo dados da Asociación Española de Compañias Aéreas (AECA), que agrupa cerca de 18 companhias privadas ou semiprivadas de vôo regular e charter, ainda que a participação delas dentro do conjunto total represente apenas 15%. A maioria é de companhias espanholas e algumas delas associadas a outras estrangeiras.

Entre essas companhias, destacam-se: Air Europa, Air Sur, LTE, Viva Air, Spanair, Catalonia Air, Oasis Airlines, Futura, Centennial, etc.

As empresas de vôo charter exclusivamente não pertencem a IATA e muitas delas são propriedades de grandes operadoras de tour.

## 14.3. Direitos do tráfego e princípios de liberdade aérea

O tráfego aéreo pressupõe a invasão do espaço aéreo pertencente, segundo o Direito Internacional Público, a um Estado. Por isso, foi necessário, ao longo da história da aviação, estabelecer uma série de convênios e acordos bilaterais e multilaterais que regulamentam esse tráfego – Pacto de Varsóvia (1929), Contrato de

Transporte de IATA, Convênio de Chicago (1944) – e deu origem ao aparecimento de organismos internacionais – IATA e OACI – que estabelecem a colaboração entre os Estados e as companhias aéreas que exploram os respectivos espaços aéreos.

A Convenção de Chicago, de 7 de dezembro de 1944, fixou as normas para estabelecer acordos bilaterais entre países sobre o tráfego aéreo por meio da Organização Internacional de Aviação Civil (OACI).

Entre os acordos adotados estão as cinco liberdades aéreas:

- *Primeira liberdade*: o direito de uma companhia aérea de país A de sobrevoar o território de outro país B sem aterrissar.
- *Segunda liberdade*: o direito de uma companhia aérea de país A aterrissar no território de país B por motivos não-comerciais, apenas técnicos ou de emergência.
- *Terceira liberdade*: o direito de uma companhia aérea de país A desembarcar passageiros, carga e correio em um país B, procedente do país A.
- *Auarta liberdade*: o direito de uma companhia aérea de país A embarcar no país B passageiros, carga e correio com destino ao país A.
- *Auinta liberdade*: o direito de uma companhia aérea de país A transportar passageiros, carga e correio de país B para país C. Nessa liberdade existe outra variante. Essa variante permite o tráfego de país B para país C, através do país A da própria companhia aérea.

## 14.4. Organização Internacional do Transporte Aéreo

Duas são as principais organizações internacionais no âmbito do transporte: a Associação Internacional do Transporte Aéreo (IATA) e a Organização Internacional de Aviação Civil (OACI).

A IATA é uma associação internacional que agrupa a maioria das companhias aéreas de vôo regular. É membro dessa associação qualquer companhia aérea autorizada pelo Governo de seu país a estabelecer serviços aéreos regulares em seu espaço aéreo.

A IATA, criada em 1945 depois do fim da Segunda Guerra Mundial, conta com 220 companhias-membros e tem sua sede em Montreal (Canadá) e em Genebra (Suíça). A Câmara de Compensação – "Clearing House"–, onde as companhias liquidam entre si as contas pelos trajetos voados, encontra-se em Londres.

A associação tem dois tipos de membros:

*a*) Ativos: são as companhias aéreas que têm o serviço de vôos internacionais. Têm voz e voto. Por exemplo: Air France, Iberia, SAS.
*b*) Associados: são as companhias que têm estabelecidos os serviços nacionais de cada país. Têm voz, porém não voto. Por exemplo: Aviaco.

As principais funções da IATA são as seguintes:

1. Coordenar as respectivas tarifas aéreas.
2. Criar os meios de colaboração entre as companhias aéreas.
3. Normalizar e homogeneizar normas, sistemas e códigos para a extensão e venda das passagens, regulamentações alfandegárias, etc.
4. Funções no campo da segurança: roubos de bagagens, passagens, fraudes, proteção nos aeroportos.
5. Cooperação com a OACI e outros organismos internacionais.
6. Coordenação dos aspectos técnicos, como sistemas de segurança, manutenção dos aviões, serviços meteorológicos relacionados com a navegação aérea, etc.
7. Mediação nas negociações de acordos intergovernamentais, entre companhias aéreas e agências de viagens.
8. Regular os serviços de tráfego de passageiros, bagagens, animais, mercadorias ou carga, artigos perigosos, etc.
9. Estabelecer normas para reserva e venda de passagens por parte das agências de viagens, assim como estabelecer as correspondentes autorizações para efetuar essas funções.

A OACI (Organização Internacional de Aviação Civil), criada em 1944 pela Convenção de Chicago, é um organismo especializado das Nações Unidas. Conta com três órgãos: a Assembléia, o Conselho e a Secretaria que está em estreita dependência com o Conselho e que é o órgão permanente.

A Assembléia é formada pela reunião de representantes dos Estados membros da organização que exerce as funções administrativas e constitucionais.

As principais funções da organização são as seguintes:

1. Estabelecimento de acordos bilaterais e multilaterais sobre normas de aviação no nível de aeroportos, assistência a aeronaves, normas de vôo, que são canalizadas para sua aplicação por meio dos órgãos (Direções Gerais de Aviação Civil) dos respectivos Governos.
2. Cooperação com IATA.

3. Estabelecimento de acordos para o uso dos espaços aéreos (corredores aéreos).
4. Mediação entre os Estados para solucionar os conflitos relacionados com o tráfego aéreo.
5. Promover a aviação em escala mundial.

## 14.5. Tipos de aparelho em serviço

As principais empresas construtoras de aviões comerciais que existem no mundo são as seguintes: as americanas Boeing e McDonnell Douglas e as européias Fokker (Holanda), British Aerospace (Grã-Bretanha), Airbus (França), Aerospatiale (França), Lockheed (Holanda), Casa (Espanha), Ilyushin (Rússia) e Tupolev (Rússia).

Os aparelhos podem ser classificados, segundo:

### *a) Propulsão, motores, autonomia de vôo e velocidade*

- *Hélice*: aviões propulsionados por motores de êmbolo ou pistão e acionados por hélice. Alcançam uma velocidade de 400 a 650km/h com altura máxima de 9 mil metros.
- *Turbo-hélice*: as hélices são acionadas por motor de turbina. Alcançam velocidade de 800km/h e altura máxima entre 7 mil e 14 mil metros.
- *Reator*: o motor captura o ar da frente, o comprime e o introduz na câmara de combustão. O gás quente é expulso pela parte posterior do motor impelindo o avião para frente. Alcança velocidade de 1.000km/h e altura que oscila entre 7 e 16 mil metros.

Quanto aos motores, os aviões podem ser bimotores, trimotores e quadrimotores.

Quanto à velocidade, podem ser: subsônicos que não superam a velocidade do som. A velocidade do som é de 300m/s (1.080km/h); e supersônicos que superam a velocidade do som, como o Concorde e o Tupolev 144.

Quanto à autonomia de vôo, isto é, a distância que pode percorrer sem reabastecer com combustível, podem ser classificados em autonomia de curto alcance, médio alcance ou grande alcance (vôos transcontinentais).

***b) Denominação, tamanho e capacidade de passageiros***

O avião compõe-se basicamente de:

- *Fuselagem*: corpo do avião composto por cabina de tripulação, cabina de passageiros, depósito de bagagem e a ele estão contíguas as asas, o trem de pouso, os motores, a cauda e os depósitos de combustível.
- *Asas*: permitem manobrar e sustentar o avião no ar e são portadoras dos motores e dos depósitos de carburante. As asas trazem, por sua vez, uma série de mecanismos com várias denominações para poder manobrar o aparelho: aileron, spoiler, slaps, etc.

Quanto ao tamanho e à capacidade, podem ser divididos em três tipos:

1. *Pequenos*: têm dois motores, capacidade de 90 a 130 passageiros e, entre os que se encontram em circulação, destacam-se: Fokker 28; Bac 111 (British Aerospace); Caravelle (Aerospatiale); DC-9 (McDonnell Douglas); Boeing 737.
2. *Médios*: têm de dois a quatro motores, com capacidade de passagem de 150 a 190 pessoas. Entre esse grupo, encontram-se: a gama de Boeing 727, 707 e 757; DC-8 (McDonnell Douglas); Trident (British Aerospace); Ilyushin IL-62 (Rússia) e o Tupolev 154 (Rússia).
3. *Grandes*: têm de dois a quatro motores, com capacidade de 250 a 500 pessoas. Entre esse grupo, destacam-se: Boeing 747 (Jumbo); DC-10 (McDonnell Douglas); L-1011 (Lockheed); Airbus 300-320 (Airbus).

A capacidade dos supersônicos é a seguinte: Concorde (British Aerospace/ Aérospatiale) possui quatro motores e capacidade para 120 passageiros; o Tupolev 144 (Rússia) tem também quatro motores e capacidade para 140 passageiros.

Esses aviões que hoje circulam pelos espaços aéreos correspondem, basicamente, a modelos e fabricações do final dos anos 70 e da década de 80. Contudo, as companhias que fabricam esses aparelhos, tanto as americanas como as européias, estão estudando novos tipos de aparelhos para o futuro, com maior técnica de ação curta e média e maior comodidade para os passageiros.

## 14.6. Tarifas e passagens: formas de emissão e de liquidação

Os serviços aéreos possuem grande variedade de tarifas e se adequam ao mercado devido à forte concorrência que existe entre companhias e serviços, tendo em conta também, no que diz respeito à Europa, o processo de liberalização do setor: 1) privatização de companhias; 2) criação de novas companhias aéreas e 3) liberalização de serviços, de linhas e de tarifas e preços.

As tarifas aéreas são fixadas sobre a base do índice de preço quilométrico ou milha que geralmente vai diminuindo com a distância e que trata de cobrir os custos de exploração, deixando uma margem de lucro adequado.

As tarifas são calculadas do ponto de origem ao de destino, seguindo a rota mais curta.

## 14.6.1. Tarifas

As tarifas podem ser classificadas:

### a) Classes

*Superclasse* (P): é a classe cujo valor da passagem é o mais caro e de maior luxo. Essa categoria encontra-se apenas em aviões grandes para longas distâncias (vôos transcontinentais). Seus assentos podem ser convertidos em quase-camas – "skybeds" –, e os passageiros têm todas as comodidades e serviços de primeira classe. Essa classe costuma ser chamada: Gran luxo, Senator, Luxury class.

*Primeira classe* (F): permite levar entre 30 a 40kg de peso de bagagem em franquia e serviços especiais, tanto em terra como a bordo.

*Intermediária, preferencial ou de negócios* (*business*) (C): esta classe está dirigida ao viajante profissional, conta com serviços especiais e é permitida uma franquia de peso de bagagem de 30kg.

Turista ou econômica (Y): permite levar até 20kg de peso de bagagem em franquia. É a tarifa normal mais barata.

### b) Temporada

Alta (mais cara), compreendida entre junho e setembro, ou baixa (mais barata), compreendida entre outubro e maio.

### c) Destinos

As tarifas nacionais ou domésticas são aplicadas aos serviços dentro do território nacional. As internacionais são aplicadas aos percursos que saem do território nacional. Essas tarifas são negociadas pelas companhias aéreas associadas à IATA e posteriormente aprovadas pelos respectivos governos.

### *d) Tipo de vôo*

*Regular*: permite liberdade total. A validade da passagem é de um ano e nesse tempo podem ser trocadas as datas de saída e retornos sem encargo algum; é possível parar nas escalas "stop-over" e continuar depois o trajeto quando quiser. Normalmente é endossável, ou seja, que vale para outras companhias da IATA que percorrem o mesmo trajeto; e reembolsável quer dizer que se não for usada durante esse ano, o dinheiro pode ser devolvido. É a tarifa mais cara.

*Charter*: não tem estabelecidos itinerário, calendário e horário fixo. Tem preços mais baixos, e as passagens são fechadas não podendo ser feitas modificações de trocas de vôo, de datas, etc. Podem ser combinadas com tarifas especiais.

### *e) Circuito*

As tarifas podem ser: 1) somente de ida (OW); 2) ida e volta (RT); ou 3) circulares (RT), saindo e voltando ao mesmo local depois de percorrer vários pontos.

### *f) Normais e especiais*

A tarifas normais são aquelas que não estão sujeitas a nenhum desconto, e as especiais são as que gozam de algumas vantagens econômicas, porém tendo algumas limitações de uso.

Quanto às tarifas especiais, existe uma grande variedade, de acordo com cada companhia. Entre as principais tarifas especiais, destacam-se:

1. *Excursão* (E). Aplica-se a vôos regulares na condição de que a viagem dure entre um mínimo e um máximo de dias. Por exemplo: entre 6 e 35 dias, e que as datas sejam fechadas. Presume-se um bom desconto sobre a tarifa regular.
2. *APEX* (Advance Purchase Excursion). Aplica-se fundamentalmente aos vôos entre Europa e EUA. Proporciona um desconto considerável sobre o preço normal, com a condição de pagar a passagem 14 dias antes da saída, que o retorno seja antes de seis meses e que as datas sejam fechadas.

A PEX é a mesma tarifa utilizada no tráfego pela Europa e costuma ser utilizada para serviços que cubram um final de semana ou uma semana – de domingo a domingo, por exemplo –, com alguns dias determinados de saída e chegada e a passagem está fechada. Pode ser comprada com menos dias de antecipação. Na Espanha existe uma tarifa que é conhecida como PEX/Mini.

A APEX Midweek é ainda mais barata que a APEX. A condição é que a saída e a chegada sejam estabelecidas em alguns dias determinados da semana.

3. *Grupo*: é uma tarifa reduzida caso se trate de um grupo numeroso.
4. *Inclusive Tour* (IT): trata-se de uma tarifa aérea confidencial entre companhias aéreas e agências de viagens que é utilizada para a organização de viagens que inclui outros serviços terrestres, como hotéis, traslados, transporte em trem ou ônibus, etc. e que são oferecidos por troca de um preço total.
5. *Descontos*. Apesar das tarifas especiais, tanto para as normais como para algumas especiais, podem ser aplicados descontos, sendo os mais comuns os seguintes:
   *a*) Crianças: descontos de até 90% para menores de 2 anos.
   *b*) Menores: desconto de até 50%.
   *c*) Jovens: desconto de até 25% para aqueles com idades entre 12 e 26 anos.
   *d*) Estudantes: desconto de até 25%.
   *e*) Terceira idade: na Espanha existem as tarifas de "broche de oro" na baixa temporada para os maiores de 65 anos, com redução de 25%.
   *f*) Famílias numerosas: na Espanha, para famílias com mais de 3 filhos.

## 14.6.2. Passagens. A liquidação das passagens

A passagem é o documento de contrato de transporte entre o transportador e o cliente. É também um recibo de pagamento efetuado. Na passagem consta o nome do passageiro, o itinerário, as datas, os vôos, as tarifas, a classe em que se viaja, a franquia de bagagem, assinalado com uma série de códigos internacionais fixados pela IATA e que são reconhecidos internacionalmente.

Existem dois tipos de passagens: 1) passagens nacionais ou domésticas com dois ou quatro cupons e 2) passagens internacionais com 2 ou 4 cupons, também.

Para simplificar as liquidações de passagens – ingressos e pagamentos – de vôos internacionais em que intervenham várias companhias, a IATA unificou as moedas e o sistema de liquidação por meio da Câmara de Compensação (Clearing

House), com sede em Londres. Sua principal finalidade é substituir por uma simples liquidação regular mensal uma enorme variedade de liquidações.

Para fazer essa liquidação, existe um plano de liquidação bancária – Bank Settlement Plan (BSP) – com a finalidade de simplificar os procedimentos de emissão, venda do transporte aéreo e racionalizar as liquidações, tanto para as companhias aéreas como para as agências de viagens.

## 14.7. Manuais de trabalho

As companhias aéreas possuem dois tipos de manual de trabalho quanto a horários e serviços e quanto às tarifas:

1. Os manuais de serviços, horários, tarifas e preços de cada companhia que geralmente são publicados duas vezes por ano, coincidindo com as temporadas de outono-inverno e de primavera-verão.
2. Os manuais publicados sob os auspícios da IATA agrupam todos os serviços, itinerários, tarifas e preços de todas as companhias aéreas do mundo. Existem dois tipos de manuais que são publicados mensalmente: ABC (World Airways Guide), OAG (Official Airline Guide) e o APT (Airline Passenger Tariff).

### 14.7.1. ABC (World Airways Guide)

O ABC (World Airways Guide) é o manual de maior utilização entre as companhias aéreas e agências de viagens para conseguir a informação de horários, serviços de vôos regulares internacionais, situação de aeroportos, etc. Concretamente, em dois volumes podem ser encontrados, entre outros, os seguintes dados:

1. Horários e vôos regulares entre todas as cidades do mundo classificadas em ordem alfabética (por exemplo: "From" Madri "to" a todas as cidades do mundo onde existem conexões do vôos de todas as companhias que têm serviço originado na capital da Espanha).
2. Rotas de todos os vôos.
3. Conversão mundial da moeda.
4. Códigos da IATA de todas as cidades e aeroportos do mundo.
5. Reajustes monetários para o cálculo das tarifas.

6. Tempos mínimos de conexão em cada aeroporto.
7. Impostos para a emissão das passagens, por países.
8. Tipos de aviões e seus códigos.
9. Taxas de aeroportos.
10. Informação sobre os membros da IATA.
11. Franquias permitidas de bagagens e pesos destes.
12. Cálculo dos horários internacionais, segundo as diferenças dos fusos horários.
13. Custo do excesso de bagagem.
14. Festas nacionais de todos os países.
15. Distâncias em milhas entre cidades.
16. Códigos numéricos das companhias aéreas.
17. Códigos alfabéticos das companhias aéreas.
18. Tipos de tarifas e prazos de validade destas.
19. Sedes das linhas aéreas de todo o mundo.
20. Informação sobre companhias de aluguel de automóveis.

### 14.7.2. OAG (Official Airline Guide)

O OAG (Official Airline Guide) é um manual tipo ABC publicado nos EUA com quatro edições distintas e agrupa os seguintes dados:

1. Cidades-aeroportos de todo o mundo com seu código.
2. Companhias aéreas e suas centrais e endereços, itinerários, horários e freqüências.
3. Cartões de crédito aceitos em cada companhia.
4. Taxas e impostos locais de aeroportos e impostos para a emissão das passagens, por países.
5. Duração do percurso do aeroporto ao centro da cidade.
6. Durações mínimas de conexão em cada aeroporto.
7. Tarifas aéreas de cidade a cidade, em moeda local.
8. Bagagens e pesos permitidos.

### 14.7.3. APT (Airline Passenger Tariff)

O APT (Airline Passenger Tariff) é um manual que compila amplas informações sobre as tarifas aéreas:

1. Tarifas de todo tipo.
2. Normas da IATA para cálculo e liquidação de tarifas.
3. Normas da bagagem: franquias e cálculo de custos de excesso de bagagem.
4. Descontos.
5. Emissão das passagens.
6. Convênios com outros meios de transporte.
7. Impostos e taxas de cada país e aeroporto sobre as passagens.
8. Normas para a emissão de passagens.
9. Abreviaturas e códigos de classes de serviços e tarifas.
10. Moedas e conversões com relação ao cálculo de tarifas.
11. Normas sobre endosso.
12. Normas sobre perda de documentos.
13. Normas sobre aceitação de passageiros.
14. Formas de pagamento das passagens.
15. Emissão de MCO ou vale-créditos.

## 14.8. Características dos aeroportos e principais aeroportos

### 14.8.1. Aeroportos

O aeroporto é o conjunto da infra-estrutura de instalações e serviços para auxiliar o tráfico aéreo, permitir estacionamento, manutenção e reparação de aviões, receber e despachar carga e atender tanto a saída como a chegada dos passageiros.

Os aeroportos podem ser classificados em:

*a*) Públicos e privados.
*b*) Civis e militares.
*c*) Nacionais ou internacionais.

O aeroporto consta das seguintes instalações e zonas:

*a*) Campo de vôo: para as manobras de decolagem, aterrissagem, manobras e estacionamento.
*b*) Terminais de passageiros: para embarque, desembarque com ou sem passarelas ou "fingers", faturamento, venda de passagens, salas de espera, restaurantes, alfândegas, serviços de higiene e saúde, informação, lojas, polícia, depósito de bagagens, etc.
*c*) Terminais de carga e de bagagens.

*d*) Instalações técnico-administrativas: torres de controle, serviços de comunicações, meteorologia, segurança e emergências, etc.
*e*) Instalações para a assistência aos aviões quanto a manutenção, reparação ou estacionamento: hangares, oficinas, abastecimento de combustível, etc.

### 14.8.2. Principais aeroportos do mundo

Os principais aeroportos do mundo por sua capacidade, serviços, volume de passageiros e centros de escalas e conexões são, segundo as áreas em que a IATA divide as zonas do mundo, os seguintes:

1. Área 1: (Atlântico) América
   - Canadá: Montreal, Toronto, Vancouver.
   - EUA: Nova York (J. F. Kennedy, La Guardia e Newark), Boston, Chicago, Miami, São Francisco, Filadélfia e Washington (Dulles International e National). Honolulu (Hawai), Anchorage (Alaska).
   - *América Central*: México e Acapulco (México); Freeport (Bahamas); Bridgetown (Barbados); San Juan (Porto Rico); Kingston (Jamaica) e São Domingo (República Dominicana).
   - *América do Sul*: Bogotá (Colômbia); Quito (Equador); Caracas (Venezuela); Buenos Aires (Argentina); Santiago do Chile (Chile); Rio de Janeiro (Brasil) e Lima (Peru).
2. Área 2: Europa, África e Oriente Médio
   - *Europa*: Espanha: Madri-Barajas, Palma de Mallorca, Málaga, Las Palmas, Santa Cruz de Tenerife, Barcelona e Alicante. Áustria: Viena; Bélgica: Bruxelas; Dinamarca: Copenhagem; França: Paris (Charles De Gaulle, Orly, Le Bourget), Marselha, Lyon; Itália: Roma (Leonardo da Vinci-Fiumicino) e Milão; Reino Unido: Londres (Heathrow, Gatwick); Alemanha: Frankfurt, Munique, Düsseldorf e Berlim; Suíça: Genebra e Zurique; Rússia: Moscou.
   - *África*: Costa de Marfim: Abidjan; Quênia: Nairobi; Nigéria: Lagos; Senegal: Dakkar; África do Sul: Johannesburgo.
   - Oriente Médio: Arábia Saudita: Dhahran e Jeddah; Bahrein: Manama; Chipre: Larnaca (Nicosia); Egito: Cairo; Israel: Tel-Aviv; Jordânia: Amã.
3. Área 3: Ásia e Pacífico
   - *Ásia*: China: Pequim e Xangai; Coréia do Sul: Seul; Filipinas: Manila; Hong Kong; Índia: Nova Delhi e Bombaim; Indonésia: Yakarta; Japão: Tóquio (Narita e Haneda) e Osaka; Malásia: Kuala Lumpur; Paquistão: Karachi e Islamabad; Cingapura; Tailândia: Bangcoc.

– *Pacífico*: Austrália: Sidnei e Melbourne; Fidji: Nadi; Nova Zelândia: Auckland; Papua Nova Guiné: Port Moresby; Taiti: Papeete.

## 14.9. Principais companhias aéreas

As principais companhias aéreas do mundo são as seguintes:

### a) Europa

– Aeroflot (Rússia).
– Air Lingus (Irlanda).
– Air France (França).
– Air Inter (França).
– Alitalia (Itália).
– Austrian Airlines (Áustria).
– Aviaco (Espanha; vôos nacionais).
– British Airways (Reino Unido).
– British Caledonian (Reino Unido).
– Condor (Alemanha).
– Finnair (Finlândia).
– Iberia (Espanha).
– JAT (Iugoslávia).
– KLM (Holanda).
– Malev (Hungria).
– LOT (Polônia).
– Lufthansa (Alemanha).
– Olympic Airways (Grécia).
– Sabena (Bélgica).
– SAS "Scandinavian Airlines System" (Dinamarca, Noruega e Suécia).
– Swissair (Suíça).
– Transportes Aéreos Portugueses (TAP; Portugal).

### b) Ásia e Oriente Médio

– Air India (Índia).
– Egyptair (Egito).

- CAAC (República Popular da China).
- Cathay Airlines (Hong Kong).
- El Al (Israel).
- Garuda (Indonésia).
- Japan Airlines (JAL; Japão).
- Middle East Airlines (MEA; Líbano).
- Pakistan International Airlines (PIA; Paquistão).
- Philippine Airlines (PAL; Filipinas).
- Royal Jordanian (Jordânia).
- Singapore Airlines (Cingapura).
- Thai (Tailândia).

### *c) África*

- Air Afrique (Costa do Marfim).
- Air Algerie (Argélia).
- Egyptair (Egito).
- Royal Air Maroc (RAM; Marrocos).
- South African Airlines (SAA; África do Sul).
- Tunis Air (Tunes).

### *d) América*

- Aerolíneas Argentinas (Argentina).
- Aeroméxico (México).
- Aeroperú (Peru).
- Air Canada (Canadá).
- American Airlines (EUA).
- Avianca (Colômbia).
- Canadian Pacific Airlines (Canadá).
- Delta Airlines (EUA).
- Lan Chile (Chile).
- Pan American World Airways (Pan Am; EUA. Extinta).
- Primarios Líneas Uruguayas (Pluna; Uruguai).
- Trans World Airlines (TWA; EUA).

- United Airlines (EUA).
- Varig (Brasil).
- Viasa (Venezuela).

*e) Oceania*

- Qantas Airways Inc. (Austrália).

## 14.10. Códigos de aviação

A Associação Internacional do Transporte Aéreo (IATA) determinou alguns códigos para facilitar a identificação aérea. Esses códigos foram estabelecidos nos manuais de uso: APT, ABC, OAG e identificam:

*a*) Código das passagens quanto a serviços, tarifas e trajetos. Por exemplo: "Y" identifica classe turista; RT: viagem de ida e volta; APEX (tipo de tarifa).
*b*) Códigos de cidades e aeroportos. Cada cidade com seu aeroporto correspondente se identifica com um código. Por exemplo: MAD (Madri–Barajas), BCN (Barcelona); PAR (Paris); ORY (Aeroporto de Paris–Orly).
*c*) Códigos de companhias aéreas. Cada companhia aérea tem também seu código. Por exemplo: IB (Iberia); AF (Air France); BA (British Airways).
*d*) Código de tipos de avião. Cada modelo de avião tem seu código. Por exemplo: B-747 (Boeing 747); AB-300 (Airbus 300).

— United Airlines (EUA)
— Varig (Brasil)
— Viasa (Venezuela)

e) Curvas

— Qantas Airways Inc. (Austrália)

## 14.10 Códigos de aviação

A Associação Internacional do Transporte Aéreo (IATA) determinou alguns códigos [illegible] [illegible] AITA, IATA, OACI e [illegible].

[illegible] código [illegible] [illegible] uma classe diferente: RJ, que [illegible] [illegible] código de cidade e aeroporto: [illegible] correspondente [illegible] com um código [illegible] MAD (Madri), [illegible] BCN (Barcelona), PAR (Paris), [illegible] Código de [illegible] [illegible] composto [illegible] [illegible] código [illegible] plo: [illegible] (Boeing 747), AB3 [illegible] (Airbus 300).

# Capítulo 15

# TRANSPORTE POR ESTRADA

## 15.1. Conceito. Classes e organização das empresas de transporte por estrada

O transporte por estrada é o meio mais utilizado pelas correntes turísticas que se deslocam em suas viagens de férias. Sessenta por cento do turismo que anualmente visita o Estado espanhol o faz por automóvel próprio ou ônibus.

O primeiro precendente do automóvel foi o triciclo de Cugnot, construído com objetivos militares. As primeiras provas foram realizadas em 1769. Posteriormente, em 1801, na Inglaterra, foram feitas várias tentativas e a que teve mais êxito foi a de Tretvithck.

Com o surgimento da estrada de ferro em 1815, na Inglaterra, foi freada a investigação dos veículos por estrada. Houve, contudo, certa difusão das diligências a vapor, primeiro na própria Inglaterra e depois na França, que herdaram em parte os aperfeiçoamentos feitos na estrada de ferro.

No final do século XIX, foram criados os inventos de Daimler, em 1887, que pode ser considerado um precursor do automóvel, os triciclos Benz (1887) e o triciclo construído pelo catalão Francesc Bonet, em 1889.

Com a chegada do século XX, o automóvel se converteu na "vaca sagrada" do nosso século. No primeiro quarto de século os automóveis Hispano Suiza (1912), Ford (1914), Renault (1916), Rolls Royce (1930) e Morris (1914) foram os precedentes da evolução que o automóvel teve até nossos dias. O automóvel passa a concorrer com a estrada de ferro no momento em que se "democratiza" ou barateia quanto aos preços de aquisição e ao uso.

Quanto ao ônibus, a evolução teve algumas conotações parecidas, distinguindo-se o ônibus de linha, destinado a serviços, geralmente regulares, de distância média ou longa, e o ônibus de grã-turismo, confortável e espaçoso, destinado a serviços, geralmente reservados, de longa distância.

O setor do transporte por estrada é, em geral, um setor da empresa privada, diferente do outro transporte de superfície – a estrada de ferro – que basicamente, em muitos países, é um serviço público.

Podemos definir a empresa de transporte por estrada como aquela empresa mercantil, no geral de caráter privado, que, dispondo de uma frota de ônibus, presta serviço de transporte por estrada, em regime de linha regular ou serviço reservado.

O outro meio de transporte por estrada – o automóvel – costuma ser de propriedade particular ou em regime de aluguel, com ou sem motorista, estabelecendo-se empresas mercantis denominadas agências de aluguel de veículos.

Assim, o transporte por estrada – automóvel ou ônibus – transformou-se no meio mais utilizado no momento em que surgiu uma verdadeira problemática devido à saturação: congestionamentos de trânsito, poluição atmosférica, ruptura de paisagens e de ecossistemas devido à criação de novas estradas e rodovias para poder promover melhor comunicação e circulação e evitar acidentes.

Contudo, o transporte por estrada tem seus aspectos positivos, como, por exemplo, ser o vínculo de união geográfico mais extenso, por poder chegar a lugares que outros meios de transporte não chegam. De acordo com trajetos e serviços, o automóvel é o meio de transporte mais barato e o meio de transporte familiar por excelência.

Seu uso maciço nos países desenvolvidos, especialmente na Europa e na América do Norte, originou o estabelecimento de uma infra-estrutura complementar de estabelecimentos turísticos tanto de hospedagem – motéis, paradores de estrada – como de restauração – bares, restaurantes de estrada.

Quais são as vantagens que o transporte por estrada possui e oferece ao viajante, em comparação aos outros meios de transporte?

1. Liberdade de ação: o automobilista pode programar sua viagem quanto a etapas, paradas e itinerários, segundo seus critérios próprios e não estando sujeito a uma rigidez de itinerários e horários.
2. Comodidade: o automóvel permite um serviço de "porta a porta", entre o lugar de partida – o domicílio particular – e o lugar de destino – a mesma porta do hotel onde o viajante vai se acomodar ou o museu que vai visitar. Tanto as modernas rodovias e estradas quanto o aperfeiçoamento e a comodidade das atuais frotas de ônibus que prestam serviços

complementares ao do próprio transporte – vídeos, camas, áreas para refeições, sanitários – permitem que seja um serviço gratuito, relaxado e tranqüilo.

3. Economia de custos: o meio de transporte por estrada, tanto o automóvel como o ônibus, pode oferecer preços mais baixos devido ao fato de poder dividir os custos entre os passageiros ou viajantes, o que repercute positivamente nos bolsos com menor possibilidade econômica.
4. Flexibilidade: o transporte por estrada permite adaptação a diversos percursos e horários, bem como a chegada a pontos geográficos aonde outros meios não podem chegar.

Podemos classificar as empresas de transporte por estrada nas seguintes modalidades:

1. Empresas de linhas regulares, organizadas em serviços estabelecidos quanto a itinerários, calendário e horários. Essas empresas tanto podem ter serviços nacionais como regionais ou de comarcas.
2. Empresas de linhas reservadas, organizadas sob serviços nos quais a frota de ônibus não está sujeita a alguns itinerários, calendários e horários fixos, mas sim em função da contratação para cada serviço.
3. Empresas mistas que têm duplo serviço: regular e reservado.
4. Empresas de aluguel de veículos – automóveis, caminhonetes, etc. – com ou sem motorista.

## 15.2. Ônibus: normas e usos para o plano de viagens

O ônibus é o meio de transporte fundamental para a organização de viagens turísticas por estrada, tanto em seus tamanhos normais que oscilam entre 12 e 15 metros como os microônibus que são utilizados, em regra geral, para trajetos curtos, de transfer ou de aluguel para viagens turísticas particulares.

Podemos estabelecer três tipos de ônibus para o uso em viagem: 1) o convencional; 2) o grã-turismo, com maiores comodidades e uma variante deste, 3) com dois andares.

Os ônibus dedicados ao turismo, além de oferecerem hoje em dia boas poltronas reclináveis, têm outras comodidades, como mesas, janelas panorâmicas, ar-condicionado, “beliches”, vídeo, toca-fitas, sanitários, amplos porta-malas, etc. Também os avanços tecnológicos permitiram melhoras quanto a suspensão, segurança e isolamento acústico.

As principais características das normas e usos para o planejamento de viagem de ônibus são as seguintes:

***a) Quanto a tarifas e preços dos serviços***

1. A fixação de preços por quilômetro para o cálculo do preço de todo o itinerário da viagem. Se o ônibus for alugado, as empresas de ônibus costumam preparar as tarifas confidenciais líquidas, de acordo com os serviços, tipo de ônibus, etc.
2. A fixação de remuneração (diária) dos condutores.
3. Estabelecer a distribuição de etapas com mínimo e máximo de quilômetros diários.
4. A fixação da quilometragem e preços dos serviços de visitas a cidades e excursões.
5. A determinação dos valores dos seguros dos passageiros e impostos.

***b) Quanto às permissões de circulação***

1. As permissões de circulação segundo as normativas de cada país.
2. As permissões dos motoristas.
3. Os trâmites burocráticos e as taxas nas alfândegas.
4. As folhas de rota.
5. Os seguros do ônibus.
6. Os tacógrafos para o controle de velocidade, horários e quilômetros percorridos pelo ônibus, bem como para comprovar o cumprimento das velocidades permitidas.

## 15.3. Sistema de transporte regular e reservado

Os serviços de transporte em ônibus têm duas modalidades, como já nos referimos anteriormente:

*a)* O transporte regular.
*b)* O transporte reservado.

### 15.3.1. Transporte regular

A linha de transporte regular é aquela que presta um serviço com itinerários, calendários e horários fixos. Essas linhas podem ser de âmbito internacional – Europabus, Juliá, Bacoma, Iberbus, Linebus; nacional – Enatcar, Continental (Espanha); "Greyhound" (EUA), etc.; regional – Sarfa, Alsina Graells; e local que costuma coincidir com os serviços urbanos ou metropolitanos.

A reserva e a venda de passagens são feitas diretamente na empresa transportadora ou por meio de agências de viagens, que recebem uma comissão que oscila entre 8 e 10%.

A infra-estrutura desses serviços consta, além da frota de ônibus, de plataformas de chegada e saída em estações de ônibus ou terminais; escritórios para reserva e venda de passagens e outras instalações, como bar, restaurante, sala de espera, garagens, etc.

### 15.3.2. Transporte reservado

O serviço de transporte reservado é aquele que não está sujeito a calendário, horário e itinerário fixos. Esse serviço é o utilizado para o transporte turístico.

A Lei de Disposição dos Transportes Terrestres, que entrou em vigor em 1987, define esse serviço como: "Aquele transporte que, com caráter periódico ou não, é prestado por meio das agências de viagens com outros serviços complementares – hospedagem, manutenção, visitas turísticas, etc."

Os serviços turísticos em ônibus podem ser divididos, conforme suas finalidades, duração, etc., em:

*a) Serviços curtos*: costumam ter duração de um a dois dias ou tempo menor quando utilizados para os traslados (transfer) – transporte dos viajantes de um lugar, terminal de transporte, hotéis, etc. – para outro lugar, podendo ser dentro das cidades ou em serviço interurbano. Podem ser acompanhados por um responsável transfer, guia, acompanhante ou rodomoça.
Também são utilizados para as visitas turísticas da cidade (meio-dia ou de um dia) e para excursões radiais (de meio-dia ou um dia). Tanto umas como as outras podem estar programadas com horário, calendário, itinerário e preços fixos.

*b) Serviços longos*: denominados circuitos terrestres, são percursos de vários dias de duração que podem ser apenas o transporte ou incluir outros serviços – formando um serviço combinado ou viagem "a forfait" – como hospedagem, manutenção, visitas, etc., sendo com essas características um circuito turístico. Podem ser organizados com programa prévio e oferecidos ao mercado pelas agências de viagens ou por demanda individual ou viagem sob medida. Às vezes, costumam ser combinados com outros meios de transporte, como trem ou avião.

Os serviços reservados de longo percurso são de três tipos:

1. De porta fechada: o ônibus transporta as mesmas pessoas durante todo o itinerário, levando-as de volta ao ponto de origem. Este é o serviço típico de circuito turístico e costuma ser de "porta a porta".
2. De porta aberta: o ônibus vai deixando e recolhendo passageiros ao longo do percurso. Este é o típico serviço de transporte regular de longa distância que também pode ser utilizado como serviço reservado.
3. Lavanderia: o ônibus transporta alguns passageiros para um destino onde recolhe outro grupo de passageiros, que haviam sido trasladados anteriormente, para transportá-los para o lugar de procedência. O ônibus funciona assim durante um período de tempo com vários serviços do mesmo estilo. Às vezes, pode ir vazio, normalmente na primeira ou na última viagem.

## 15.4. Rede de estradas e rodovias

A rede de estradas e rodovias é o conjunto de infra-estrutura viária cujo projeto e percurso estão condicionados por uma série de exigências técnicas e sociais que, basicamente, concretizam-se em:

1. Densidade e freqüência do tráfego de veículos.
2. Velocidade dos veículos.
3. Garantias de segurança para o transporte.

A rede viária pode ser classificada em:

*a) Estradas*: conforme sua longitude, largura, zona geográfica que abrangem e características técnicas (sinalização, asfalto, etc.), podem ser classificadas por sua vez em: estradas locais, de comarcas, regionais, nacionais, radiais e internacionais.

*b) Rodovias*: são as vias especialmente concebidas, construídas e sinalizadas como tais, para a circulação de veículos e que se caracterizam por:

1) não ter acesso a propriedades vizinhas; 2) não cruzar no nível nenhuma outra via; 3) constar de distintas pistas para cada sentido de circulação, convenientemente separadas com seus correspondentes acostamentos; 4) ser gratuitas ou com pedágio; e 5) ter áreas de serviço e parada.

*c) Autopistas*: em geral são parecidas com as rodovias e se caracterizam por: 1) ter duas pistas em cada sentido com suas correspodentes margens; 2) ter acesso a propriedades vizinhas; 3) ter as margens mais estreitas que as das rodovias e 4) ser gratuitas.

A maior parte dos países europeus, americanos e alguns asiáticos – Japão – tem todos os tipos de vias. Os países que têm a maior densidade de rodovias são: Estados Unidos, Canadá, Alemanha, Países Baixos, Itália, França e Reino Unido. Em âmbito internacional, segundo a Convenção do Conselho Econômico e Social da ONU, de 1950, foi planejada a sistematização das estradas internacionais em cinco setores:

1. Sistema continental africano.
2. Sistema asiático.
3. Sistema de estradas européias E-1 e rede de rodovias.
4. Sistema de estradas da zona do Oriente Médio.
5. Sistema de estradas e rodovias panamericano.

A Espanha encontra-se com relação ao transporte por estrada em um momento de transição. A rede de rodovias eleva-se a cerca de 2.500km do total de 320.000km de vias públicas terrestres e está em situação de grande inferioridade comparada com outros países da União Européia (UE) – a Alemanha tem cerca de 8.100km; a França, 6.100km; a Itália, 5.900km. As zonas com menor percurso são mediterrânea, País Basco e arredores de Madri.

No que diz respeito às empresas de ônibus espanholas, estas estão desestruturadas e necessitam, muitas delas, de uma reorganização para serem competitivas e homologadas as normas comunitárias, tendo em conta que o transporte turístico por estrada é o meio mais utilizado.

## 15.5. Veículos de aluguel

As agências de aluguel de automóveis são empresas privadas mercantis que prestam o serviço de aluguel de veículos com ou sem motorista.

Suas características mais importantes são as seguintes:

1. Pode prestar várias modalidades: com ou sem motorista. Pode ser combinada com outros meios de transporte: avião, na modalidade "fly and drive"; trem, com a modalidade "rail and drive", etc.
2. Grande variedade de serviços: alugá-lo e deixá-lo no mesmo lugar; alugá-lo e deixá-lo em lugar diferente.
3. É um sistema para os que querem organizar sua própria viagem em automóvel, microônibus, etc.
4. Tem grande variedade de tarifas. A principal está baseada em quantidade fixa diária, incrementada pelos quilômetros percorridos diariamente durante o período de aluguel, seguros e suplemento por deixar o automóvel em outro lugar, etc.
5. Esse serviço é rentável para as agências de viagens, já que por sua mediação podem receber comissão de 10 a 20% do total faturado.

As principais empresas de aluguel de automóveis em geral são multinacionais, o que permite grande facilidade de contratação e de serviços em qualquer país do mundo – cidades, aeroportos, etc. As empresas internacionais mais conhecidas são: Avis, Hertz, Budget, Europcar. Entre as espanholas, destacam-se: Atesa, Regente, etc.

## 15.6. Organismos e associações automobilísticos

Os organismos mais importantes do transporte por estrada são:

*a)* Federação Internacional de Estradas, fundada em 1948, integrada por grande número de associações nacionais de estradas. Suas finalidades são o fomento e a melhora das estradas e dos transportes por estrada no mundo. Fomenta o intercâmbio e informações técnicas e de engenharia. Possui escritórios em Washington e Genebra.

*b)* União Internacional de Transporte por Estrada (IRU). Sua finalidade é a do fomento e melhora desse tipo de serviço e mantém relações de colaboração com a Federação Universal de Associações de Agências de Viagens (FUAAV).

Quanto às associações automobilísticas, estas têm como finalidade a assistência a seus associados, devido ao grande volume de expansão do automobilismo em todo o mundo. As principais funções são:

1. Assistência e conserto do automóvel. Oficinas e guindastes em casos de avarias.
2. Gestão administrativa e burocrática de seguros e licença do automóvel e do condutor.
3. Assessoria jurídica.
4. Funções de informação turística: rotas, hospedagens, lugares de interesse. Publicação de matéria turística: revistas, mapas, guias de hospedagens.
5. Algumas delas funcionam também como agências de viagens.

As principais associações automobilísticas européias e americanas são:

- AAA (American Automobil Association) (EUA).
- ADAC (Allgemeine Deutsche Automobil-Club) (Alemanha) que tem 11,5 milhões de associados e é muito ativa na questão de informação e assessoramento turístico de seus membros, que em sua maior parte utilizam o próprio automóvel para fazer turismo familiar em hospedagens médias ou campings.
- Touring Club de France (França).
- The Automobile Association (Reino Unido).
- Real Automóvil Club Holandés (Holanda).
- Touring Club Italiano (TCI) (Itália).
- Touring Club Suisse (Suíça).
- Na Espanha: Real Automóvil Club de España (RACE), com associações autônomas em várias comunidades autônomas e ADA.

Em âmbito internacional, existe a Federação Internacional do Automóvel (FIA), criada em 1904 em Hamburgo com o nome de Associação Internacional de Automóveis-Clubes, que modificou sua denominação em 1957. Agrupa grande número de associações automobilísticas do mundo com a finalidade de fomentar o tráfego internacional do automóvel, o esporte automobilístico e as viagens turísticas – "touring" – nesse meio de transporte.

Capítulo 16

# TRANSPORTE FERROVIÁRIO

## 16.1. Conceito, características e principais companhias ferroviárias

### 16.1.1. Conceito

O conceito das empresas de estradas de ferro evoluiu ao longo da história. O trem nasceu com a revolução e a aplicação da máquina a vapor no século XIX e a criação da locomotiva a vapor por Stephenson em 1825, depois de dez anos de experimentação. Desde essa época a iniciativa privada rapidamente fez estender-se da Inglaterra por todo o resto da Europa e EUA a criação de companhias privadas.

Devido à complexidade de sua infra-estrutura e da amplitude das empresas, estas foram fusionando-se e, em muitos casos, as companhias passaram para as mãos do Estado, como empresa pública. Hoje, podemos definir as companhias ferroviárias como aquelas empresas públicas – em grande parte dos países – que prestam um serviço de transporte por trem e com uma infra-estrutura complexa baseada em:

1. Frota de comboios de trens.
2. Rede de vias: estreitas e largas. A via larga convencional em todo o mundo é de 1,435 metros, com exceção de países como Espanha, Portugal, ex-URSS, Finlândia e Irlanda, cujas larguras oscilam entre 1,524 e 1,68 metros. A via estreita costuma ter um metro de largura.
3. Estações com serviços técnicos e serviços para o passageiro.

Como já vimos no capítulo da história do turismo, a estrada de ferro esteve desde o início ligada à atividade turística. Thomas Cook foi o primeiro a associar o serviço de trens às viagens turísticas. Assim, a estrada de ferro foi o único veículo terrestre até início do século XX quando foi introduzido o automóvel. A estrada de ferro não pôde competir com o carro devido à sua grande mobilidade de deslocamentos e à sua maior velocidade. Depois dessa concorrência, à qual se somou o avião, como o veículo mais rápido para médias, porém, sobretudo, para longas distâncias, motivou países como os EUA a assumirem as competências, reduzindo linhas e transportando as perdas.

A partir da década de 70, iniciou-se um relançamento da estrada de ferro como meio imprescindível para os transportes de mercadorias e como alternativa cômoda e rápida para as congestionadas rodovias e estradas. Ao mesmo tempo, do ponto de vista tecnológico e fundamental, o trem se tornou mais cômodo e rápido e, para curtas e médias distâncias, vai tendo certa concorrência frente ao avião e ao automóvel. As possibilidades que oferece o trem de alta velocidade (TAV ou TGV) que pode alcançar 350km/h, por exemplo, podem ser perfeitamente rivais para aviões e automóveis.

A esse avanço substancial, somam-se as possibilidades de o trem ser uma "hospedagem móvel" para viagens turísticas. O trem turístico é uma nova modalidade que veio se somar às possilidades futuras da estrada de ferro como, por um lado, transporte ideal para curtas e médias distâncias e, por outro, como meio de transporte turístico.

### 16.1.2. Características

As principais características da estrada de ferro são as seguintes:

*a*) Comodidade: torna possível a mobilidade e prestações de outros serviços dentro do meio de transporte por meio de suas instalações: salões, bar, restaurante, vagão-dormitório. A economia de tempo por poder viajar à noite dormindo.
*b*) Possibilidade de viajar contemplando as paisagens e fazer outras atividades como a leitura.
*c*) Economia de tempo. A estrada de ferro, diferente do avião, tem uma economia de tempos de espera já que não exige antecipação antes de sua saída e as estações podem estar situadas nos centros das cidades, onde se pode conectar facilmente com outros meios de transporte.
*d*) Autonomia e independência. A estrada de ferro, diferente do automóvel e do avião, não está sujeita ao congestionamento de estradas e rodovias nem

às condições atmosféricas ao percorrer por suas próprias vias, o que assegura com notável precisão a pontualidade de saídas e chegadas.

*e*) A estrada de ferro permite preços baixos devido às múltiplas possibilidades de descontos e combinações tarifárias.

## 16.1.3. Companhias de transporte ferroviário

As principais companhias ferroviárias estão agrupadas na União Internacional de Estradas de Ferro. Em todos os países, como já vimos, foi imposta a estatização desde o início do século, ainda que se esteja vivendo na atualidade um replanejamento para privatizar as companhias ferroviárias em vários países europeus.

As mais importantes companhias ferroviárias européias são:

*Países da União Européia*

- Alemanha: Deutsche Bundesbahn.
- Áustria: Österreichische Bundesbahnen.
- Bélgica: Société Nationale des Chemins de Fer Belges.
- Dinamarca: Danske Statsbaner.
- Espanha: Red Nacional de Ferrocarriles Españoles (Renfe).
- França: Société Nationale des Chemins de Fer Français (SNCF).
- Reino Unido: British Railways.
- Holanda: N.V. Nederlande Spoorwegen.
- Itália: Ferrovie dello Stato.
- Portugal: Companhia dos Caminhos de Ferro Portugueses.

*Outros países europeus*

- Noruega: Norges Statsbaner.
- Suíça: Schweizerische Bundesbahnen.

No resto do mundo, quase todos os países possuem uma rede ferroviária que une os principais núcleos urbanos. Entre as principais redes destacamos as de:

- Estados Unidos que possui várias companhias, algumas semipúblicas e outras privadas. A mais importante é a semipública Amtrak (National Railroad Passenger Corporation) que cobre grande parte do território. Tem outras companhias que estão conectadas com Amtrak como Denver e Rio Grande Western, Souther Railway e Pacific Lines.

- Canadá que tem várias companhias. As duas mais importantes são: Canadian Pacific Railways e Canadian National.
- Japão que dispõe de uma ampla rede com avançada tecnologia e rapidez em seus trens – trem-bala (Tokaido, Shinkausen) – que com o TGV francês são os de maior velocidade no mundo.
- Na Espanha existem dois tipos de companhias:
  - RENFE: Red Nacional de Ferrocarriles Españoles que cobre todo o território nacional com uma rede de 15.345km (1985), cuja largura de via é de 1,672 metros.
  - FEVE: as companhias de trens de via estreita com largura de um metro. Existem várias companhias de via estreita que cobrem várias zonas da Espanha como são as do Norte (Galícia, Astúrias, Cantábria, País Basco), com serviços regulares e turísticos, como o Transcantábrico e as das comunidades de Catalunha, Valência, Múrcia e Baleares, com um total de 1.803km de via (1985).

Os principais problemas da rede ferroviária espanhola são os seguintes:

1. Necessidade de reestruturação de linhas, estações, etc.
2. A rede ferroviária é basicamente radial, confluindo todas as linhas em Madri e existindo pouca malha ferroviária transversal. Em grande parte é devido à sua complexa orografia de acordo com a zona.
3. Largura de via diferente do resto da União Européia.
4. Poucos traçados de via dupla e linhas eletrificadas.
5. Incrementar a velocidade e comodidade dos trens (introdução do trem de alta velocidade TAV.
6. Reestruturação e saneamento econômico diante da falta de rentabilidade de alguns serviços e linhas.
7. Adaptação às normas da União Européia quanto ao transporte por estrada de ferro dentro da Comunidade.

Desde 1987, a RENFE começou um plano de reorganização – Plano de Transporte Ferroviário – com a finalidade de solucionar todos esses problemas.

### 16.1.4. Tarifas, guias e horários

As tarifas são fixadas pelas companhias ferroviárias com relação à distância percorrida – relação preço/quilômetro – e a determinados acordos internacionais, sobretudo, por fazer referência aos bilhetes de viagem. Na maioria dos países, por ser um serviço público, as tarifas são aprovadas pelos respectivos Governos.

A tarifa compõe-se, geralmente, de: 1) tarifa geral; 2) suplementos (qualificação do trem, serviços complementares – vagão-dormitório, reserva de lugar, transporte de automóvel); classes (primeira ou segunda), etc.

Paralelamente à tarifa geral, existem tarifas especiais e descontos, como as seguintes:

*a*) Infantis.
*b*) Família numerosa.
*c*) Grupo escolar.
*d*) Grupos especiais.
*e*) Descontos dias especiais (dias azuis da Renfe).
*f*) Tíquete.
*g*) Bilhete múltiplo de 10.
*h*) Descontos em viagens internacionais por meio de cartões como: Interail, Rail Europ Familiar, Rail Europ Senior, Eurorailpass (Europa), Canrailpass (Canadá), American Pass (EUA), etc.
*i*) Descontos para estudantes, mediante passagens especiais ou bilhetes.

As passagens são estendidas diretamente pelas companhias ou através de agências de viagens, autorização prévia das empresas ferroviárias, que podem emiti-las diretamente de forma manual ou eletronicamente conectando o terminal do computador da agência ao computador central da companhia.

Quanto aos guias e horários, cada companhia ferroviária pública tem os seus com todos os serviços e linhas. Em âmbito internacional existem outros guias que compilam informações de grande parte de países, como, por exemplo, Thomas Cook International (manual de horários e tarifas das linhas européias); ABC, Railway Guide (amplas informações sobre as linhas ferroviárias mundiais).

## 16.2. Tipos de trens

Os trens são compostos, geralmente, de uma máquina locomotora – a vapor, elétrica ou diesel – e os comboios de reboque que podem ser: vagões e carros para transporte de mercadorias e viajantes; vagões para a bagagem e correspondência e plataformas para transportar veículos.

Os trens podem ser classificados segundo:

### a) *Distância percorrida*

- Trens vicinais e regionais: bonde moderno ("reulbus"), ônibus elétrico, automotor, ônibus, etc.
- Trens semidiretos de média ou curta distância.
- Trens de longo percurso que costumam ser mais confortáveis e com categorias ou classe (1ª e 2ª). Estes costumam ter vagões com assentos e vagões para outros serviços: vagão-dormitório, vagão-salão, bar, restaurante, etc.

### b) *Horário diurno ou noturno*

Os trens de longo percurso podem ter vários tipos, segundo seu horário de circulação: diurno ou noturno.

Os principais trens diurnos são: Rápidos, TER, Electrotrén, Intercity, Talgo (Trem Articulado Ligeiro Goicochea e Oriol) com várias modalidades – Talgo normal, pendular, TEE, TAV ou TGV.

Os principais trens noturnos são: Expressos, Wagons-Lits.

Estes trens de longo percurso apresentam as seguintes características:

*a*) Espaços comuns com assentos de 1ª e 2ª categorias.

*b*) Maior velocidade: de 100 a 350km/h, dependendo do tipo de trem.

*c*) Oferecem serviços complementares: bar-cafeteria, restaurante, beliches, vagões-dormitório, transporte de veículos, etc., ar-condicionado, megafone, vídeo, toaletes, banheiros, chuveiros, etc.

*d*) Param em poucas estações ao longo do percurso.

Os tipos de trens que operam nos países europeus ocidentais são similares aos espanhóis, ainda que em geral sejam mais rápidos e freqüentes.

Outros trens internacionais europeus são:

- TGV (alta velocidade) francês.
- TEE (Transeuropa Express).
- Intercity.
- Grandes Expresos Europeos (TEM) que percorrem grandes distâncias atravessando dois ou mais países como os trens europeus. Dos numerosos trens desse tipo, podem destacar-se:
- Orient Express, de Paris a Viena, com extensão para Istambul.
- Transiberiano, de Moscou a Vladivostok.

- Nord Express, de Londres a Copenhague.
- Palatino, de Paris a Roma.
- Ticino, de Zurique a Milão.
- Mistral, de Paris a Niza.
- Catalán Talgo, de Barcelona a Genebra (diurno).
- Pau Casals, Barcelona–Milão–Zurique (noturno).
- Joan Miró, Barcelona a Paris (noturno).
- Transalpino, de Basilea a Salzburgo e Viena.
- Lusitana Express, de Madri a Lisboa.
- Italia Express, de Roma a Estocolmo.

## 16.3. Trens turísticos

A estrada de ferro tem um estreito vínculo com o turismo por ser um dos meios de transporte utilizado pelas correntes turísticas. Além desse serviço básico, existem outros trens fretados e condicionados para uso turístico exclusivo, convertendo-se em "hotéis sobre rodas", que percorrem itinerários por zonas geográficas de interesse turístico.

Tanto na Espanha como no estrangeiro são encontrados esses tipos de trem que têm as seguintes características:

*a)* Oferecem o serviço de transporte, hospedagem, manutenção e diversão por meio dos vagões com assento, cabinas-dormitório, salões de recreação, restaurantes, bar-cafeteria, banheiros e chuveiros. A hospedagem nos trens é igual à dos hotéis.
*b)* Oferecem gastronomia típica da zona que visitam.
*c)* Visitas a monumentos e lugares de interesse, com acolhidas e recepções especiais, em ônibus e acompanhados de guia.
*d)* Oferecem itinerários de curta distância e duração – um dia ou dois – ou de longa distância e duração mais prolongada – uma semana ou mais dias.
*e)* Funcionam durante uma época do ano: de maio a outubro.

### 16.3.1. Trens turísticos espanhóis

Os trens turísticos espanhóis programados pela Renfe, de curta distância – um dia ou fim de semana –, são basicamente:

- Tren de la Fresa (Trem do Morango), que percorre Madri–Aranjuez, com um dia de duração, visitando o complexo monumental de Aranjuez, com degustação de morangos, na temporada.
- Tren Murallas de Ávila (Trem Muralhas de Ávila), visitando Ávila, em um dia.
- Tren Doncel de Sigüenza.
- Tren Ciudad Monumental de Cáceres (Trem Cidade Monumental de Cáceres), visitando em dois dias Cáceres e parte da rota dos Conquistadores.
- Tren de la Mancha (Trem da Mancha), de final de semana, visitando as paragens manchegas.
- Tren de Tierras del Cid (Trem das Terras do Cid), visitando Burgos e várias vilas monumentais, com duração de dois dias.
- Tren Ciudad Encantada de Cuenca (Trem Cidade Encantada de Cuenca), visitando em um dia Cuenca.
- Trem Plaza Mayor de Salamanca (Trem Praça Maior de Salamanca), visitando em um dia Salamanca.
- Tren Sudeste Express (Trem Expresso Sudeste), visitando as paisagens insólitas de Almería.
- Tren Pirineo de Lérida (Trem Pirineu de Lérida), visitando o Pirineu leridano, em um final de semana.
- Tren Blanco (Trem Branco) ou de Navacerrada. Trem de neve com um dia de duração para esquiar ou contemplar as paisagens nevadas.
- Tren Limón Express (Trem Limão Expresso), de meio-dia para visitar a província de Alicante.
- Tren cremellera de Nuria (Trem cremalheira de Nuria) que vai de Ribes de Freser (Girona) até o santuário onde estão as belezas naturais do Pirineu catalão. Esse trem pertence a Ferrocarriles de la Generalitat de Cataluña.

Os trens turísticos espanhóis de longa distância são:

- Tren Al-Andalus, o que possui as mais luxuosas instalações. Percorre geralmente o itinerário Sevilha–Córdoba–Granada–Málaga–Jerez–Sevilha. No verão, o trem Al-Andalus em vez de percorrer a Andaluzia faz o circuito do Caminho de Santiago a partir da Catalunha (Renfe).
- Tren Trascantábrico (Trem Transcantábrico) que percorre o itinerário pelo norte da Espanha em uma semana. Geralmente o itinerário é Leon–Santander–Oviedo–La Coruña–Santiago de Compostela. Trem de via estreita (Feve). Foi o primeiro trem turístico a funcionar na Espanha.

- Tren Estrella de Pirineo (Trem Estrela de Pirineu) oferece um "forfait" de neve ao Pirineu aragonês, de uma semana de duração. De Madri a Canfranc, via Zaragoza.

## 16.3.2. Trens turísticos internacionais

Em âmbito internacional também existem trens turísticos, alguns deles legendários como o Orient Express, o Simplon, com características iguais ou semelhantes às dos espanhóis.

Entre esses trens, cabe citar:

- Orient Express, de Paris ou Londres a Viena, ou até Istambul.
- Transiberiano, de Moscou a Vladivostok.
- Palace on Wheels (Palácio sobre rodas), na Índia, que recorda a época dos marajás.
- Transmongolia Express.
- Tren Azul de Sudáfrica (Trem Azul da África do Sul).
- Cairo-Luxor Express.

# Capítulo 17

# TRANSPORTE MARÍTIMO E FLUVIAL

## 17.1. Evolução e características do transporte marítimo e fluvial

O transporte marítimo e fluvial é denominado normalmente de transporte aquático por englobar todo o tipo de transporte por mar, rios, canais e lagos.

O transporte marítimo e fluvial é o mais antigo que se conhece, junto ao transporte puxado por animais. O vento, a água e a força humana foram a energia que propulsionou as embarcações e graças a elas se pôde descobrir novas terras ao longo da história.

Com a invenção da máquina a vapor e sua aplicação energética para o transporte marítimo, este sofreu considerável alteração revolucionária por poder aumentar sua rapidez e volume de deslocamento.

Durante muitos séculos, esse meio de transporte foi utilizado para fins políticos, de descobrimento, de conquista e comerciais. No século XVII e XVIII, foram ampliadas as vias aquáticas naturais com a construção de longos canais pela Europa e o aproveitamento de seus grandes rios navegáveis que permitiram ampliar o tráfego comercial, até aquele momento efetuado por tração animal.

A partir do século XIX, com a incorporação da máquina a vapor à navegação e sua utilização como meio de comunicação entre todos os territórios dos impérios coloniais – britânico –, em particular a navegação se converte no meio de transporte de maior destaque. Incrementa-se, então, o tráfego com o Extremo Oriente e América e são criadas e expandidas as grandes companhias britânicas coincidindo com seu esplendor colonial. Entre essas companhias, destacam-se a "P & O" ou a "Cunard", que chegaram até nossos dias.

No século XX, podemos destacar três etapas da evolução do transporte marítimo:

1. Uma primeira etapa que vai desde 1900 até a década de 50, na qual os grandes transatlânticos britânicos das mencionadas companhias – "Camberra" (P & O) ou o "Queen Elizabeth" (Cunard)–; transatlânticos italianos – "Michelangelo" (Companhia Italia S.A.)–; transatlânticos franceses – Compagnie General Transatlantique–, e os americanos "Independence" ou "Constitution", da companhia American Export Lines, sulcam os grandes oceanos e são o sistema de transporte mais importante e único para longas distâncias.
2. Uma segunda etapa que vai da Segunda Guerra Mundial até a década de 70. Nesse período, o grande desenvolvimento da aviação comercial faz com que se inicie a decadência do transporte regular transoceânico, já que não pode competir com os aviões devido à maior rapidez destes aos altos custos que devem tolerar as companhias navais.
3. Uma terceira etapa que vai da década de 70 até hoje com uma reorganização das embarcações de linhas regulares a embarcações de cruzeiros turísticos. O "crucerismo" é um sistema de serviço turístico conhecido já no século XIX e no começo do século XX que atualmente voltou à moda.

As características do transporte aquático são as seguintes:

*a*) É o meio de transporte mais lento.
*b*) É o meio de transporte com elevadíssimos custos de exploração.
*c*) É um meio limitado geograficamente, já que seu alcance limita-se àquelas zonas geográficas banhadas por mares, rios e lagos e que dispõem de portos e cais.
*d*) Como meio de transporte turístico, os cruzeiros se converteram no meio mais cômodo e relaxado, já que os navios de cruzeiro, tanto os de serviços marítimos como os de serviço fluvial, são verdadeiros "hotéis flutuantes".

## 17.2. Portos

Os portos são lugares de costa – marítima, fluvial, lacustre – defendidos dos elementos – ventos e marés – que oferecem segurança e infra-estrutura adequados para realizar as operações de tráfego de passageiros e carregamento.

Os portos podem ser classificados em:

*a*) Naturais – aqueles que a própria natureza permite o tráfego naval – e artificiais – aqueles que o homem construiu a correspondente infra-estrutura para serem utilizados.

*b*) Marítimos – situados junto a mares e oceanos –; fluviais – localizados às margens de rios e canais – e os lacustres – situados às margens de lagos e lagoas.
*c*) Militares, comerciais, de passagem ou esportivos, conforme dediquem-se a uma ou várias dessas funções.
*d*) Gerais ou francos, segundo seja regime de transações fiscais e alfandegárias.
*e*) Portos públicos ou privados, de acordo com sua forma de propriedade e exploração.

As zonas em que se divide um porto podem ser classificadas em:

*a*) Zona de infra-estrutura de proteção e atraque, constituída por quebra-mar, plataforma, diques, que devem contar com os correspondentes dispositivos de amarradura, carga e descarga.
*b*) Zona de manutenção e reparação dos barcos: oficinas e estaleiros.
*c*) Zona de atenção à passagem: estações marítimas com suas correspondentes salas de espera, faturamento e embarque, serviços de polícia e alfandegários, serviços sanitários, serviços de comunicação e informação: telefones, escritórios de informação turística, restaurantes, bares, lojas, zonas de descanso, etc.
*d*) Zona de serviços de abastecimento e auxílio aos barcos: combustível, serviços meteorológicos, limpeza, etc.
*e*) Zona de armazéns de carga: depósitos frigoríficos, etc.

Quanto aos portos marítimos mais importantes do mundo por seu tamanho, capacidade e volume de tráfego de passageiros, carga, etc., podemos enumerar os seguintes:

- Espanha: os portos comerciais e de passagem mais importantes são os de Algeciras, Santa Cruz de Tenerife, Barcelona, Palma de Mallorca, Cádiz, Málaga, Las Palmas.

  Quanto aos portos esportivos, a costa espanhola possui numerosos que foram construídos nos últimos anos, convertendo a Espanha em um importante país receptor de pequenas embarcações para entrada e saída do Mediterrâneo.
- Europa: no mar do Norte e Canal da Mancha: Southampton, Rotterdam, Hamburgo, Calais, Dover. No mediterrâneo: Marselha, Gênova, Nápoles, El Pireo, Istambul.
- Ásia: Bombaim (Índia); Hong Kong; Kobe e Yokohama (Japão) e Cingapura.

- África: Port Said e Alexandria (Egito), Dakkar (Senegal); Cidade do Cabo (África do Sul).
- América: Nova York, São Francisco, Port Everglades (Miami), todos nos EUA. América Central: Colón (Panamá), Nassau (Bahamas), San Juan (Porto Rico), Bridgtown (Barbados), Kingston (Jamaica). América do Sul: Buenos Aires (Argentina), El Callao (Peru), Rio de Janeiro (Brasil), Santiago (Chile), Guaiaquil (Equador).
- Oceania: Sidnei (Austrália), Auckland (Nova Zelândia).

## 17.3. Companhias marítimas

As companhias marítimas são empresas mercantis que prestam serviço de transporte marítimo, tanto de passageiros como de carga.

1. Quanto à propriedade:

   *a*) Empresas públicas. Por exemplo: Companhia Transmediterrânea.
   *b*) Empresas privadas. Por exemplo: Companhia "Cunard".

2. Quanto ao tipo de serviço, podemos classificá-las em:

   *a*) Serviço de passageiros.
   *b*) Serviço de carga.
   *c*) Serviço misto.
   *d*) Serviço de cruzeiros turísticos.

3. Quanto aos serviços:

   *a*) Linhas regulares sujeitas a calendário, horário e itinerário fixos, podendo ser transoceânicas ou de grandes distâncias e continentais ou de médias e curtas distâncias.
   *b*) Linhas reservadas ou de cruzeiros que percorrem itinerário circular, fazendo escalas em portos que, por sua vez, são ponto de partida para excursões ou estadas terrestres. Portanto, não estão sujeitos, a princípio, a serviços regulares estáveis.

4. Quanto à exploração:

   *a*) Empresas proprietárias que exploram diretamente sua frota de navios.
   *b*) Empresas exploradoras que não são proprietárias e têm simplesmente a concessão de exploração com bandeira de nacionalidade diferente, para efeitos fiscais, da dos proprietários.

Neste tópico, deve-se consignar o papel dos agentes ou consignatários que são os representantes da companhia marítima em um ponto geográfico distinto e realizam reserva e venda de lugares e serviços. Muitas vezes, um agente representa várias companhias.

## 17.4. Tipos de embarcações de passagem e termos náuticos

As embarcações costumam ter diversas denominações segundo seu tamanho, potência, velocidade, capacidade e distâncias percorridas. Segundo essas características, podemos classificá-las em:

*a*) Transatlânticos: com grande capacidade de passagem, instalações e serviços que fazem grandes percursos. Por exemplo: as empresas "P & O" que exploram os navios "Sea Princess" e "Camberra" com um serviço de longo percurso. Outra empresa é a "Cunard", que explora entre outros o "Queen Elizabeth II".
*b*) Balsas ou "ferry-boats" que unem portos de um mesmo país ou países vizinhos, com possibilidade de transportar veículos ("car-ferry").
*c*) Barcas convencionais que têm a possibilidade de fazer serviços de percurso mais longo e constam de mais serviços. Esse tipo costuma ser utilizado para cruzeiros de curta ou média distância.
*d*) Aerobarco ou hidrófilo é uma embarcação que se sustenta por meio de um colchão de ar que o eleva sobre o mar, podendo alcançar 120km/h e tem capacidade para 200 pessoas.
*e*) Hidrófilo é uma embarcação que se eleva sobre a água pela ação de uma aleta e desliza sobre uma espécie de esquis que praticamente não perdem o contato com a água. Uma variedade desse tipo são os "catamarã" (barco de pequeno porte originário do Sri Lanka – Ásia).
*f*) Embarcações de recreação: veleiros, iates "bateaux-mouches", etc.

Quanto aos termos náuticos podemos destacar os mais usuais:

- Eslora: comprimento de proa a popa.
- Cabina ou camarote para prestar o serviço de hospedagem aos passageiros.
- Manga: largura maior de um navio.
- Clarabóia: janela redonda.
- Ponte ou coberta: zona de comando do navio e de andares com os diferentes serviços que podem ser cobertos ou ao ar livre.

- Proa: parte da frente.
- Popa: parte traseira.
- Bombordo: o lado esquerdo, olhando a proa.
- Estibordo: o lado direito, olhando a proa.
- Nó: 1 milha por hora (velocidade).
- Milha marinha: 1.852 metros.
- Barlavento: direção de onde vem o vento.
- Sotavento: direção contrária de onde vem o vento.

## 17.5. Cruzeiros marítimos

Quando as companhias navais sofreram com a crise da segunda metade do século XX, depois da Segunda Guerra Mundial, a concorrência da aviação, a crise energética, a inflação de preços, a alteração de destinos turísticos e a própria concorrência entre companhias de navegação tiveram de realizar reorganização e reestruturação de suas frotas.

Contudo, foram abertas a elas novas possibilidades, o cruzeiro – o "inclusive tour" marítimo, a organização de viagens turísticas por mar na oferta ou demanda, com um itinerário turístico que compreendia portos de cidades históricas, com o atrativo de excursões turísticas a lugares de interesse próximos de tais portos.

Dois fatores, contudo, condicionam essa possibilidade: 1) a própria concorrência entre tantas companhias e tantos navios para cruzeiros para um mercado ainda reduzido em comparação a outras viagens; 2) a redução das áreas dos mares e oceanos aptos a esse tipo de turismo marítimo portuário.

Em zonas geográficas que, devido às longas distâncias dos mercados emissores potenciais – Europa e América do Norte – até as zonas do Pacífico ou Oceania, é necessária a combinação com o avião para poder realizar os cruzeiros.

As principais zonas geográficas do mundo onde se desenvolve essa atividade turística, devido a recursos, infra-estrutura e serviços turísticos, são:

### *a) Mediterrâneo*

O Mediterrâneo é um mar que possui todas as características apropriadas para a realização de cruzeiros pelo clima, recursos turísticos e ofertas de serviços em mais de trinta portos de cidades históricas. A época do ano em que os cruzeiros operam no Mare Nostrum é de abril a outubro.

Podem ser estabelecidos três tipos de cruzeiro conforme os percursos realizados:

*a*) Itinerário por todo o Mediterrâneo.
*b*) Itinerário pelo Mediterrâneo ocidental (Itália, França, Tunes, Espanha e as ilhas da zona).
*c*) Itinerário pelo Mediterrâneo oriental (Grécia, Iugoslávia, Turquia, Egito, Israel, Chipre, etc.).

Esses itinerários podem ter duração que oscila entre 4 e 14 dias, em regra geral. As principais companhias que realizam serviços pelo Mediterrâneo são: "Ybarra" (Espanha); "Paquet" (França); "Adriática" , "Achille Lauro", "Costa Crocieri" (Itália); "Hellenic", "Typaldos" (Grécia); CTC (Rússia), operando a partir dos portos russos do Mar Negro.

***b) Escandinávia***

Os cruzeiros na zona escandinava operam somente no verão – junho a setembro – em mares frios. A duração costuma ser de 4, 7 ou 14 dias. Os portos de saída são: Southampton (Reino Unido), Copenhague (Dinamarca), Hamburgo (Alemanha). As áreas visitadas são: os fiordes noruegueses, o Cabo Norte e cidades como Estocolmo, Copenhague, Oslo, Hamburgo, São Petersburgo, Helsinque, ilhas Lofoten, etc.

As principais companhias que realizam cruzeiros por essa área são: "Cunard" (Reino Unido), "Royal Viking Line", CTC (Rússia), "Royal Cruise".

***c) Caribe***

O clima caribenho permite realizar cruzeiros durante todo o ano com duração de 4 a 14 dias. Esse tipo de cruzeiro é combinado com avião a partir da Europa. Costuma operar dos EUA com uma oferta de uma dúzia de portos de Haiti–República Dominicana, Porto Rico, Santo Tomás, Ilhas Virgens, Bermudas, Jamaica, Bahamas, Curaçao e portos das costas mexicanas, americanas, venezuelanas e colombianas.

Os percursos transcorrem por paisagens tropicais, águas cristalinas, recifes de corais, praias de areia branca, fauna e flora exuberantes.

As companhias que operam nessa zona são: "Norwegian Cruise Lines" (Noruega); "Cunard" (Reino Unido); "Costa Crocieri" (Itália), etc.

### *d) América do Sul*

Os cruzeiros por esta zona são escassos, geralmente coincidem com as rotas dos cruzeiros de longa distância de companhias britânicas e americanas, que chegam aos portos da Bahia, Rio de Janeiro (Brasil), Buenos Aires (Argentina), etc.

### *e) Pacífico*

No Pacífico podemos distinguir dois tipos de cruzeiros:

*a*) Os de longas distâncias que chegam a Valparaíso e Santiago (Chile), Guaiaquil (Equador) e El Callao-Lima (Peru).
*b*) Os cruzeiros pelos Mares do Sul que percorrem várias ilhas dos arquipélagos da Polinésia. Nesta zona em geral operam as companhias navais americanas e britânicas.

### *f) Cruzeiros ao redor do mundo*

Os cruzeiros de maior percurso são os que se realizam ao redor do mundo, organizados por companhias navais britânicas ou americanas, com duração de três meses, com atraque em mais de vinte portos e a oferta de percorrer o itinerário-tipo seguinte: partindo de Nova York e voltando ao mesmo porto em itinerário circular, com escalas em Miami, Panamá, San Francisco, Hawai, Yokohama, Hong Kong, Manila, Cingapura, Colombo, Bombaim, Port Said, Alexandria, Nápoles, Gênova, Marselha e Nova York, com a possibilidade de fazer excursões para lugares turísticos próximos desses portos de escala.

As características básicas dos cruzeiros são as seguintes:

- O barco se converte não apenas em transporte essencialmente turístico, mas também em hotel flutuante com hospedagem, manutenção e atividades de diversão e de animação sociocultural, ou seja, um meio de transporte essencialmente turístico.
- Os itinerários permitem grande variedade de combinações, preços, duração, percursos, etc. São itinerários geralmente circulares, saindo e voltando ao mesmo ponto depois de fazer escala em portos que, por sua vez, são ponto de partida para excursões ou estadas terrestres.

- O cruzeiro é um tipo de viagem em que a comodidade, o descanso, o relax e a vida social são muito mais desenvolvidos que em outro tipo de serviços combinados.

## 17.6. Cruzeiros fluviais e lacustres

Os cruzeiros fluviais e lacustres combinam a paisagem e o repouso com atividades esportivas, recreativas e culturais. Os navios são de menor capacidade que os dos cruzeiros marítimos. A duração dos percursos costuma ser de horas – percursos por lagos (Suíça, Finlândia) e circuitos fluviais por dentro de uma cidade (Sena, em Paris com os "bateuax-mouches"; Tâmisa, em Londres; os canais de Amsterdã ou Veneza) até várias jornadas que oscilam entre 3 e 7 dias, percorrendo trechos de rios e canais.

Os principais rios com cruzeiros marítimos são:

*a*) Na Europa: Rhin, Loira, Danúbio, canais do "Midi" francês, Volga, Dnieper, Don, etc.
*b*) Na Ásia: Yan-Tse-Kiang.
*c*) Na América: Mississippi, Amazonas.
*d*) Na África: Nilo.

## 17.7. Desenvolvimento dos "ferry-boats" ou balsas na Europa

Os "ferry-boats" ou balsas unem portos de um mesmo país ou países vizinhos com serviços regulares de curta distância. A Europa possui um tráfego muito denso que supera as 1.400 linhas. A duração das travessias pode oscilar de algumas horas até dois dias, em média.

Esses serviços têm calendário, itinerário e horário fixos. Transportam passageiros e todo tipo de veículos e mercadorias.

As principais áreas da Europa conectadas com serviço de balsas são:

1. Espanha: a península com as ilhas Baleares e Canárias e com o norte da África, onde opera a Companhia Transmediterrânea. Também existe uma linha, entre outras, que une Santander ou Bilbao a Southampton ou Plymouth (Reino Unido), por meio de uma companhia britânica.
2. Canal da Mancha que conecta Reino Unido com França e Bélgica, onde operam companhias britânicas e francesas. Também do Reino Unido há balsas para Irlanda e Islândia.

3. Mar do Norte e Mar Báltico que conectam os países escandinavos com Dinamarca, Alemanha, Rússia, Estônia. Operam companhias escandinavas.
4. Mediterrâneo. Podemos destacar as linhas que unem França a Córcega; Itália a suas ilhas, Grécia e a ex-Iugoslávia, com suas correspondentes ilhas.

## 17.8. Percursos transoceânicos

Na década de 70, houve considerável diminuição do transporte regular transoceânico ao incrementar-se a aviação comercial, tanto o vôo regular como o vôo charter, já que não podia competir com sua maior rapidez, os altos custos de exploração do transporte marítimo e os preços competitivos do transporte aéreo.

Com exceção dos grandes cruzeiros que realizam a volta ao mundo, os percursos transoceânicos são transportes de linha regular de passageiros para grandes distâncias. Os percursos transoceânicos são utilizados por passageiros que dispõem de muito tempo e muita bagagem e cujo objetivo são motivos familiares ou pessoas da terceira idade com situação econômica ou poder aquisitivo elevado e realizam viagens com essas linhas, que funcionam segundo calendário, horário e itinerário fixos, como se fossem um serviço de cruzeiros.

As empresas navais de longo percurso assinaram nestes últimos anos acordos com o objetivo de estabelecer passagens combinadas aérea e marítima com descontos nesses serviços de ida e volta.

Para conseguir maior rentabilidade, muitas dessas companhias navais utiliza sua frota tanto para serviços regulares como para serviços de cruzeiro.

As principais companhias marítimas que atualmente operam nesses serviços de percursos transoceânicos são as seguintes:

1. O Reino Unido ainda possui as companhias navais de prestígio seguindo sua longa tradição que procede do século XIX:
   *a)* "P & O" ("Peninsular and Orient Lines"). Considera-se a maior companhia marítima do mundo, com uma frota que alcança 300 navios e que começou a operar na década de 1830. Atualmente, dois de seus navios com maior prestígio e serviço turístico são o "Camberra" e o "Sea Princess" com base no porto de Southampton e com serviços que realizam a volta ao mundo.
   *b)* A "Cunard" também é uma companhia centenária que começou a operar em 1839 no porto de Liverpool graças à iniciativa de Samuel Cunard

que possuía os míticos navios "Queen Mary" e "Queen Elizabeth". Na atualidade, está em serviço o "Queen Elizabeth II". Seu itinerário mais comum é o do Atlântico Norte entre Southampton e Nova York. Tem um serviço combinado de ida de navio e volta de avião "Concorde".

2. A Holanda possui a "Holland American Lines", com o navio "Rotterdam".
3. A França possui as empresas dedicadas aos serviços marítimo-turísticos seguintes:

   *a*) "Compagnie Générale Transatlantique" que teve em serviço o luxuoso navio "France". Tem serviços no Mediterrâneo e no Caribe.
   *b*) "Compagnie de Navegation Paquet" possui cruzeiros pelas costas e ilhas do oceano Atlântico e do Mediterrâneo.

4. A Itália tem a "Società di Navegazione Italia S. A.", com sede central em Gênova que possuía os modernos transatlânticos de luxo "Michelangelo" e "Rafaello" com serviços no Mediterrâneo e a partir de portos italianos até a costa norte-americana.

5. Os EUA possuem mais de cinqüenta companhias marítimas das quais se destacam por suas conexões com Europa ou sua cobertura mundial, as seguintes:

   *a)* "United States Lines". Tem linhas entre EUA e Europa.
   *b)* "American Export Lines". Também tem conexões entre EUA e Europa.
   *c)*"American Presidente Lines". Tem serviços entre EUA e o Pacífico (Hawai, Japão, Hong Kong e Filipinas).

6. A Rússia possui a frota de Intourist e a CTC, com serviços no Mediterrâneo, Mar do Norte e o Caribe (Cuba).

## 17.9. Organismos marítimos internacionais

O transporte marítimo internacional conta com duas organizações fundamentais que regulam e coordenam as atividades de tal transporte.

1. OMCI (Organização Marítima Consultiva Internacional). A Organização Marítima Consultiva Internacional (OMCI) é uma organização intergovernamental, vinculada às Nações Unidas (ONU), criada em Genebra, em 1948, entrando em funcionamento em 1958, com o objetivo de realizar uma cooperação internacional em matéria de navegação. Sua sede fica em Londres.

Entre suas finalidades e objetivos, destacam-se:

*a*) Segurança da navegação e da vida humana no mar.
*b*) Regulamentação de fretes e tráfego.
*c*) Contaminação de mares e oceanos.
*d*) Estudos oceanográficos e meteorológicos, relacionados com a navegação.

2. CLIA (Associação Internacional de Linhas de Cruzeiros). A Associação Internacional de Linhas de Cruzeiros foi criada em 1976 e agrupa as principais companhias de cruzeiros para estabelecer laços de cooperação.

Capítulo 18

# GEOGRAFIA DO TURISMO (I)

## 18.1. Conceito de geografia do turismo

A geografia do turismo converteu-se hoje em uma especialidade das ciências geográficas que se dedica a estudar cientificamente as zonas da Terra – espaços turísticos – onde se desenvolve por seus recursos naturais e humanos – clima, praias, paisagem, história, recursos de águas mineromedicinais, antropologia, etc.– uma série de atividades direcionadas para ocupar o tempo livre ou de lazer dedicado ao turismo e para as quais se dirigem fluxos ou correntes turísticas.

A geografia do turismo estabelece uma série de descrições relacionadas com:

*a*) Os espaços geográficos que possuem recursos turísticos.
*b*) Os espaços geográficos que possuem infra-estruturas e serviços turísticos apoiados em economia e marketing, arquitetura, ecologia, urbanismo, demografia, psicossociologia, etc.
*c*) Os espaços geográficos com possibilidades de criar usos e atividades turísticas.
*d*) A distribuição das correntes turísticas nas diferentes áreas turísticas, quanto à demanda dentro da estrutura do mercado turístico.
*e*) A distribuição da oferta turística do ponto de vista espacial com relação à estrutura do mercado turístico.

A geografia do turismo apóia-se para seu estudo em outros ramos da geografia como:

*a*) A geopolítica e a geoestratégia são aquelas partes da geografia que estudam cientificamente as relações existentes entre o meio geográfico e a estrutura socioeconômica e a evolução política do país. Aplicando-o ao turismo, todo espaço geográfico está condicionado a uma situação determinada à qual se unem os elementos político-econômicos que favorecem ou prejudicam a corrente turística para alguns destinos em especial. Por exemplo: a posição privilegiada do mar Mediterrâneo; a posição da Catalunha, com relação à corrente turística européia que vem para a Espanha em automóvel e atravessa ou se detém no Principado para ficar ou prosseguir viagem para outros destinos espanhóis. Os fatores que intervêm na geopolítica e geoestratégia turísticas para captar corrente turística são:

1. O território turístico. Zonas potenciais e zonas hegemônicas. Elementos naturais: físicos, climáticos, etc.
2. Recursos naturais e humanos.
3. Posição geográfica do território.
4. A demografia: corrente turística e população receptora.
5. Infra-estrutura e oferta de serviços turísticos.
6. Comunicações que têm no território.
7. Transportes que existem para chegar ao território.
8. Fontes e recursos energéticos.
9. Estrutura política e social.
10. Poder de atração turística.
11. Influência do território turístico sobre outros com ou sem poder turístico.
12. Poder econômico e social de atração turística.
13. Atração e dissuasão turísticas.
14. Políticas e estratégias para captar correntes turísticas relacionadas com a posição geográfica que possui o território turístico com seus recursos naturais, humanos e técnicos.

*b*) Geografia humana é a parte da geografia que estuda cientificamente o movimento demográfico dos espaços ou meios geográficos. Dessa especialidade, o turismo aproveita os estudos da evolução demográfica, a condição socioeconômica das pessoas, tanto dos mercados emissores como dos receptores.

*c*) Geografia econômica é a parte da geografia que estuda cientificamente os espaços geográficos do ponto de vista de seus recursos econômicos naturais e industriais e de serviços. Dessa especialidade, o turismo aproveita os estudos dos recursos econômicos de distintas áreas do mundo – estudadas por comarcas, regiões, países, continentes. Tem-se de levar em conta que parte desses recursos econômicos pertence ao setor do turismo. Por exemplo: na configuração geográfica-econômica das ilhas Baleares mais de 50% dedica-se à atividade turística.

*d*) Geografia física é aquela parte da geografia que estuda cientificamente os elementos físicos ou naturais dos espaços geográficos da Terra. Dessa especialidade, a geografia do turismo aproveita o estudo dos recursos naturais – mares, rios, lagos, montanhas, parques naturais–, que são fator fundamental para o desenvolvimento do turismo climático, paisagístico, de balneário, etc.

*e*) Geografia dos fatos históricos, artísticos e culturais que são também fator fundamental para o turismo cultural e antropológico. Por exemplo: a geografia do Caminho de Santiago, a Rota da Seda, as rotas do românico nos Pirineus, etc.

## 18.2. Fluxos e centros turísticos. Fatores naturais, humanos e técnicos. Tipos de espaços turísticos

Os fluxos ou correntes turísticas têm relação estreita com centros, focos ou núcleos receptores de turismo, condicionados por uma série de fatores naturais – clima, orografia, etc. –, humanos – história, antropologia, comportamentos psicossociais, costumes, etc. – e técnicos relacionados com as infra-estruturas de comunicações, transportes, hospedagens, etc. Esses núcleos receptores estendem-se em um território ou espaço turístico que têm algumas características especiais e diferenciadas de outros territórios ou espaços sem influência turística.

### 18.2.1. Fluxos e centros. Fatores naturais, humanos e técnicos

Os fluxos ou correntes turísticas, como já analisamos do ponto de vista sociológico, são o conjunto de turistas que se deslocam para centros, focos ou núcleos receptores de turismo com o objetivo de desenvolver uma série de atividades relacionadas com o tempo livre ou de lazer dedicado ao turismo e às viagens.

A motivação desses deslocamentos em fluxos e correntes vem devido a um conjunto de fatores que oferece a própria natureza – montanhas, rios, neve, praias – ou que apresenta a ação do homem ao longo de sua história – monumentos, obras de arte, tradições culturais, etc.

Do ponto de vista da incidência que uma corrente turística tem sobre determinado lugar geográfico ou sobre sua distribuição espacial, podemos valorizá-lo cientificamente por meio de numerosos estudos estatísticos, baseados em índices e taxas.

Por outro lado, para que esses fluxos ou correntes sejam produzidos até os núcleos turísticos, deve-se ter em conta uma série de fatores:

*a*) Naturais: recursos climáticos, orográficos, hídricos, florestais, etc.
*b*) Humanos: históricos, culturais, econômicos – poder aquisitivo, investimentos para oferta turística, etc.
*c*) Técnicos: infra-estruturas – comunicações, transportes, hospedagens, restauração – ofertas complementares, etc. Modernização das infra-estruturas e execução de novas tecnologias a empresas e serviços turísticos, etc.
*d*) Políticos: estabilidade política, longe das zonas de guerras ou golpes de estado; zonas pacíficas, etc.
*e*) Sociais: estabilidade trabalhista, profissionalismo do fator humano; zona de pouca instabilidade quanto a greves, falta de qualidade, preparo e experiências profissionais; zonas de segurança e de estabilidade civil: sem roubos, agressões, xenofobias com relação ao turismo, etc.

Essa confluência de fluxos turísticos para algumas áreas geográficas determinadas pelo seu atrativo turístico cria densidade ou focos turísticos que têm alguns efeitos econômicos e sociais sobre eles. Por exemplo, a área do Mediterrâneo é a zona geográfica do mundo que durante os três últimos decênios se converteu no foco de turismo mais importante do mundo, quanto a milhões de turistas que anualmente confluem nela e o fluxo de divisas que isso permitiu.

Podemos estabelecer uma classificação simplificada de fluxos e núcleos turísticos mundiais que têm os seguintes movimentos, de acordo com os fluxos emissores internacionais dos anos 80:

1. Fluxo meridiano norte-sul: do Norte e Centro da Europa para a Europa Mediterrânea e África.
2. Fluxo oriental: da Europa ocidental até o Oriente Médio e Ásia.
3. Fluxo atlântico: a) da Europa ocidental para América do Norte, Central e do Sul; b) da América do Norte a Central e do Sul para a Europa.
4. Fluxo asiático e da Oceania: do Japão até países da área e até Europa e América. Outros países do sudoeste asiático até países vizinhos. Da Austrália e Nova Zelândia para países da área, Europa e América do Norte.

### 18.2.2. Tipos de espaços turísticos

Os focos ou núcleos receptores de turismo, como já vimos, são aquelas áreas onde a freqüência turística provocou um forte consumo de espaço no qual, além dos recursos turísticos, e gerou infra-estrutura turística – vias de transporte, hospedagens, empresas de restauração, diversão, urbanização, etc. –, para atender e prestar os correspondentes serviços aos fluxos ou correntes turísticas.

Esses espaços podem ser classificados em vários tipos:

1. Espaço de influência heliotrópica e talassotrópica, onde o sol e as praias são os fatores que desencadeiam a corrente turística.
2. Espaços naturais ou de montanha, cuja motivação e atrativo são a paisagem, o clima, os rios e lagos que possibilitam praticar esportes – neve, de aventura, etc.–; estar em contato com a natureza e desenvolver atividades relacionadas com o meio rural (turismo rural ou verde ou agroturismo), etc.
3. Espaços culturais, onde a história e a arte deixaram vestígios monumentais, artísticos, museus, etc.
4. Espaços antropológicos, onde o homem desenvolveu uma série de atividades culturais e antropológicas relacionadas com artesanato, gastronomia, folclore.
5. Espaços urbanos constituídos por núcleos urbanos, grandes, médios ou pequenos com muitos núcleos turísticos (polinucleares ou multiproduto), como é o caso de Paris, Londres, Nova York; ou mononucleares ou produto único, com um núcleo turístico. Por exemplo: as cidades de peregrinação de Lourdes, Fátima, etc.

## 18.3. Conceito de núcleos turísticos. Núcleos emissores e receptores. Classes de núcleos

Ao longo do capítulo, já foi definido indiretamente o conceito de núcleos turísticos. Vejamos mais detalhadamente qual é sua concepção e quais suas classes.

### 18.3.1. Conceito de núcleos turísticos. Núcleos emissores e receptores

Núcleo turístico – foco ou centro – é todo espaço ou lugar geográfico – povoado, cidade, comarca, província, litoral ou costa, zona de montanha, região, país, continente, etc. – que gera atividade turística emissora ou receptora. Núcleo emissor é aquele que produz fluxo ou corrente turística em direção a outro lugar que tem recursos e oferta para atrair tal corrente, ao qual se denomina núcleo receptor.

As características do núcleo emissor são as seguintes: correspondem a sociedades industrializadas e desenvolvidas, com alto nível de vida. Economias que produzem vasto número de bens de consumo e serviços. Interesse em satisfazer as necessidades do tempo livre por meio da civilização do lazer com atividades culturais, esportivas e recreativas (por exemplo: América do Norte, Europa Ocidental, Japão, Austrália, Nova Zelândia).

Também pode ser extensivo às sociedades em desenvolvimento com grau consolidado de maturidade nesse desenvolvimento. Permitem o turismo interior de seus membros e certo desenvolvimento do turismo exterior. Por exemplo: América Central e do Sul, partes do Oriente Médio e Ásia.

As características do núcleo receptor são as seguintes: correspondem tanto a sociedades desenvolvidas com um bom conjunto de recursos e oferta de infraestrutura (EUA, França, Itália, etc.), como a sociedades subdesenvolvidas ou em desenvolvimento que possuem recursos turísticos e nas quais o turismo é uma fonte de desenvolvimento (África, países árabes, Ásia Meridional, etc.).

## 18.3.2. Classes de núcleos receptores

As classes de núcleos receptores estão muito vinculadas aos tipos de espaços turísticos que já analisamos anteriormente. Podemos estabelecer núcleos tradicionais como são o sol as praias, ou núcleos novos que geram novas atividades turísticas, como o turismo de aventura, o turismo urbano, o turismo industrial, o turismo de esporte radical, etc.

A classificação dos núcleos receptores turísticos pode ser estruturada do seguinte modo:

*a)* Núcleos climáticos, baseados no clima, sol, com praias frias (Mar do Norte, Báltico), praias temperadas e quentes (Mediterrâneo, Caribe, etc.).

*b)* Núcleos termais: balneários (Vichy, Baden-Baden, Caldes de Boí, La Toja, Panticosa, etc.).

*c)* Núcleos paisagísticos, com base em parques nacionais, reservas naturais de fauna e flora, etc. (parques americanos – Yellowstone, etc. –, Ordesa, Teide, Doñana, Delta del Ebro, na Espanha, etc.).

*d)* Núcleos esportivos ativos: para a prática dos esportes tradicionais: náuticos, invernais, caça, pesca, golfe, etc. e os novos esportes de aventura: parapente, rafting, etc.; safaris, "trekking". Núcleos esportivos passivos ou de espetáculo: Jogos Olímpicos, campeonatos mundiais de modalidades esportivas, etc.

*e)* Núcleos históricos, monumentais e artísticos, baseados nos vestígios que a história deixou: monumentos, obras de arte, museus, etc. Por exemplo: Egito faraônico; ruínas maias e astecas, no México; covas de Altamira, Museus do Louvre, do Prado, Britânico, etc.

*f)* Núcleos religiosos, com base em lugares onde existem tradição e fé motivadas por fatos relacionados com religiões e crenças e onde são geradas correntes turísticas de peregrinações: Roma, Jerusalém, Meca, Covadonga, Montserrat, Lourdes, Fátima, Medjugorie, etc. Também estão incluídas nesse tipo de núcleo as representações teatrais e musicais de caráter religioso, como as representações da Paixão de Oberamengau na Alemanha, Esparraguera, Olesa, Ulldecona, Misterio de Elche, etc. Espanha.

*g)* Núcleos folclóricos, baseados em artesanato, gastronomia, feiras e festas típicas e principais, música e dança folclóricas.

*h)* Núcleos culturais, com base em exposições, concertos, ciclos de ópera, dança, teatro, cinema e música, ciclo de conferências, cursos de verão, cursos de idiomas, etc.

*i)* Núcleos comerciais e de negócios, baseados na organização de feiras de amostragem, salões monográficos, "workshops", convenções de empresas, etc. A atividade de "shopping" ou compras nas grandes cidades, etc.

*j)* Núcleos de congressos, seminários, simpósios, baseados na organização de atividades científicas, culturais, políticas e sociais.

*k)* Núcleos de diversão: parques zoológicos, parques aquáticos, cassinos, parques de atrações (Disneylândia), etc.

## 18.4. Grandes áreas de atração turística mundial

As grandes áreas ou focos de atração turística concentram-se na Europa e na América, e podemos estabelecer uma graduação dessa área condicionada pela densidade dos fluxos. Segundo o professor Jean-Pierre Lozato, com dados do começo dos anos 80, podemos estabelecer três tipos:

1. Focos ou áreas turísticas maiores (principais) (mais de 5 milhões de turistas internacionais se concentram na Europa, em parte da costa leste (Washington, Nova York, etc.) e oeste – Califórnia – dos EUA).
2. Focos ou áreas turísticas secundárias (de 2 a 5 milhões), Mediterrâneo Oriental (Turquia, Grécia) e Leste da Europa, inclusive a ex-URSS.
3. Focos ou áreas turísticas menores (menos de um milhão de turistas internacionais – Egito, países do Magreb, México, Peru, Brasil, Hong Kong, Tailândia).

Outro estudo que complementa o do professor Lozato foi o elaborado pelo professor Javier Callizo, no final dos anos 80, com uma classificação relacionando chegadas e turismo internacional e ingressos em dólares/dia.

1. O primeiro grupo de chegadas entre 20 e 50 milhões de turistas situa-se na Europa Mediterrânea com gastos de 250 a 500 dólares por turista e nos EUA com um gasto de 500 a mil dólares por turista.
2. O segundo grupo de turistas que chegam entre 10 e 20 milhões localiza-se na Europa Ocidental e Canadá, com um gasto de 250 a 500 dólares por turista.
3. O terceiro grupo de turistas que chegam entre 5 e 10 milhões situados no México com um gasto de 500 a mil dólares por turista; Oriente Médio com gastos de 500 a mil dólares por turista; China, com gastos de 100 a 250 dólares por turista.
4. O quarto grupo de turistas de 1 a 5 milhões que chegam ao Caribe, com gastos que oscilam entre 500 e mil dólares; o Magreb, com 250 a 500 dólares por turista; Índia com 500 a mil dólares por turista e Sudoeste Asiático com gastos que oscilam, em alguns casos, de 250 a 500 dólares e outros de 500 a mil dólares por turista.

Entre 1984 e 1994, surgiram novos focos ou áreas turísticas, como Leste da Europa e ex-URSS, Caribe, arquipélagos do Índico, incremento na China, sudoeste asiático e Pacífico, etc.

Desses dois estudos, pode-se concluir que existe uma relação entre os focos turísticos e o tipo de corrente turística que o visita, condicionada pelas motivações dos núcleos receptores e pelo poder aquisitivo dos turistas.

## 18.5. Itinerários turísticos

Itinerário turístico é toda rota ou circuito que passa por um espaço geográfico determinado, onde se descrevem e se especificam os lugares de passagem, estabelecendo algumas etapas e tendo em conta as características turísticas próprias –naturais, humanas, histórico-monumentais – relacionadas com a zona geográfica que se percorre tanto local quanto de comarca, regional, nacional e internacional; a duração; os serviços turísticos – hospedagem, meio de transporte, etc. – e as atividades.

Podemos estabelecer diferentes tipos de itinerário:

1. Meios de transporte: trem (trens turísticos); navio (cruzeiros); a pé (Por exemplo, Caminho de Santiago) "trekking"; a cavalo, de bicicleta ou cicloturismo.
2. Conforme a duração: radiais (um dia), urbanos (meio-dia ou um dia), de férias, final de semana, etc.
3. Base geográfica: ecologia, geologia, lagos, montanhas, serras, rios e vales, comarcas, praias, etc.
4. Culturais: arquitetura, etnografia, enologia, gastronomia, evocação literária, histórica, musical, etc.
5. Religiosos: peregrinações (Caminho de Santiago, etc.).
6. Valor artístico: rotas arqueológicas, castelos, mosteiros, conjuntos monumentais, rotas de arte: românico, gótico, árabe, renascentista, barroco, etc.
7. Hospedagens: paradores, albergues, etc.

Capítulo 19

# GEOGRAFIA DO TURISMO (II)

## 19.1. Conceito e características do planejamento do espaço turístico. Infra-estrutura e condicionamento do território

Os espaços geográficos que têm um interesse para a atividade turística devem estar sujeitos a uma política que ordene, regule, promova, desenvolva e controle essa transformação para tal uso com detalhado planejamento.

O planejamento do espaço turístico consiste, pois, em ordenar e condicionar o território que tem possibilidades de desenvolvimento turístico com base em uma infra-estrutura e em alguns recursos turísticos para atender a corrente turística que se desloca até ele.

O planejamento implicará:

1. Possuir alguns recursos turísticos – praias, montanhas, rios, monumentos, etc. – e a possibilidade de criar uma oferta e equipamento de serviços – hotéis, comunicações, transportes, etc. – para atender às correntes turísticas interessadas naqueles recursos.
2. Ordenar o território com sua urbanização e a construção da infra-estrutura correspondente.
3. Estabelecer os objetivos do planejamento com alguns programas e orçamentos, e alguns períodos para sua execução: planejamento a curto, médio e longo prazos ou planejamento de perspectiva.
4. Desenvolver crescimento econômico, criando maior riqueza e progresso social – postos de trabalho – em espaços improdutivos ou com baixo rendimento.

Os espaços turísticos-base do planejamento do território são:

*a*) Litorais: zonas da costa, praia e mar, prática de esportes náuticos, atividades de descanso, recreativas e de entretenimento.
*b*) Montanhosos: zonas de montanha para a prática de esportes de inverno, prática de outros esportes e atividades de descanso, de entretenimento e recreativas.
*c*) Rurais: zonas agrícolas para a prática do turismo rural ou agroturismo.
*d*) Novos espaços: aproveitamento de rios e lagos para atividades esportivas turísticas.

Esses espaços, do ponto de vista de disposição do território e da agregação urbanística e administrativa, fazem parte de municípios turísticos e centros e zonas de interesse turístico, de acordo com os planos nacionais, regionais, de comarca e provinciais de disposição que cada Estado tem por meio de sua Administração Pública (Central, Regional, Autonômica, de Comarca, Provincial ou Municipal).

Esse planejamento e disposição do território engloba os seguintes aspectos:

*a*) A disposição das zonas de construção de infra-estrutura arquitetônica destinada a:

- Hospedagens.
- Restauração.
- Instalações esportivas.
- Instalações recreativas.
- Outras infra-estruturas de uso turístico.

*b*) A disposição das zonas de comunicação:

- Estradas e rodovias de acesso.
- Estradas, caminhos e vias públicas.

*c*) A disposição das praias.
*d*) A disposição das estações de montanha.
*e*) A disposição dos portos esportivos.
*f*) A disposição dos lagos e represas.
*g*) A disposição e a preservação dos espaços naturais e dos parques nacionais.
*h*) A disposição e a preservação do patrimônio cultural: monumentos, museus, manifestações culturais e folclóricas, etc.
*i*) A disposição da infra-estrutura sanitária: evacuação de águas servidas, lixos, depuradores, etc.

Como já vimos, a estrutura espacial é uma realidade complexa, tanto geográfica como institucional ou socioeconômica, o que dificulta o estabelecimento de uma classificação. Contudo, a Organização Mundial do Turismo estabeleceu em 1980, depois de uma série de estudos sobre esse tema realizados em várias zonas das seis regiões turísticas em que o mundo está dividido, a seguinte tipologia:

### 1. *Planejamento*

*a*) Planejamento inter-regional: planos e programas conjuntos a serem realizados por vários países da mesma região do mundo. Por exemplo: o planejamento turístico do Mar Egeu entre Grécia e Turquia.

*b*) Planejamento nacional: trata-se de um planejamento geral e global, porém, também turístico de um país:

- Plano nacional plurianual (compreendido em capítulo dedicado ao turismo).
- Plano de condicionamento do território.
- Plano nacional de desenvolvimento turístico.
- Plano nacional de promoção e de comercialização do turismo.

*c*) Planejamento regional para uma ou várias regiões, Estados, províncias, territórios no interior de um país.

*d*) Planejamento local para o desenvolvimento de uma parte limitada de um território nacional pertencente a um ou vários municípios, províncias, comarcas, regiões, etc.

*e*) Planejamento setorial que pode compreender condicionamento e programas em escala nacional sobre um ou vários setores da atividade econômica.

- Desenvolvimento do turismo social ou dos jovens.
- Programas de desenvolvimento e de equipamento para a navegação de recreação (lagos, rios e mares).
- Planos para disposição e condicionamento das costas com finalidades turísticas.
- Programas de condicionamento e de equipes de circuitos de interesse turístico.
- Planos para condicionar com as finalidades turísticas o patrimônio natural, baseado em parques nacionais e regionais; as reservas naturais, etc.
- Planos e programas de desenvolvimento do termalismo.
- Planos e programas de condicionamento da montanha para fins turísticos.

– Diversificar os produtos turísticos.
– Prolongar as temporadas turísticas com outras atividades turísticas da zona.

2. ***Condicionamento de equipamentos***

*a*) Condicionamento de praias: projetos de condicionamento para fins turísticos.
*b*) Condicionamento de lugares de montanha para zonas e estações de montanha (esqui).
*c*) Condicionamento de parques nacionais e reservas.
*d*) Condicionamento de lugares históricos e arqueológicos.
*e*) Condicionamento de estações termais com fins terapêuticos e turísticos de estações termais e climáticas.

## 19.2. Município turístico. Sua disposição

Um município considerado núcleo receptivo de turismo surge paulatinamente pela afluência de correntes turísticas aceitas por qualquer atrativo – praias, clima, monumentos, etc.

Esse município sofre no transcorrer do tempo uma transformação. Municípios em que originariamente a base econômica e social era agrícola, pesqueira, industrial ou comercial alteram sua infra-estrutura para tornarem-se municípios de serviços turísticos. Essa transformação é a que viveu a maioria das populações costeiras do litoral mediterrâneo espanhol.

Esse fluxo ou corrente turística acarretou, em regra geral, grandes problemas de adaptação. Quais foram esses problemas?

*a*) Aumento da população flutuante de forma rápida e sazonal. Populações que flutuam segundo a sazonalidade: alta ou baixa temporada.
*b*) Necessidades de incrementar o orçamento municipal devido ao aumento de investimento de infra-estrutura e de serviços, assim como a promoção publicitária para atender ao fluxo de população turística flutuante.
*c*) Condicionamento da infra-estrutura urbanística:

1. Espaços destinados a prestar serviços turísticos: praias (limpeza e condicionamento da evacuação de resíduos e de águas servidas); instalações esportivas (portos esportivos), etc.

2. Espaços destinados à infra-estrutura de hospedagens e de restauração: solares destinados a hotéis, apartamentos, campings, restaurantes.
3. Meios de comunicação da população e serviços de transporte público.
4. Acessos e estacionamentos.
5. Fornecimento de energia e água potável.
6. Evacuação de águas servidas e lixo.
7. Serviços de vigilância e proteção do cidadão.
8. Serviços de comunicação: telefones, correios, telégrafos, etc.
9. Áreas verdes: parques, jardins.
10. Serviços para preservar o meio físico e ambiental contra a contaminação: fumaças, lixos, ruídos, etc.

## 19.3. Impacto do turismo sobre o urbanismo, arquitetura e ecologia

Em capítulos anteriores, vimos o impacto econômico, sociológico e cultural que o turismo apresenta sobre as sociedades receptoras das correntes turísticas.

O impacto também se dá nos elementos geográfico-espaciais, podendo ter tanto repercussão positiva quanto negativa, especialmente se não existe um verdadeiro planejamento, disposição e controle por parte das Administrações Públicas sobre a arquitetura, o urbanismo e a ecologia, para obter um turismo sustentável.

Os efeitos da atividade turística têm repercussões nos seguintes âmbitos:

1. Efeitos sobre o meio físico geral. Uma parte muito importante da oferta turística apóia-se nos atrativos do meio físico. Salvo o turismo de natureza urbano-cultural, a maior parte da demanda turística se atém, contudo, a atrativos heliotrópicos ou esportivos que as praias e as altas montanhas nevadas têm por seu objetivo recreativo. A máxima pressão antrópica exercida pelo turismo pode acabar com os próprios atrativos naturais.

   A superação de determinado umbral de tolerância pelo excesso de freqüência pode acabar desnaturalizando a aptidão inicial desse meio para a satisfação da condição de ser outra em que se fundamenta esse tipo de atividade recreativa. Por outro lado, o condicionamento turístico pode conseguir também que um meio natural, até então inóspito e repulsivo, seja recuperado para o espaço humanizado.
2. Efeitos sobre as áreas de montanha. O desenvolvimento do turismo invernal com a criação de estações de esqui foi outra forma de impacto sobre o

ecossistema das montanhas – poda de árvores, mudança de paisagem, alteração da flora e da fauna, contaminação por resíduos, etc.– para criar a infra-estrutura correspondente: pistas, teleféricos, etc.

3. Efeitos sobre os assentamentos, devido à mobilidade da população ativa dedicada, direta ou indiretamente, a trabalhos do setor turístico.
4. Efeitos sobre o litoral. A freqüência turística nos litorais produz efeitos sobre o território e o meio ambiente em relação à contaminação de praias e água do mar com resíduos de alimentos, papéis, garrafas, latas, etc. Sobre sua paisagem, com o crescimento desmedido e pouco harmônico de edificações mastodônticas, como ocorreu no litoral mediterrâneo – Marbella, Benidorm, Praia de Aro, Lloret de Mar, etc. A contaminação por resíduos pode ser a causa de enfermidades epidérmicas. A construção de diques para portos esportivos também é um efeito de mudança no ecossistema das praias e do mar, ao mesmo tempo que produz um processo de privatização do litoral diante do uso público deste.
5. Efeitos econômicos da atividade turística. A atividade turística faz mudar os sistemas e as atividades produtivas de zonas com possibilidades turísticas e que anteriormente se dedicavam a outras ocupações. Por exemplo: populações rurais de atividade do setor primário – agricultura – passam para o setor terciário – serviços turísticos; ou populações do litoral dedicadas ao setor primário – pesca, agricultura – passam para o setor terciário – turismo – por seus recursos de praia, mar e costa.
6. Efeitos das segundas residências. Não apenas a mudança espacial se produz pela freqüência dos turistas, mas também o fenômeno da criação de segundas residências em áreas rurais ou costeiras para os próprios nacionais com a finalidade de fugir das grandes cidades nos períodos de férias ou festivos.

Assim, todos esses efeitos produzem os seguintes impactos:

### *a) Impacto sobre o urbanismo*

O impacto sobre o urbanismo vem motivado por:

1. Problemas de tráfego. Saturação das vias de comunicação.
2. Congestão de núcleos de moradia quanto a segundas residências e hospedagens turísticas.

3. Ruptura da harmonia da paisagem urbana devido a construções desmedidas ou transformação dos núcleos urbanos por falta de disposição municipal.
4. Danos e alteração permanente do patrimônio cultural: monumentos, museus, obras artísticas, etc.
5. Deslocamento ou mobilidade demográfica com as repercussões que acarretam o ponto de vista urbanístico. Concentração de população flutuante (turistas) em determinadas épocas do ano em que se deve dar hospedagem, assim como mobilidade do fator humano: grande contingente de trabalhadores que se deslocam de uma zona para outra em busca de trabalho no setor turístico, com os conseguintes problemas de mudanças de densidade demográfica e criação de moradias e serviços – provisória ou estável – para essa corrente de trabalhadores.

### *b) Impacto sobre a arquitetura turística*

1. Os edifícios turísticos devem guardar a funcionalidade e a comodidade ótima para prestar os serviços turísticos, especialmente em construções dedicadas à hospedagem – hotéis, apartamentos, etc.
2. Construção de edifícios que não alterem ou prejudiquem a paisagem urbana e estabelecimento de correspondentes normas para evitar essas agressões. Exemplos negativos, como já vimos, existem em numerosas populações do litoral mediterrâneo da Espanha – Benidorm, Marbella, etc.

### *c) Impacto sobre a natureza e o meio ambiente*

Como a indústria, especialmente aquela que pode contaminar e degradar o meio ambiente, foi objeto de polêmica, os efeitos ocasionados pela atividade turística sobre o território e o meio ambiente também criaram controvérsias.

Como declara o geógrafo Lozato-Giotart, "o turismo não nos parece nem mais responsável nem mais perigoso para o patrimônio natural que outras formas de ocupação do espaço". Os processos de aculturação e de penetração da cultura urbana no mundo rural têm conseqüências nem sempre benéficas para as áreas receptoras de fluxos turísticos. Porém, também é certo que em plena etapa pós-industrial, muitas de nossas regiões deprimidas têm nas atividades de lazer talvez seu último recurso de salvação, sobretudo em áreas rurais. O turismo, em maior ou menor medida, é um consumidor insaciável e voraz do espaço rural, mas, também, em algumas ocasiões sua única garantia de sobrevivência.

Especificando esse impacto do turismo sobre o meio ambiente, podemos determiná-lo nos seguintes aspectos:

1. Danos ou alteração permanente do meio ambiente físico devido à sujeira por lixo e outros desperdícios, como a agressão ao meio natural tanto da fauna como da flora.
2. Poluição atmosférica por fumaças e demais substâncias.
3. Contaminação e sujeira da água marinha e das praias.
4. Contaminação e sujeira dos rios, lagos, etc.
5. Contaminação dos espaços naturais: motanhas, parques nacionais, espaços verdes, etc.

# Capítulo 20

# ATIVIDADES TURÍSTICAS

## 20.1. Conceito e classes de atividades turísticas. Produtos e destinos turísticos. Monoproduto ou multiproduto

As atividades turísticas são dirigidas para oferecer ao turista a possibilidade de ocupar seu tempo livre, de lazer e de férias com uma série de produtos e serviços, nos quais o próprio turista seja um agente ativo ou passivo da atividade turística a ser desenvolvida.

Seguindo a definição do Estatuto Ordenador das Empresas e Atividades Turísticas, segundo o Real Decreto 231 de 14 de fevereiro de 1965, entende-se por "atividades turísticas privadas todas as que de maneira direta ou indireta se relacionam ou podem influir predominantemente sobre o turismo, sempre que levem consigo a prestação de serviços a um turista, tais como transporte, venda de produtos típicos de artesanato nacional, espetáculos, esportes, manifestações artísticas, culturais e recreativas e especialmente as profissões turísticas".

As atividades turísticas evoluíram ao longo dos anos, desde as atividades tradicionais relacionadas com a cultura, os esportes náuticos até as novas atividades que surgiram nesses últimos anos – turismo e esportes de aventura, turismo fluvial, turismo industrial, turismo rural, etc., deixando a porta aberta para novas atividades em constante caminho de criação.

Atualmente, as atividades turísticas podem ser classificadas em:

1. Culturais: visitas a museus, monumentos, etc.
2. Espetáculo, musicais e manifestações esportivas: assistir a concertos, festivais de música, ciclos de ópera, público para presenciar competições

tanto de Jogos Olímpicos como de campeonatos de qualquer modalidade esportiva.

3. Esportivas: prática de esportes tradicionais – pesca, caça, náuticos – ou novos esportes, considerados esporte-aventura, como o parapente, "rafting", etc.
4. Aventura, como o "trekking", os safáris, etc.
5. Excursionismo ou contato com a natureza: turismo rural ou verde, turismo de balneário, etc.
6. Comerciais e de congressos: turismo de negócios, turismo industrial (visita a fábricas ou empresas produtivas), visita a feiras e salões comerciais, participação em congressos, seminários ou simpósios.
7. Sol e praia, relacionadas com o mar, as praias e o clima.

Essas atividades configuram-se graças a uma série de produtos turísticos com tipologia particular relacionada com os recursos turísticos que têm qualquer lugar ou espaço turístico. Essa tipologia vem acompanhada por um segmento da população mais ou menos amplo que, por suas motivações e necessidades, se sente atraído por tal produto ou serviço que oferece o destino turístico.

Há muitos núcleos turísticos – lugares ou espaços geográficos que oferecem um multiproduto, isto é, têm recursos turísticos com suas correspondentes atividades turísticas de diferentes características, motivo pelo qual se constituem em destinos turísticos de multiproduto. Há outros que, pelo contrário, são destinos de um só produto, com base em recursos e atividades turísticas de oferta única ou monoproduto.

Tanto um tipo como o outro têm, da mesma forma, uma infra-estrutura e uma oferta de serviços para poder atender à corrente turística: comunicações, transportes, hospedagens, agências de viagens, restaurantes, empresas esportivas, culturais, de recreação, entretenimento, espetáculos, recintos de feiras, palácios de congressos, etc.

Assim, por exemplo, a cidade de Paris é um destino de multiproduto já que oferece, ao mesmo tempo, recursos e atividades turísticas de diversos tipos, acompanhados da correspondente infra-estrutura e oferta de serviços – comunicações, transportes, hospedagens, restaurantes, empresas comerciais e de diversão, palácios de congressos, etc.: turismo cultural, turismo de negócios, turismo de feiras e congressos, turismo de "shopping", etc.

A Espanha é outro tipo de destino multiproduto, por oferecer ao mesmo tempo: turismo de sol e praia, turismo cultural, turismo verde, turismo de negócios, etc., que têm sua correspondente infra-estrutura e oferta de serviços turísticos.

Veremos, a seguir, as diferentes tipologias de recursos e atividades turísticas que constituem os diversos produtos e serviços turísticos.

## 20.2. Turismo de sol e praia

O turismo de sol e praia é o produto da atividade tradicional dos últimos anos, a moda mais difundida na população turística mundial, ainda que haja áreas do mundo em que começa a deixar de sê-lo.

A infra-estrutura fundamental tem como base:

*a*) O clima: temperatura quente.
*b*) O litoral, com suas correspondentes costas e praias, condicionados para se tomar banho de sol e praticar atividades esportivas, recreativas e de entretenimento.
*c*) As comunicações e o transporte para chegar às praias.
*d*) Os correspondentes serviços de limpeza da areia e águas; serviço de drenagem de esgoto, lixos, etc.

*Tipo de clientela*: em princípio, de qualquer segmento da população turística, tanto individual como coletiva; de todas as idades e poder aquisitivo. Clientela massificada pelas operadoras de tour.

*Destinos*: todo o litoral peninsular e insular da Espanha. Outras regiões do mundo: Mediterrâneo, Caribe, Pacífico.

## 20.3. Turismo cultural

Por turismo cultural entende-se, em sentido amplo, o conjunto de atividades que se desenvolvem com a finalidade de facilitar para o turista alguns conhecimentos e ampliar sua cultura, a partir de uma perspectiva de tempo livre e da civilização do lazer.

Podemos agrupar, nesse tópico, as seguintes atividades culturais:

*a*) Entrar em contato com as diferentes épocas históricas, artísticas e culturais, mediante visita de conjuntos monumentais, museus, rotas e itinerários histórico-artísticos, monumentais, etc.
*b*) As manifestações culturais e de espetáculos por meio de festivais de música, cinema, teatro, representações religiosas, touradas, concertos e ciclos de ópera, exposições de arte: pintura, escultura, fotografia, etc.
*c*) Participar de cursos, seminários, simpósios culturais, cursos de idiomas no estrangeiro. Por exemplo: universidades de verão.

*d)* Manifestações folclóricas, gastronômicas e de artesanato, por meio de festas importantes e típicas, festivais folclóricos musicais, jornadas gastronômicas ou cursos de culinária, exposições e cursos de artesanato, etc.

*Tipo de clientela*: turista, a princípio de qualquer idade, com certo nível cultural e interesse pelo passado histórico, monumental, artístico e antropológico, e também com motivação por uma formação cultural permanente.

*Destinos*: na Espanha, praticamente todas as Comunidades Autônomas oferecem cursos desse tipo. Em âmbito mundial, Europa, Oriente Médio, Ásia e América configuram destinos turísticos dessa atividade cultural.

## 20.4. Turismo verde

O turismo verde é a atividade turística que implica interesse científico e instrutivo por montanha, paisagem, flora e fauna, especialmente em espaços protegidos, como parques nacionais, parques naturais, reservas da biosfera e paragens naturais.

*Tipo da clientela*: o turista que tem algumas inquietudes ecológicas e está interessado pela cultura da natureza. A princípio, o perfil do segmento da população é o turista de qualquer idade, sensibilizado por esses temas e pela preservação do espaço natural.

*Destinos*: na Espanha, todas as áreas declaradas parques nacionais ou naturais nas zonas de montanhas: Pirineus, Cordilheira Cantábrica e as serras do centro e do sul da Espanha. Outras zonas, como os parques de Doñana, Delta del Ebro, etc. Em âmbito mundial: parques nacionais dos EUA, selvas africanas, asiáticas, etc., ilhas paradisíacas do Caribe e da Oceania. Também as grandes cordilheiras e zonas montanhosas: Alpes, Andes, Himalaia, etc.

## 20.5. Turismo rural

O turismo rural ou agroturismo, que muitas vezes se identifica também como turismo verde, como já vimos no capítulo anterior, é o conjunto de atividades desenvolvidas em contato com a natureza ou a vida no campo, em pequenas populações rurais.

Essas atividades concretizam-se em atividades agrícolas, de conhecimento da vida cultural da população rural; excursões a pé para conhecer as paragens naturais, a flora e a fauna do lugar; prática de esportes em rios, lagos, montanhas; organização de cursos de culinária e gastronomia locais, etc.

A hospedagem durante a atividade do turismo rural desenvolve-se em casas de campo condicionadas para a hospedagem, a manutenção e outros serviços turísticos ou compartilhando as casas em que vivem os próprios camponeses.

Essa atividade começou a ser desenvolvida nos anos 50 em alguns países europeus, como França, Alemanha, Suíça, Reino Unido ("bed and breakfast"), e foi se estendendo a muitos outros, entre eles Espanha.

Os Governos costumam fomentar esse tipo de atividade com ajudas, subvenções e regulamentos legais. A própria União Européia também promove o desenvolvimento do turismo rural como meio de desenvolvimento econômico regional, ao mesmo tempo que insiste na promoção do patrimônio cultural dos países comunitários e na preservação do meio ambiente, diante das possíveis agressões que possa sofrer com o desenvolvimento maciço dessa atividade.

*Tipo de clientela*: é uma fórmula interessante para o turismo familiar e o turismo de terceira idade, assim como para o turismo infantil e juvenil por meio da organização de acampamentos e colônias de férias no campo, promovidas por organismos públicos – Prefeituras – ou por instituições privadas – associações de tempo livre, comunidades religiosas, centros docentes, etc. No Capítulo 12 especifica-se mais concretamente o tipo de hospedagem – casas-grandes – que esse tipo de clientela utiliza.

*Destinos*: numerosos países europeus e EUA.

## 20.6. Turismo urbano

O turismo urbano é uma atividade de recente incorporação à grande variedade de alternativas que o turismo oferece. Entendemos por turismo urbano a atividade de tempo livre que se pode desenvolver nas grandes cidades durante um tempo mais ou menos prolongado, que pode oscilar de um final de semana a uma semana. Nesses últimos anos, as agências de viagens e operadoras de tour organizam pacotes turísticos com destino ao turismo urbano, com preços vantajosos que combinam transporte – aéreo, estrada de ferro, etc. –, transfers, hospedagens e visitas.

Quais são as principais atividades que podem ser desenvolvidas no turismo urbano?

1. Visita urbanística, histórico-monumental e de museus da cidade, assim como suas exposições permanentes.

2. Visita a exposições e manifestações culturais de qualquer tipo que são organizadas de forma eventual.
3. Atividades gastronômicas e de restauração típicas da cidade ou da zona.
4. Assistir a manifestações culturais e artísticas que são desenvolvidas eventualmente: cinema, teatro, ópera, festivais de música e dança, etc.
5. Compras – "shopping" – em grandes armazéns ou estabelecimentos especializados, etc.

*Tipo de clientela*: turismo individual, com poder aquisitivo médio ou elevado. Amantes da cultura, das compras e dos espetáculos.

*Destinos*: as grandes cidades, como Nova York, Paris, Londres, Viena, Berlim, Roma, Madri, Barcelona, etc.

## 20.7. Turismo industrial

Esta também é uma nova modalidade de atividade turística que consiste nas visitas programadas a empresas – agrícolas, industriais e de serviços – que têm um interesse especial pelo produto ou serviço, instalações, produção, etc. Por exemplo: visita a uma empresa de cava (adega subterrânea) – Codorníu – ou de produção de automóvel –Volkswagen –, etc.

*Tipo de clientela*: homens de negócios ou turistas, em geral, interessados pelo setor industrial. Visitas escolares ou de estudantes como atividade extra-escolar.

*Destinos*: qualquer lugar geográfico ou espaço geográfico que, devido à exploração ou produção de produtos e serviços com longa tradição, seja de interesse turístico. Por exemplo: tanto pode ser interessante ver a forma de produção da borracha ou do chá em Sri Lanka, como a visita à companhia de refrigerantes Coca-Cola em sua sede central em Atlanta (EUA) ou em outra fábrica da mesma empresa, situada em qualquer parte do mundo. Na Espanha, as adegas de elaboração de vinhos ou cavas podem ser um exemplo de destino desse tipo de atividade.

## 20.8. Turismo esportivo

O turismo esportivo é uma atividade já tradicional no tempo livre e de férias. Contudo, com a incorporação de novos esportes, sobretudo os de aventura, essa atividade voltou ao auge nos últimos anos.

Quais são as principais atividades esportivas que se consideram incluídas dentro do turismo esportivo?

### 1. *Turismo náutico*

O turismo náutico é uma atividade tradicional que se desenvolveu nos países turísticos com recursos aquáticos já há vários anos, porém, hoje, com a incorporação de novas modalidades esportivo-náuticas, voltou ao auge, com embarcações próprias ou de aluguel de diversos tipos que combinam a vela com o motor.

Sua infra-estrutura fundamental são os portos esportivos, tanto públicos como privados com as seguintes zonas:

*a*) De amarre.
*b*) De assistência técnica: estaleiros, fornecimentos de combustível.
*c*) De serviços complementares: restaurantes, lojas, discotecas, etc.

*Tipo de clientela*: os turistas amantes do mar com alto poder aquisitivo.

*Destinos*: os numerosos portos esportivos de todo o Mediterrâneo, incluindo os espanhóis; o Caribe e o Pacífico.

### 2. *Esportes de inverno*

A prática dos esportes de inverno é outra atividade tradicional dentro dos esportes turísticos, com suas diferentes modalidades de esqui alpino, esqui nórdico, "cars", trenós, etc.

Sua infra-estrutura fundamental são as estações de esqui com suas diversas áreas:

*a*) Pistas.
*b*) Transportes e comunicações nas pistas: teleféricos para esquiadores, teleféricos, rebocadores.
*c*) Serviços comuns de assistência: médica, aluguel de equipamentos, administração, etc.
*d*) Serviços de hospedagem e manutenção: hotéis, apartamentos, restaurantes, etc.
*e*) Serviços complementares: discotecas, lojas, etc.

*Tipo de clientela*: turista amante dos esportes de neve. Cliente individual ou coletivo. Os preços dessa atividade se "democratizaram" e estendem-se a todos os segmentos da população turística: jovens, famílias, etc.

*Destinos*: na Espanha, as estações de esqui dos Pirineus, Cordilheira Cantábrica e as serras do centro e sul do país. Em âmbito mundial: as estações de esqui da Suíça, Áustria, França, Alemanha e Itália; países nórdicos e os centros de esqui dos EUA e da cordilheira andina (Argentina, Chile, etc.).

### 3. *Caça e pesca*

A prática de caça e pesca também é uma atividade esportiva tradicional sujeita a normas, licenças e permissões que adotam as autoridades competentes dos diferentes países que têm reservas importantes de animais.

Quanto à caça, tanto a caça maior como a menor são regulamentadas geográfica e temporalmente com as correspondentes autorizações e proibições para preservar as diferentes espécies.

Uma variante da caça maior são os safáris que se desenvolvem em grandes reservas de animais, especialmente na África.

Quanto à pesca, as características são similares às da caça, tanto no que se refere à pesca em rios como em lagos e mares.

*Tipo de clientela*: ambas as atividades foram sempre prática de um turismo de qualidade e seletivo para os amantes da caça e pesca com alto poder aquisitivo. Turismo individual ou em grupo.

*Destinos*: na Espanha, as numerosas reservas de caça e pesca que existem na quase totalidade das Comunidades Autônomas. Em âmbito mundial, as zonas montanhosas e nórdicas da Europa e da América do Norte e América do Sul; os safáris na África e na Ásia.

### 4. *Golfe*

O golfe é outra atividade turística, cuja infra-estrutura está baseada nos campos de golfe que se compõem, fundamentalmente, das seguintes zonas:

*a*) Campos com a disposição de seus correspondentes buracos.
*b*) De equipamentos relacionados diretamente com a prática do golfe: vestuários, dependências técnicas e administrativas, lojas, etc.
*c*) De equipamentos complementares: restaurantes, bares, salas de reuniões, parques infantis, hospedagens, estacionamentos, etc.

*Tipo de clientela*: turismo individual de alto poder aquisitivo e com liberdade de viajar em qualquer época do ano. É uma atividade de turismo de elite ou minorias.

*Destinos*: originariamente a atividade da prática do golfe surgiu no Reino Unido e foi se estendendo para outros países do mundo, especialmente na Europa e nos EUA. Na Espanha, nos últimos decênios proliferam também os campos de golfe e hoje se planeja um novo produto a ser promovido.

## 20.9. Turismo de aventura

No turismo de aventura, de recente criação e moda, podemos distinguir duas atividades: esportes de aventura e viagens ou circuitos de aventura.

### 20.9.1. Esportes de aventura

Além dos esportes tradicionais, hoje surgiram novos esportes e atividades, denominados de aventura, que se incorporaram à atividade do turismo. Entre estes, destacam-se:

1. Navegação em balões: passeio de balão que combina a tranqüilidade, a emoção e a vertigem.
2. "Bus-bob": descida pelo rio em uma barca especial de forma alongada na qual embarcam todos os participantes.
3. "Cars" de montanha: descida em "car" por prados e ladeiras. Esse esporte pode ser praticado tanto no verão, sobre a relva, como no inverno, sobre a neve.
4. "Rappels": descida por barrancos e montanhas.
5. Escalada: os participantes iniciam em um muro artificial antes de realizar sua escalada nas paredes naturais da montanha.
6. "Hydrospeed": descida pelo rio em "giny" (embarcação semelhante ao trenó).
7. Caiaque: descida em canoas individuais pelas águas fortes dos rios.
8. Pára-quedismo: descida em pára-quedas tanto na montanha como no mar.
9. Parapente ou asa-delta: lançamento e descida planejados do alto de uma montanha em vôo livre com asas ou pára-quedas.
10. "Puenting": salto de uma ponte com uma corda amarrada ao corpo.
11. "Rafting": descida coletiva por correntes e rios com forte desnível e corrente de águas fortes, empregando balsas pneumáticas.
12. "River-ski" aquático: esqui sobre rios, lagos ou mares.
13. "Windsurfing": navegação no mar e nos lagos sobre uma prancha com uma vela que é comandada pelo vento.

14. Passeios a cavalo – "Horseback" – e de bicicleta (cicloturismo ou "mountain-bike" com percursos pelo campo e em montanha).
15. Arco e flecha: esporte que combina a precisão e a concentração.
16. Parques aquáticos: nos parques aquáticos também pode ser desenvolvida uma série de atividades de aventura aquáticas em suas instalações de tobogãs e outros aparelhos e instalações, etc.
17. Senderismo e "trekking", passeios a pé pelo campo, selva ou montanha, que vão desde um dia, uma semana ou mais tempo, para praticar o excursionismo, fazer esporte e conhecer de perto a natureza por meio de paisagens, montanhas, rios, flora e fauna.

Originariamente, o "trekking" surgiu no Himalaia – Índia, Nepal –, onde está estabelecida uma série de rotas ou itinerários pela montanha para conhecer as paisagens e as comunidades humanas que vivem nela, do ponto de vista antropológico, acompanhados de guias experientes e carregadores de bagagem – "sherpas" – que dirigem os circuitos, preparam as refeições e os acampamentos de hospedagem.

O "trekking", como já vimos, começou a ser praticado no Nepal a menos de 5 mil metros de altura, pois é considerado uma marcha de aproximação aos cumes. O "trekking" é, antes de qualquer coisa, uma ocasião de viver em perfeita harmonia com a natureza, aproveitar o ar puro e a beleza das paisagens.

Essa prática do "trekking" estendeu-se para outras zonas do mundo, como Lapônia, Andes, Pirineus, Alpes, etc.

*Tipo de clientela*: turismo juvenil, nômade, aventureiro, amante do risco, com força, com motivações culturais, antropológicas, esportivas e recreativas. Poder aquisitivo médio.

*Destinos*: devido à grande variedade de possibilidades que esse tipo de atividade fornece, podemos encontrar destinos nos cinco continentes. Na Espanha, a prática do esporte de aventura vai se estendendo a quase todas as Comunidades Autônomas.

## 20.9.2. Viagens e circuitos de aventura

O turismo de aventura não consiste apenas na prática de uma série de esportes com maior ou menor grau de risco, de domínio e força, mas também existem viagens cujos itinerários e circuitos oferecem dificuldades não tanto pelos acidentes geográficos que deverão ser enfrentados – descida de rios (Amazonas, etc.), travessias de desertos ou zonas montanhosas (Saara, Himalaia) –, mas também pelo sistema de transporte que se deve utilizar – veículos para todo o tipo de terreno –, pelo sistema de hospedagem disponível – barracas de acampamento, refúgios de montanha, etc. –, pelo sistema de manutenção – preparação das próprias refeições ou refeições prontas –, e pelo tipo de bagagem e seu transporte – mochilas, sacolas, etc.

*Tipo de clientela*: atualmente existem agências de viagens especializadas neste tipo de atividade de esporte e viagens de aventuras, dedicadas preferencialmente ao turismo juvenil que, pelas características de risco, força, motivações culturais, esportivas e recreativas e poder aquisitivo, é o mais interessado nesse tipo de atividades turísticas.

Tanto a atividade do "trekking" como as viagens e circuitos de aventura requerem orçamentos relativamente baratos, em comparação com outro tipo de serviços combinados.

*Destinos*: as zonas turísticas onde hoje se pratica esse tipo de viagem de aventura são: os desertos e as selvas as africanas e nas selvas e regiões montanhosas da América do Sul e da Ásia.

## 20.10. Turismo fluvial

O turismo fluvial é uma atividade que surgiu nos rios e canais da França e Holanda, e estendeu-se para outros países que possuem rios e canais navegáveis.

Esta atividade consiste em passar férias de final de semana, uma ou duas semanas navegando com pequenas embarcações com capacidade que oscila entre 4 e 12 pessoas, em que o turista se hospeda, tem manutenção e descanso, assim como atividades de entretenimento e recreação.

As embarcações podem ser alugadas de empresas que têm uma frota do tipo de embarcações de recreação, e o cliente executa todas as tarefas necessárias à atividade: pilotar a embarcação, enfrentar as eclusas que regulam os desníveis de rios e canais, elaborar a manutenção e a limpeza da embarcação durante os dias de aluguel.

A navegação costuma ser acompanhada de atividades de excursionismo, visitas culturais ao longo do percurso, passeios de bicicleta, banhos em lugares próprios dos rios, efetuar as compras necessárias de alimentos para a manunteção, assim como outros artigos necessários para o turista que realiza esse tipo de atividade.

*Tipo de clientela*: turismo juvenil, turismo familiar, amante da natureza, do descanso, da contemplação da paisagem. Poder aquisitivo médio.

*Destinos*: na Holanda e na França – canais do rio Loira, do Midi, e da Zona da Camarga. Atualmente está se estendendo a outros países europeus com canais e rios navegáveis.

## 20.11. Turismo de cruzeiros

A atividade dos cruzeiros que surgiu no século XIX paralelamente à revolução do transporte marítimo com a incorporação da máquina a vapor ao navio, e foi uma atividade que apenas as classes sociais com nível econômico elevado podiam ter acesso, hoje se converteu na atividade que mais se "democratizou" do ponto de vista não apenas econômico, mas também de possibilidades quanto a tempo de duração e itinerários.

De um pequeno cruzeiro marítimo de algumas horas pela costa até a volta ao mundo de alguns meses de duração, os serviços de cruzeiros se diversificaram consideravelmente em todos os sentidos.

Os cruzeiros, como já vimos no capítulo do transporte marítimo, são serviços turísticos reservados com, em geral, um itinerário circular fechado. Parte de um ponto geográfico e retorna a ele com a mesma passagem. Contudo, hoje há combinações com outros meios de transporte, como, por exemplo, avião–navio.

*Tipo de clientela*: turismo individual ou coletivo. Amante do descanso, do prazer, do mar, das atividades sociais, de entretenimento e recreação. Poder aquisitivo alto e médio.

*Destinos*: zonas geográficas onde se desenvolvem os cruzeiros estão descritas brevemente no Capítulo 17, dedicado ao transporte marítimo.

## 20.12. Turismo de balneário

A atividade do termalismo remonta, como já vimos no capítulo da história do turismo, à Antiguidade, e que ao longo dos séculos teve épocas de expansão e outras de retraimento. Hoje, o turismo de balneário ou termal volta a ser uma das atividades turísticas de maior destaque.

Ao tratamento com águas minerais medicinais e à assistência médico-sanitária, soma-se hoje, no turismo de balneário, o tratamento do estresse da extenuante vida diária.

A organização da infra-estrutura do balneário consta de:

1. Zona de hospedagem e manutenção, constituída basicamente de hotel.
2. Zona dedicada a atividades culturais, recreativas e esportivas: bibliotecas, salas de jogos e de reunião, instalações esportivas, etc.
3. Zona dedicada à assistência médico-sanitária e ao tratamento de enfermidades à base das águas minerais medicinais – sulfuradas, cloradas, ferruginosas, oligometálicas, bicarbonatadas, radioativas e outras novas técnicas (lama, massagens, etc.).

Também devem ser incluídas as técnicas para as enfermidades psiconeurológicas relacionadas com o estresse e com a recuperação do equilíbrio físico e psíquico. As especialidades hidrológicas para o tratamento de enfermidades e as modernas técnicas que os balneários espanhóis oferecem, entre outras, são: tratamento gerovital e aslavital, enfermidades dermatológicas, reumáticas e traumatológicas; vasculares e circulatórias, ginecológicas, respiratórias e pulmonares, celuloterapia, oxigenoterapia, terapia com lama, laserterapia, magnetoterapia, antiestresse, emagrecimento, hidroterapia, etc.

As principais atividades do turismo de balneário estão relacionadas diretamente com as zonas em que se dividem as instalações: hospedagem, manutenção, atividades de relações sociais, atividades culturais, esportivas e recreativas, tratamento de enfermidades físicas e psíquicas.

*Tipo de clientela*: esta atividade balneária nos últimos anos, como nos referimos anteriormente, aumentou em todo o mundo, em especial, na Espanha, não apenas nos segmentos da população com mais idade, como também em segmentos da população mais jovem – entre 25 e 40 anos. Assim, a clientela é composta por turismo de terceira idade, familiar, profissionais com atividade de estresse, turistas que querem cuidar do corpo (talassoterapia e outras técnicas). Poder aquisitivo médio e alto.

*Destinos*: na Espanha existem cerca de 89 estabelecimentos balneários que se dividem da seguinte forma: 12, em Andaluzia; 14, em Aragão; 1, em Astúrias; 1, em Baleares; 6, em Cantábria; 6, em Castilla-La Mancha; 5, em Castilla-León; 11, na Catalunha; 3, em Extremadura; 17, na Galícia; 1, em La Rioja; 2, em Múrcia; 3, em Navarra; 5, no País Valenciano e 2, no País Basco. Do total, somente 20 estão abertos o ano inteiro, o restante somente durante nos meses estivais. A capacidade hoteleira-balneária, em seu conjunto, ultrapassa os 15 mil lugares. A província com maior número de estações termais é Pontevedra, com 13; seguida por Barcelona e Zaragoza, ambas com 7 e depois, Granada, Girona e Orense, com cinco.

Em âmbito mundial, cabe destacar os balneários de França, Suíça, Alemanha, Áustria, Itália, Chequia, Hungria e EUA, entre outros.

## 20.13. Turismo religioso

A prática das peregrinações é outra atividade turística de grande importância não apenas religiosa, mas também histórica, econômica, cultural e social, como já vimos no Capítulo 5, quanto aos valores socioespirituais do turismo.

As grandes religiões do mundo estabeleceram ao longo da história uma série de lugares e espaços sagrados de veneração, segundo as diferentes crenças religiosas – católica cristã, muçulmana, judaica, hinduísta, budista.

As correntes turísticas para esses lugares de peregrinação motivaram a criação de uma infra-estrutura para atender as suas necessidades materiais e espirituais com relação a: hospedagem, transporte, lugares de acolhida, de reunião, de culto, etc.

*Tipo de clientela*: peregrinos de diferentes idades, situação social e econômica, crentes e praticantes de determinada religião.

*Destinos*: religião católica: Roma, Terra Santa, lugares de tradição de Maria como Lourdes, Medjugorie, Fátima, etc. Na Espanha: Santiago de Compostela, Guadalupe, Covadonga, Montserrat, etc.

Para a religião muçulmana: Meca, Medina, Jerusalém.

Para a religião judaica: Jerusalém.

Para a religião hinduísta: Benares, etc.

## 20.14. Turismo de negócios e de congressos

O turismo de negócios e de congressos está relacionado em parte com o turismo urbano a ser desenvolvido, normalmente, nas grandes cidades ou nas populações com tradição industrial, comercial, científica e cultural.

### 20.14.1. Turismo de negócios

Ainda que a atividade comercial e de negócios, em sentido estrito, não seja uma atividade turística propriamente, tem um grande vínculo com as atividades paralelas que se desenvolvem à ocupação principal dos profissionais e homens de negócios que são:

*a*) Hospedagem.
*b*) Transporte.
*c*) Restauração.
*d*) Visitas turísticas.
*e*) Compras.
*f*) Cultural, entretenimento, recreação e esportiva.
*g*) Organização de feiras, salões monográficos, simpósios, reuniões de trabalho, "workshops", em instalações apropriadas – recintos de feiras – ou em instalações turísticas – hotéis, restaurantes, complexos de férias, etc.

É uma atividade de grande rentabilidade devido às grandes relações comerciais e de negócios que são realizadas nas sociedades industrializadas e pela qualidade dos serviços a serem prestados, que geram uma alta taxa pelo seu elevado custo.

*Tipos de clientela*: segmento da população fundamentada, basicamente, em profissionais dedicados aos negócios, com poder aquisitivo médio e alto.

*Destinos*: os principais são as grandes cidades européias e americanas com grande volume diário de atividade comercial e de negócios. Assim, Paris, Londres, Frankfurt, Nova York, Roma, Amsterdã, Madri, Genebra, Berlim, Barcelona, Milão, etc., são as cidades às quais, além de outros atrativos turísticos, soma-se essa atividade.

## 20.14.2. Turismo de congressos

De características parecidas com as do turismo de negócios são as do turismo de congressos, seminários e simpósios de caráter científico e cultural, vinculado a cidades com importância notável nesses campos que, muitas vezes, coincide com as do turismo comercial e de negócios.

A esta atividade caberia adicionar, por possuírem características iguais, as atividades políticas e sociais de nível nacional e internacional. Por exemplo, as cidades de Nova York ou Genebra, por serem sede das Nações Unidas; Paris, Londres ou Bruxelas, por abrigarem importantes organizações internacionais – OCDE, UE, etc.

As principais atividades de reuniões representativas de deliberação são: as conferências (políticas dos Estados); congressos (associações, instituições e organizações culturais, científicas, recreativas e esportivas); assembléias gerais (organizações internacionais – ONU, OMT, etc.).

As principais reuniões não-representativas, de informação, de estudo, de formação e de debate costumam ser: simpósios, seminários, palestras, fóruns, grupos de trabalho, "briefings", reuniões de empresas, painéis e mesas redondas.

Do ponto de vista da infra-estrutura, para poder atender a essa demanda de acontecimentos políticos, sociais, culturais e científicos é necessário, como para o turismo de negócios, ter infra-estrutura e serviços de recintos para feiras apropriados, possuir centros de convenções para congressos e exposições, centros internacionais de imprensa, etc.

Do ponto de vista dos organizadores desse tipo de atividades, estes podem ser:

*a)* Organizações internacionais governamentais (OIG) (ONU e suas agências especializadas FAO, UNESCO, etc.).

*b*) Organizações internacionais não-governamentais (ONG), internacionais, nacionais e locais: qualquer organização e associação de qualquer especialidade que não seja criada e administrada pelo Estado, no setor público.
*c*) As próprias empresas, organizações e instituições que organizam suas próprias reuniões.
*d*) Empresas, organizações, associações e instituições públicas e privadas dedicadas à organização desse tipo de atividade para outros. Por exemplo: os escritórios de convenções, as empresas de organização de congressos e similares, as associações internacionais profissionais de organizadores de congressos, de intérpretes, cidades de congressos, etc.

A organização dessas atividades de congresso tem os seguintes aspectos:

1. Econômicos: orçamento para organizar a reunião: custos, financiamento, gastos dos participantes, etc.
2. Infra-estrutura: instalações e serviços para organizar as reuniões: centros de convenções de congressos, centros de reunião, hotéis, etc.
3. Psicossociais do marketing dos encontros: informação, publicidade, relações públicas, atividades assistenciais, recreativas e turísticas para os participantes.
4. Prestação de serviços hoteleiros, transportes, restauração, guias, intérpretes, recepcionistas de congresso; recursos turísticos, culturais e recreativos das cidades que acolhem a reunião congressual e a organização das atividades "pós-congressuais" – visitas, excursões e estadas turísticas, etc.

*Tipo de clientela*: está relacionado com os profissionais da política, da administração pública, diplomáticos, profissionais dos negócios, científicos, professores, acadêmicos, etc., motivados por seus aspectos profissionais.
*Destinos*: basicamente seriam as grandes populações relacionadas ao mundo da política, da cultura, da educação, das ciências e das artes, dos negócios e do comércio. Nesse contexto, seriam as grandes cidades do mundo: Nova York, Genebra, Bruxelas, Tóquio, Londres, Paris, Berlim, Moscou, Roma, Frankfurt, Madri, Barcelona, Milão, etc.

## 20.15. Turismo de viagem de incentivo e de familiarização

A viagem de incentivo é uma atividade turística que consiste em organizar viagens turísticas, de entretenimento e de recreação para empregados de empresas com o fim de motivar, estimular, recompensar por seu trabalho profissional ou para premiar vendedores e clientes por sua atividade de venda ou de compra.

A viagem de familiarização – "fam trip" – é uma atividade turística que consiste em organizar viagens, visitas e estadas para vendedores profissionais com a finalidade de que se informem e conheçam o produto ou o serviço que posteriormente vão vender. Essa atividade desenvolve-se com muita freqüência entre agentes de viagens, transportadores, hoteleiros, etc., para conhecer de perto a realidade dos produtos e serviços que, posteriormente, serão vendidos aos clientes.

Desse tópico também participariam as viagens de familiarização, informativos e de relações públicas para profissionais dos meios de comunicação.

*Tipo de clientela*: basicamente estaria integrado por profissionais comerciais, empregados e clientes de empresas, profissionais de meios de comunicação, etc.

*Destinos*: a princípio, qualquer destino turístico nacional ou internacional, tanto para sua promoção comercial e informativa como destino para passar férias ou estadas de descanso.

## 20.16. Turismo itinerante. Grandes rotas turísticas terrestres: estrada e ferrovia

Este tipo de atividade está relacionado com o turismo itinerante tanto em veículo próprio ou coletivo, realizando um itinerário turístico no qual se compatibilizam os aspectos culturais, de descanso, recreativos, antropológicos, etc. Pode ser uma atividade individual ou coletiva e ser organizada por agências de viagens, operadoras de tour ou particulares.

*Tipo de clientela*: abrange amplos e diversos segmentos da população que inclui todas as idades, níveis culturais, posição social, situação social e poder aquisitivo.

*Destinos*: nos capítulos relativos ao transporte por estrada (15) e por ferrovia (16), relacionam-se as grandes rotas turísticas terrestres, tanto por estrada como por ferrovia.

## 20.17. Turismo de grandes acontecimentos

O turismo dos grandes acontecimentos está relacionado com as grandes atividades nacionais ou internacionais que se desenvolvem em todos os campos, especialmente os econômicos, comerciais, científicos, esportivos e culturais.

Assim, podemos entender como grandes acontecimentos movem uma corrente ou fluxo turístico:

*a*) Grandes acontecimentos esportivos: Jogos Olímpicos, competições internacionais esportivas, etc.
*b*) Ocorrência de exposições universais do ponto de vista científico, técnico, cultural e de diversão.
*c*) Grandes acontecimentos culturais. Por exemplo: capitais européias da cultura.

Do ponto de vista da infra-estrutura e da oferta, esses grandes acontecimentos devem ir acompanhados dos correspondentes serviços para atender a corrente turística, quanto a:

*a*) Transportes e comunicações.
*b*) Hospedagens e restauração.
*c*) Organização de atividades culturais, sociais, recreativas, etc.
*d*) Infra-estrutura de diversão: cinemas, teatros, discotecas, etc.

*Tipo de clientela*: o segmento da população turística é muito amplo com relação ao tipo de acontecimento, quanto a: sexo, idade, poder aquisitivo, nível cultural, etc.

*Destinos*: as grandes populações que podem organizar esse tipo de acontecimento quanto a infra-estruturas, serviços, oferta complementar, poder de organização. Por exemplo: cidades olímpicas, culturais, industriais, de negócios e comerciais, como Paris, Seul, Barcelona, Atlanta, Madri, Lisboa, Londres, Nova York, etc.

## 20.18. Turismo de parques temáticos

Os parques temáticos surgiram nos EUA nos anos 50 e se estenderam para outros países europeus.

Podemos classificar os parques, segundo sua temática, nos seguintes tipos:

*a*) Zoológicos.
*b*) Aquáticos.
*c*) Fauna marinha.
*d*) Tecnológicos.
*e*) Diversões ou recreativos.
*f*) Naturais.
*g*) Outros parques de temática específica.

Entre os parques temáticos que têm maior atração turística, destacam-se os culturais, recreativos e de diversão. Os primeiros parques temáticos de diversão e recreativo – Disneyland – foram criados nos EUA pela companhia Walt Disney, em Los Angeles e Orlando 1971. Posteriormente, criaram-se outros fora dos EUA, como os de Tóquio, em 1983 e o Eurodisney em Paris em 1992.

A França foi outro dos países que criaram os parques temáticos, como os de Asterix e Futuroscope. Na Espanha, criou-se também o parque temático Port Aventura, em Vilaseca-Salou (Tarragona).

Para poder atender a corrente turística que gera a atração do parque temático, deve-se ter em conta:

1. Infra-estrutura do parque:

   *a*) Atrações ou instalações de diversão, entretenimento e recreação.
   *b*) Restaurantes, bares, etc.
   *c*) Comunicações e transportes internos e externos.
   *d*) Zona comercial: lojas, etc.
   *e*) Outros serviços: banheiros, telefones, primeiros socorros, serviços de informação, megafonia, etc.

2. Transportes para acesso ao parque.
3. Hospedagem.
4. Serviços de informação e de organização de "forfaits".

**Quadro 20.1** – Características dos parques temáticos: Disney Paris e Port Aventura.

| | **Disney Paris (1992)** | **Port Aventura (1995)** |
|---|---|---|
| Lugar | Marne-La Vallée a 32km de Paris | Salou a 10km de Tarragona e 100km de Barcelona |
| Extensão do parque | 118 hectares | 115 hectares |
| Extensão do complexo | 1.943 hectares | 800 hectares |
| Investimento total | 520 bilhões de pesetas | 48 bilhões de pesetas |
| Pessoal | 11 mil empregados | 2.200 empregados |
| Abertura | 12 meses por ano | 7 meses por ano |
| Previsão de visitas/ano | 8 milhões (1994) | 2,5 milhões (previsão) |
| Visitas diárias | 24 mil pessoas | 15 mil pessoas |
| Número de atrações | 35 | 30 |
| Temperatura média | 10,6°C | 17°C |
| Dias de chuva/ano | 162 | 20 |

*Fonte: El País,* 5 de fevereiro de 1995.

*Tipo de clientela*: o segmento da população varia segundo o tipo de parque temático. Porém, o segmento da corrente turística para os parques de atrações e diversões é o mais amplo, abrangendo todas as idades, sexos, poder aquisitivo, nível social e cultural.

*Destinos*: os parques temáticos dos EUA e da Europa (culturais, naturais, de diversão, tecnológicos, etc.). Os parques naturais africanos e asiáticos.

## 20.19. Turismo de compras

Ainda que tenhamos relacionado o turismo de compras ao turismo urbano, podemos estabelecer a atividade de turismo de compras –"shopping" – como destino principal em espaços geográficos – postos fronteiriços, países, cidades, etc. – onde, por razões fiscais e comerciais, se pode comprar uma série de artigos mais baratos que nos lugares de origem, relacionados com a alimentação, eletrônica, fotografia, informática, perfumaria e cosmética, peles, automóvel, etc.

*Tipo de clientela*: o segmento da população turística é amplamente relacionado com turistas amantes das compras, com poder aquisitivo médio e alto, interessados em comprar artigos por um bom preço.

*Destinos*: países comerciais e com normativa fiscal que oferece grandes vantagens, como Andorra, Cingapura, Hong Kong, países do Caribe, etc.

## 20.20. Turismo científico

Ainda que possa estar relacionado com o turismo cultural ou o turismo verde, o turismo científico já se constituiu em atividade turística com personalidade própria, baseada em visitas, estadas ou viagens a lugares geográficos onde a natureza, por meio de sua orografia, fauna, flora, fenômenos e paisagens naturais, oferece possibilidades para conhecer mais de perto tudo que for relacionado às ciências naturais. Esse tipo de atividade pode ser combinado com outras modalidades.

*Tipo de clientela*: o segmento da população turística interessado nesse tipo de atividade está concentrado basicamente na população estudantil, acadêmica e qualquer outra amante da natureza e da ciência.

*Destinos*: qualquer lugar do mundo onde a natureza possa oferecer um atrativo que tenha interesse de ser visitado do ponto de vista das ciências naturais: museus, parques naturais, reservas de animais, etc. Essa atividade pode ser desenvolvida em qualquer um dos cinco continentes.

Capítulo **21**

# ANIMAÇÃO E INFORMAÇÃO TURÍSTICAS

## 21.1. Conceito de animação e informação turística

A animação e a informação turísticas são duas atividades profissionais relacionadas com os serviços de atenção ao turista.

Podemos definir a animação sociocultural aplicada ao turismo como o conjunto de práticas, atividades e relações dirigidas para oferecer ao turista uma série de atividades culturais, educativas, recreativas, esportivas e de entretenimento, das quais ele pode ser sujeito ativo e/ou passivo de tais atividades.

Quanto à informação turística, podemos defini-la como o conjunto de serviços que são oferecidos ao turista com o objetivo de informar, orientar e atendê-lo durante sua viagem ou estada de férias em escritórios de informação turística, por meio de informadores turísticos ou de guias, guias intérpretes, acompanhantes de turistas, guias de rota, acompanhantes de grupo, etc.

## 21.2. Função do animador turístico

O animador turístico constituiu-se nos últimos anos em nova profissão turística. Originariamente, essa atividade profissional desenvolveu-se nos cruzeiros e depois foi ampliando-se para outros setores.

Suas funções são organizar, dirigir e coordenar uma série de atividades culturais, recreativas, esportivas e de diversão que complementam e, às vezes, substituem as atividades e serviços turísticos fundamentais nos seguintes campos:

*a)* Animação nos cruzeiros turísticos.
*b)* Animação sociocultural nos municípios turísticos: principais ou festas populares.
*c)* Animação nas viagens organizadas.
*d)* Animação nas hospedagens turísticas: hotéis de praia, de cidade ou de montanha.
*e)* Animação nas empresas de restauração, esportivas e de diversão: discotecas, etc.

As características fundamentais do animador sociocultural relacionado ao turismo são as seguintes:

- Personalidade aberta, extrovertida, paciente, com noções de psicologia e sociologia para conhecer e captar em cada momento as necessidades e motivações do turista.
- Dotes de organização, direção, comando e coordenação de grupos, bem como conhecimentos da conduta grupal mediante dinâmica de grupos.
- Idéia da organização do turismo.
- Noções de idiomas aplicados à sua atividade.
- Conhecimento teórico-prático de atividades socioculturais relacionadas com o turismo. Nesse tópico, abrange-se um amplo leque de possibilidades relacionadas com esporte, jogos, música, manifestações culturais e artísticas, trabalhos manuais, organização de concursos, exposições, bailes, etc.

## 21.3. Classes de atividades de animação turística

A classificação das atividades de animação sociocultural aplicadas ao turismo podem ser estabelecidas nos seguintes grupos:

### 1. *Culturais*

*a)* Exposições: pintura, desenhos, escultura, selos, fotografias.
*b)* Organização de conferências, bate-papos, seminários.
*c)* Projeção de documentários turísticos, montagens audiovisuais, vídeos.
*d)* Ciclos de concertos, musicais (festas).
*e)* Representações teatrais.
*f)* Festival de cinema.
*g)* Jornadas gastronômicas e enológicas.

**2. *Recreativas***

*a*) Concursos literários, de teatro, etc.
*b*) Organização e concursos de bailes.
*c*) Concursos de culinária.
*d*) Desfiles de moda.
*e*) Sessões de magia e ilusionismo.
*f*) Jantares de gala.
*g*) Organização de concursos e gincanas.

**3. *Esportivas***

*a*) Concurso de bocha, pesca, boliche, minigolfe, etc.
*b*) Torneios de xadrez, ping-pong, bridge, bilhar, etc.
*c*) Competições em instalações esportivas: piscinas, quadras de tênis, squash, etc.

**4. *Infantis***

*a*) Concursos e competições esportivas.
*b*) Trabalhos manuais.
*c*) Festas: teatro, marionetes, bailes, fantasias, etc.
*d*) Cursos de idiomas, esportivos, etc.

## 21.4. Função dos guias, guias-intérpretes, acompanhantes de grupo, recepcionistas de congresso e relações públicas

### 21.4.1. Guias, guias-intérpretes e acompanhantes de turistas

A função dos informadores turísticos é a que realizam os guias, os guias-intérpretes e os acompanhantes de turistas.

Com referência às funções de guias, guias-interprétes e acompanhantes de turistas, na Espanha estão regulamentadas pela Ordem Ministerial de 31 de janeiro de 1964 (BOE de 26 de fevereiro de 1964), pela qual se aprova o regulamento para o exercício das atividades turístico-informativas privadas.

São consideradas atividades turístico-informativas aquelas que são dirigidas à prestação, de maneira habitual e remunerada, de serviços de orientação, informação e assistência ao turista, tanto em matéria monumental, artística ou histórica como sobre comunicações, hospedagens e, em geral, sobre quanto possa ser de interesse, com a finalidade de conseguir um perfeito conhecimento do patrimônio turístico espanhol e uma eficaz utilização dos meios existentes para o serviço dos viajantes e turistas.

Podemos diferenciar as seguintes tipologias de guias:

*a)* Guia ou guia-intérprete de monumentos e museus e de outros recursos turísticos.
*b)* Guia ou guia-intérprete local: guia provincial, guia de turismo verde, etc.
*c)* Guia acompanhante: acompanhante de grupo ou guia de rota. Guia acompanhante em circuitos de ônibus ou em grandes viagens.
*d)* Acompanhantes de turistas.
*e)* Responsável por transfer.

Quanto às características ou perfil do informador turístico, deve-se ter em conta o seguinte:

1. Personalidade: extrovertida, sociável, amável, aberta, paciente, respeitosa, educada, com dom para lidar com pessoas, etc.
2. Conhecimentos:
   - Cultura geral.
   - Organização turística.
   - Histórico-artísticos, antropológicos, geográficos, etc.
   - Idiomas.
   - Legais: trâmites alfandegários e consulares, direitos do viajante, passaportes, seguros de viagens, prestações e normativa internacional.
   - Teórico-práticos psicossociais e de relações públicas. Domínio da condução de grupos, quanto a dinâmica e liderança.
   - Teórico-práticos de motivação de grupos, de assistência e animação sociocultural de grupos.
   - Psicossociais da tipologia da demanda.
   - Técnicas de comunicação, de expressão oral e gesticular. Tipos de comunicação. Etapas e processos da comunicação e sua retroalimentação. A comunicação como geradora de comportamentos. Solução de problemas e tomada de decisões no desenvolvimento da atividade e na direção do grupo. Situações conflitantes. Processo para resolução dos problemas.
   - Métodos para a explicação dos recursos naturais e culturais.
   - Técnicas de programação de itinerários turísticos. Elementos e metodologia da programação. Fontes de informação e documentação.

- Técnicas da programação e preparo dos diferentes tipos de visitas.
- Regulamentação da profissão. Legislação nacional, autonômica e comunitária. Regulamentação contratual de suas funções com as entidades contratantes. Fixação das tarifas. As associações profissionais para a defesa dos direitos trabalhistas e profissionais dos informadores turísticos.
- Intercomunicação eletrônica para informação e contratação (fax, celulares, etc.).

Para a habilitação do exercício profissional das atividades turístico-informativas, é preciso estar de posse do correspondente crédito, expedido pela Administração Pública (Secretaria Geral de Turismo ou Comunidades Autônomas por meio das Corporações de Turismo, se as transferências nessa matéria tiverem sido efetivas), cumprimento prévio dos requisitos e formalidades estabelecidas (exames e tramitações administrativas correspondentes). As Comunidades Autônomas podem ter legislação própria sobre os informadores turísticos, porém esta deve estar em harmonia com a estatal.

### *a) Guias e guias-intérpretes*

A designação de guia turístico permite ao seu possuidor o acompanhamento de turistas e viajantes em suas visitas a localidades incluídas na demarcação que o mesmo se expresse (cidade, província ou comunidade autônoma), com a finalidade de lhes informar, em qualquer idioma oficial do Estado espanhol, sobre os aspectos mais sobressalentes do patrimônio turístico dos lugares que visitarem.

A designação de guia-intérprete de turismo permite o acompanhamento aos turistas estrangeiros nas visitas que realizam às localidades incluídas na demarcação expressa destas (cidade, província ou comunidade autônoma), com a finalidade de lhes informar, nos idiomas cujo conhecimento garanta possuir, sobre os aspectos mais sobressalentes do patrimônio turístico aos lugares visitados.

Para a habilitação no exercício da profissão de guia e guia-intérprete é preciso ser aprovado nos exames realizados periodicamente pela Administração Pública (Secretaria Geral de Turismo ou Comunidades Autônomas), que consiste de um exame de idiomas estrangeiros, para os guias intérpretes, e em responder a um temário que faz referência às disciplinas de história, arte, geografia, folclore, organização turística, legislação turística, itinerários turísticos, etc., relativos ao limite territorial que representam.

Para poder apresentar-se aos exames, devem reunir as seguintes condições: possuir nacionalidade espanhola, ser maior de idade, possuir o Bachillerato Unificado Polivalente – BUP (Ensino médio) ou equivalente.

Os graduados como Técnico em Empresas e Atividades Turísticas podem ter acesso, automaticamente, à carteira de guia-intérprete por demarcação territorial que desejarem (Comunidade Autônoma), prévia solicitação e cumprir os trâmites administrativos correspondentes.

### *b) Acompanhantes de turistas*

A designação de acompanhante de turismo permite à pessoa que o possuir executar a prestação de serviços de orientação, informação nos idiomas estrangeiros que garanta ter e assistência aos turistas e viajantes, qualquer que seja sua nacionalidade, acompanhando-os em seus deslocamentos por todo o território espanhol.

Para a habilitação no exercício de acompanhantes de turistas, é preciso ser aprovado nas provas que são realizadas, periodicamente, pela Administração Pública (Secretaria Geral de Turismo), consistindo de uma prova de idiomas e na resposta de um temário sobre geografia, história, arte, folclore, legislação turística e organização turística do Estado espanhol.

Para participar de tais exames, devem reunir as seguintes condições: possuir nacionalidade espanhola, ser maior de idade e possuir diploma universitário, incluindo o de Técnico em Empresas e Atividades Turísticas.

Os acompanhantes de turistas estrangeiros poderão desenvolver na Espanha sua atividade turístico-informativa, com as seguintes condições:

1. Que sua entrada na Espanha obedeça o fato de atender profissionalmente a turistas que venham de outros países.
2. Que tais turistas viajem por agências ou organizações estrangeiras.
3. Que concretizem a prestação de sua atividade profissional para aqueles com quem, desde o começo de sua estada no território espanhol, vieram realizando.

Para poder desenvolver essas atividades, os acompanhantes de turistas estrangeiros deverão garantir o cumprimento de normas de habilitação profissional exigidas pela legislação de seu país correspondente. Contudo, a presença e a atuação de acompanhantes de turistas estrangeiros em nenhum caso eximirá da obrigação de utilizar os serviços de guias intérpretes em cada uma das capitais e populações turísticas das diferentes províncias ou demarcações em que a excursão ou viagem aconteça.

O estatuto das agências de viagens, aprovado pela Ordem Ministerial de 9 de agosto de 1974, estabelece em seu artigo 38 que a clientela, que visitar a Espanha como conseqüência de viagens "a forfait", combinada com agências de viagens estrangeiras, poderá ser acompanhada por acompanhantes de turismo, sempre que tais acompanhantes possam justificar sua exclusiva dedicação ao grupo que acompanham desde o início da viagem até o final.

Os acompanhantes de turistas deverão cumprir as normas de habilitação profissional exigida pela legislação de seu país de origem, sem que isso o exima da obrigação de utilização de guias, guias-intérpretes ou acompanhantes de turismo espanhóis. Qualquer serviço complementar deverá ser solicitado por meio de uma agência de viagens espanhola.

Por sua parte, as agências de viagens estrangeiras e suas delegações na Espanha corresponderão às atividades que desenvolvem as pessoas que atuam por conta daquelas no caso de estas não estarem autorizadas, conforme a legislação espanhola, para acompanhar grupos de turistas.

Com a entrada em vigor do Mercado Único europeu, essa normativa dos guias, guias intérpretes e acompanhantes de turistas deverá estar harmonizada para toda a União Européia, devido à livre circulação de trabalhadores dentro dos países da UE.

### 21.4.2. Acompanhantes de grupo

Os acompanhantes de grupo ou guias de rota são profissionais que exercem funções de assistência ao turista, durante uma viagem turística, quanto a organização do itinerário, designação de horários, quartos, informar e atender o cliente em qualquer necessidade, organizar atividades de animação sociocultural, etc.

### 21.4.3. Recepcionistas de congressos e feiras

As funções das recepcionistas relacionadas com as atividades turísticas podem ser classificadas em três tipos:

*a*) Informação e atenção ao cliente em feiras, salões comerciais, etc.
*b*) Informação, orientação e atenção em congressos, seminários e simpósios.
*c*) Atenção, informação e assistência ao viajante em meio de transporte. No transporte aéreo podemos estabelecer dois tipos de recepcionistas: 1)Recepcionistas e 2) Aeromoças e auxiliares de vôo.

### 21.4.4. Relações públicas

A atividade do profissional de relações públicas também está relacionada com empresas e atividades turísticas nas seguintes funções:

*a*) Criar uma imagem de prestígio, competência e força das empresas, organizações, instituições, etc., relacionadas com o turismo.
*b*) Estabelecimento de uma comunicação permanente com os meios de comunicação de massas, mediante comunicados, boletins informativos, organização de conferências de imprensa, etc.
*c*) Organizações de atos de apresentação dos produtos e serviços turísticos, por meio de "workshops", almoços e jantares de trabalho, coquetéis, etc.
*d*) Organizar o protocolo nos atos sociais de apresentação de produtos e serviços turísticos.
*e*) Estabelecer um "mailing" de clientes, provedores e quaisquer outras pessoas, empresas e instituições com uma correspondência periódica de informações, convites e congratulações.
*f*) Organizar visitas, viagens de familiarização para propagar, do ponto de vista do marketing, produtos e serviços turísticos.

## 21.5. Escritórios de informação turística

### 21.5.1. Conceito

Os escritórios de informação turística podem ser definidos como serviços públicos dependentes, em regra geral, de instituições e organismos públicos que têm como missão informar e orientar o turista durante sua estada ou viagem de férias, fornecendo, gratuitamente, dados e material informativo e de propaganda turística.

### 21.5.2. Classes

Na Espanha podemos estabelecer vários tipos de escritórios de informação turística:

*a*) Os Escritórios Nacionais de Turismo no estrangeiro que dependem da Secretaria Geral de Turismo, situados nos principais países emissores de turismo para a Espanha.

*b*) Os Escritórios de Turismo, dependentes das Comunidades Autônomas, que informam, de modo geral, sobre a correspondente e todo o Estado espanhol.
*c*) Os Escritórios Municipais de Turismo, dependentes da Administração Municipal – Patronatos de Turismo, etc. –, que informam sobre a cidade ou povoado correspondente.
*d*) Escritórios de comarcas ou locais dependentes de Câmaras, Patronatos mistos dependentes da Administração Pública e do setor privado – associações empresariais, etc. –, e Centros de Iniciativas Turísticas de caráter semipúblico ou privado, que promovem e informam sobre população, comarca ou província.

## 21.5.3. Funções e organização

As principais funções e organização dos escritórios de informação turísticas são as seguintes:

*a*) Proporcionar informação e orientação sobre os recursos turísticos: monumentos, museus, etc., com conteúdos, horários e preços de entrada.
*b*) Prestar informação e orientação sobre atividades turísticas: culturais, recreativas, esportivas, de entretenimento, etc.
*c*) Dar informação e orientação sobre a oferta turística com serviços, horários e preços: transporte, hospedagem, restauração, agências de viagens, agências de aluguel de automóveis, etc.
*d*) Proporcionar informação sobre dados e endereços de serviços de interesse: consulados, hospitais, médicos, polícia, etc.
*e*) Fornecer material informativo e de propaganda gratuito ou pago, dos tópicos anteriores: folhetos, cartazes, livros, etc.
*f*) Apresentar dados informatizados por meio de serviços de videotexto, conectados a bancos e base de dados, assim como a centrais de reservas.

Quanto à estrutura organizacional e funcional, os escritórios costumam dividir-se em duas áreas:

1. "Front-desk" ou atenção informativa, de orientação e assistência turística ao público em balcão, tendo em conta:

– Técnicas de acolhida e habilidades sociais aplicadas ao serviço de informação turística: informação, interação informador–usuário, sugestões e recomendações, prosseguimento e fechamento da informação.

- Técnicas de protocolo e imagem pessoal.
- Tipo de clientes e seu tratamento, segundo suas demandas.
- Tratamento de queixas de consumidores e usuários. Reclamações e denúncias de empresas e serviços turísticos.
- Controle da qualidade do serviço e satisfação do cliente.
- Outros serviços: câmbio de moeda, venda de publicações, tratamento de vistos, etc.

2. "Back-desk" ou atenção por telefone ou por correspondência ou por sistemas informatizados de videotexto.

Quanto às áreas ou departamentos básicos do escritório de turismo, podem ser classificados:

*a*) Setor de atenção ao público: vestíbulos, salas, balcões, serviço de informática.
*b*) Setor de escritórios para as atividades administrativas e informativas por telefone, fax, telex, sistemas integrados de informação, videotexto, etc.
*c*) Arquivo do material de propaganda.
*d*) Arquivo geral.
*e*) Banco e base de dados informatizados.

### 21.5.4. Fontes de informação turística

As fontes informativas dos escritórios, para realizar seu serviço, devem basear-se nos seguintes pontos:

1. Fontes manuais e mecanizadas de empresas, instituições e organizações turísticas, tanto internas como externas.
2. Fontes manuais e mecanizadas dos recursos e oferta turísticos, tanto internas como externas.
3. O processo documental como fontes para o serviço informativo.
4. Análise da informação e seu processo de classificação, catalogação e arquivo de forma manual, mecanizada ou informatizada. Atualização da informação por meio dos bancos de dados e base de dados.
5. Os sistemas integrados de reservas.

A informática, como veremos no capítulo correspondente – Capítulo 25 – praticamente pode proporcionar, atualmente, a gestão dos serviços nos escritórios de informação turística, tanto na gestão "front-desk" como na "back-desk".

## 21.5.5. Gestão administrativa

A gestão administrativa nos escritórios de informação turística é determinada para as seguintes funções:

1. Administrar o financiamento das infra-estruturas e serviços. Formas de financiamento próprias ou externas.
2. Relação com outras atividades e empresas turísticas.
3. Preparação de informativos.
4. Tratamento administrativo de reclamações e queixas.
5. Tratamento administrativo de vistos e divisas.
6. Controle de estatísticas.
7. Gestão de pessoal: planejamento, organização, direção, motivação.
8. Controle econômico: controle de orçamento e análise e controle de custos dos serviços informativos.
9. Controle de qualidade dos serviços de informação turística.
10. Legislação geral e turística: autonômicas, estatais e comunitárias.

Além dos escritórios ou serviços de centros de informação turística dependentes de instituições e organismos públicos ou semipúblicos, que funcionam como serviço gratuito ou semigratuito, deve-se destacar que na Espanha existe, também, pela Ordem Ministerial de 31 de janeiro de 1964, pela qual se aprova o regulamento para o exercício de atividades turístico-informativas privadas, a possibilidade de criar Agências de Informação Turísticas privadas com fim lucrativo que têm funções similares às públicas, podendo cobrar por alguns de seus serviços de assistência ao turista.

Capítulo **22**

# SERVIÇOS TURÍSTICOS COMPLEMENTARES

## 22.1. Assistência médico-sanitária

### 22.1.1. Generalidades

Os riscos para a saúde podem aumentar com os deslocamentos, sobretudo quando as viagens são realizadas para zonas geográficas de climas diferentes, onde a imunidade a certas enfermidades específicas não está controlada e o risco de contágio para os turistas que provêm de outros lugares é grande.

Nesse aspecto, cada país, em combinação com a Organização Mundial da Saúde (OMS), estabelece suas medidas médico-sanitárias para prevenir, controlar e combater as enfermidades que podem ser produzidas pelo contágio ou epiderme procedentes de outras zonas geográficas.

Ao realizar uma viagem, portanto, o turista pode sofrer grandes alterações em seu estilo de vida e de alimentação, assim como transtornos devido à mudança de horário, caso viaje para longas distâncias ("jet lag"), que em determinados momentos podem ocasionar de simples moléstias passageiras até graves danos para a saúde.

Ao viajar, sobretudo para países tropicais, a saúde pode ser ameaçada devido à maior prevalência de enfermidades infecciosas e à existência de algumas diferentes das conhecidas nos países desenvolvidos, a maioria ignorada por quase todos. O ideal é fazer com que o viajante tenha a informação sanitária mais ampla e precisa das áreas que vai visitar, assim como mantenha-se firme nas diferentes condições higiênicas, de atenção médica e de prevalência de enfermidades infecciosas, entre zonas rurais e urbanas em todos os países em desenvolvimento.

Todo viajante deve consultar seu médico de família, os serviços sanitários de Saúde Exterior da Administração Pública ou a centros hospitalares que tenham um serviço de medicina sobre o risco de contágio de enfermidades, sobretudo em viagens com destino a países do Terceiro Mundo com clima e sistema imunológico diferentes do país de origem.

As precauções do viajante devem ser extremas quanto a:

*a)* Roupa adequada para ser utilizada durante a viagem contra o calor e o frio.
*b)* Caixa de primeiros socorros com os medicamentos imprescindíveis contra resfriados, diarréias, constipação, picadas, alergias, etc.
*c)* Precauções com a potabilidade da água. Procurar consumir bebidas engarrafadas.
*d)* Cuidado com os alimentos.
*e)* Higiene da pele para evitar alergias, etc.
*f)* Precaução contra os animais, em especial contra aqueles portadores e possíveis transmissores de enfermidades.
*g)* Meios de transporte, quanto a enjôos, descompressões atmosféricas nos aviões, etc.
*h)* Prevenção de problemas ocasionados pela altitude, devido à diminuição de oxigênio, principalmente a partir de altitudes que ultrapassam os 2.000 metros.

## 22.1.2. Geografia das enfermidades

As enfermidades têm sua geografia mundial. A Organização Mundial da Saúde (OMS) dividiu o mundo em zonas de possíveis contágios de enfermidades.

Se bem que a maioria das enfermidades seja comum a todos os países, em certas zonas geográficas encontra-se em maior prevalência. Na medicina, o termo tropical não se refere estritamente aos países situados entre ambos os trópicos, mas também àqueles nos quais as enfermidades infecciosas são mais predominantes, isto é, praticamente todos os que permanecem ainda em desenvolvimento.

As áreas nas quais se pode dividir o mundo de acordo com as enfermidades mais comuns são:

### *a) México, América Central e Caribe*

Nesta área as enfermidades transmitidas por água e alimentos são muito significativas, assim como as febres tifóides e a malária no sudeste do México e em toda a América Central. No Caribe, principalmente Haiti, o risco de contrair enfermidades de transmissão sexual é muito grande, incluindo a AIDS.

***b) América do Sul***

Além das enfermidades mencionadas no tópico a), na Bolívia e no Peru podem existir graves enfermidades hemorrágicas transmitidas pela picada de insetos, assim como a cólera. Em certas áreas interiores do Brasil, existe a malária. Qualquer mordida de animal deverá ser considerada de risco por poder transmitir a raiva, em especial cachorros, gatos, roedores e, possivelmente, morcegos.

***c) Ásia***

Na Ásia, o risco do contágio é a malária e a cólera, assim como a febre amarela e enfermidades de transmissão sexual.

***d) África***

No continente africano, encontram-se enfermidades desintéricas, malária, cólera, de transmissão sexual, esquistossomose – sobretudo nos deltas dos rios, como do Nilo – e risco de picadas de animais venenosos. No sul do deserto do Saara, encontram-se zonas de grande importância para enfermidades meningíticas. Na África equatorial e ocidental existe grande prevalência de AIDS.

## 22.1.3. Vacinas

As vacinas têm por objetivo imunizar a pessoa que as recebe, no caso de posterior contato com os vírus ou bactérias causadores da infecção, despertar mecanismos de defesa próprios do indivíduo, para o reconhecimento e a destruição destes. Deve-se levar em conta, também, que mesmo que as vacinas protejam da enfermidade, elas não garantem a preservação da saúde se não forem extremas as precauções higiênicas mencionadas antes.

Para a entrada em certos países, exige-se um certificado internacional de vacinação que os serviços dos respectivos centros de Saúde das Administrações Públicas expedem, e devem ser realizadas as vacinações pertinentes não somente àquelas que são exigidas ou recomendadas no país a ser visitado, mas sim daqueles nos quais são realizadas escalas programadas. No caso de não estar prevenido com esses certificados, o viajante corre o risco de ser submetido a uma quarentena – quarenta dias em observação – para estudar a possível evolução da enfermidade.

Atualmente são consideradas vacinas obrigatórias as que previnem a febre amarela, por exemplo. Essa enfermidade pode ser contraída nas partes tropicais da África e América do Sul. Ainda que a Organização Mundial da Saúde (OMS) não considere obrigatória a vacina anticólera, em alguns países ela é obrigatória.

Entre as vacinações recomendadas estão as que previnem cólera, poliomielite, difteria, tétano, febre tifóide, raiva e hepatite.

## 22.2. Seguros turísticos e de viagem

Os seguros turísticos e de viagem foram criados, nos últimos anos, para auxiliar e proteger o viajante em determinadas circunstâncias, como enfermidades, acidentes, perda ou roubo de bagagem e, inclusive, podem ser realizados seguros contra o não cumprimento de alguns dos serviços que o turista havia contratado. Esse tipo de seguro foi reforçado pelo direcionamento de serviços e viagens combinados da União Européia, que são compilados nas respectivas normativas das agências de viagem dos países comunitários, no sentido de que sejam defendidos interesses e direitos dos usuários e consumidores de tais serviços. Assim, tanto as agências majoritárias organizadoras de viagens como as agências minoritárias que vendem tais viagens são responsáveis legais, em diferentes graus, pelo não cumprimento dos serviços contratados e especificados em um contrato por escrito, como determina, por exemplo, a atual normativa de agências de viagens que a Generalitat de Cataluña tem em vigência para as agências de viagens que trabalham dentro da tal Comunidade Autônoma.

Era conhecido durante os anos 60 e 70, o "seguro de sol" que as agências de viagens escandinavas ofereciam, principalmente a seus clientes, para reembolsar-lhes o dinheiro dos dias que em praia mediterrânea tivessem enfrentado mau tempo e não pudessem tomar sol.

As empresas que proporcionavam esse seguro costumavam ser consórcios de várias companhias de seguros que atuam em caráter nacional ou internacional e que utilizam, normalmente, as agências de viagens como intermediárias para a venda de suas apólices.

### 22.2.1. Contrato de seguro e pessoas

O contrato de seguro é aquele pelo qual o assegurador obriga-se, mediante a cobrança de um prêmio, e para o caso de se produzir o evento cujo risco é objeto de cobertura – enfermidade ou acidente, roubo ou perda de bagagem, etc.–, a indenizar ou atender, dentro dos limites pactuados, o dano produzido ao assegurado ou a pagar um capital, uma renda ou outras prestações combinadas em caso de acidente, invalidez ou morte do viajante.

O documento no qual se formaliza o contrato de seguro recebe o nome de apólice.

Os sujeitos que intervêm no contrato de seguro são os seguintes:

### *a) Segurador*

Também chamado de entidade seguradora ou companhias de seguro, é quem se compromete a realizar, a favor de quem contrata o seguro ou do beneficiário designado por ele, as prestações que tenham sido combinadas (pagamento de indenizações, cobertura de gastos, assistência médica, jurídica, repatriação, etc.) caso se produza algum dos fatos especificados no contrato.

### *b) Assegurado*

É a pessoa sobre a qual se pactua o contrato de seguro, na previsão de um risco que possa afetá-la ou seus bens.

### *c) Tomador*

É aquela pessoa que contrata com a empresa seguradora e subscreve a apólice correspondente, assumindo as obrigações que dela derivam, basicamente o pagamento de um prêmio.

O tomador pode ser tanto uma pessoa física como jurídica (empresa, clube ou agências de viagens). Como é lógico, se o assegurado contratar a apólice diretamente com a empresa de seguros, será também o tomador. Porém, em outro caso, se tratará de duas pessoas diferentes.

### *d) Beneficiário*

O beneficiário de um contrato de seguro é a pessoa – física ou jurídica – que, por designação expressa do assegurado, receberá os benefícios caso se produza o risco coberto pela apólice.

Nos seguros sobre danos, assegurado e beneficiário costumam ser a mesma pessoa. Porém, nos seguros pessoais, é freqüente que sejam diferentes e em especial nos seguros de vida – o assegurado é o falecido, e o beneficiário é o que cobra a indenização.

### 22.2.2. Tipos de seguros de viagem

Os seguros turísticos e de viagem mais freqüentes são:

***a) Seguro individual***

É o seguro contratado pelo viajante em companhia de seguros, agências de viagens ou clubes de automóvel, fornecendo-lhes uma série de prestações em um território concreto onde se realiza a viagem (Espanha ou exterior), durante os dias que esta durar.

***b) Seguro coletivo de viagens programadas***

Este tipo de seguro é realizado pelas agências de viagens ou operadoras de tour organizadoras de uma viagem com uma companhia de seguros, para cobrir os viajantes em cada programa das viagens. É um seguro que já está incluído no preço da viagem e às vezes pode ser gratuito para o cliente, e as condições e prestações são indicadas em cada catálogo, programa ou folheto de viagem.

***c) Seguro obrigatório de transportes***

Os seguros que as companhias de transportes formalizam e costumam ser inerentes aos riscos que comporta o transporte – avião, navio, trem ou ônibus – quanto a acidentes. Esses seguros estão incluídos nos preços das passagens.

***d) Seguro de automóvel***

Este seguro pode ter várias modalidades.

1. Seguro obrigatório: está vigente dentro da União Européia com novas normas que datam de 1º de janeiro de 1987 que cobrem os riscos derivados de acidentes e danos sobre os veículos e sobre seus ocupantes.
2. Seguro voluntário: aquele seguro que é realizado voluntariamente pelo proprietário do automóvel para cobrir riscos de responsabilidade civil suplementar (danos a terceiros), defesa penal e constituição de fiança, roubo do carro assegurado, etc.

### *e) Seguro climatológico*

Como se indicou anteriormente, algumas agências de viagens podem oferecer esse seguro aos clientes que se deslocam para determinadas zonas turísticas. Consiste em que, se durante o período de suas férias ocorrerem precipitações de chuva nesse lugar, além de certas quantidades mínimas, se indenize o turista em dinheiro ou devolvendo-lhe o valor da viagem ou permitindo-lhe efetuar outra, grátis. Como é lógico, tais seguros apenas são oferecidos para zonas com alguns níveis de chuva muito baixos e nas épocas em que normalmente não ocorram de modo algum.

De outra forma, nas viagens para estações de esqui, para a prática de esportes de inverno, o que se pode garantir é a existência de neve nas pistas, indenizando o turista em caso contrário.

### *f) Seguro de bagagens*

Este seguro costuma ser oferecido pelas agências de viagens ou pelas empresas de transporte (em especial, as companhias aéreas) e consiste em indenizar o viajante, se sua bagagem for retirada de forma ilegítima (roubo ou furto), se sofrer deteriorações ou se for extraviada, sendo enviada para outro lugar diferente do destino de seus proprietários, ficando estes privados de suas roupas e bens pessoais durante a viagem. A indenização chega até a quantia estipulada na apólice.

### *g) Seguro sobre atrasos na viagem*

Também podem existir seguros que indenizam o turista caso, devido a greves, avarias, "overbooking" ou sobrecontratação, este não possa iniciar sua viagem de férias na data prevista ou, pelo contrário, não possa realizar o retorno ao final destas, com os incômodos e gastos inerentes. Também, nesse caso, o seguro cobre o limite que figura na apólice.

### *h) Seguro turístico espanhol (ASTES)*

Este seguro foi criado pela Administração Pública Espanhola em 1964, como medida de política turística que visa oferecer ao viajante assistência mais completa. Não existem precedentes de características iguais ou similares em outros países turísticos.

Sua gestão é realizada por meio de um "pool" de companhias de seguros que estabeleceram convênios com médicos e clínicas no território nacional.

Existem duas modalidades: individual e coletiva e apenas podem se inscrever os estrangeiros que visitam a Espanha. A apólice de seguro pode estender-se para uma duração de oito, quinze ou trinta dias.

Suas contribuições ou cobertura de riscos são similares a outros seguros: a) acidentes individuais; b) enfermidades e assistência sanitária; c) defesa jurídica; d) repatriação de veículos e ocupantes; e e) perda, dano ou furto de bagagens.

## 22.2.3. Contribuições ou cobertura de risco

Como se pode deduzir dos tipos de seguros turísticos e de viagem que existem, podemos estabelecer as seguintes contribuições ou coberturas de risco mais habituais:

### *a) Assistência pessoal*

A assistência pessoal costuma incluir:

1. Assistência médica, ambulatorial ou hospitalar em caso de enfermidade aguda ou acidente.
2. Repatriação ou transporte sanitário em caso de enfermidade ou falecimento.
3. Regresso antecipado por falecimento ou enfermidade de um familiar.
4. Traslado de um familiar ou acompanhante em caso de hospitalização ou de repatriação.
5. Defesa jurídica e responsabilidade civil.

### *b) Indenizações econômicas*

O pagamento de algumas quantias, segundo estipuladas na apólice, ao viajante ou a seus beneficiários em caso de acidente ou falecimento.

### *c) Veículos*

Assistência ou indenização no caso de roubo ou avaria do veículo ou, então, o regresso por outros meios de transporte, restrito a: 1) reparação do automóvel, reboque, etc.; 2) repatriação do veículo; 3) risco de roubo ou incêndio; 4) retorno por outros meios de transporte.

*d) Bagagens*

As contribuições de seguro sobre as bagagens costumam ser produzidas no caso de: 1) furto; 2) extravio ou perda; 3) demora na entrega; 4) dano ou deterioração.

## 22.3. Câmbios de divisas. Cheques de viagem. Cheques de gasolina

### 22.3.1. Câmbios de divisas

O pagamento dos serviços turísticos prestados aos turistas, assim como qualquer outro gasto gerado em país estrangeiro, deve ser efetuado em divisa, como documento de pagamento ou de crédito extensivo em moeda estrangeira pago no interior.

A divisa pode ser passível de conversão ou não. No primeiro caso, pode ser trocada por outras divisas ou moedas estrangeiras, enquanto isso não é possível no segundo caso.

Cada país estabelece, dentro de seus controles sobre turistas, normas sobre a entrada e saída de divisas com maior liberdade quanto ao movimento de dinheiro em moeda nacional ou do país de origem e em moeda estrangeira.

O Estado espanhol estabelece algumas normas que se situam no contexto das limitações mais parecidas com as que são estipuladas em grande parte dos países democráticos de economia liberalizada e com proteção de sua moeda nacional em relação às moedas estrangeiras.

Os turistas estrangeiros podem entrar na Espanha com a quantidade de dinheiro que desejarem, tanto em moeda como em divisas estrangeiras (de seu próprio país de origem ou de qualquer outro).

Pela parte espanhola, não existe, é lógico, limitação alguma a respeito. As limitações existirão, nesse caso, no que se refere a retirar esse dinheiro de seu país de procedência, porém, não para trazê-lo para a Espanha.

Contudo, há um trâmite que é conveniente levar em conta. Segundo a ordem de 2 de fevereiro de 1993, modifica-se a OM de 27 de dezembro de 1991 sobre Transações Econômicas com o Exterior (BOE nº 36 de 11 de fevereiro de 1993), devido à aplicação da Ata Única e à realização do Mercado Único a partir de 1º de janeiro de 1993, que exige para a Espanha a supressão de determinados controles fronteiriços.

Em seu artigo 1º, a OM de 2 de fevereiro de 1993 declara que "a introdução em território nacional de moedas, cédulas ou quaisquer outros meios de pagamento ou instrumentos de transferência de capitais ou crédito, com cifras em pesetas ou em moeda estrangeira, é livre".

"Não obstante o anterior, os viajantes não residentes que, na sua entrada em território espanhol, sejam portadores de moeda metálica, billetes de banco ou cheques bancários ao portador, com cifras em pesetas ou em divisas, em valor superior a um milhão de pesetas e pretendam efetuar algumas operações relacionadas a fins comerciais ou de investimento, necessitarão ser declarados nos Serviços alfandegários da fronteira de entrada ou à Direção Geral de Transações Exteriores."

No momento de passar pelo controle alfandegário no lugar por onde pretende sair do país, o turista deverá entregar tal declaração, que será recolhida. Isso lhe permitirá retirar da Espanha as cédulas que possuir e que sejam do valor da quantia declarada. No caso de se sacar quantidades superiores não declaradas e sem justificativa de que foram operações legais ou autorizadas, será considerado de caráter fraudulento, pois não é lógico que um turista saia de um país com mais dinheiro do que entrou.

Quanto aos turistas espanhóis que pretendem viajar para o estrangeiro, as autoridades espanholas também fixam as quantias que podem ser sacadas em moeda nacional e em divisa.

As quantias que o turista paga no exterior utilizando um cartão de crédito, não estão sujeitas a nenhuma limitação, exceto as quantias máximas disponíveis para o titular destas. O titular deverá conservar os recibos comprovantes das transações realizadas na viagem, para justificar que sua saída de divisas não teve como objetivo a evasão de capitais.

Com relação ao anterior, convém ter em conta que os estrangeiros que gozam de permissão de residência na Espanha não são considerados turistas e são submetidos às mesmas limitações que os espanhóis. Pelo contrário, os espanhóis que residem em outros países são considerados, para esse efeito, "não residentes" e equiparados aos turistas estrangeiros.

Essas quantias estão sujeitas, naturalmente, a freqüentes modificações, atendendo ao valor aquisitivo da moeda espanhola em relação ao sistema monetário internacional. Por isso é aconselhável, antes de realizar uma viagem ao exterior, informar-se corretamente sobre seu valor atualizado. Além disso, convém inteirar-se, também, de quais são as divisas que gozam de maior aceitação no país de destino ou se é fácil trocar a moeda espanhola, ou ainda se na Espanha é possível adquirir sua moeda de origem, em especial em países cuja moeda é de escassa aceitação internacional.

## 22.3.2. Cheques de viagem

Os cheques de viagem são uma modalidade de cheque que podem ser adquiridos nos bancos ou entidades emissoras e que têm características peculiares, que os diferenciam dos cheques bancários correntes:

*a*) O valor de cada cheque de viagem já está impresso no próprio documento.
*b*) Os cheques de viagem não estão descontados da conta corrente do sacador, mas sim diretamente do banco ou entidade emissora.
*c*) Os cheques de viagem podem ser adquiridos com valores em pesetas ou em alguma moeda estrangeira entre as de maior aceitação internacional (dólar americano, libra esterlina, iene japonês, marco alemão, etc.).
*d*) Usualmente, os cheques de viagem são pagos "à ordem", o que permite que sejam endossados sucessivamente.

Esses cheques, como seu nome indica, foram concebidos para serem utilizados durante as viagens e, sobretudo, no exterior. Por isso, são de grande interesse para os turistas. O turista que possui cheques de viagem, ao chegar ao país de destino, pode utilizá-lo das seguintes formas:

*a*) Indo a um banco, para que lhe seja entregue o valor do cheque na moeda em que está expresso, ainda que não seja a do país.
*b*) Solicitando que paguem seu contravalor em moeda nacional do país onde se encontra.
*c*) Pagando diretamente seus gastos com os cheques de viagem.

Como o banco ou entidade que os emitiu responde sempre por seu pagamento, não há problemas para que seu possuidor possa trocá-los ou utilizá-los como meio de pagamento em hotéis, restaurantes e estabelecimentos comerciais de certa importância.

Por outro lado, por conter a assinatura registrada de seu titular, representam uma garantia no caso de serem roubados ou perdidos, o que constitui uma vantagem em relação ao dinheiro em espécie. É por esse motivo que muitos turistas realizam suas viagens com determinada quantidade de dinheiro – o necessário para os primeiros gastos menores – e um ou vários talões de cheques de viagem em uma das denominadas divisas fortes.

O turista que pretender adquirir cheques de viagem para deslocar-se para o exterior, com a garantia de que serão aceitos no país para onde se dirige, deve levar em conta os seguintes fatores:

1. O prestígio da entidade emissora dos cheques (banco, agência de viagens, etc.).
2. A escolha da moeda estrangeira mais adequada, conforme a área de influência monetária em que estiver o país de destino.
3. O valor dos cheques em si. Se forem quantias pequenas, terá de trocá-los com muita freqüência, porém, se forem de quantias muito elevadas, podem existir dificuldades para trocá-los em alguns lugares. Deve-se levar em conta o nível de vida do país em questão e os gastos previstos.
4. Muitas vezes, a cotação da moeda estrangeira ou divisa em espécie não coincide com a mesma cotação da moeda estrangeira propagada nos cheques de viagem, assim como os gastos de comissão pela operação de câmbio.

Junto às divisas e aos cheques de viagem, outro sistema muito mais cômodo de pagamento são os cartões de crédito, ainda que se deva ter em conta o destino turístico, já que há países em que alguns dos cartões não são aceitos. Normalmente, VISA e American Express são os que têm maior aceitação.

### 22.3.3. Cheques de gasolina

Os denominados cheques de gasolina são, até certo ponto, similares aos cheques de viagem, pois seu valor está impresso em cada folha e o banco emissor responde por seu pagamento. As diferenças fundamentais entre ambos são:

*a*) Apenas podem ser utilizados para pagar o combustível (gasolina ou óleo diesel) que for adquirido nos postos de estrada.
*b*) Somente o condutor do veículo, cuja placa estiver no talão, poderá usá-los.

Para o turista que pretende viajar em seu próprio veículo, a utilidade dos cheques de gasolina consiste em evitar que viaje com o dinheiro em espécie necessário para adquirir o combustível que precisar. E, por serem válidos somente para esse fim, significam uma garantia de que esse dinheiro não será empregado em outros gastos (por erro ou esquecimento). Quem leva cheques de gasolina assegura a autonomia suficiente para realizar a viagem. Outros turistas adquirem os cheques de gasolina necessários para assegurar sua volta.

O turista que adquirir cheques de gasolina deverá solicitá-los em uma sucursal do banco emissor. Este lhe cobrará o valor do cheque que contiver no talão obtido ou, então, se o turista for titular de uma conta corrente nesse banco, pode-se oferecer a ele a cobrança desse valor em sua conta, à medida que são apresentados. Este último representa uma garantia maior, na suposição de subtração ou perda do talonário. Qual é a razão?

Como citado anteriormente, ao adquirir os cheques de gasolina a entidade emissora estampa neles a placa do veículo de seu titular, e os frentistas do posto de gasolina apenas deverão aceitá-los como pagamento do condutor desse veículo. Isso significa, de início, certa garantia. Porém, na prática, muitos frentistas excluem a comprovação dos dados da placa, nos momentos de grande afluência de público, por descuido ou negligência.

Portanto, se o turista tiver seu talão roubado ou extraviado, deverá comunicar o fato de imediato ao banco emissor. Se tais cheques forem cobrados em sua conta corrente, devem ser sustados a partir desse momento, já que ele não é responsável pela negligência dos frentistas dos postos de estradas que o aceitarem. Estes deveriam ter comprovado que a placa do veículo de quem pretendia pagar com o cheque não coincidia com a que figurava e negasse a aceitá-lo.

## 22.4. Créditos financeiros de viagem

Os créditos financeiros de viagem consistem na possibilidade de poder pagar a prazo a viagem para as agências de viagens com um aumento ou conseguir um crédito de instituição financeira ou bancária para financiar a viagem e, depois, devolver o dinheiro com juros.

O "Viaje agora e pague depois" é a versão americana do "Pay later plan", aplicação ao negócio turístico das vendas a prazo em outros produtos ou serviços, cuja finalidade é ampliar o mercado com o conseguinte incremento de vendas.

Esse sistema de venda a prazo das viagens surgiu nos EUA por iniciativa das companhias aéreas, desde 1950. Segundo o professor Fernández Fúster, entre outubro de 1954 e março de 1955, quase 4% dos viajantes americanos para a Europa, por via aérea, o fizeram recorrendo a essas facilidades de crédito, sem as quais não teriam conseguido viajar. Posteriormente, esse sistema foi introduzido na Europa.

## 22.5. Lojas isentas de impostos

As lojas isentas de impostos – "duty free shops" – são estabelecimentos de venda por menor preço, situados em determinado território alfandegário, cujas vendas são isentas de impostos e de direitos tarifários. Esse tipo de estabelecimento encontra-se, geralmente, nos aeroportos internacionais, bem como em determinados portos marítimos, em aviões e barcos em serviços internacionais.

Uma atividade similar é a de "shopping" ou compras em destinos turísticos onde existe atividade comercial isenta de impostos, estabelecida por seu sistema fiscal, como Andorra, Cingapura, Hong Kong ou outros paraísos fiscais, como os situados no Caribe.

As lojas isentas de impostos são um estímulo e um serviço turístico complementar para o viajante. Poder comprar tabaco, licores, artigos de fotografia, relojoaria, eletrônica, informática, perfumaria e cosmética ou peles, mais barato que nas lojas convencionais, é um atrativo a mais para o viajante, porém tudo parece indicar que, como o início das lojas isentas de impostos se localiza na Europa, com a entrada em vigor do Mercado Único em 1993, também encontrarão seu final no Velho Continente.

Foram os irlandeses os primeiros a criar esse tipo de lojas especialmente em 1948. As compras nas "duty free shops" foram iniciadas no aeroporto de Shannon (Irlanda) e, dez anos depois, hábeis negociantes converteram a "duty free shop" do aeroporto de Schiphol de Amsterdã no exemplo de arte comercial.

Vender artigos de luxo isentos de impostos é hoje um grande negócio. Durante o ano de 1986, as vendas entre aeroportos, aviões e navios alcançaram os 8 bilhões de dólares. A cifra foi dobrada, considerando-se os cruzeiros, as lojas dos portos e fronteiras, as estações de estradas de ferro e os comércios para estrangeiros onde são reduzidos os impostos.

A "meca" das lojas isentas de impostos são os EUA, onde em 1986 existiam 220 centros comerciais. O núcleo do aeroporto de Honolulu, nas ilhas do Hawai, foi em 1992 o líder de vendas em todo o mundo com 427 milhões de dólares. Ainda que na Europa ocorram quase 50% das vendas mundiais totais, considerando aeroportos e estações ferroviárias, as políticas e iniciativas mais agressivas acontecem em outros lugares, como alguns aeroportos de países da península arábica (Abu Dhabi e Dubai).

As onze lojas isentas de impostos existentes na Espanha movimentaram um volume de vendas em 1987 em torno de 13 bilhões de pesetas. Pelo volume de negócios, as quatro primeiras lojas isentas de impostos espanhóis são as de Madri, Palma de Mallorca, Málaga e Barcelona. A primeira das instaladas na Espanha foi a do aeroporto de Barajas, em Madri, em 1977.

As lojas isentas de impostos espanholas são exploradas pela empresa Almacenes y Depósitos S.A. (ALDEASA). Esta é uma empresa nacional, dependente da Direção Geral do Patrimônio. Também se encarrega do fornecimento às linhas aéreas, ao corpo diplomático e aos transatlânticos.

O negócio das lojas isentas de impostos cresceu até onde permitiram as leis e oscilações da política. Em 1987, a Comissão Européia negou às lojas isentas de impostos algumas bases legais para consolidá-las depois de 1992. A partir de 1º de janeiro de 1993, começou a funcionar uma harmonização dos impostos e o Mercado Único nos, então, doze países comunitários (Alemanha, Bélgica, Dinamarca, Espanha, França, Reino Unido, Grécia, Holanda, Irlanda, Itália, Luxemburgo e Portugal), o que pode implicar para as lojas isentas de impostos uma restrição ou inclusive sua supressão.

Os grandes países beneficiários dessa situação serão os países europeus que não fazem parte da União Européia, como a Suíça.

Entre as lojas dos grandes navios dedicados ao serviço de cruzeiros também existem lojas isentas de impostos, como a bordo dos aviões das linhas internacionais.

O negócio das lojas isentas de impostos em grandes áreas do mundo costuma ser controlado por operadores internacionais. "Allders International", "Duty Free Shopers" e "Weitnauer Trading" estão entre os mais importantes.

Uma investigação socioeconômica realizada em 1988, pela revista americana *Time*, na Europa, nos EUA e no Japão sobre os hábitos e opiniões dos clientes das lojas isentas de impostos revelava interessantes diferenças nos hábitos de compra segundo a nacionalidade.

Os leitores de *Time* consideraram a economia de dinheiro o estímulo mais importante para a compra nas lojas isentas de impostos. Porém, apesar de isso ser uma idéia generalizada estimando que os preços freqüentemente não são muito mais baixos que nos comércios convencionais, motivo pelo qual a tendência é de se adquirir aquilo que claramente se sabe que é mais barato.

Na hora de considerar uma loja isenta de impostos, os elementos mais significativos para o cliente são:

*a*) O preço é o fator de maior importância.
*b*) A eficiência no serviço.
*c*) Uma boa localização da loja e dos produtos.
*d*) Variedade na oferta.
*e*) Aceitação de cartões de crédito.

A imensa maioria dos leitores da revista *Time* que viajam pelo mundo tem tempo para ir às lojas isentas de impostos. Entre os europeus, 79% compram produtos de luxo isentos de impostos pelo menos uma vez por ano e cerca de quatro vezes como média. As compras são divididas entre álcool, uma vez que 86% das pessoas consultadas o adquirem, e produtos, como tabacos, perfumes e cosméticos que chegam a 60%. O uísque, comprado por quase dois terços dos leitores de *Time*, é o produto mais popular.

O comportamento varia segundo o lugar de residência. Suíços, britânicos e escandinavos tendem a comprar bebidas alcoólicas, pois em seus respectivos países esse produto é muito caro. Americanos e japoneses mostram interesse em adquirir produtos típicos do país nas próprias lojas isentas de impostos.

Calcula-se nesse estudo que apenas 25% do tráfego dos aeroportos compram nas lojas isentas de impostos.

**Quadro 22.1** – Principais lojas isentas de impostos do mundo (vendas durante 1992, em dólares).

| Lugar | Total de vendas em milhões |
|---|---|
| 1. Honolulu – Aeroporto (EUA) | 427 |
| 2. Hong Kong – Aeroporto | 400 |
| 3. Londres – Aeroporto Heathrow (Reino Unido) | 265 |
| 4. Amsterdã – Aeroporto (Holanda) | 262 |
| 5. Paris – Aeroporto Charles de Gaulle (França) | 257 |
| 6. Tóquio – Aeroporto Narita (Japão) | 241 |
| 7. Frankfurt – Aeroporto (Alemanha) | 220 |
| 8. Cingapura – Aeroporto | 200 |
| 9. Dinamarca – DSF ferris | 185 |
| 10. Finlândia – Viking Line ferris | 180 |
| 11. Copenhague – Aeroporto (Dinamarca) | 152 |
| 12. Manila – Aeroporto (Filipinas) | 138 |
| 13. Osaka – Aeroporto (Japão) | 135 |
| 14. Dubai – Aeroporto (EAU) | 132 |
| 15. Londres. Aeroporto Gatwick (Reino Unido) | 130 |
| 16. Taipei. Aeroporto | 130 |
| 17. Reino Unido. Ferris Stena Sealink Line | — |
| 18. Suécia. Ferris Stena Lines | — |
| 19. Guam. Aeroporto (EUA) | 120 |
| 20. Reino Unido. Ferris P & O | 110 |
| 21. São Paulo. Aeroporto (Brasil) | 104 |
| 22. Finlândia. Ferris Silja Line | 100 |
| 23. Los Angeles. Aeroporto (EUA) | 95 |
| 24. Bangkok. Aeroporto (Tailândia) | 95 |
| 25. Alemanha. Puttgarden-Rodby (aeroporto) | 86 |

*Fonte*: "Duty – Free World Report 1993 – General publications", Suécia

**QUADRO 22.2** – Principais países com maior número de lojas isentas de impostos e volume de vendas (1986).

| País | Número de lojas | Vendas em milhões |
|---|---|---|
| 1. EUA | 220 | 980 |
| 2. Reino Unido | 65 | 590 |
| 3. Alemanha | 30 | 580 |
| 4. Hong Kong | — | 300 |
| 5. Dinamarca | 27 | 283 |
| 6. França | 43 | 260 |
| 7. Cingapura | — | 240 |
| 8. Finlândia | 16 | 239 |
| 9. Suécia | 36 | 211 |
| 10. Austrália | 182 | 180 |
| 11. Holanda | 13 | 163 |
| 12. Japão | 23 | 148 |
| 13. Espanha | 22 | 121 |
| 14. Canadá | 25 | 120 |
| 15. Taiwan | 6 | 115 |
| 16. China | 43 | 105 |
| 17. Coréia do Sul | 10 | 84 |
| 18. Itália | 16 | 76 |
| 19. Bélgica | 11 | 71 |
| 20. Noruega | 16 | 58 |
| 21. Suíça | 8 | 52 |
| 22. Emirados Árabes | 6 | 50 |
| 23. Irlanda | 9 | 41 |
| 24. Índia | 7 | 38 |
| 25. Grécia | 12 | 35 |

Capítulo 23

# JORNALISMO TURÍSTICO E LITERATURA DE VIAGEM

## 23.1. Jornalismo turístico: conceito e características

O jornalismo turístico constitui atualmente uma especialidade jornalística que tem como objetivo fornecer à sociedade qualquer notícia e informação, por meio dos gêneros jornalísticos mais utilizados, relacionada direta ou indiretamente com o turismo, pelos meios de comunicação social ou de massas, tanto escritos – jornais e revistas – como audiovisuais – rádio e televisão.

Os principais gêneros jornalísticos que os meios de comunicação utilizam para fornecer informações turísticas são:

1. Gêneros de informação
*a*) Notícias breves ou folhetim.
*b*) Crônicas.
*c*) Entrevista.
*d*) Reportagem.

2. Gêneros de comentário e de opinião
*a*) Artigo.
*b*) Artigo de colaboração.
*c*) Comentário ou opinião.
*d*) Análise.
*e*) Editorial.

*f*) Coluna.
*g*) Cartas ao editor.
*h*) Desenhos, caricaturas, piadas, etc.

A influência que os meios de comunicação de massas têm sobre a sociedade, tanto no aspecto informativo como no de opinião, faz com que se convertam em instrumento de poder e de influência sobre a opinião pública turística, compreendida não somente por turistas, mas também por empresas, instituições e organismos vinculados ao setor.

## 23.2. Fontes de informação turística

As fontes de informação turística são o conjunto de centros em que são geradas, recolhidas e difundidas as notícias turísticas, podendo ser de várias tendências tanto nacional como internacional. Por exemplo: o departamento de comunicação e relações públicas de uma cadeia hoteleira, o gabinete de imprensa de um ministério de turismo, etc.

Vejamos a seguir quais são as principais fontes informativas:

### 23.2.1. Nacionais

*a*) Agências informativas. Por exemplo: agências Efe e Europa Press.
*b*) Gabinetes de imprensa de empresas turísticas. Por exemplo: departamento de imprensa e relações públicas da Cadeia Sol.
*c*) Gabinetes de imprensa de instituições privadas e públicas relacionadas com o turismo. Por exemplo: Secretaria Geral de Turismo.
*d*) Centros de investigação e assessoramento. Por exemplo: os consultores especializados em informação e investigação e assessoramento, como Consultur, em Barcelona.
*e*) Centros de ensino e investigação: escolas de turismo e universidades.

### 23.2.2. Internacionais

*a*) Agências informativas: Reuter, Associated Press, France Press, etc.
*b*) Gabinetes de imprensa de empresas turísticas. Por exemplo: Departamento de comunicação e relações públicas da cadeia hoteleira Sheraton.

*c*) Escritórios de turismo e agregados de turismo nas embaixadas.
*d*) Gabinetes de imprensa de instituições privadas.
*e*) Centros de investigação e assessoramento.
*f*) Centros de ensino e investigação: escolas de turismo e universidades.
*g*) Organizações internacionais públicas e privadas: mundiais e regionais. Por exemplo: Serviço de Informação e Documentação da Organização Mundial de Turismo (OMT).

## 23.3. Tipos de informação turística

### 23.3.1. Informação política

A informação política é o conjunto de notícias que surgem da Administração Pública e dos Governos correspondentes por meio dos Ministérios de Turismo, Departamentos de Turismo das Comunidades Autônomas, das Prefeituras pelas corporações de Turismo ou dos Patronatos de Turismo.

Esse tipo de informação está relacionado às disposições políticas e legais estabelecidas para dispor, promover, fiscalizar e controlar o setor do turismo.

### 23.3.2. Informação sociológica

A informação sociológica é o conjunto de notícias relacionadas com motivações, tendências e estatísticas das correntes turísticas, assim como as ações promocionais que realizam as empresas privadas ou instituições e organismos públicos do setor.

### 23.3.3. Informação econômica e trabalhista

A informação econômica está baseada no conjunto de notícias que são geradas tanto no âmbito macroeconômico como no microeconômico, bem como a atividade que desenvolvem todas as empresas públicas e privadas relacionadas direta ou indiretamente com o turismo.

Neste tópico também participa a informação relacionada com o mundo trabalhista turístico.

### 23.3.4. Informação esportiva

A informação esportiva é o conjunto de informações relacionadas com os esportes turísticos, como esportes de neve, náuticos, caça e pesca e os novos esportes-aventura.

Neste tópico também está englobada a informação dos grandes acontecimentos esportivos, como atividade turística pelo deslocamento de seguidores e aficionados. Por exemplo: os Jogos Olímpicos, campeonatos mundiais das diferentes modalidades esportivas, etc.

### 23.3.5. Informação cultural e espetáculos

A informação cultural e de espetáculos está baseada no conjunto de notícias e informações de todas aquelas atividades culturais, de espetáculos de diversão que têm interesse, motivação e atração para os turistas. Por exemplo: festivais de ópera, balé, touradas, recitais de música clássica ou moderna.

### 23.3.6. Informação de viagens e do tempo de lazer dedicado ao turismo

A informação de viagens e do tempo de lazer dedicado ao turismo é o conjunto de notícias, reportagens, crônicas de viagens, conselhos práticos para viajar, crítica de livros de viagens, consultoria sobre viagens, informação sobre transportes, recomendações de hotéis, restaurantes, etc., informação sobre ofertas de viagens, que são proporcionadas geralmente por meio de suplementos semanais dos grandes jornais espanhóis e estrangeiros, como “El País”, “Frankfurter Allgemeine Zeitung”, “The Sunday Times”, “La Stampa”, etc.

## 23.4. Meios de comunicação relacionados com o turismo

Os temas relacionados com o turismo, em geral, são pouco tratados nos meios de comunicação espanhóis e estrangeiros. Contudo, nos últimos anos e devido ao crescente interesse informativo que as notícias e informações no setor turístico têm, tanto os meios escritos como os audiovisuais passaram a dedicar mais espaço para esse tema.

Segundo os tipos de empresa e meios de comunicação vamos analisar quais são os que atualmente, tanto na Espanha como internacionalmente, publicam informações sobre o turismo.

### 23.4.1. Tipos de empresa

- Nacionais. Grupos de Empresas. Multimídia. Na Espanha, empresas como o Grupo Zeta, Grupo 16 ou Prisa ("El País") dedicam publicações ao setor turístico como as revistas "Viajar" (Grupo Zeta), "Gente y Viajes 16" (Grupo 16), ou guias turísticos como os "Libros del Viajero" publicados por "El País-Aguillar".
- Internacionais e multinacionais. Na Grã-Bretanha, a empresa The Economist Intelligence Unit, que edita várias publicações, tem uma dedicada à conjuntura turística: "Travel Industry Monitor".

### 23.4.2. Imprensa escrita

- Imprensa diária de informação geral. Entre a imprensa diária espanhola, destacam-se as informações dos jornais: "El País", "La Vanguardia", "Diario 16", "El Periódico", "ABC", "El Mundo", assim como a imprensa regional e local: "El Punt" (Girona), "Avui", etc.; e a imprensa econômica como "Expansión", "La Gaceta de los Negocios", "Cinco Días", etc.

  Entre a imprensa internacional, destacam-se os principais jornais europeus e americanos como: os franceses "Le Monde", "Le Figaro", com "La vie des voyages"; os britânicos "Financial Times", "The Sunday Times", "The Observer"; o alemão "Frankfurter Allgemeine Zeitung"; o italiano "La Stampa"; os americanos "Herald Tribune International", "Washington Post", "The New York Times".
- Imprensa periódica de informação geral. Entre as revistas espanholas de informação geral destacam-se "Cambio 16", "Época", "Panorama", "Actualidad Económica", "Economics", etc.

  Entre as revistas internacionais de informação geral, destacam-se: as francesas "Le Point", "Nouvel Observateur"; a britânica "The Economist", as americanas "Time" e "Newsweek".
- Imprensa especializada. Quanto à imprensa especializada, tanto espanhola como internacional, podemos fazer a seguinte classificação:

1. Revistas de viagem: "Viajar", "Gente y Viajes 16", "Geo", "National Geographic", "Rutas del Mundo", etc.
2. Revistas de informação turística: "Editur", a decana da imprensa espanhola, editada sem interrupção desde 1960; "Spic"; "Agenttravel", "Travel

Agent", "Travel Trade Gazette"; "Congresos y Convenciones"; "Industria Hotelera", "España Hostelera", etc.

3. Revistas especializadas e científicas: "Tecnohotel", especializada em temas de hospedagem e restauração, é uma separata da revista "Editur"; "Papers de Turisme"; "Estudios Turísticos"; "Tourism Management"; "Annals of Tourism Research"; "Revue du Tourisme"; "Travel and Tourism Analist"; "International Tourism Quarterly"; "The Tourist Review"; "Travel Industry Monitor", etc.
4. Revistas e boletins de instituições, organismos, associações e empresas relacionadas com o setor turístico, como as de UFTAA, WATA, DIRHOS, ANPTET, AEDAVE, ASTA, etc.

### 23.4.3. Meios audiovisuais

Os meios audiovisuais – rádio e televisão – dedicam também espaços diretamente relacionados com a atividade turística, tanto nas emissoras nacionais como nas locais, assim como documentários e reportagens pela televisão.

## 23.5. Literatura turística: guias e livros de viagens. Jornalistas e escritores de turismo ao longo da história

Do mesmo modo como podemos falar, hoje, de uma imprensa turística especializada, também se pode falar da existência de uma literatura sobre viagens, tanto no que se refere a escritores e jornalistas especializados no tema, como a editoras que publicam guias e livros de viagens.

É interessante observar ao longo da história como o desenvolvimento da literatura sobre viagens, espanhola e mundial, evoluiu até chegar à atualidade.

### 23.5.1. Literatura de viagem na Antiguidade

As narrações de viagens são uma das primeiras manifestações da literatura universal. Os viajantes e cronistas da Idade Antiga relatam suas viagens, em textos cheios de fantasia, realidade e mito. Na imortal obra de Homero, Odisséia, é exposta ao público a grande vocação de viajante que tinham os gregos, que assiduamente participavam de festas de caráter religioso, nas quais ocorriam simultaneamente as competições atléticas, tanto em Atenas como em Delfos, Corinto e Olímpia, sendo esta última cidade onde se originaram as Olimpíadas. Outros escritores, como é o caso de Heródoto, considerado por muitos como o "pai dos escritores de turismo", descrevem as extensas viagens em sua época.

Outros dois escritores que descrevem suas vivências como viajantes são Pausânias e Xenofonte. Este último em sua "Anábasis" descreve, como diário de rota, a longa retirada de um comandante de soldados mercenários italianos apreensivo para retomar a direção de sua propriedade dos arredores de Atenas.

## 23.5.2. Literatura de viagem na Idade Média

A literatura de viagem na Idade Média relaciona-se em grande parte com as peregrinações e as viagens comerciais e de descobrimentos geográficos com fins econômicos e de expansão política. Em 1140, um peregrino francês, Aymeric Picaud, escreveu o primeiro "guia turístico" de Santiago de Compostela, no qual conta as jornadas de viagem, as qualidades das terras e pessoas e sua descrição de Santiago de Compostela.

No século XIV, um "guia do viajante" oferece aos peregrinos informação detalhada sobre as regiões e os países que devem ser cruzados para chegar aos lugares santos, assim como o tipo de hospedagem que podiam encontrar no caminho.

Deve-se citar Marco Polo que, em seus escritos, compila uma relação séria e objetiva de suas viagens ao Extremo Oriente. Marco Polo ditou suas experiências a Rustichello, que as transcreveu para o francês e intitulou-as "Livre des merveilles du monde". Posteriormente, essa obra foi traduzida para outras línguas com o título As viagens de Marco Polo.

## 23.5.3. Literatura de viagem do Renascimento ao Romantismo

### *a) A época dos grandes descobrimentos e o início da viagem por prazer*

Durante os séculos XV e XVI, os descobrimentos de novas terras foram motivo de numerosos relatos, como os diários de Cristóvão Colombo, os de Américo Vespúcio, os de Magallanes, etc.

Contudo, o historiador e humanista italiano Pastor afirma que a viagem por prazer surge a partir do século XVI. Nessa época, surgem os primeiros livros impressos de viajantes, que ampliaram suas edições desde o final do século XVI até o século XVIII. Dessa forma, os escritores começam a refletir sobre seus escritos e ensaios sobre a viagem, como é o caso de Montaigne ou de Sir Francis Bacon, que, em sua obra "Of Travel" (1612), estima que a viagem deve fazer parte da educação dos jovens e da experiência de pessoas com mais idade.

Os descobrimentos realizados nos séculos XVIII e XIX com fins coloniais e científicos na África também ficaram refletidos nos escritos dos britânicos Cook, Humboldt, Stanley e Livingstone, entre outros, e do francês Bougainville.

### *b) Os escritores viajantes do Romantismo*

No começo do século XIX, o complexo movimento denominado Romantismo inaugura uma nova etapa na história cultural européia, baseado em uma literatura em que sobressaem a estima pessoal, a visão subjetiva, os valores nacionais, o interesse pelo folclore e por tudo o que é típico e pitoresco, o amor pela natureza, pelo exótico, medieval e oriental. Daí muitos dos escritores românticos serem intrépidos viajantes.

O escritor inglês George Gordon, que ostentou o título nobre de Lord Byron (1788-1824), simboliza o ímpeto, a independência, o afã de viajar e a originalidade do espírito romântico. Suas andanças e aventuras por Espanha, Itália, Alemanha e Grécia, às vezes imaginárias, são recitadas em seu poema "La peregrinación de Childe Harold".

O escritor francês Francois René de Chauteaubriand é outro expoente do escritor romântico viajante. Nasceu em Saint-Malo, na costa atlântica francesa em 1768, sentiu-se desde muito jovem atraído pela melancólica beleza do mar. Depois de entrar para a milícia, abandonou tudo para visitar o Oriente Médio e os grandes lagos da América do Norte. De suas vivências escreveu "Itinerario de París a Jerusalén", "Viaje a América" e "El último Abencerraje", que está cheio de recordações espanholas.

Domingo Badía – Alí Bey – (1766-1819) também descreveu suas andanças pela África e Ásia em seu livro "Voyages d'Ali-Bey en Afrique et en Asie pendant les années 1803 à 1807 ".

Aurora Dupin (1804-1875), a novelista francesa que tornou famoso o pseudônimo de "George Sand" e que foi companheira sentimental do músico polaco Federico Chopin, narra sua estada em Mallorca em "Un hiver à Majorque".

Teófilo Gautier (1811-1872) também é outro escritor romântico francês que, em sua obra "Viaje a España", exaltou a Espanha de pandeiro da época.

Pierre Loti, amante do mundo árabe e oriental, escreveu durante suas longas estadas em Istambul "Voyages" (1872-1913) e "La morte de Pilae", sobre uma viagem ao Egito em 1907.

Julio Verne (1828-1905), com suas numerosas obras de viagem descritas entre a fantasia e a realidade, sendo, talvez, a mais significativa A volta ao mundo em 80 dias.

Os literatos românticos espanhóis também se destacam por suas obras de costumes, como Mariano José de Larra e Mesonero Romanos. Posteriormente, os escritores da geração de 98 também descrevem a Espanha de final do século XIX, como o poeta Antonio Machado, Unamuno, Azorín, Baroja e Gavinet.

***c) Espanha na visão de escritores estrangeiros***

Os escritores e literatos estrangeiros que visitaram a Espanha ao longo da história e, especialmente, desde o século XVII até hoje, estão recompilados nos livros de Arturo Farinelli: "Viajes por España y Portugal desde la Edad Media hasya el siglo XX" (1921); José García Mercadal: "Viajes por España"; David Mitchell: "Viajeros por España", entre os quais se destacam Stendhal, Victor Hugo, Alexandre Dumas (padre), Hans Christian Andersen ou o americano Washington Irving, etc., junto a contemporâneos, como o americano Hemingway, o tcheco Karel Capek, etc.

***d) Surgimento dos guias turísticos***

Na Alemanha surge Karl Baedecker, que pode ser considerado como o criador dos modernos guias turísticos de viagens. De família de editores radicados em Essen, Baedecker viajou em sua juventude, o que lhe permitiu compreender a importância da necessidade de lançar no mercado "guias de viagens". A idéia surgiu ao folhear o manuscrito do escritor Klein sobre uma viagem pelo Rhin, que editou em 1839. Estabeleceu-se em Coblenza e, ano após ano, lançou novas edições e reimpressões de livros especializados em itinerários descritivos. Baedecker morreu em 4 de outubro de 1859 na Suíça, e seus filhos continuaram o negócio editorial na mesma linha de livros de viagens, cuja coleção que leva o mesmo nome – Baedecker – chegou até nossos dias, editada em vários idiomas e com centenas de obras que abrangem todo o mundo.

## 23.5.4. Literatura de viagem contemporânea. Guias turísticos

***a) O desenvolvimento dos guias turísticos no século XX***

Eugène Fodor pode ser considerado, com Baedecker, outro pioneiro dos guias de viagem e que deu nome a uma coleção de guias que fixaram um marco no século XX. Fodor nasceu em 16 de outubro de 1905 em Leva (Hungria), atualmente Eslováquia, e estudou na França, onde trabalhou em uma companhia marítima. Posteriormente, mudou-se para os EUA onde foi uma instituição na obra de livros de viagens até sua morte, ocorrida em 19 de fevereiro de 1991, aos 85 anos, em Torrington (EUA). A idéia de escrever e editar guias surgiu da mesma maneira que a de Baedecker, partindo de suas viagens de infância e juventude e tendo trabalhado em companhias marítimas e agências de viagens, o que lhe serviu para constatar a necessidade que o viajante tem de andar bem informado e documentado, partindo do princípio que mantinha Fodor, de que todo guia deve ter duas grandes qualidades: a exatidão e a honestidade.

Fodor foi autor de guias utilizados durante cinqüenta anos por turistas em todo o mundo. Seu primeiro livro intitulado "1936...En el Continente", publicado em 1936, era um guia da Europa dirigido a turistas britânicos. Compreendia 1.212 páginas e informava sobre 25 países. Sua teoria era a de que o viajante não devia apenas visitar monumentos, mas que também tinha de familiarizar-se com a cultura e os costumes dos habitantes do país que vai visitar. Dois anos mais tarde, uma edição desse livro para os turistas americanos bateu recordes de venda nos EUA. Fodor, que dominava cinco idiomas, publicou em sua editoria 140 títulos dos quais foram vendidos mais de 200 milhões de exemplares.

Junto aos guias Fodor e Baedecker, devemos citar o centenário guia francês "Bleu", publicado pela editora Hachette; o guia suíço "Nagel", que são os mais completos, nos quais, além de uma minuciosa descrição dos monumentos artísticos e museus, detalham-se todas as peculiaridades geográficas, históricas, políticas, antropológicas, econômicas, sociológicas e religiosas de um país. Também contêm uma boa recomendação de restaurantes, hotéis e outros dados úteis para o visitante. Seu catálogo abrange praticamente todos os países turísticos do mundo, seja individualmente ou agrupados em zonas geográficas.

Outras coleções de guias de viagem que abrangem numerosos países do mundo são:

- Michelin. Os guias Michelin, tanto em sua série vermelha (hotéis e restaurantes) como na verde (rotas turísticas e monumentais), são muito úteis e mansuráveis, principalmente por sua compilação de dados e sua boa resposta às questões essenciais sobre o país a ser visitado. Na mesma linha dos Michelin podem ser encontrados os guias Naranja (Tintaverde), os Petit Planète, Nouvelles Frontières e Delta, em francês; ou Kodansha International, Apa Photo, Marcus e As Vilos, Lonely Planet, em inglês.
- El País/Aguilar. "Los libros del viajero" são uma tradução da coleção Insight Guides de Apa Productions, revisada e adaptada para o viajante espanhol,

com estilo jornalístico. Nessa coleção também constam obras escritas por autores espanhóis. Outras coleções dessa editora são "Guías con encanto", "Guías prácticas", "Guías de España", etc.

- GT Salvat. Salvat publica uma coleção que é uma tradução e adaptação de Guides Bleu Visa, da editora francesa Hachette, menos completas que suas irmãs Guides Bleu.
- Anaya Touring. A editora Anaya publica a coleção "Guía completa para viajeros" que é uma tradução dos guias do Touring Club Italiano.
- Trotamundos. Estes "Guías Trotamundos para viajar con mochila", publicados na Espanha pela editora Grech, baseando-se nos originais "Guides de Routards" franceses, são indispensáveis para quem deseja viajar, sem excessivos recursos econômicos e de maneira livre e independente, fora das rotas oficiais e em busca de fortes emoções.
- Editora Laertes. A editora Laertes tem a coleção "Rumbo a..." semelhante à do grupo de Michelin.
- a Editora Destino possui uma coleção entre o guia e a literatura sobre viagens que compila numerosas cidades do mundo. De iguais características é a coleção de "Ciudades de la Historia", da editora Planeta.
- Plaza & Janés publica "Guías del viajero" e a tradução de uma coleção de bolso da editora alemã Plygott-Verlag. De estilo parecido são os da editora Folio.
- Berlitz possui uma extensa coleção de guias de bolso sobre várias cidades do mundo.
- Everest tem uma extensa coleção de guias de todas as províncias espanholas.
- Guías sobre a Espanha existem os de Afrodisio Aguado, Campsa, Michelin, Bleu, etc.

### *b) Escritores de literatura de viagem do pós-guerra até hoje*

Entre os escritores espanhóis, que ao longo dos últimos cinqüenta anos dedicaram parte de sua obra ao espírito viajante, destacamos:

- Camilo José Cela com sua "Viaje a la Alcarria" (1948), realizada a pé e que depois voltou a repeti-la em automóvel; "Del Miño al Bidasoa" (1952); "Viaje al Pirineo de Lérida".
- Miguel Delibes com suas descrições de Castilha, em "Castilla habla" (1963) e "Europa, para y fonda" (1963), etc.
- José María Gironella com seus livros sobre viagens pelo Oriente Médio e Ásia.
- Guillermo Díaz Plaja, com suas "Cartas de navegar" (1953) e "El viajero e su luz" (1963).

- Josep Plà, com numerosas obras, entre as quais se destacam: "Guía de Cataluña" e "Guía de la Costa Brava".
- Josep Maria Espinàs com suas conhecidas viagens a pé descreveu vários lugares – entre 1956 e 1962 – em suas obras "Viatge al Pirineu de Lleida". "Viatge al Priorat" e "Viatge a la Segarra"; e, posteriormente, "A peu per la Terra", "A peu per la Llitera", "A peu per l'Alt Maestrat".
- Outros escritores e jornalistas que escreveram livros sobre viagens são: Baltasar Porcel, Xavier Febrès, J. Caro Baroja, Joan Fuster, Jesús Torbado, Manuel Leguineche, Manuel Vázquez Montalbán, etc.

Capítulo **24**

# MARKETING E PUBLICIDADE TURÍSTICOS

## 24.1. Conceito, características e técnicas do marketing aplicados ao turismo

Os produtos e serviços turísticos que hoje são oferecidos no mercado turístico devem ser apresentados aos seus consumidores potenciais com as melhores garantias de obter êxito não apenas comercial, mas também uma satisfação das necessidades dos turistas demandantes de tais produtos e serviços. Para isso, impõe-se uma comunicação comercial o mais idônea possível que se pode conseguir com as modernas técnicas de marketing, da publicidade e das relações públicas.

### 24.1.1. Conceito e características

O marketing turístico é aquele conjunto de métodos e técnicas, baseados em uma atitude de investigação, análise e constante revisão, que direcionadas a satisfazer nas melhores condições psicossociais as necessidades dos turistas, das populações que os acolhem e das organizações turísticas (empresas, instituições e associações) que oferecem produtos e serviços no mercado em regime de concorrência.

Essa definição complementa-se com a de marketing-mix, isto é, um método baseado em quatro políticas: produto, preço, distribuição e promoção e publicidade.

1. *Produto turístico.* O produto ou serviço turístico caracteriza-se por: hospedagem, transporte, restauração, informação turística, atividades culturais,

esportivas e recreativas, etc., com suas características de qualidade, marca, prestígio, traços diferenciadores e funcionais, apresentação e tamanho.

2. *Mercado*. O mercado baseado na oferta e na demanda de produtos e serviços turísticos necessita ser estudado quanto a:
   - Oferta própria. Estudo de suas características e sua comparação com a oferta da concorrência.
   - Demanda da clientela turística. Estudo da demanda potencial e real com base em uma segmentação, segundo as características de cada segmento social – turismo juvenil, turismo de terceira idade, turismo familiar, turismo de qualidade, turismo dos "yuppies", etc. – quanto às suas necessidades, motivações, poder aquisitivo e suas características pessoais (idade, sexo, estado civil, nível de estudos e de formação, profissão, trabalho, etc.).
3. *Preço*. O valor no mercado dos produtos turísticos com uma relação direta com a qualidade destes, preços de custo de produção, comercialização, armazenagem e gastos gerais diretos e indiretos.
4. *Distribuição, promoção e publicidade*. A distribuição dos produtos e serviços turísticos é realizada por vários canais de comercialização entre os produtores dos serviços turísticos e os clientes ou demandantes destes, promoção prévia no mercado por meio de informação e persuasão que se obtêm com informação e comunicação comercial que é realizada com campanhas de publicidade e de relações públicas e centros de informação permanente – escritórios de informação turística – ou meios de comunicação de massas (jornais), feiras, salões de turismo, jornadas comerciais, "workshops", etc.

O esforço do marketing consiste, portanto, em obter uma eficácia da combinação ótima (coordenação e dosagem) dos elementos do marketing-mix, com a finalidade de atender os volumes de vendas e dos benefícios desejados. Previamente, a empresa que procura definir e melhorar sua estratégia do marketing-mix tem a necessidade de informações que são reunidas e analisadas em diversos estudos que servem posteriormente para adotar uma série de políticas para se obter um posicionamento – consolidação – dos produtos e serviços turísticos no mercado.

O objetivo do marketing é construir para agradar e servir as necessidades dos clientes, com proveito. Nesse quadro, o marketing é praticamente um plano seguro. Como agir com êxito? A diferença entre a venda – atitude corrente entre os profissionais do turismo, da hotelaria, da viagem – e o marketing apóia-se, por definição deste último, em conhecer e satisfazer as necessidades do cliente, já que na venda prevalecem as necessidades do produtor.

O marketing converte-se, assim, em um processo permanente. É necessário conhecer sempre as novas necessidades da clientela turística. O controle do êxito dá impulsos que permitirão melhorar os resultados futuros.

A aplicação do marketing no setor do turismo talvez seja mais necessária que em outros setores, já que o turismo apresenta particularidades importantes em relação aos serviços ou produtos correntes.

Por um lado, a demanda turística – o consumidor turístico – caracteriza-se por:

*a*) Elasticidade. Uma elasticidade muito grande com relação ao nível de ingressos e preços e é sensível ao contexto político e social. Traduz-se também pelos desequilíbrios sazonais – devido à falta de escalonamento das férias – e dos fenômenos de saturação, conseqüência de uma repartição do espaço em zonas emissoras de turismo e em zonas receptoras de turismo.

*b*) Necessidades. O consumidor turístico move-se por uma série de motivações e necessidades como já vimos no Capítulo 4 sobre a psicologia da demanda turística.

*c*) Segmentação. A demanda turística é complexa quanto às características econômicas, psicossociais, profissionais, culturais, relacionadas com idade, educação, sexo, estado civil, poder aquisitivo, etc., como já vimos no Capítulo 5 sobre a sociologia da demanda turística.

Por outro lado, o produto turístico é um produto rígido oferecido por grande número de empresas ou entidades diversas. Como afirma Robert Lanquar: "De fato o que se oferece turisticamente não é móvel, nem pode ser armazenado, os serviços turísticos são consumidos sobre o terreno. O hotel, o aeroporto, a base das atividades da civilização do lazer não podem ser transferidos no final da temporada turística para outra região. Não podem se adaptar a variações da demanda no tempo e no espaço. Essa rigidez explica-se pela forte proporção dos custos fixos no total dos gastos e a estrutura do passivo das empresas turísticas sobre as quais pesam gastos financeiros importantes. Essa rigidez também afeta o turista, que paga caro, e o país ou região, cujo patrimônio não é utilizado permanentemente".

### 24.1.2. Técnicas de marketing

As técnicas de marketing estão baseadas num processo conseguinte nos pontos:

1. O plano de marketing: baseado no estudo do produto ou serviço turístico, do mercado, de sua oferta e de sua demanda; a segmentação da demanda;

determinar as metas e objetivos; estabelecer que políticas de estratégias e táticas devem ser seguidas para incidir e posicionar-se no mercado; estabelecer as previsões e prognósticos do plano; estabelecer a política de preços; estudar o ciclo de vida útil do produto – origem, lançamento, expansão, consolidação e declive.

2. A promoção turística, baseada na informação – com os meios de comunicação, escritórios de turismo, jornadas comerciais, feiras de turismo –, a publicidade, as relações públicas, o marketing direto, o patrocínio e a organização de eventos promocionais. Assim mesmo, deve-se estudar o plano de marketing quanto à promoção dos custos e orçamentos para as campanhas de promoção.
3. A comercialização, com base na política de distribuição. Estabelecimento dos canais de distribuição. As técnicas do "merchandising" ou mercado, ou seja, a promoção no lugar ou ponto-de-venda, etc. No setor do turismo, os principais canais de comercialização são as agências de viagens, como já vimos no capítulo da Economia do Turismo.

## 24.2. Conceito, características e técnicas da publicidade aplicados ao setor turístico

A publicidade enquadra-se dentro do marketing que, lembrando, trata de analisar o mercado para descobrir suas necessidades, interpretá-las e criar produtos e serviços capazes de satisfazê-las no quadro dos objetivos perseguidos pela organização empresarial.

A função da publicidade dentro do marketing é fazer com que se conheça os produtos e serviços turísticos, difundir uma imagem de marca ou a imagem da empresa, diferenciando-a dos da concorrência para que o receptor da mensagem possa identificá-los. Essa função vem respaldada, como veremos mais tarde, pelas relações públicas.

### 24.2.1. Conceito, características e objetivos da publicidade

A publicidade é, portanto, uma comunicação maciça feita por um emissor – empresa, instituição, etc. – cuja finalidade é transmitir informação – mensagem – e/ou incidir sobre as atitudes – criando-as, modificando-as ou reforçando-as – para impulsionar os destinários desta a um comportamento ou resposta – "feedback" – em princípio favorável aos interesses do anunciante (empresa). Essa transmissão da mensagem se produz mediante alguns meios de comunicação – diretos ou indiretos.

Nesta comunicação fica estabelecido o seguinte esquema:

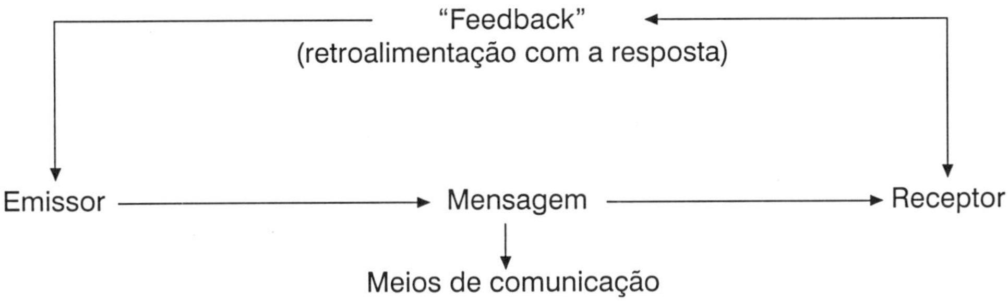


A comunicação publicitária é uma informação caracterizada por ser persuasiva, que deve basear-se nas motivações e necessidades do destinatário desta (cliente do hotel da agência de viagens, etc.).

Os objetivos da comunicação publicitária turística estão baseados em vários esquemas, o mais aceitável é o denominado AIDA: atenção (A), interesse (I), desejo (D) e ação (A). A publicidade deve captar a atenção e provocar, depois, o interesse e o desejo para que seu destinatário realize a ação – comprar ou consumir aquele produto ou serviço, convencer-se, assumir a idéia e torná-la sua – que a campanha persegue:

Atenção → Interesse → Desejo → Ação

Para alcançar seus objetivos, a difusão das mensagens publicitárias deve chegar aos seus destinatários. Estes constituem o público-alvo. A publicidade utiliza, em conseqüência, todos os meios de comunicação capacitados para que sua mensagem seja conhecida pelo público-alvo. Entre os meios de comunicação, destacam-se os meios de massas ("mass media"): imprensa, rádio, televisão e cinema.

As mensagens publicitárias recebem diversas denominações, conforme o meio de difusão: anúncio, na imprensa; vinheta, no rádio; spot, na televisão e cinema.

Os meios de comunicação de massas têm uma considerável importância social, pois difundem a maior parte da informação que a sociedade recebe e transmitem os valores dominantes. As funções informativa e formativa ou cultural que desempenham favorecem sua capacidade de impacto como meios de difusão, à qual se deve sua intensa utilização pela publicidade. A publicidade é, por outro lado, a principal fonte de financiamento dos meios de comunicação de massas nos países com liberdade informativa.

Entre os demais meios de comunicação, diferentes dos "mass media", os mais utilizados na difusão da publicidade são a via pública (na qual se localizam os vários outdoors), os meios de transporte – ônibus, metrôs, táxis, trólebus –, o correio (mailing) e a entregas em domicílio.

### 24.2.2. Técnicas empregadas pela publicidade turística

As técnicas empregadas pela publicidade turística estão baseadas nas campanhas publicitárias que consideram, entre outros, os seguintes aspectos:

1. Determinar a segmentação dos destinatários da mensagem (turismo juvenil, terceira idade, turismo em geral, etc.).
2. Definir a mensagem. A criatividade da mensagem publicitária potencializará a capacidade de motivação e persuasão que a publicidade tem. Mensagens de oferta de hospedagem, viagens, transporte, recursos turísticos, etc.
3. Estabelecer o orçamento do qual se dispõe para realizar a campanha publicitária.
4. Eleição dos meios de comunicação mais competentes. Em geral, no setor turístico os meios mais adequados são: o correio ou mailing, entregas em domicílio, outdoors, meios de transporte, anúncios na imprensa escrita ou vinhetas no rádio. A televisão é pouco usada.

   As principais características de cada meio são as seguintes:

   - Correio: meio direto para uma clientela em princípio favorável à mensagem.
   - Entregas em domicílio: meio maciço, não discriminatório, pouca eficácia.
   - Outdoors e meios de transporte: exposição constante, flexibilidade geográfica, impacto criativo, mensagem curta, passividade do impacto.
   - Imprensa diária: grande flexibilidade, possibilidade de texto amplo, baixo custo de produção, cobertura ampla, mensagem duradoura, difusão local, nacional e internacional, custo elevado caso se empregue como difusão, passividade diante do leitor, impacto criativo limitado. As revistas têm maior seletividade demográfica, lenta consolidação da exposição, flexibilidade geográfica limitada.
   - Rádio: seletividade demográfica, custos totais reduzidos, custos de produção não muito elevados, flexibilidade de difusão: local, regional, nacional; vida efêmera da mensagem, impacto visual nulo.

5. Estabelecer o calendário ou "timing" e periodicidade de difusão das mensagens, tendo em conta se a mensagem é de lançamento – fazer com que o mercado conheça ou de recordação, etc.

## 24.3. Conceito, características e técnicas das relações públicas aplicados ao turismo

As relações públicas são o conjunto de atividades planejadas com o objetivo de estabelecer e manter comunicação e compreensão mútuas entre uma organização – empresas, organizações, instituições, etc. – e seu público – clientes, associados, etc.

As relações públicas são uma outra base na qual se apóia o marketing, com a publicidade, para criar uma imagem de prestígio, força e captação no mercado.

Do mesmo modo que a informação e a publicidade, as relações públicas na área do turismo devem ser planejadas, coordenadas entre elas e com ações promocionais.

### 24.3.1. Características

As principais características das relações públicas são:

- Comunicação direta entre a organização e seu público.
- Apoio às atividades de marketing e publicidade.
- Compreensão entre a organização e seu público.
- Criação de imagem, prestígio e posição no mercado.

### 24.3.2. Técnicas e atividades de relações públicas

As principais técnicas e atividades que empregam as relações públicas são as seguintes:

1. Redação, publicação e difusão periódica de notas e comunicados de imprensa para divulgar as novidades das atividades da organização, por meio da imprensa de informação geral ou especializada ou por meio de mala direta pelo correio.
2. Estabelecer conferências de imprensa para informar de forma direta os meios de comunicação de massas das atividades da organização.
3. As viagens e visitas de familiarização ou educacionais para apresentar diretamente a realidade e o funcionamento da organização.
4. Produção e difusão de material de propaganda turística: folhetos, revistas, brindes, etc.
5. Difusão de material audiovisual: fotografias, slides, vídeos.

6. A organização de atos sociais de informação e apresentação de produtos e serviços turísticos: almoços, jantares, coquetéis, etc.
7. A preparação de concursos de imprensa com finalidades promocionais.
8. Organização de manifestações e atividades diretas com o público em geral: jornadas ou semanas comerciais, grandes concursos, manifestações esportivas, projeção de vídeos e documentários promocionais, entrega de brindes, conferências, etc.
9. O patrocínio ou "sponsorización" de atividades culturais, esportivas, recreativas, musicais, teatrais, etc.

## 24.4. Feiras e salões relacionados com o turismo. Conceito, características e organização

As feiras e salões relacionados com o turismo são espaços onde se trocam comunicações comerciais mediante promoção direta de produtos e serviços turísticos no mercado. Essas manifestações comerciais têm aumentado nas últimas décadas tanto na Espanha como internacionalmente.

### 24.4.1. Feiras e salões de turismo: conceito, características e organização

Os estudos de mercados e de produtos turísticos ditam os critérios que permitem pôr em funcionamento a promoção e a comercialização.

A ação promocional dirige-se especial e diretamente ao público, escolhendo os objetivos identificados com a clientela potencial ou com a clientela real ou receptora.

A ação comercial é exercida especialmente pela mediação da rede de profissionais de venda – agências de viagens, centrais de reservas, etc.

Para realizar essas ações promocionais e comerciais deve-se basear em:

*a*) A informação por meio de centros de informação turística permanentes – escritórios de informação turística – e ocasionais – feiras e salões monográficos.
*b*) A publicação e a difusão de material de propaganda e de promoção mostrando os recursos e as ofertas turísticas com folhetos, catálogos, cartazes, vídeos, etc., de forma direta ao cliente ou indireta por meio das ações de comercialização estabelecidas pelos canais de distribuição correspondentes, ou pelos centros de informação: escritórios de turismo, feiras e salões monográficos.

As ofertas e salões de turismo são manifestações comerciais ocasionais e periódicas, de curta duração, que organizações institucionais turísticas, empresas que oferecem produtos e serviços turísticos e empresas comercializadoras de tais produtos ou serviços turísticos expõem seus recursos e ofertas e estabelecem algumas relações informativas, promocionais e comerciais com os profissionais ou com os particulares ou o público em geral. Apesar de o resultado final de uma feira ser a venda, seu principal objetivo não é efetuá-la imediatamente, mas sim conseguir a promoção no mercado.

### *a) Classificação*

As feiras podem ser classificadas em:

- Por sua estrutura ou setor, as feiras e salões de turismo podem ser:
  - Horizontais de âmbito geral onde se expõe todo o tipo de produtos e serviços turísticos de todos os setores: hospedagem, restauração, transportes, oferta complementar, empresas de diversão, instituições, etc. Por exemplo: Fitur, de Madri; ITB, de Berlim, etc.
  - Verticais ou monográficos em que são expostos os produtos ou serviços de certo setor turístico: hospedagem e restauração – Hostelco –, transporte, etc.
- Por seu âmbito geográfico, podem ser:
  - Regionais.
  - Nacionais.
  - Internacionais.
- Por seu âmbito comercial, podem ser:
  - Profissionais: feiras dedicadas basicamente aos profissionais para estabelecer as correspondentes contratações em regime de turismo receptor. Uma modalidade em menor escala são os "workshops".
  - Público em geral: feiras abertas ao cliente em potencial ou real que necessita de informação para planejar suas atividades turísticas de veraneio, viagens ou estadas, em regime de turismo emissor.
  - Mistas: aquelas feiras que tanto são dirigidas aos profissionais como ao público em geral.

### *b) Características*

As principais características de uma feira ou salão de turismo são as seguintes:

1. A feira é um campo neutro, já que permite inverter o processo de relação comercial habitual, devido ao fato de que, nela, o comprador é quem vai ao vendedor em busca de informação.

2. Data de acontecimento. Para o êxito e rentabilidade de uma feira, ela deve acontecer em determinadas épocas do ano sujeitas à sazonalidade turística – alta e baixa temporada. A melhor época do ano para se realizar feiras destinadas aos profissionais de turismo receptor com a finalidade de estabelecer as correspondentes contratações são o primeiro ou o último trimestre do ano. Em troca, para o público em geral ou emissor, a melhor época é entre o primeiro e o segundo trimestre do ano.
3. Atração de demanda potencial ou real. Uma boa feira coloca-se em contato com um número importante de pessoas que podem se converter em futuros clientes.
4. Permitem algumas relações diretas. Como nas relações públicas ou a promoção, uma das vantagens da participação em feiras é o contato direto que se estabelece entre o vendedor e o comprador e entre o comprador e o produto ou serviços turísticos. Esse contato direto permite estabelecer relações comerciais mais sólidas.
5. Necessidade de um pessoal qualificado. Para poder aproveitar a vantagem do contato direto, o vendedor deve contar com os conhecimentos técnicos que lhe permitem esclarecer as dúvidas do cliente interessado. Por isso, em cada estande deve haver um vendedor que tenha um amplo conhecimento do produto, que possua resistência física para permanecer muitas horas trabalhando e que tenha conhecimento de idiomas, boa aparência e dinamismo.
6. Atividades paralelas. O êxito e a eficácia em que são desenvolvidas as atividades de relações públicas e de publicidade paralelas à exposição contribuirão em grande proporção com o impacto final que será alcançado com o desafio de atrair público, mediante comunicados pelo correio, imprensa e outros meios de publicidade.
7. Meio físico. O estande deve ser cômodo, atraente e bem situado para obter melhor eficácia, tanto para o vendedor como para o público em geral e os profissionais.
8. Orçamento. Participar de uma feira ou salão de turismo custa dinheiro que deve ser rentabilizado ao máximo. Pelo qual, é importante a decisão de participar ou não dela depois de haver analisado os aspectos positivos e negativos que o evento poderá trazer.
9. Calendário de ações. Estabelecer um "timing" ou calendário de atuação na véspera da abertura, no dia de inauguração, nos dias da exposição e nos últimos dias e no encerramento.

## 24.4.2. Principais feiras e salões de turismo na Espanha e no exterior

As principais feiras e salões de turismo, tanto na Espanha como no exterior, ocorrem, de modo geral, durante o primeiro ou o último trimestre do ano.

Na Espanha, as principais feiras e salões de turismo são:

- Feira Internacional de Turismo (FITUR). Acontece em Madri, (janeiro). É considerada a segunda maior feira de turismo do mundo depois da ITB de Berlim, em relação a expositores e visitantes.
- Expovacaciones (Expoférias). Ocorre em Bilbao (Vizcaya) (abril e maio).
- Tecnoturística. Acontece em Palma de Mallorca (Baleares) (inverno).
- Salão Internacional de Turismo de Cataluña (SITC), organizado por Fira de Barcelona (abril).
- Atlantur. Realizada em Las Palmas (Canárias).

No exterior, as principais feiras e salões de turismo européias são os seguintes:

- Alemanha: Bolsa Internacional do Turismo (ITB). Acontece em Berlim (março). É considerada a feira de turismo mais importante do mundo pelo número de participantes e visitantes.
- Bélgica: Vacances (Bruxelas) (março); BTF (Bruxelas) (novembro).
- França: MITCAR e Salão Mundial de Viagens, em Paris (outubro e dezembro).
- Reino Unido: World Travel Market (WTM), em Londres (novembro e dezembro).
- Holanda: De Vakantiebeurs (Utrecht) (janeiro).
- Itália: Bolsa Internacional do Turismo (BIT), de Milão (fevereiro).
- Portugal: Bolsa do Turismo Luso (BTL), em Lisboa (janeiro).

Capítulo 25

# INFORMÁTICA TURÍSTICA

## 25.1. Conceito e características da informática turística

A informática é a ciência que permite processar eletronicamente uma informação dos dados armazenados na memória de um computador e seguindo as instruções de um programa.

Dessa forma, a informática aplicada ao setor turístico – turismática – trata de concepção, realização e utilização dos sistemas que processam informação relacionada com a gestão – reservas, vendas, contabilidade, banco de dados, etc. – do tratamento dos dados encaminhados para prestar os diferentes serviços turísticos.

A turismática é, portanto, o conjunto de teoria e técnicas postas em jogo para o tratamento automático das informações com a ajuda de meios de cálculo eletrônico aplicadas ao setor de transporte, hotelaria e restauração, agências de viagens e escritórios e centros de informação turística.

O tratamento da informação move-se em dois níveis:

*a*) A informática do tratamento de textos e do banco de dados aplicada à informação dos serviços turísticos.

*b*) A informática de gestão que trata da gestão comercial, industrial, financeira, análise de sistemas de gestão e gestões administrativas. Esse segundo tipo de nível aplica-se ao tratamento dos problemas macroeconômicos e microeconômicos turísticos.

Um computador eletrônico é uma máquina que, em muitos aspectos, funciona de forma similar ao cérebro de um ser humano que quer resolver um problema. Como funciona um computador?

Em primeiro lugar, o computador recebe a informação que chega do exterior por meio de uma unidade de entrada. Uma vez recebida a ordem, esta passa para a memória do computador, na qual se encontram armazenados dados e instruções de operação que permitirão à máquina resolver o problema. Conectada à memória encontra-se, no computador, a unidade de processamento central, que é formada por dois importantes blocos: a unidade de controle e a unidade aritmético-lógica. A primeira delas tem como função extrair da memória as instruções necessárias para resolver o problema e as seqüências com que devem ser executadas, transferindo essa seqüência para a unidade aritmético-lógica que, uma vez recebida, extrai da memória os dados necessários e executa todas as operações previstas.

Realizado todo o processo, o resultado obtido passa para a memória, onde fica armazenado até que, em determinado momento, é retirado dela por meio de uma unidade de saída que é encarregada de proporcionar a solução procurada.

O tratamento da informação segue, portanto, o processo:

Entrada de informação ⟶ Tratamento da informação ⟶ Saída de informação

O processo de tratamento da informação passa pelas seguintes fases com uma decodificação de linguagens para que sejam entendidas pela máquina e pelo homem.

*a*) Coleta de dados (por exemplo: serviços da fatura do hotel por meio dos vales e das comandas).
*b*) Leitura dos dados.
*c*) Tratamento dos dados (por exemplo: elaboração da fatura do cliente).
*d*) Saída de dados (por exemplo: fatura confeccionada e impressa).

O processo de tratamento de dados tem o seguinte esquema no computador:

1. *Unidade de entrada.* É o sistema mediante o qual são introduzidos no computador os dados e as instruções que formam o programa que deverá ser executado. Podem ser de vários tipos: teclados com tela, leitora de fichas perfuradas, discos, etc. Contudo, seja qual for o sistema, sempre é o instrumento de comunicação entre o homem e a máquina.
2. *Memória.* É a parte do computador na qual são introduzidos dados e instruções que formam o programa – seqüência de instruções que detalha passo a passo como se deve fazer uma tarefa. Dela, a unidade de processa-

mento central extrai os elementos que necessita para executar o programa. Uma vez finalizado, ficam armazenados na memória os resultados que são extraídos pela unidade de saída.

3. *Unidade de processamento central.* É o "coração" do computador. Sua missão consiste em interpretar e executar todas as instruções contidas no programa. Por sua vez, é composta por dois elementos bem diferenciados. A unidade aritmético-lógica e a unidade de controle.
   - Unidade Aritmético-lógica. A unidade aritmético-lógica é a que realiza todos os cálculos e comparações (decisões) que formam o programa. Durante toda a elaboração deste, fluem entre essa unidade e a memória os diferentes dados indicando para a unidade de controle o tipo de operação a ser realizada com esses dados.
   - Unidade de Controle. A unidade de controle é a encarregada de interpretar e selecionar as diferentes instruções que formam o programa e que se encontram armazenadas na memória, aqueles que significam instruções interpreta e gera os sinais que envia para as outras unidades da máquina que são encarregadas de executá-los.
4. *Unidade de Saída.* A unidade de saída é um dispositivo similar à unidade de entrada, já que também serve de comunicação entre o homem e a máquina. Obtém na memória a informação codificada e a converte em um formato que, ou pode ser diretamente interpretado pelo homem, ou transferido para outra máquina de processamento, como discos ou fitas magnéticas.

Esquematicamente, a estrutura do computador é a seguinte:

Unidade de Entrada ←——→ Memória ←——→ Unidade de Saída
↕
Unidade de Processamento central
↕
Unidade de Controle
↕
Unidade Aritmético-lógica

Para realizar todos os processo informativos, o computador necessita de alguns suportes:

*a)* Hardware: os circuitos e redes que o computador possui com base em aspectos físicos: discos, "compact disc" (CD-ROM), arquivos, fitas magnéticas, teclados. Os arquivos são de três tipos:

1. Arquivos permanentes, integrados por um conjunto de informações relativas à informação constante, de situação ou histórica.
2. Arquivos de movimento que contêm informação que serve para atualizar um arquivo permanente.
3. Arquivos de manobra que contêm informação armazenada para resultados intermédios e que serão utilizados mais tarde no mesmo processo.

*b*) Software: os programas escritos para o computador que podem ser de diversas formas: tratamento de textos, banco de dados, gestão administrativa, etc.

## 25.2. Utilização dos computadores nas empresas de transporte

A aplicação da informática nas empresas de transporte pode ser classificada em quatro tipos:

1. A informatização dos serviços de transportes, quanto ao funcionamento de veículos e aparelhos e ao andamento dos serviços. Por exemplo, o "trem-bala japonês" – Tokaido – que alcança mais de 250km/h tem um programa informatizado de funcionamento.
2. A informatização dos serviços, em relação a calendário, horários e preços do transporte, partindo de um banco de dados atualizado.
3. A informatização da gestão administrativa:

   *a*) Reservas de lugares.
   *b*) Venda de passagens.
   *c*) Preparação das passagens.
   *d*) Inventário do movimento de reserva e venda de lugares.
   *e*) Faturamento.
   *f*) Contabilidade.
   *g*) Caixa.
   *h*) Estatísticas.
   *i*) Gestão de provedores.
   *j*) Gestão de clientes.
   *k*) Gestão de pessoal: quadro de funcionários, folha de pagamento de empregados, etc.

4. Serviços informatizados de informação dos serviços de transporte de uso direto para os usuários, por meio de terminais de videotexto.

## 25.3. Utilização dos computadores nas empresas hoteleiras e de restauração

### *a) Empresas hoteleiras*

A aplicação da informática no setor das empresas hoteleiras pode ser dividida em duas partes:

1. Atividades "front-office", aquelas que são realizadas de frente para o exterior, em relação direta com o cliente:

- Reservas: planning.
- Designação de quartos: lista de espera de chegadas, disposições de quartos ocupados, livres ou fora de serviço.
- Check-in: processo de chegada do cliente.
  - Ficha do cliente.
  - Ficha de segurança para abertura do quarto (chave-cartão magnético).
  - Ficha de polícia.
  - Notificação de chegada do cliente aos diferentes departamentos, etc.
- Auditoria noturna.
- Check-out: processo de saída do cliente: faturamento, caixa, etc.

2. Atividades "back-office", aquelas gestões internas da empresa:

- Quadro de freqüências.
- Quadro de ocupações.
- Inventário de almoxarifado e adega.
- Inventário de rouparia e outros bens móveis de infra-estrutura: mobiliário, cristais, baixelas, etc.
- Recapitulação de produtos.
- Estatística de clientes.
- Análise de custos dos diversos departamentos.
- Gestão de pessoal: relações de empregados, etc.
- Contabilidade na recepção: registro de ocorrências.
- Contabilidade geral.
- Mailing de clientes para estabelecer correspondência periódica informativa (novos serviços, preços dos serviços, etc.) e de relações públicas (congratulação por aniversários, onomásticas, etc.).
- Estudos de rendimentos totais e setoriais de todos os serviços do hotel (refeitório, bar, etc.).

***b) Empresas de restauração***

As empresas de restauração podem aplicar, atualmente, os sistemas informatizados para realizar, entre outras, as seguintes gestões:

- Contabilidade geral.
- Faturamento e caixa do restaurante.
- Gestão de pessoal: folha de pagamento de empregados, quadros de funcionários, etc.
- Inventário e gestão de estoques no departamento de almoxarifado e adega.
- Inventário de mercadorias de infra-estrutura de bens móveis.
- Estudos de rentabilidade.
- Mailing de clientes para estabelecer correspondência informativa periódica (novos serviços, preços dos serviços, etc.) e atividades de relações públicas (congratulações por aniversários, onomásticas, etc.).

## 25.4. Utilização dos computadores nas agências de viagens

Nas agências de viagens podemos estabelecer dois tipos de gestão informática: gestão interna "back-office" e gestão externa "front-office".

1. Quanto às gestões internas "back-office", basicamente financeiras e administrativas, podemos destacar:
   - Elaboração de balanços e previsões de pagamento.
   - Estatísticas.
   - Planejamento, organização e realização de viagens.
   - Contabilidade financeira e de custos.
   - Liquidação para provedores.
   - Faturamento e caixa em relação aos clientes.
   - Gestão de pessoal: folha de pagamento de empregados, quadros de funcionários, etc.
   - Controle de emissão de passagens, vales, etc.
   - Estudos de rendimentos.
   - Arquivos de clientes e provedores.
   - Lista de vendas por provedores, produtos, escritórios, empregados, etc.
2. Quanto às gestões externas "front-office" relacionadas diretamente com a atenção ao cliente, destacam-se:
   - Informação de serviços de transporte (avião, trem, navio, ônibus).
   - Informação hoteleira e situação de reservas.

- Informação de outros serviços turísticos.
- Reservas, vendas e emissão automática de passagens de transporte, através de conexões com Renfe, Iberia ou com os sistemas integrados de informação – rodovia da informação – Savia, Amadeus, Sabre, etc.
- Reservas e vendas de serviços de hospedagem e restauração.
- A utilização, para efeitos de banco de dados informatizados e de reservas, do serviço de videotexto como, por exemplo, o "Nexotel/Turismo" com informações sobre hotéis, agências de viagens, transporte, aluguel de automóveis, animação turística, aeromoças e qualquer outro tipo de oferta complementar, constituindo-se numa "macroagenda setorial". No tópico seguinte, é explicado o funcionamento técnico do videotexto.

## 25.5. Utilização de computadores nos escritórios de informação turística

Os escritórios de informação turística podem estabelecer também um tipo duplo de gestão informática: "front-office" e "back-office".

1. A gestão "front-office" pode ser estabelecida para:
   - Informação de serviços, horários e preços de qualquer meio de transporte.
   - Informação sobre hospedagens e empresas de restauração.
   - Informação sobre monumentos, museus, etc., em relação ao conteúdo destes, horários e preços.
   - Informação sobre endereços de interesse: consulados, hospitais, comércios, médicos, etc.
   - Informação de oferta turística complementar: instalações esportivas, discotecas, cinemas, teatros, etc., com dados de manifestações e programas, horários e preços.
   - Informação de qualquer outro tipo que seja de interesse para o turista.
   - Serviço de videotexto para uso do escritório ou para ser utilizado pelo próprio turista. O serviço de videotexto é um meio que permite a comunicação por linha telefônica com os bancos de dados – organismos, entidades, instituições e organizações turísticas públicas e privadas – e a recepção de informação daquelas bases de dados que mais possam interessar. Assim, o videotexto turístico, ou texto reproduzido na tela e transmitido por telefone, é um sistema eletrônico de informação e comunicação que utiliza uma rede telefônica pública para a transmissão

dos textos informativos turísticos para sua reprodução e visualização. O videotexto também é de aplicação para as agências de viagens.

2. A gestão "back-office" pode ser estabelecida, entre outros, para os seguintes usos:
   - Confecção própria de banco de dados sobre informações próprias.
   - Gestão de pessoal: folha de pagamento de empregados, quadros de funcionários, etc.
   - Inventários de infra-estrutura, bens e serviços para realizar as funções de escritório.
   - Contabilidade e caixa.
   - Correspondência solicitando informação turística.
   - Arquivo.

## 25.6. Sistemas integrados de informação: Amadeus, Savia, Galileo, Sabre, System One e outros

A informação e as reservas e vendas de serviços turísticos entraram, nesses últimos anos, tanto na Europa como em outros continentes, no campo da informatização por meio de rodovias da informação – através da linha telefônica, cabo ou satélite – com vários sistemas integrados de informação ou sistemas computadorizados de reservas (CRS), ou sistemas globais de distribuição de serviços (GDS), entre os quais se destacam: Amadeus, Savia, Galileo, Sabre, System One e Apollo de Covia. Inclusive, alguns desses sistemas possuem acordos de cooperação estabelecidos.

Na Europa existem, entre outros, os sistemas Amadeus, Savia e Galileo, Prometeo e Utell:

### *a) Sistema Amadeus*

O sistema integrado de informação Amadeus foi criado em junho de 1987 pelas companhias aéreas Air France, Iberia, Lufthansa e SAS que investiram globalmente 450 milhões de euros de 1987 a 1991, para colocar em funcionamento o sistema. Posteriormente, a SAS se retirou e entrou a companhia aérea belga Sabena.

Amadeus consta de uma infra-estrutura situada em três centros operativos:

1. A sede central do processamento de dados encontra-se na pequena cidade bávara de Erding, a 35km de Munique.
2. A divisão de marketing, situada em Madri.
3. A divisão de desenvolvimento, localizada em Sophia Antipolis, o "Silicon Valley" francês, próximo de Niza.

Amadeus – que tem uma rede de 76.800 terminais – abrange 25 mil agências de viagens em todo o mundo, das quais 18 mil se encontram na Europa. Participa de forma oficial no programa científico europeu Eureka, promovido pela União Européia.

Uma das vantagens do sistema Amadeus, como tem outros sistemas, é que não apenas está projetado para as reservas de companhias aéreas como também para as de estrada de ferro, em um momento em que os trens de alta velocidade estão se configurando como alternativas válidas para o transporte aéreo em certas distâncias e quando o congestionamento do tráfego aéreo no Centro da Europa já é uma realidade.

Amadeus já estabeleceu contatos – configurando-se não apenas como CRS, mas também como GDS ou GTD ("Global Travel Distribution")–, além de fazê-lo com mais de uma vintena de companhias aéreas, com as estradas de ferro francesas SNCF e com outras companhias européias de estrada de ferro e turismo, como as ferrovias alemãs – Deutsche Bundesbahn – e a primeira operadora de tour alemã TUI.

As agências de viagens pagam uma cota para conectar-se ao sistema Amadeus e um obrigação mensal pelo uso de linhas de transmissão de dados. O objetivo final da rede Amadeus é conseguir que de qualquer terminal de uma agência de viagens se possa fornecer ao usuário final toda a informação possível sobre ofertas turísticas, desde preços de passagens até combinações hotel-viagens, sem trocar de terminal.

O sistema Amadeus está interconectado com o sistema americano System One e com Abacus (Ásia-Pacífico). Em abril de 1995, Amadeus absorveu System One, convertendo-se no primeiro CRS do mundo com cerca de 33 mil agências de viagens conectadas. Os dois sistemas tornaram se plenamente compatíveis 1997.

### b) *Sistema Savia*

Na Espanha, Amadeus conecta-se com a rede Savia, criada conjuntamente por Iberia e Renfe, em 1985, que tinha como objetivo a incorporação das agências de viagens e outras empresas turísticas a esse sistema integrado para conectar com os provedores mais importantes, como Iberia, Renfe, Transmediterrânea, outras companhias aéreas, cadeias hoteleiras, etc., e oferecer um banco de dados e um sistema de gestão de reservas e vendas muito importante.

O sistema de reservas da Iberia, por exemplo, através de Savia, já havia sido conectado, em 1990, a 1.700 agências de viagens das 4.450 existentes na Espanha, junto a outro sistema para a impressão de passagens de diversas companhias aéreas, Renfe e Transmediterrânea.

### c) Sistema Galileo

O sistema integrado de informação Galileo é um dos grandes competidores com Amadeus. Originou-se em 1987 também na Europa, criado por várias companhias aéreas, entre elas British Airways, KLM, Alitalia, Swissair, TAP, Austrian Airlines, Sabena e Air Lingus, e controla 40% do mercado europeu. Tem um convênio de cooperação com o sistema americano Covia-Apollo e com Southern Cross, que integra as companhias Australian e Ansett, da zona da Ásia e do Pacífico. O número de escritórios cobertos, caso não contar os números dos sistemas vinculados (Covia-Apollo e Southern Cross), é de 13.718 com 42.377 terminais (1993). Suas áreas de implantação majoritária são Europa, Oriente Médio e Caribe. Em 1993 passou a ser a maior companhia do mundo do sistema de reservas por computador. Sua sede fica próxima a Chicago, nos EUA, com escritórios em Denver (EUA) e Swindon (Reino Unido).

O sistema central de Galileo dispõe de 12 mil programas que abrangem todos os serviços de informação, reserva e venda de transporte, hotéis, etc., e também fornece ajudas comerciais e operativas. O sistema Galileo International é a união de Galileo (Europa) e Covia-Apollo.

### d) Sistema Prometeo

O sistema Prometeo, com o Savia, teve sua origem na Espanha. Prometeo surgiu em 1991 e sua sede fica em Madri. É um sistema de informação e reservas projetado especificamente para o setor turístico espanhol, desenvolvido em torno do sistema de videotexto. Esse sistema permite facilitar a informação de serviços turísticos para as agências de viagens e é um novo canal de distribuição para quem oferece esses serviços, como hotéis, operadoras de tour, etc.

### e) *Sistema Utell*

O sistema Utell, pertencente ao grupo Reed Travel Group, é o mais importante sistema internacional de reservas hoteleiras informatizadas. O sistema representa 6.500 hotéis de 144 países. Tem conexão com Amadeus.

Nos EUA, além do sistema Galileo – que originariamente era europeu e agora está implantado nos EUA por meio de Covia-Apollo, das companhias USAIR e United Airlines –, existem outros sistemas, como Sabre, System One, Covia, Pars, Datas II e Worldspan. No Canadá, existe o Gemini.

- Sistema Sabre. O sistema Sabre é o mais antigo. Foi criado nos EUA em 1962 pela companhia American Airlines. Está unido ao sistema australiano Fantasia por meio da companhia aérea Qantas. Em âmbito mundial, é o mais difundido, pois sua implantação chega a 25.133 escritórios (1993) com 109.243 terminais, sendo os EUA seu maior mercado, onde está implantado em aproximadamente 40% das agências. Sua sede central está em Tulsa (EUA).

  Na Europa foi implantado em 1985, chegando a ter negociações com Amadeus em 1990, porém não prosperaram.
- Sistema System One. O sistema integrado de informação System One nasceu também nos EUA, estabeleceu relações com o sistema europeu Amadeus, oferecendo o desenvolvimento do software e, desde abril de 1995, ficou absorvido por ele. Originalmente, foi financiado pela Texas Air Corp. e General Motors e passou para as mãos da companhia Continental Airlines. Tem conexões com 7.800 agências de viagens e 30 mil terminais (1993).
- Sistema Covia. O sistema integrado Apollo-Covia foi criado pelas companhias United Airlines e USAIR. Tem conexões com a européia Galileo (British Airways, KLM e Swissair) e com a canadense Gemini. Abrange 15.500 escritórios com cerca de 57 mil terminais (1993).
- Sistema Pars. É um sistema estabelecido pelas companhias TWA e Northwest e possui uma cooperação com Worldspan e Datas II.
- Sistema Datas II. Sistema de computadorização de reservas americano criado pela companhia Delta.
- Sistema Worldspan. Os sistemas Datas II da Delta Airlines e Pars, da TWA, constituíram em 1990 o sistema Worldspan, ao qual se uniu a companhia Northwest. O maior número de escritórios localizados nos EUA alcança a cifra de 11.755 com 43.900 terminais. Tem conexões com o sistema asiático Abacus.
- Sistema Gemini. Sistema criado no Canadá pela Air Canada, Canadian Airlines Int. e está coordenado com o sistema Apollo/Covia. Tem conectadas cerca de 4 mil agências de viagens com 12 mil terminais.

Na Ásia e na Oceania existem os sistemas Fantasia, Axess, Infini, Abacus e Southern Cross:

- Sistema Fantasia. Sistema criado na Austrália pela companhia Qantas e está coordenado com Sabre que lhe fornece tecnologia.
- Sistema Axess. Sistema criado no Japão pela Japan Airlines, ao qual posteriormente se uniu a Korean Airlines. Está conectado tecnologicamente com Sabre.
- Sistema Infini. Sistema japonês criado por All Nippon e está conectado a Abacus.
- Sistema Abacus. Sistema criado por várias companhias asiáticas, entre elas: Singapore Airlines (Cingapura), Cathay Airlines (Hong Kong), Malaysia (Malásia), Royal Brunei (Brunei). Tem acordos de cooperação assinados com Infini, Amadeus e Worldspan.
- Sistema Southern Cross. Sistema criado na Austrália pela Australian Airlines e Anett. Tem acordo de cooperação com Galileo.

Na outra parte do mundo, existem:

- Sistema Arab Airlines. Sistema criado por várias companhias do Oriente Médio: Emirates Airways, Egyptair, Iraqui Airlines, Kuwait, Royal Jordanian, Saudia, Syrian e Yemenia. Tem acordo de cooperação assinado com Galileo.
- Sistema Gets. Sistema criado por várias companhias aéreas africanas, sul-americanas e do leste da Europa.

# ANEXOS

# ANEXO 1

# ESTRUTURA DO MERCADO TURÍSTICO NA ESPANHA

(*Fonte*: Secretaria Geral de Turismo)

## 1.1. Economia do turismo

### 1.1.1. Participação do turismo no PIB (1994)

| | |
|---|---|
| Atividade turística* | 8,3% |
| Total de serviços | 63,5% |
| Construção | 8,7% |
| Indústria | 24,1% |
| Agricultura | 3,7% |

Notas:

*Estimativa a preços de mercado.

- A produção inclui conteúdos diretos e efeitos indiretos.
- O agregado turismo resulta de valorizar os efeitos do consumo turístico de todo o tipo de bens e serviços.
- O agregado turismo inclui os segmentos exterior e interior.

### 1.1.2. Relação com a balança comercial (1994)

| | |
|---|---|
| Relação da Receita por turismo/Importações | 3,2% |
| Relação da Receita por turismo/Exportações | 29,3% |
| Relação Receita por turismo/Déficit comercial | 148,2% |

Fonte: Banco de España.

### 1.1.3. Influência na demanda de emprego* (1992)

| | |
|---|---|
| Emprego direto | 821.700 |
| Emprego indireto | 575.700 |
| Total | 1.397.400 |

Notas:

*Estimativa da Secretaria Geral de Turismo.

- Representa aproximadamente 11,3% sobre a população ocupada e 9,2% sobre a população ativa.
- Nem todo o pessoal de hotelaria presta serviços turísticos.
- Compreende o pessoal turístico tanto de hotelaria como de transporte.

### 1.1.4. Exportações turísticas de bens visíveis (1992)

| | |
|---|---|
| Relação compra de bens e manufaturas pelos turistas/receitas totais por turismo* | 21% |
| Cifra estimada de exportações visíveis ou bens comprados pelos turistas (bilhões de pesetas) | 475,7 |
| Relação bens comprados pelos turistas/exportações totais | 7,2% |

*Informação baseada na estrutura que determinam as tabelas "Input-Output" da Economia Turística, 1982.

## 1.2. Empresas turísticas

### 1.2.1. Capacidade em acomodações extra-hoteleiras (1994)

| | |
|---|---|
| Hospedagens turísticas declaradas | 419.916 |
| Hospedagens de potencial uso turístico* | 16.181.100 |
| Acomodações de exclusivo uso turístico* | 6.700.000 |
| Acampamentos turísticos | 617.129 |
| Pousadas e casas de hóspedes | 176.262 |

*Estimativa 1991. Secretaria Geral de Turismo.

### 1.2.2. Estabelecimentos em hotelaria e extra-hotelaria (1994)

| | |
|---|---|
| Hotéis 5 e 4 estrelas | 678 |
| Hotéis 3, 2 e 1 estrela | 4.615 |
| Hospedarias e pensões | 7.158 |

Pousadas e casas de hóspedes ........................................................ 12.563
Acampamentos turísticos ............................................................... 1.079
Apartamentos turísticos declarados .............................................. 123.678
Restaurantes .................................................................................. 57.419

As principais características da oferta hoteleira espanhola são:

### 1.2.3. Oferta total de lugares de acomodação (1993)

| Tipos de acomodação | Lugares | % |
|---|---|---|
| Hotéis e hospedagens | 1.009.241 | 45,79 |
| Apartamentos turísticos declarados | 418.339 | 18,98 |
| Campings | 602.370 | 27,33 |
| Pousadas e casas de hóspedes | 173.900 | 7,90 |
| Total | 2.203.850 | 100,00 |

### 1.2.4. Oferta de lugares hoteleiros por categoria (1993)

| Categoria | Lugares | % |
|---|---|---|
| Hotéis 5 estrelas | 22.616 | 2,70 |
| Hotéis 4 estrelas | 182.380 | 21,77 |
| Hotéis 3 estrelas | 387.080 | 46,21 |
| Hotéis 2 estrelas | 157.768 | 18,83 |
| Hotéis 1 estrela | 87.797 | 10,49 |
| Total de hotéis | 837.641 | 100,00 |
| Hospedarias 3 estrelas | 9.385 | 5,48 |
| Hospedarias 2 estrelas | 92.040 | 53,63 |
| Hospedarias 1 estrela | 70.175 | 40,89 |
| Total de hospedarias | 171.600 | 100,00 |
| Total de oferta hoteleira | 1.009.241 | |

1. Trata-se de uma categoria média-baixa: 75,5% das camas hoteleiras são de categoria igual ou inferior a 3 estrelas e os hotéis de categoria superior (4 e 5 estrelas) computam 24,5% dos lugares.
2. O crescimento da oferta está submetido a um processo de inércia que faz com que a adaptação à demanda seja produzida com 2 a 4 anos de atraso. O forte crescimento do projeto hoteleiro espanhol no período de 1973 a 1975, em plena crise do petróleo, assim é demonstrado isso, conforme a seguinte estatística da evolução da oferta hoteleira espanhola entre 1969 e 1993, quanto ao número de lugares.

É evidente que o grande crescimento da oferta hoteleira se produziu na década de 70 e não na de 80. O excesso de oferta de que tanto se fala procede mais do incremento de lugares extra-hoteleiros que de lugares hoteleiros. A isso se deve adicionar a diminuição de lugares de hospedarias nos últimos anos, devido à reclassificação com a atual normativa.

Quanto à distribuição geográfica, as zonas turísticas pioneiras concentram o maior volume de oferta hoteleira e extra-hoteleira. Baleares, Catalunha e Andaluzia (Costa do Sol) representam 68,4% dos lugares de acomodação turística na Espanha.

***Evolução da oferta hoteleira***

| Ano | Hotéis | Hospedarias | Total |
|---|---|---|---|
| 1969 | 341.156 | 124.230 | 465.386 |
| 1970 | 362.608 | 183.190 | 545.798 |
| 1971 | 410.120 | 202.218 | 612.338 |
| 1972 | 452.280 | 205.363 | 657.643 |
| 1973 | 490.874 | 208.566 | 699.440 |
| 1974 | 521.106 | 211.816 | 732.922 |
| 1975 | 571.006 | 214.333 | 785.339 |
| 1976 | 584.387 | 214.598 | 798.985 |
| 1977 | 588.789 | 214.958 | 803.747 |
| 1978 | 591.992 | 216.023 | 808.015 |
| 1979 | 592.410 | 214.142 | 806.552 |
| 1980 | 596.874 | 217.520 | 814.394 |
| 1981 | 596.718 | 214.982 | 811.700 |
| 1982 | 605.709 | 220.250 | 825.959 |
| 1983 | 612.678 | 221.858 | 834.536 |
| 1984 | 614.281 | 220.919 | 835.200 |
| 1985 | 622.428 | 220.909 | 843.337 |
| 1986 | 637.073 | 227.761 | 864.834 |
| 1987 | 658.569 | 228.130 | 886.699 |
| 1988 | 683.152 | 224.769 | 907.921 |
| 1989 | 707.974 | 210.675 | 918.649 |
| 1990 | 735.749 | 193.784 | 929.533 |
| 1991 | 781.954 | 186.834 | 968.788 |
| 1992 | 817.270 | 181.546 | 998.816 |
| 1993 | 837.641 | 171.600 | 1.009.241 |
| 1994 | 876.646 | 255.704 | 1.132.360 |

***Distribuição geográfica da oferta hoteleira e extra-hoteleira pelas principais Comunidades Autônomas (1994)***

| Comunidade autônoma | Estabelecimento | Lugares | Quartos |
|---|---|---|---|
| Andaluzia | 1.772 | 154.642 | 82.367 |
| Aragão | 485 | 26.492 | 14.485 |
| Astúrias | 337 | 13.770 | 7.549 |
| Baleares | 1.345 | 271.857 | 139.081 |
| Canárias | 315 | 10.665 | 50.797 |
| Cantábria | 300 | 14.837 | 7.923 |
| Castilha-La Mancha | 546 | 9.899 | 11.282 |
| Castilha e Leon | 870 | 36.514 | 20.848 |
| Catalunha | 2.969 | 260.153 | 123.914 |
| Comunidade Valenciana | 838 | 83.622 | 43.801 |
| Extremadura | 363 | 13.024 | 7.643 |
| Galícia | 991 | 43.456 | 24.626 |
| Comunidade de Madri | 725 | 53.540 | 29.359 |
| Múrcia | 150 | 13.061 | 7.110 |
| Navarra | 34 | 7.012 | 3.865 |
| País Basco | 222 | 14.519 | 8.062 |
| La Rioja | 75 | 3.803 | 2.182 |
| Ceuta e Melilla | 14 | 1.484 | 802 |

## 1.2.5. Evolução da oferta de campings (1976-1994)

| Ano | Lugares de campings |
|---|---|
| 1976 | 130.363 |
| 1977 | 232.246 |
| 1978 | 227.890 |
| 1979 | 246.401 |
| 1980 | 272.209 |
| 1981 | 280.549 |
| 1982 | 303.891 |
| 1983 | 344.276 |
| 1984 | 356.283 |
| 1985 | 385.378 |
| 1986 | 406.465 |
| 1987 | 437.988 |
| 1988 | 457.369 |
| 1989 | 470.358 |
| 1990 | 571.278 |
| 1991 | 575.349 |
| 1992 | 580.821 |
| 1993 | 602.370 |
| 1994 | 616.662 |

### 1.2.6. Oferta de campings por categorias (1994)

| Categoria | Estabelecimentos (nº) | Lugares (nº) |
|---|---|---|
| Luxo | 1 | 2.928 |
| Primeira | 208 | 219.709 |
| Segunda | 636 | 325.193 |
| Terceira | 233 | 68.832 |
| Total | 1.078 | 616.662 |

### 1.2.7. Estabelecimentos de oferta complementar (1994)

Agências de viagens (Matrizes)* .......... 2.592
Agências de viagens (Filiais)* .......... 2.790
Estações termais .......... 81
Paradores de Espanha S.A. .......... 86
Cassinos .......... 22
Albergues da juventude .......... 157

*Ano 1995.

### 1.2.8. Agências de viagens (1995)

As agências de viagens na Espanha contam com 5.382 estabelecimentos, incluindo nesse total 2.592 matrizes e 2.790 filiais.

1. As agências majoritárias têm 105 matrizes e 96 filiais.
2. As agências majoritárias-minoritárias têm 226 matrizes e 1.380 filiais.
3. As agências minoritárias têm 2.261 matrizes e 1.314 filiais.

Em 1993, a Associação Empresarial de Agências de Viagens Espanholas – "Asociación Empresarial de Agencias de Viajes Españolas" (AEDAVE) – solicitou um estudo para a empresa Nexopublic sobre as agências de viagens espanholas, que resultou nas seguintes conclusões.

Existe grande concentração de agências majoritárias-minoritárias e minoritárias em cinco comunidades autônomas que aglutinam 78,8%. A distribuição por comunidades autônomas é a seguinte:

***Matrizes***

| Comunidade autônoma | Minoritárias Minoritárias | Majoritárias | Majoritárias | Total |
|---|---|---|---|---|
| Andaluzia | 241 | 26 | 4 | 271 |
| Aragão | 26 | 5 | 0 | 31 |
| Astúrias | 45 | 1 | 0 | 46 |
| Baleares | 201 | 14 | 4 | 219 |
| Canárias | 147 | 6 | 3 | 156 |
| Cantábria | 15 | 2 | 0 | 17 |
| Castilha-La Mancha | 34 | 1 | 1 | 36 |
| Castilha-Leon | 63 | 8 | 1 | 72 |
| Catalunha | 377 | 41 | 16 | 434 |
| Extremadura | 30 | 0 | 0 | 30 |
| Galícia | 95 | 7 | 6 | 8 |
| La Rioja | 5 | 0 | 0 | 5 |
| Madri | 379 | 96 | 51 | 526 |
| Múrcia | 32 | 1 | 2 | 35 |
| Navarra | 13 | 2 | 0 | 15 |
| País Basco | 69 | 8 | 4 | 81 |
| Valência | 167 | 23 | 4 | 194 |
| Total | 1.939 | 241 | 96 | 2.276 |

*Fonte*: Nexopublic Consulting. Outubro 1993.

No tópico de agências majoritárias-minoritárias, o período médio de funcionamento das agências é de 14 anos, enquanto das minoritárias é de 7 anos. Pelas comunidades autônomas, as agências mais antigas se concentram na Catalunha e Baleares, enquanto as agências recém-criadas se encontram em Andaluzia e Valência. Nessas estatísticas, pode-se constatar, dessa forma, que há uma relação direta entre o tempo de funcionamento de uma agência e o número de sucursais, com média de 10,3 por agência. Nas agências minoritárias, 30% têm sucursais, com média de 2,2%.

O número de pessoal empregado chega a 26.564, com uma média de 12 pessoas por empresa e 5 pessoas por ponto-de-venda (considerando minoritários e majoritários-minoritários em seu conjunto). A média de empregados por agências é de 8 nas minoritárias e 43 nas majoritárias-minoritárias.

A distribuição de empregados de acordo com níveis e categorias é a seguinte: diretores, 10,4%; técnicos, 28,9%; administrativos, 46,8% e outros 13,9%.

Quanto ao regime de propriedade, a grande maioria são sociedades anônimas (majoritárias-minoritárias, 85% e minoritárias, 73%). Constata-se no estudo da

Nexopublic que nos últimos cinco anos houve um crescimento de sociedades limitadas em detrimento das sociedades anônimas.

Com relação aos serviços que as agências prestam, pode-se distribuir do seguinte modo: 83%, em venda de passagens de avião; 78%, em reservas de hotéis; e 79%, venda de viagens e serviços programados pelas agências majoritárias e operadoras de tour.

### 1.2.9. Instalações esportivo-turísticas (1994)

| | |
|---|---|
| Parques nacionais | 10 |
| Parques naturais | 92 |
| Reservas nacionais de caça | 29 |
| Limites nacionais | 4 |
| Parques de atrações | 7 |
| Parques aquáticos | 31 |
| Aeródromos esportivos | 20 |
| Clubes hípicos e outras instalações hípicas | 357 |
| Hipódromos | 9 |
| Campos de golfe | 136 |

### 1.2.10. Turismo náutico (1994)

| | |
|---|---|
| Instalações náuticas (clubes náuticos, portos turístico-esportivos, escolas náuticas, etc.) | 300 |
| Marinas | 6 |
| Frota de embarcações esportivas | 187.342 |
| Pontos de amarra | 55.622 |

### 1.2.11. Turismo de neve (1994)

| | |
|---|---|
| Número de estações de esqui | 26 |
| Equipamentos esportivos (remontes) | 296 |
| Pistas de esqui (tipo alpino e nórdico, em km) | 640 |

# ANEXO 2

## ESTATÍSTICAS DO TURISMO NA ESPANHA

(*Fonte*: Secretaria Geral de Turismo)

### 2.1. Visitantes na Espanha (1951-1995)

| Ano | Total | Variação (%) |
|---|---|---|
| 1951 | 1.263.000 | — |
| 1955 | 1.522.000 | 20,5 |
| 1960 | 6.113.000 | 301,6 |
| 1965 | 14.250.000 | 133,1 |
| 1970 | 24.105.000 | 69,1 |
| 1975 | 30.123.000 | 24,9 |
| 1980 | 38.027.000 | 26,2 |
| 1981 | 40.129.000 | 5,5 |
| 1982 | 42.011.000 | 4,7 |
| 1983 | 41.263.000 | –1,8 |
| 1984 | 42.932.000 | 4,0 |
| 1985 | 43.235.000 | 0,7 |
| 1986 | 47.389.000 | 9,6 |
| 1987 | 50.544.500 | 6,7 |
| 1988 | 54.178.000 | 7,2 |
| 1989 | 54.057.000 | –0,2 |
| 1990 | 52.036.000 | –3,7 |
| 1991 | 53.494.964 | 2,8 |
| 1992 | 55.330.716 | 3,4 |
| 1993 | 57.259.000 | 3,5 |
| 1994 | 61.428.034 | 7,3 |
| 1995 | 63.255.000 | 3,0 |

## 2.2. Entradas e saídas mensais da Espanha (1990-1995)

### 2.2.1. Visitantes procedentes do exterior (em milhares)

| Meses | 1990 | 1991 | 1992 | 1993 | 1994 | 1995 |
|---|---|---|---|---|---|---|
| Janeiro | 2.676 | 2.375 | 2.659 | 2.824 | 3.002 | 2.802 |
| Fevereiro | 2.507 | 2.200 | 2.529 | 2.649 | 2.919 | 2.703 |
| Março | 2.838 | 3.119 | 2.868 | 2.919 | 3.533 | 3.645 |
| Abril | 3.838 | 3.364 | 4.119 | 4.304 | 4.222 | 4.871 |
| Maio | 3.669 | 3.995 | 4.284 | 4.246 | 5.041 | 5.224 |
| Junho | 4.507 | 4.597 | 4.584 | 4.768 | 5.063 | 5.469 |
| Julho | 7.740 | 8.121 | 8.077 | 8.159 | 9.059 | 9.114 |
| Agosto | 9.231 | 9.841 | 9.956 | 10.163 | 10.400 | 10.307 |
| Setembro | 5.387 | 5.593 | 6.014 | 6.176 | 6.506 | 6.896 |
| Outubro | 3.879 | 3.991 | 4.104 | 4.451 | 4.779 | 4.985 |
| Novembro | 2.519 | 2.774 | 2.620 | 2.977 | 3.125 | 3.268 |
| Dezembro | 3.245 | 3.521 | 3.517 | 3.622 | 3.782 | 3.971 |
| Total | 52.036 | 53.491 | 55.331 | 57.259 | 61.428 | 63.255 |

### 2.2.2. Espanhóis que foram para o exterior (1989-1993) (em milhares)

| Meses | 1989 | 1990 | 1991 | 1992 | 1993 |
|---|---|---|---|---|---|
| Janeiro | 1.232 | 1.562 | 968 | 1.080 | 1.088 |
| Fevereiro | 1.018 | 1.454 | 923 | 1.143 | 1.170 |
| Março | 1.504 | 1.659 | 1.851 | 1.383 | 1.391 |
| Abril | 1.291 | 2.248 | 1.517 | 1.914 | 2.182 |
| Maio | 1.750 | 1.565 | 1.561 | 1.471 | 1.609 |
| Junho | 1.679 | 1.644 | 1.521 | 1.390 | 1.456 |
| Julho | 2.665 | 2.118 | 2.175 | 2.036 | 1.553 |
| Agosto | 4.366 | 3.897 | 3.342 | 3.525 | 2.419 |
| Setembro | 2.347 | 1.854 | 1.462 | 1.863 | 1.485 |
| Outubro | 1.945 | 1.583 | 1.379 | 1.533 | 1.196 |
| Novembro | 1.508 | 1.210 | 1.239 | 1.082 | 921 |
| Dezembro | 2.002 | 1.084 | 1.373 | 1.442 | 1.227 |
| Total | 23.306 | 21.878 | 19.311 | 19.862 | 17.695 |

## 2.3. Procedência dos turistas (1994-1995) (em milhares)

| Países | 1994 Total | % | 1995 Total | % |
|---|---|---|---|---|
| 1. França | 13.696 | 22,3 | 20.280 | 32,1 |
| 2. Portugal | 10.249 | 16,7 | 5.121 | 8,1 |
| 3. Alemanha | 9.678 | 15,8 | 10.446 | 16,5 |
| 4. Reino Unido | 9.170 | 14,9 | 8.805 | 13,9 |
| 5. Holanda | 2.271 | 3,7 | 2.226 | 3,5 |
| 6. Itália | 2.818 | 4,6 | 3.686 | 5,8 |
| 7. Bélgica | 2.076 | 3,4 | 2.789 | 4,4 |
| 8. Suíça | 1.990 | 3,2 | 1.510 | 2,4 |
| 9. Suécia | 6 | -4,8 | 785 | 1,2 |
| 10. Na outra parte da Europa | 1.429 | 2,3 | 3.048 | 4,8 |
| 11. EUA | 997 | 1,6 | 1.623 | 2,6 |
| 12. Na outra parte da América | 928 | 0,4 | 1.719 | 2,8 |
| 13. Em outras partes do mundo | 4.945 | 8,0 | 1.212 | 1,9 |
| Total | 61.428 | 100 | 63.255 | 100 |

## 2.4. Procedência dos turistas por continentes (em milhares)

| Países | 1992 Total | % | 1993 Total | % | 1994 Total | % |
|---|---|---|---|---|---|---|
| Europa | 47.274 | 85,44 | 49.419 | 86,31 | 54.446 | 86,51 |
| África | 2.262 | 4,09 | 2.392 | 4,18 | — | — |
| América | 1.552 | 2,81 | 1.457 | 2,55 | 1.925 | 3,05 |
| Ásia | 452 | 0,82 | 493 | 0,86 | 275 | 0,44 |
| Oceania | 82 | 0,15 | 81 | 0,14 | — | — |
| Sem pátria | 7 | 0,01 | 5 | 0,01 | — | — |
| Total de estrangeiros | 51.630 | 93,31 | 53.848 | 94,05 | 61.428 | 97,41 |
| Esp. res. estr. | 3.700 | 6,69 | 3.409 | 5,95 | 1.633 | 2,59 |
| Total | 55.330 | 100,00 | 57.258 | 100,00 | 63.061 | 100,00 |

## 2.5. Receitas de divisas (1965-1994) (em milhões de dólares)

| Anos | Receitas |
|---|---|
| 1965 | 1.104,9 |
| 1970 | 1.680,8 |
| 1975 | 3.404,4 |
| 1977 | 4.003,0 |
| 1978 | 5.488,0 |
| 1979 | 6.483,7 |
| 1980 | 6.967,7 |
| 1981 | 6.716,9 |
| 1982 | 6.454,0 |
| 1983 | 6.386,1 |
| 1984 | 7.716,7 |
| 1985 | 8.150,8 |
| 1986 | 12.058,4 |
| 1987 | 14.759,9 |
| 1988 | 16.686,3 |
| 1989 | 16.174,2 |
| 1990 | 18.593,0 |
| 1991 | 19.004,3 |
| 1992 | 22.180,8 |
| 1993 | 24.972,1 |
| 1994 | 28.677,0 |

## 2.6. Receitas (R), pagamentos (P) e saldos (S) mensais (1993-1994)(em bilhões de pesetas)

| Meses | 1993 | | | 1994 | | |
|---|---|---|---|---|---|---|
| | *R* | *P* | *S* | *R* | *P* | *S* |
| Janeiro | 169,4 | 58,4 | 111,0 | 171,5 | 36,9 | 134,6 |
| Fevereiro | 137,3 | 50,8 | 86,5 | 160,5 | 33,9 | 126,6 |
| Março | 150,8 | 62,6 | 88,2 | 188,8 | 49,4 | 139,4 |
| Abril | 166,9 | 41,9 | 125,0 | 199,3 | 35,4 | 163,9 |
| Maio | 188,0 | 31,0 | 157,0 | 238,3 | 38,3 | 200,0 |
| Junho | 222,7 | 45,5 | 177,2 | 271,4 | 46,9 | 224,5 |
| Julho | 295,0 | 59,8 | 235,2 | 334,6 | 61,4 | 273,2 |
| Agosto | 300,3 | 59,0 | 241,3 | 363,9 | 59,0 | 304,9 |
| Setembro | 278,5 | 48,2 | 230,3 | 296,7 | 51,8 | 244,9 |
| Outubro | 277,0 | 44,0 | 233,0 | 244,6 | 46,2 | 198,4 |
| Novembro | 204,7 | 33,3 | 171,4 | 226,5 | 42,0 | 184,5 |
| Dezembro | 149,4 | 37,4 | 112,0 | 171,6 | 48,9 | 122,7 |
| Total | 2.540,0 | 571,9 | 1.968,1 | 2.867,7 | 550,1 | 2.317,6 |

# 2.7. Meios de transporte utilizados (1993)

## 2.7.1. Meios de transporte utilizados (visitantes em milhares)

| Meio de transporte | 1993 | % |
|---|---|---|
| Estrada | 33.659 | 58,78 |
| Aeroportos | 19.380 | 33,84 |
| Estrada de ferro | 2.305 | 4,02 |
| Portos marítimos | 1.915 | 3,36 |
| Total | 57.259 | 100,00 |

## 2.7.2. Estradas (1993) (em milhares)

| Posto fronteiriço | Total | % |
|---|---|---|
| 1. La Junquera | 10.926 | 32,47 |
| 2. Fuentes de Oñoro | 3.322 | 9,87 |
| 3. Tuy-Puente | 2.187 | 6,49 |
| 4. Badajoz-Caya | 1.552 | 4,62 |
| 5. Seu d'Urgell | 1.496 | 4,45 |
| 6. Irún | 1.152 | 3,42 |
| 7. Les | 1.125 | 3,34 |
| 8. Dancharinea | 804 | 2,38 |
| Outros | 11.095 | 32,96 |
| Total | 33.659 | 100,00 |

## 2.7.3. Aeroportos (1993) (em milhares)

| Aeroportos | Total | % |
|---|---|---|
| 1. Palma de Mallorca | 4.201 | 21,67 |
| 2. Madri | 2.729 | 14,08 |
| 3. Santa Cruz de Tenerife | 2.541 | 13,11 |
| 4. Las Palmas | 2.167 | 11,18 |
| 5. Málaga | 1.721 | 8,88 |
| 6. Alicante | 1.057 | 5,45 |
| 7. Barcelona | 1.004 | 5,18 |
| 8. Ibiza | 960 | 4,95 |
| Outros | 3.000 | 15,50 |
| Total | 19.380 | 100,00 |

## 2.7.4. Estrada de ferro (1993) (em milhares)

| Estação fronteiriça | Total | % |
|---|---|---|
| 1. Irún | 1.159 | 50,28 |
| 2. Portbou | 1.036 | 44,94 |
| Outros | 110 | 4,78 |
| Total | 2.305 | 100,00 |

## 2.7.5. Portos marítimos (1993) (em milhares)

| Porto marítimo | Total | % |
|---|---|---|
| 1. Algeciras | 787 | 41,09 |
| 2. Barcelona | 242 | 12,64 |
| 3. Santa Cruz de Tenerife | 134 | 6,99 |
| 4. Palma de Mallorca | 92 | 4,81 |
| 5. Cádiz | 72 | 3,76 |
| 6. Málaga | 58 | 3,03 |
| 7. Las Palmas | 38 | 1,99 |
| 8. Alicante | 33 | 1,72 |
| Outros | 459 | 23,97 |
| Total | 1.915 | 100,00 |

# ANEXO 3

# EVOLUÇÃO ESTATÍSTICA DAS CORRENTES TURÍSTICAS MUNDIAIS

## 3.1. Chegadas de turistas internacionais de 1950 a 1995

| Ano | Chegadas de turistas internacionais (em milhares) | Taxa de variação (%) |
|---|---|---|
| 1950 | 25.282 | – |
| 1960 | 69.320 | 10,61 |
| 1961 | 75.323 | 8,66 |
| 1962 | 81.381 | 8,04 |
| 1963 | 90.071 | 10,68 |
| 1964 | 104.601 | 16,13 |
| 1965 | 112.863 | 7,90 |
| 1966 | 119.980 | 6,31 |
| 1967 | 129.782 | 8,17 |
| 1968 | 131.201 | 1,09 |
| 1969 | 143.511 | 9,38 |
| 1970 | 165.787 | 15,52 |
| 1971 | 178.853 | 7,88 |
| 1972 | 189.129 | 5,75 |
| 1973 | 198.906 | 5,17 |
| 1974 | 205.667 | 3,40 |
| 1975 | 222.290 | 8,08 |
| 1976 | 228.873 | 2,96 |
| 1977 | 249.264 | 8,91 |
| 1978 | 267.076 | 7,15 |
| 1979 | 283.089 | 6,00 |
| 1980 | 286.266 | 1,12 |

*Continua*

| Ano | Chegadas de turistas internacionais (em milhares) | Taxa de variação (%) |
|---|---|---|
| 1981 | 288.648 | 0,83 |
| 1982 | 288.608 | -0,01 |
| 1983 | 291.880 | 1,13 |
| 1984 | 319.072 | 9,32 |
| 1985 | 329.556 | 3,29 |
| 1986 | 340.571 | 3,34 |
| 1987 | 366.872 | 7,72 |
| 1988 | 401.723 | 9,50 |
| 1989 | 430.954 | 7,28 |
| 1990 | 459.233 | 6,56 |
| 1991 | 466.044 | 1,48 |
| 1992 | 503.617 | 8,06 |
| 1993 | 518.258 | 2,91 |
| 1994 | 546.260 | 5,40 |
| 1995 | 567.402 | 3,87 |

*Fonte*: OMT.

## 3.2. Receitas do turismo internacional de 1950 a 1995

| Anos | Receitas por turismo internacional (milhões de $) (exclui receitas do transpor. intern.) | Taxa de variação pelo pagamento (%) |
|---|---|---|
| 1950 | 2.100 | – |
| 1960 | 6.867 | 10,61 |
| 1961 | 7.284 | 6,07 |
| 1962 | 8.029 | 10,23 |
| 1963 | 8.887 | 10,69 |
| 1964 | 10.073 | 13,35 |
| 1965 | 11.604 | 15,20 |
| 1966 | 13.340 | 14,96 |
| 1967 | 14.458 | 8,38 |
| 1968 | 14.990 | 3,68 |
| 1969 | 16.800 | 12,07 |
| 1970 | 17.900 | 6,55 |
| 1971 | 20.850 | 16,48 |
| 1972 | 24.621 | 18,09 |
| 1973 | 31.054 | 26,13 |
| 1974 | 33.822 | 8,91 |
| 1975 | 40.702 | 20,34 |
| 1976 | 44.436 | 9,17 |

*Continua*

| Anos | Receitas por turismo internacional (milhões de $) (exclui receitas do transpor. intern.) | Taxa de variação pelo pagamento (%) |
|---|---|---|
| 1977 | 55.637 | 25,21 |
| 1978 | 68.845 | 23,74 |
| 1979 | 83.340 | 21,05 |
| 1980 | 105.198 | 26,23 |
| 1981 | 107.430 | 2,12 |
| 1982 | 100.874 | -6,10 |
| 1983 | 102.453 | 1,57 |
| 1984 | 112.471 | 9,78 |
| 1985 | 117.630 | 4,59 |
| 1986 | 142.074 | 20,78 |
| 1987 | 174.232 | 22,63 |
| 1988 | 201.540 | 15,67 |
| 1989 | 218.369 | 8,35 |
| 1990 | 264.708 | 21,22 |
| 1991 | 271.827 | 2,69 |
| 1992 | 308.596 | 13,53 |
| 1993 | 313.963 | 1,74 |
| 1994 | 346.674 | 10,42 |
| 1995 | 372.585 | 7,47 |

## 3.3. Chegadas do turismo internacional por continentes durante o período de 1990 a 1994 (em milhares de turistas)

| Região Total e % | Anos | | | | |
|---|---|---|---|---|---|
| | *1990* | *1991* | *1992* | *1993* | *1994* |
| Mundo Total | 459.233 | 466.044 | 503.617 | 518.258 | 546.260 |
| % mundial | 100 | 100 | 100 | 100 | 100 |
| % variação anual | | 1,48 | 8,06 | 2,91 | 5,40 |
| Índice 1990 = 100 | 100 | 101 | 110 | 113 | 119 |
| África Total | 15.090 | 15.999 | 17.796 | 18.345 | 18.477 |
| % mundial | 3,29 | 3,43 | 3,53 | 3,54 | 3,38 |
| % variação anual | | 6,02 | 11,23 | 3,08 | 0,72 |
| Índice 1990 = 100 | 100 | 106 | 118 | 122 | 122 |
| América total | 93.570 | 96.976 | 103.562 | 104.023 | 107.176 |
| % mundial | 20,38 | 20,81 | 20,56 | 20,07 | 19,62 |
| % variação anual | | 3,64 | 6,79 | 0,45 | 3,03 |
| Índice 1990 = 100 | 100 | 104 | 111 | 111 | 115 |

*Continua*

| Região Total e % | Anos | | | | |
|---|---|---|---|---|---|
| | *1990* | *1991* | *1992* | *1993* | *1994* |
| Ásia Oriental/Pacífico Total | 53.109 | 54.928 | 62.712 | 69.621 | 76.971 |
| % mundial | 11,56 | 11,79 | 12,45 | 13,43 | 14,09 |
| % variação anual | | 3,43 | 14,17 | 11,02 | 10,56 |
| Índice 1990 = 100 | 100 | 103 | 118 | 131 | 145 |
| Europa Total | 286.708 | 287.870 | 307.295 | 313.733 | 329.819 |
| % mundial | 62,43 | 61,77 | 61,02 | 60,54 | 60,38 |
| % variação anual | | 0,41 | 6,75 | 2,10 | 5,13 |
| Índice 1990 = 100 | 100 | 100 | 107 | 109 | 115 |
| Oriente Médio Total | 7.577 | 6.991 | 8.643 | 8.977 | 9.868 |
| % mundial | 1,65 | 1,50 | 1,72 | 1,73 | 1,81 |
| % variação anual | | –7,73 | 23,63 | 3,86 | 9,93 |
| Índice 1990 = 100 | 100 | 92 | 114 | 118 | 130 |
| Ásia Meridional Total | 3.179 | 3.280 | 3.609 | 3.559 | 3.949 |
| % mundial | 0,69 | 0,70 | 0,72 | 0,69 | 0,72 |
| % variação anual | | 3,18 | 10,03 | –1,39 | 10,96 |
| Índice 1990 = 100 | 100 | 103 | 114 | 112 | 124 |

## 3.4. Receitas pelo turismo internacional durante o período de 1990 a 1994 (em milhões de dólares)

| Região Total e % | Anos | | | | |
|---|---|---|---|---|---|
| | *1990* | *1991* | *1992* | *1993* | *1994* |
| Mundo Total | 264.708 | 271.827 | 308.596 | 313.963 | 346.674 |
| % mundial | 100 | 100 | 100 | 100 | 100 |
| % variação anual | | 2,69 | 13,53 | 1,74 | 10,42 |
| Índice 1990 = 100 | 100 | 103 | 117 | 119 | 131 |
| África Total | 5.207 | 4.882 | 5.919 | 6.019 | 6.564 |
| % mundial | 1,97 | 1,80 | 1,92 | 1,92 | 1,89 |
| % variação anual | | –6,24 | 21,24 | 1,69 | 9,05 |
| Índice 1990 = 100 | 100 | 94 | 114 | 116 | 126 |
| América Total | 69.481 | 76.785 | 84.765 | 90.686 | 95.084 |
| % mundial | 26,25 | 28,25 | 27,47 | 28,88 | 27,43 |
| % variação anual | | 10,51 | 10,39 | 6,99 | 4,85 |
| Índice 1990 = 100 | 100 | 111 | 122 | 131 | 137 |
| Ásia Oriental/Pacífico total | 38.830 | 40.142 | 47.028 | 52.168 | 61.949 |
| % mundial | 14,67 | 14,77 | 15,24 | 16,62 | 17,87 |

| Região Total e % | Anos | | | | |
|---|---|---|---|---|---|
| | *1990* | *1991* | *1992* | *1993* | *1994* |
| % variação anual | | 3,38 | 17,15 | 10,93 | 18,75 |
| Índice 1990 = 100 | 100 | 103 | 121 | 134 | 160 |
| Europa Total | 143.980 | 143.327 | 162.646 | 157.494 | 174.811 |
| % mundial | 54,39 | 52,73 | 52,71 | 50,16 | 50,43 |
| % variação anual | | -0,45 | 13,48 | -3,17 | 11,00 |
| Índice 1990 = 100 | 100 | 102 | 113 | 109 | 121 |
| Oriente Médio Total | 5.127 | 4.280 | 5.400 | 4.804 | 5.107 |
| % mundial | 1,94 | 1,57 | 1,75 | 1,53 | 1,47 |
| % variação anual | | -16,52 | 26,17 | -11,04 | 6,31 |
| Índice 1990 = 100 | 100 | 83 | 105 | 94 | 100 |
| Ásia Meridional Total | 2.083 | 2.411 | 2.838 | 2.792 | 3.159 |
| % mundial | 0,79 | 0,89 | 0,92 | 0,89 | 0,91 |
| % variação anual | | 15,75 | 17,71 | -1,62 | 13,14 |
| Índice 1990 = 100 | 100 | 116 | 136 | 134 | 152 |

*Fonte*: OMT.

## 3.5. Dados econômicos mundiais relacionados com o turismo (1994)

1. Chegadas de turismo internacional .......... 546.260.000
2. Chegadas de turismo à Europa Ocidental .......... 255.505.000
3. Chegadas de turismo à Europa Central e Oriental .......... 74.313.000
4. Chegadas de turismo à América do Norte .......... 78.588.000
5. Chegadas de turismo ao Caribe .......... 13.588.000
6. Chegadas de turismo à América Central e do Sul .......... 15.000.000
7. Chegadas de turismo à Ásia Ocidental e ao Pacífico .......... 76.971.000
8. Chegadas de turismo à África .......... 18.477.000
9. Chegadas de turismo ao Oriente Médio .......... 9.868.000
10. Chegadas de turismo à Ásia Meridional .......... 3.949.000
11. Chegadas de turismo aos países da UE .......... 224.940.000
12. Chegadas de turismo aos países do Mediterrâneo .......... 168.903.000
13. Receitas pelo turismo mundial .......... 346,674 bi de $
14. Receitas pelo turismo na Europa Ocidental .......... 160,491 bi de $
15. Receitas pelo turismo na Europa Central e Oriental .......... 14,392 bi de $
16. Receitas pelo turismo na América do Norte .......... 73,033 bi de $
17. Receitas pelo turismo no Caribe .......... 11,579 bi de $
18. Receitas pelo turismo na América Central e América do Sul .......... 10,472 bi de $
19. Receitas pelo turismo na Ásia Oriental e Pacífico .......... 61,949 bi de $

20. Receitas pelo turismo na África ........................................................ 6,564 bi de $
21. Receitas pelo turismo no Oriente Médio ........................................... 5,107 bi de $
22. Receitas pelo turismo na Ásia Meridional ......................................... 3,159 bi de $
23. Receitas pelo turismo nos países da UE ............................................ 139,114 bi de $
24. Receitas pelo turismo nos países do Mediterrâneo .......................... 92,205 bi de $

*Fonte*: OMT.

## 3.6. Chegadas e receitas do turismo internacional por países (1994)

| País | Chegadas (em milhares) | Receitas (milhões de $) | Receitas (Turista $) |
|---|---|---|---|
| 1. França | 61.312 | 25.629 | 418,00 |
| 2. EUA | 5.504 | 60.406 | 1.327,48 |
| 3. Espanha | 43.232 | 21.853 | 505,48 |
| 4. Itália | 27.480 | 23.927 | 870,70 |
| 5. Hungria | 21.425 | 1.428 | 66,65 |
| 6. Reino Unido | 21.034 | 15.176 | 708,33 |
| 7. Polônia | 18.800 | 6.150 | 327,12 |
| 8. Áustria | 17.894 | 13.160 | 736,44 |
| 9. México | 17.113 | 6.318 | 369,19 |
| 10. República Tcheca | 17.000 | 1.966 | 115,64 |
| 11. Canadá | 15.971 | 6.309 | 395,02 |
| 12. Alemanha | 14.494 | 11.091 | 765,21 |
| 13. Suíça | 12.200 | 7.570 | 620,49 |
| 14. Grécia | 10.713 | 3.905 | 364,51 |
| 15. Bulgária | 10.068 | 358 | 35,55 |
| 16. Hong Kong | 9.331 | 8.317 | 891,32 |
| 17. Portugal | 9.132 | 4.087 | 447,54 |
| 18. Malásia | 7.197 | 3.189 | 443,10 |
| 19. Hawai | 6.455 | 0 | 0,00 |
| 20. Cingapura | 6.268 | 7.067 | 1.127,47 |
| 21. Holanda | 6.178 | 5.612 | 908,38 |
| 22. Tailândia | 6.166 | 5.762 | 934,47 |
| 23. Turquia | 6.034 | 4.321 | 716,10 |
| 24. China | 5.182 | 7.323 | 1.413,16 |
| 25. Rússia | 4.643 | 0 | 0,00 |
| 26. Macao | 4.485 | 2.688 | 599,33 |
| 27. Irlanda | 4.309 | 1.765 | 409,60 |
| 28. Indonésia | 4.006 | 4.785 | 1.194,45 |
| 29. África do Sul | 3.897 | 1.424 | 365,40 |
| 30. Argentina | 3.866 | 3.970 | 1.026,90 |
| 31. Tunes | 3.856 | 1.302 | 337,65 |

*Continua*

| País | Chegadas (em milhares) | Receitas (milhões de $) | Receitas (Turista $) |
|---|---|---|---|
| 32. Marrocos | 3.456 | 1.265 | 366,03 |
| 33. Austrália | 3.362 | 5.955 | 1.771,26 |
| 34. Porto Rico | 3.042 | 1.737 | 571,00 |
| 35. Noruega | 2.830 | 2.157 | 762,19 |
| 36. Romênia | 2.796 | 414 | 14,80 |
| 37. Bélgica | 2.516 | 4.053 | 1.610,89 |
| 38. Egito | 2.356 | 1.384 | 587,43 |
| 39. Croácia | 2.293 | 1.427 | 0,00 |
| 40. Bahrein | 2.270 | 302 | 133,03 |
| 41. Taiwan | 2.127 | 3.210 | 1.509,16 |
| 42. Chipre | 2.069 | 1.700 | 821,65 |
| 43. Letônia | 1.944 | 18 | 9,39 |
| 44. Japão | 1.915 | 3.477 | 1.815,66 |
| 45. Índia | 1.886 | 2.265 | 1.200,95 |
| 46. Uruguai | 1.884 | 632 | 335,45 |
| 47. Coréia do Sul | 1.875 | 3.806 | 2.029,86 |
| 48. Israel | 1.839 | 2.266 | 1.232,19 |
| 49. República Dominicana | 1.717 | 1.148 | 668,60 |
| 50. Brasil | 1.700 | 1.925 | 1.132,35 |
| 51. Chile | 1.623 | 833 | 513,24 |
| 52. Bahamas | 1.516 | 1.333 | 879,29 |
| 53. Filipinas | 1.414 | 2.282 | 1.613,86 |
| 54. Nova Zelândia | 1.323 | 1.357 | 1.025,69 |
| 55. Dubai | 1.239 | 0 | 0,00 |
| 56. Colômbia | 1.207 | 794 | 657,82 |
| 57. Malta | 1.172 | 639 | 545,22 |
| 58. Dinamarca | 1.171 | 3.784 | 3.231,42 |
| 59. Zimbabue | 1.099 | 0 | 0,00 |
| 60. Guam | 1.087 | 0 | 0,00 |
| 61. Vietnã | 1.018 | 0 | 0,00 |
| 62. Arábia Saudita | 996 | 0 | 0,00 |
| 63. Jamaica | 977 | 919 | 940,63 |
| 64. Botsuana | 924 | 35 | 37,87 |
| 65. Eslováquia | 902 | 568 | 629,71 |
| 66. Quênia | 863 | 421 | 487,83 |
| 67. Jordânia | 858 | 462 | 538,46 |
| 68. Suécia | 814 | 2.826 | 3.471,74 |
| 69. Argélia | 805 | 49 | 60,86 |
| 70. Emirados Árabes Unidos | 775 | 0 | 0,00 |
| 71. Luxemburgo | 762 | 0 | 0,00 |

*Continua*

| País | Chegadas (em milhares) | Receitas (milhões de $) | Receitas (Turista $) |
|---|---|---|---|
| 72. Costa Rica | 761 | 626 | 822,60 |
| 73. Eslovênia | 748 | 932 | 1.245,98 |
| 74. Síria | 718 | 800 | 1.114,20 |
| 75. Cuba | 617 | 850 | 1.377,63 |
| 76. Marianas | 587 | 584 | 994,88 |
| 77. San Martín | 586 | 408 | 696,24 |
| 78. Aruba | 582 | 451 | 774,91 |
| 79. Guadalupe | 556 | 490 | 881,29 |
| 80. Estônia | 550 | 92 | 16,72 |
| 81. Virgens (EUA) | 540 | 792 | 1.466,66 |
| 82. Guatemala | 537 | 258 | 480,44 |
| 83. San Marino | 533 | 0 | 0,00 |
| 84. Brunei | 500 | 0 | 0,00 |
| 85. Equador | 482 | 252 | 522,82 |
| 86. Paquistão | 454 | 117 | 257,70 |
| 87. Finlândia | 436 | 791 | 1.814,22 |
| 88. Venezuela | 429 | 486 | 1.132,86 |
| 89. Barbados | 426 | 598 | 1.403,75 |
| 90. Martinica | 419 | 379 | 904,53 |
| 91. Bermudas | 416 | 524 | 1.259,61 |
| 92. Sri Lanka | 408 | 224 | 549,01 |
| 93. Paraguai | 406 | 197 | 485,22 |
| 94. Maurício | 401 | 356 | 887,78 |
| 95. Peru | 386 | 237 | 613,98 |
| 96. Irã | 362 | 153 | 422,65 |
| 97. Omã | 358 | 88 | 24,58 |
| 98. Caimã | 341 | 328 | 961,87 |
| 99. Líbano | 335 | 672 | 2.005,97 |
| 100. Iraque | 330 | 0 | 0,00 |
| 101. Nepal | 327 | 172 | 525,99 |
| 102. Nigéria | 327 | 34 | 103,97 |
| 103. Panamá | 324 | 244 | 753,08 |
| 104. Azerbaijão | 321 | 2.042 | 6.361,37 |
| 105. Bolívia | 320 | 135 | 421,87 |
| 106. Fiji | 319 | 298 | 934,16 |
| 107. Zwaizilandia | 288 | 29 | 100,69 |
| 108. Maldivas | 280 | 181 | 646,42 |
| 109. Gana | 271 | 228 | 841,32 |
| 110. Trinidad e Tobago | 266 | 80 | 300,75 |
| 111. Reunião | 263 | 0 | 0,00 |
| 112. Tanzânia | 262 | 192 | 732,82 |

*Continua*

| País | Chegadas (em milhares) | Receitas (milhões de $) | Receitas (Turista $) |
|---|---|---|---|
| 113. Antígua e Barbuda | 255 | 394 | 1.545,09 |
| 114. Namíbia | 255 | 184 | 721,69 |
| 115. Senegal | 240 | 115 | 479,16 |
| 116. Qatar | 241 | 0 | 0,00 |
| 117. Virgens (Britânicas) | 239 | 188 | 786,61 |
| 118. Curaçao | 238 | 183 | 768,90 |
| 119. Nicarágua | 238 | 40 | 168,06 |
| 120. Lituânia | 222 | 70 | 315,31 |
| 121. Santa Lucía | 219 | 224 | 1.022,83 |
| 122. Mônaco | 217 | 0 | 0,00 |
| 123. Mauritânia | 208 | 138 | 663,46 |
| 124. Honduras | 198 | 33 | 166,66 |
| 125. Mongólia | 186 | 0 | 0,00 |
| 126. Macedônia | 185 | 29 | 156,75 |
| 127. El Salvador | 181 | 86 | 475,13 |
| 128. Islândia | 179 | 137 | 765,36 |
| 129. Cambodja | 177 | 70 | 395,48 |
| 130. Polinésia Francesa | 166 | 235 | 1.415,66 |
| 131. Costa do Marfim | 157 | 43 | 273,88 |
| 132. Malawi | 153 | 5 | 32,67 |
| 133. Laos | 146 | 43 | 0,00 |
| 134. Bangladesh | 140 | 19 | 135,71 |
| 135. Benin | 140 | 55 | 392,85 |
| 136. Zâmbia | 134 | 43 | 320,89 |
| 137. Burkina Faso | 133 | 22 | 165,41 |
| 138. Belize | 129 | 74 | 573,64 |
| 139. Uganda | 119 | 61 | 512,60 |
| 140. Gabão | 115 | 5 | 43,47 |
| 141. Guiana | 113 | 47 | 415,92 |
| 142. Seychelles | 110 | 116 | 1.054,54 |
| 143. Granada | 109 | 55 | 504,58 |
| 144. Etiópia | 98 | 23 | 234,69 |
| 145. Lesoto | 97 | 17 | 175,25 |
| 146. Saint Kitts e Nevis | 94 | 75 | 797,87 |
| 147. Guinéia | 93 | 6 | 64,51 |
| 148. ex-Iugoslávia | 91 | 31 | 340,65 |
| 149. Nova Caledônia | 85 | 102 | 1.200,00 |
| 150. Camarão | 81 | 47 | 580,24 |

*Continua*

| País | Chegadas (em milhares) | Receitas (milhões de $) | Receitas (Turista $) |
|---|---|---|---|
| 151. Birmânia (Myanmar) | 80 | 24 | 300,00 |
| 152. Gibraltar | 80 | 90 | 1.125,00 |
| 153. Gâmbia | 78 | 27 | 346,15 |
| 154. Kuwait | 73 | 101 | 1.383,56 |
| 155. Serra Leoa | 72 | 10 | 138,88 |
| 156. Turcas e Caicos | 72 | 57 | 791,66 |
| 157. Haiti | 70 | 46 | 657,14 |
| 158. Madagascar | 66 | 54 | 818,18 |
| 159. Liechtenstein | 62 | 0 | 0,00 |
| 160. Cook | 57 | 40 | 701,75 |
| 161. Dominica | 57 | 31 | 543,85 |
| 162. Bonaire | 56 | 32 | 571,42 |
| 163. São Vicente e Grana | 55 | 51 | 927,27 |
| 164. Líbia | 54 | 7 | 129,62 |
| 165. Samoa ocidental | 50 | 0 | 0,00 |
| 166. Anguila | 44 | 51 | 1.159,09 |
| 167. Togo | 44 | 7 | 159,09 |
| 168. Vanuatu | 42 | 55 | 1.309,52 |
| 169. Iêmen | 40 | 19 | 475,00 |
| 170. Papua Nova Guiné | 39 | 55 | 1.410,25 |
| 171. Somália | 39 | 0 | 0,00 |
| 172. Djibuti | 33 | 0 | 0,00 |
| 173. Cabo Verde | 31 | 10 | 322,58 |
| 174. Congo | 30 | 3 | 100,00 |
| 175. Burundi | 29 | 3 | 103,44 |
| 176. Saba | 29 | 4 | 137,93 |
| 177. San Eustaquio | 29 | 0 | 0,00 |
| 178. Albânia | 28 | 5 | 178,57 |
| 179. Mali | 28 | 18 | 642,85 |
| 180. Tonga | 28 | 9 | 321,42 |
| 181. Comoras | 27 | 0 | 0,00 |
| 182. Moldóvia | 21 | 2 | 95,23 |
| 183. Montserrat | 21 | 19 | 904,76 |
| 184. Chad | 19 | 36 | 1.894,73 |
| 185. Samoa (EUA) | 18 | 0 | 0,00 |
| 186. Suriname | 18 | 11 | 611,11 |
| 187. Zaire | 18 | 0 | 0,00 |
| 188. Sudão | 16 | 5 | 312,50 |

*Continua*

| País | Chegadas (em milhares) | Receitas (milhões de $) | Receitas (Turista $) |
|---|---|---|---|
| 189. Fed. Est. Micronésia | 12 | 0 | 0,00 |
| 190. Salomão | 12 | 6 | 500,00 |
| 191. Niger | 11 | 16 | 1.454,54 |
| 192. Afeganistão | 9 | 1 | 111,11 |
| 193. Marshall | 5 | 2 | 500,00 |
| 194. Butão | 4 | 3 | 750,00 |
| 195. Rep. Centroafricana | 4 | 5 | 1.250,00 |
| 196. Kiribati | 4 | 1 | 250,00 |
| 197. Niue | 3 | 0 | 0,00 |
| 198. Angola | 2 | 13 | 6.500,00 |
| 199. Ruanda | 2 | 2 | 1.000,00 |
| 200. Tuvalu | 1,3 | 0,3 | 230,76 |

*Fonte*: OMT e elaboração própria.

# ANEXO 4

# ESTRUTURA DO MERCADO TURÍSTICO NA CATALUNHA

A vigente Constituição Espanhola de 1978 contempla o Estado Espanhol constituído por comunidades autônomas, às quais, segundo o artigo 148, transfere as competências exclusivas em matéria de turismo, que ficam recolhidas, no que se refere à Catalunha, no correspondente Estatuto de Autonomia, em seu artigo 9.

Com essa nova política, permite-se construir em cada uma das 17 comunidades autônomas sua estrutura turística. Vejamos, como exemplo, a atual estrutura do mercado turístico da Comunidade Autônoma da Catalunha.

## 4.1. Política turística

As competências de turismo dependem do Departamento de Indústria, Comércio e Turismo da Generalitat de Catalunya (1996), por meio da Direção Geral de Turismo. A promoção do turismo é realizada pelo Consórcio de Promoção Turística da Catalunha, constituído por Generalitat de Catalunya e outros organismos públicos e associações empresariais privadas.

As competências básicas que a Generalitat de Catalunya tem em matéria turística são as seguintes:

*a*) Disposição legal dos recursos e oferta turística.
*b*) Promoção turística
*c*) Fomento e subvenções.
*d*) Inspeção, fiscalização e controle.

*e*) Disposição da formação profissional e das profissões turísticas.
*f*) Estatísticas.

## 4.2. Sociologia turística: estatísticas

(*Fonte*: Dirección General de Turismo de la Generalitat de Catalunya, 1994)

### 4.2.1. Estrangeiros que entraram na Catalunha, de acordo com os meios de transporte utilizados

| Meio | 1993 | 1994 | Variação % |
|---|---|---|---|
| Estrada | 13.380.433 | 14.008.860 | 4,7 |
| Avião | 1.180.381 | 1.495.621 | 26,7 |
| Estrada de ferro | 512.508 | 617.317 | 20,5 |
| Navio | 122.614 | 115.391 | –5,9 |
| Total | 15.195.936 | 16.237.189 | 6,9 |

### 4.2.2. Estrangeiros que entraram na Catalunha, segundo as nacionalidades

| Países | Total em 1994 | % s/total |
|---|---|---|
| França | 7.443.566 | 45,8 |
| Alemanha | 2.348.415 | 14,5 |
| Holanda | 881.498 | 5,4 |
| Bélgica | 841.924 | 5,2 |
| Itália | 750.273 | 4,6 |
| Grã-Bretanha | 713.488 | 4,4 |
| Suíça | 486.240 | 3,0 |
| Países Nórdicos | 265.845 | 1,6 |
| EUA | 144.014 | 0,9 |
| Japão | 81.644 | 0,5 |
| Outros países | 2.280.282 | 14,1 |
| Total | 16.237.189 | 100,0 |

## 4.3. Evolução histórico-administrativa do turismo catalão

Durante a Segunda República Espanhola, a Generalitat de Catalunya já havia tido competências no campo do turismo. Por um convênio assinado em 1º de junho de 1932 entre o Patronato Nacional de Turismo e a Generalitat, outorgava ao governo autônomo sua representação na Catalunha, enquanto cedia em usufruto os escritórios que tinha em diversas populações catalãs.

O conjunto de serviços turísticos dos que a Generalitat detinha a competência estavam englobados sob a denominação de Escritório de Turismo da Catalunha. Primeiro, o Escritório depende do Departamento de Economia e Trabalho e posteriormente do de Economia e Agricultura e, finalmente, do de Obras Públicas.

Mediante o decreto de 10 de junho de 1933, declarou-se corporação oficial na Catalunha o Patronato de Turismo de Catalunha, que teria caráter de órgão consultivo do Governo da Generalitat. Desde maio de 1935 até as eleições de fevereiro de 1936, foram produzidas mudanças importantes na estruturação dos serviços de turismo, centrados em uma nova corporação oficial – a Touring Associação de Catalunha – que foi agregada ao Escritório de Turismo de Catalunha, enquanto era retirado o caráter oficial do Patronato do Turismo.

Com a Guerra Civil e o estabelecimento do regime franquista, desapareceu essa estrutura até quarenta anos atrás quando, com o restabelecimento da Generalitat, com o presidente Josep Tarradellas, a comunidade catalã voltou a ter as primeiras competências turísticas do Estado transferidas a partir de 1º de novembro de 1978.

Com a aprovação e colocação em funcionamento do Estatuto da Autonomia em 1979, a competência da Generalitat sobre o turismo ficou definida, no citado artigo 9, como uma competência exclusiva. A polêmica surgiu, posteriormente, quanto às competências de promoção exterior que, segundo a constituição espanhola, é uma competência do Estado por ser considerada funções de comércio exterior. Depois de um correspondente recurso apresentado ao Tribunal Constitucional, em 1984, com outras comunidades autônomas, o alto órgão judicial decidiu a favor do recurso, com o qual as comunidades autônomas podem fazer sua promoção exterior, coordenadas e ajudadas pela Administração Central.

Ocorridas em 20 de março de 1980, as primeiras eleições para o Parlamento da Catalunha foram conquistadas pela coalisão de Convergência e União (CiU), que revalidou sua vitória até a atualidade (1996). O Governo da

Generalitat criou o Departamento de Comércio, Consumo e Turismo, do qual dependem as competências político-administrativas em matéria de turismo. Em 1996, o departamento desapareceu, passando as competências para o Departamento de Indústria, Comérico e Turismo.

## 4.4. Economia turística

O turismo representa para a economia catalã 12,69% do Produto Interno Bruto (1994). Quanto à população ativa, também representa 13% que em cifras absolutas são aproximadamente 282 mil pessoas empregadas, segundo dados da Direção Geral de Turismo da Generalitat, de 1994.

## 4.5. Oferta turística

(*Fonte*: Departament de Comerç, Consum i Turisme. Generalitat de Catalunya).

### 4.5.1. Hospedagens turísticas

***a) Oferta de hospedagem turística (1994)***

| Classe de hospedagens | Estabelecimentos (nº) | Lugares (nº) |
|---|---|---|
| Estabelecimentos hoteleiros | 2.923 | 228.415 |
| Balneários | 12 | 1.535 |
| Paradores nacionais | 7 | 951 |
| Total de hospedagens hoteleiras | 2.942 | 230.901 |
| Residências – casas-grandes | 277 | 2.552 |
| Campings | 336 | 249.965 |
| Apartamentos e segundas residências | 387.108 (est.91) | 1.664.564 |
| Total | 390.663 | 2.147.982 |

Pelas capacidades, os estabelecimentos hoteleiros representam 10,63%, os campings 11,63%, os apartamentos turísticos e segundas residências 77,49% e os balneários, residências – casas-grandes e os paradores nacionais, respectivamente 0,23%.

### *b) Distribuição territorial na oferta de hospedagem (1994)*

| Zonas turísticas | Lugares (nº) |
|---|---|
| Pirineus – Pré-Pirineus | 112.474 |
| Costa Brava | 736.992 |
| Costa do Maresme | 236.816 |
| Barcelona | 39.193 |
| Costa do Garraf | 235.422 |
| Costa Dourada | 626.236 |
| Catalunha Central | 136.380 |
| Terres de Lleida | 23.518 |
| Total | 2.147.031 |

A distribuição territorial da oferta de hospedagem turística concentra-se basicamente no litoral, em especial na Costa Brava e Costa Dourada que em 1994 englobaram juntas 63,49% dos lugares. As demais zonas têm muito menos capacidade. Pela importância, destacam-se Barcelona-Garraf e a Costa do Maresme, com 23,82 e 12,69% dos lugares, respectivamente.

### *c) Distribuição por classes de estabelecimentos hoteleiros (1994)*

| Classes de hospedagens | Estabelecimentos (nº) | Lugares (nº) |
|---|---|---|
| Hotéis | 1.004 | 163.067 |
| Apart-hotéis | 38 | 9.025 |
| Hotéis-residência | 31 | 2.603 |
| Pensões* | 1.847 | 54.947 |
| Pousadas e casas de hóspedes | 15 | 308 |
| Total | 2.935 | 229.950 |

* Inclui pensões, hospedarias e hospedarias-residência.

*d) Distribuição territorial dos estabelecimentos hoteleiros (1994)*

| Zonas turísticas | Estabelecimentos (nº) | Lugares (nº) |
|---|---|---|
| Pirineus – Pré-Pirineus | 423 | 17.835 |
| Costa Brava | 939 | 80.484 |
| Costa do Maresme | 254 | 35.394 |
| Barcelona | 498 | 35.654 |
| Costa do Garraf | 178 | 8.767 |
| Costa Dourada | 326 | 39.112 |
| Catalunha Central | 213 | 8.842 |
| Terres de Lleida | 104 | 3.862 |
| Total | 2.935 | 229.950 |

## 4.5.2. Campings

*a) Distribuição territorial de campings (1994)*

| Zonas turísticas | Estabelecimentos (nº) | Lugares (nº) |
|---|---|---|
| Pirineus – Pré-Pirineus | 75 | 22.958 |
| Costa Brava | 114 | 108.272 |
| Costa do Maresme | 35 | 19.502 |
| Costa do Garraf | 17 | 30.793 |
| Costa Dourada | 73 | 61.803 |
| Catalunha Central | 16 | 5.175 |
| Terres de Lleida | 6 | 1.462 |
| Total | 336 | 249.965 |

## 4.5.3. Residências-casas-grandes

*a) Distribuição territorial das residências-casas-grandes (1994)*

| Zonas turísticas | Estabelecimentos (nº) | Lugares (nº) |
|---|---|---|
| Pirineus – Pré-Pirineus | 188 | 1.702 |
| Costa Brava | 26 | 291 |
| Costa do Maresme | 2 | 21 |
| Costa do Garraf | 6 | 45 |
| Costa Dourada | 15 | 149 |
| Catalunha Central | 26 | 217 |
| Terres de Lleida | 14 | 127 |
| Total | 277 | 2.552 |

### 4.5.4. Apartamentos

*a) Apartamenos legalizados (1994)*

| Âmbito territorial | Estabelecimentos (nº) | Lugares (nº) |
|---|---|---|
| Barcelona | 1.542 | 4.660 |
| Girona | 5.625 | 22.977 |
| Lleida | 64 | 270 |
| Tarragona | 9.201 | 41.843 |
| Total | 16.432 | 69.750 |

*b) Distribuição territorial de apartamentos e segundas residências (estimativa de 1991)*

| Zonas turísticas | Estabelecimentos (nº) | Lugares (nº) |
|---|---|---|
| Pirineus – Pré-Pirineus | 16.274 | 69.979 |
| Costa Brava | 127.429 | 547.945 |
| Costa do Maresme | 42.302 | 181.899 |
| Barcelona | 823 | 3.539 |
| Costa do Garraf | 45.539 | 195.817 |
| Costa Dourada | 122.133 | 525.172 |
| Catalunha Central | 28.406 | 122.146 |
| Terres de Lleida | 4.202 | 18.067 |
| Total | 387.108 | 1.664.564 |

## 4.6. Oferta turística complementar (1994)

| | |
|---|---|
| Restaurantes | 4.949 |
| Restaurantes/Bar | 6.337 |
| Cafeterias | 750 |
| Estações de esqui alpino | 11 |
| Estações de esqui nórdico | 13 |
| Balneários | 12 |
| Portos esportivos | 44 |

| | |
|---|---|
| Atraques em portos esportivos | 23.482 |
| Campos de golfe | 39 |
| Escritórios de informação turística | 138 |
| Agências de viagens | 1.175 |
| Guias turísticos | 1.221 |
| Museus | 255 |
| Esportes de aventura (clubes, empresas, entidades) | 45 |
| Parques aquáticos | 6 |
| Cassinos | 3 |
| Aeroclubes | 4 |
| Espaços de caça (hectares) | 316.434 |
| Espaços naturais protegidos | 144 |
| Espaços naturais protegidos (hectares) | 648.065 |

## 4.7. Geografia do turismo na Catalunha

Os recursos que a Catalunha possui podem ser classificados nos seguintes tópicos:

### *1. O litoral*

As praias que se estendem da fronteira com a França até o limite com a Comunidade Valenciana distribuídas nas costas: Brava, Maresme, Garraf e Dourada. Destacando, entre as populações de costa mais importantes: Lloret de Mar, Roses, Calella, Salou e Sitges. O litoral conta com 44 portos esportivos.

### *2. Os Pirineus e parques naturais*

Os recursos de estações de esqui –11 estações alpinas, 13 de esqui nórdicos, 14 parques naturais e 144 espaços naturais protegidos – entre os quais se destacam o de Aigüestortes e Llac de Sant Maurici, a Serra do Cadí, o Montseny e o Delta do Ebro. Prática de esportes de montanha e esportes de aventura: "rafting", parapente, etc.

### *3. Catalunha interior*

*a*) Os recursos de montanha como as serras do Cadí e o Montseny, e espaços naturais como o do Delta do Ebro, etc.
*b*) Turismo de balneário com 12 estações balneárias.

*c*) Recursos histórico-artísticos e religiosos: rota do Romano, rota do Gótico. Museu de Dalí. Rotas de mosteiros: Poblet, Santes Creus, Vallbona de les Monges, Sant Pere de Rodes e Montserrat.

### *4. Barcelona*

*a*) Os conjuntos monumentais do Bairro Gótico, o Modernismo de Antonio Gaudí.
*b*) O conjunto de museus: Picasso, Miró, Tàpies, Arte Romana, Arte Moderna, etc.
*c*) Feiras e congressos.
*d*) Turismo urbano e de negócios.
*e*) Barcelona Olímpica.
*f*) Zonas de entretenimento, recreativas e de diversão: Parque de Montjuïc, o Tibidabo, o Porto Olímpico, etc.

### *5. Recursos artístico-culturais, folclóricos, gastronômicos e de diversão*

*a*) Festas típicas: Patum de Berga, Corpus de Sites, Carnavales de Vilanova i la Geltrú, Sitges, etc., Mercat del Ram, Vic, etc.
*b*) Gastronômicos: a saborosa gastronomia de peixes e mariscos, produtos derivados do porco, calçotades, confeitaria e sobremesas: creme catalão, coques, etc.
*c*) Manifestações artístico-culturais: temporada de ópera no Liceo, representações da Paixão em Olesa de Montserrat, Esparraguera, Ulldecona e Cervera, Festivais de Sitges, Perelada, etc.; Parque temático Port Aventura (Salou), etc.

# ANEXO 5

## TERMINOLOGIA TURÍSTICA

**Aculturação** – Fenômeno sociológico que consiste no intercâmbio de pautas de conduta, formas de vida e hábitos devido ao contato e comunicação entre pessoas de diversas culturas, sociedades. Esse fenômeno de intercâmbio facilita a atividade turística com o contato entre turistas e autóctones de um país visitado.

**Agências de viagens receptiva** – Aquelas especializadas em receber e atender os clientes turistas das viagens organizadas por outras agências (emissoras) nacionais ou estrangeiras, com as quais trabalham em regime de função de correspondente.

**Agências de viagens majoritárias** – Aquela empresa mercantil que organiza serviços combinados ou pacotes turísticos – forfait, inclusive tours, etc. – para a venda ao público por meio de agências de viagens minoritárias.

**Agências de viagens minoritárias** – Aquela empresa mercantil que organiza serviços combinados ou pacotes turísticos – forfait, inclusive tours, etc. – para a venda diretamente ao público ou em "pool" através de outras agências minoritárias. Dessa forma, reserva e vende serviços avulsos – passagens de transporte, hospedagem, etc.

**Agente turístico** – O conjunto de pessoas, empresas, organizações e instituições que intervêm de forma ativa nas relações políticas, econômicas, sociais e culturais do mercado turístico.

**Apart-hotel** – Estabelecimento mercantil que por sua estrutura e serviços dispõe de instalações adequadas para conservação, elaboração e consumo de alimentos dentro da unidade de hospedagem.

**Balança de pagamentos turística** – Conjunto de operações econômicas, como contabilidade nacional de ativo e passivo, realizadas por um país com terceiros países, em determinado período de tempo, normalmente um ano, em todas as atividades do setor turístico, que inclui: exportações e importações de bens turísticos e serviços turísticos, movimento de capitais, transferências, etc.

**"Boom" turístico** – Termo anglo-saxão geralmente empregado para destacar o repentino incremento experimentado na corrente turística para determinada zona (país, região ou comarca) e, conseqüentemente, uma importante elevação do nível comercial, devido ao aumento da demanda de produtos e serviços turísticos.

**"Catering"** – Serviço de refeição preparada que é servida nos meios de transporte, basicamente em aviões e em trens.

**Comanda** – Pedido de serviços de manutenção que os clientes fazem nos restaurantes e em hotéis (refeitório, bar, cafeteria, etc.).

**Corrente turística** – Aquele movimento migratório – por terra, mar ou ar – que desloca os turistas de um ponto geográfico a outros.

**Demanda turística** – O conjunto de turistas que, de forma individual ou coletiva, estão motivados por uma série de produtos e serviços turísticos com o objetivo de satisfazer suas necessidades de descanso, recreação, entretenimento e cultura em seu período de tempo livre ou de férias.

**Divisa** – Meio de pagamento em moeda estrangeira.

**Efeito multiplicador** – Uma atividade econômica em um setor determinado pode gerar efeitos benéficos do ponto de vista econômico em outros setores. O turismo gera, de forma indireta, efeitos econômicos em outros setores, como, por exemplo, nos setores do comércio, construção, emprego, etc.

**Excursionista** – Com relação ao turismo internacional, excursionista é todo visitante que viaja para um país distinto daquele no qual tem sua residência habitual, porém diferente de seu ambiente habitual, por um período inferior a 24 horas sem incluir pernoite no país visitado e cujo motivo principal da visita não é o de exercer uma atividade que seja remunerada no país visitado. Com relação ao turismo interno, excursionista é todo visitante que reside em um país, que viaja para um lugar dentro do próprio país, porém distinto de seu ambiente habitual, por um período inferior a 24 horas sem incluir pernoite no lugar visitado e cujo motivo principal da visita não é o de exercer atividade que seja remunerada no lugar visitado.

**Exportação** – Venda de produtos ou serviços nacionais para países estrangeiros.

**"Fast food"** – Serviço de refeição rápida que oferecem as empresas dedicadas à restauração especializadas em frangos, hambúrgueres, pizzas, crepes, sanduíches, etc.

**Fluxo turístico** – Ver Corrente turística.

**Franquia** – Cessão de direito a empregar o nome de uma empresa e a marca de seus produtos ou serviços por parte de uma entidade para outra, pagamento prévio de uma obrigação. Por exemplo: o direito de usar o nome de uma cadeia hoteleira para uma empresa hoteleira.

**Hotel** – Estabelecimento mercantil que facilita hospedagem com ou sem serviços complementares (manutenção, bar, lojas, instalações esportivas, etc.).

**Hotel-residência** – Aquele hotel que apenas oferece serviço de hospedagem.

**Infra-estrutura turística** – O conjunto de elementos físicos, bens imóveis e móveis que possui um núcleo turístico para poder prestar os correspondentes serviços. Por exemplo: estradas, hospedagens, transportes, restaurantes, instalações esportivas e recreativas, etc.

**"Input-output"** – Método de descrição e análise das atividades econômicas de um país, que consiste no estudo dos meios e recursos utilizados na produção e dos bens resultantes desse processo de fabricação ou prestação de serviços.

**Leasing turístico** – Tipo de arrendamento de uma infra-estrutura turística – hotel, meio de transporte, restaurante – para sua exploração por terceiros com direito de compra por parte destas.

**Lista de espera ("Waiting list")** – Relação de passageiros pendentes de confirmação de lugar em um meio de transporte, geralmente em avião, quando as reservas de lugares estiverem completas.

**Marketing turístico** – Conjunto de políticas e técnicas sistematizadas e coordenadas que as empresas, organismos públicos e privados realizam sobre o plano local, regional, nacional e internacional para a satisfação ótima de certos grupos determinados de consumidores e para conseguirem, dessa forma, lucro apropriado.

**"Mass media"** – Denominação dos meios de comunicação de massas: imprensa, rádio, televisão e cinema. Possuem um grande impacto social, provocando as necessidades de consumo e estados de opinião.

**Meia pensão** – Serviço em um estabelecimento hoteleiro composto pela hospedagem e por duas das três refeições: café da manhã e almoço ou jantar.

**Mercado** – Concorrência da oferta e da demanda com relação a um produto ou serviço turístico.

**Merchandising** – Métodos de promoção de venda no nível de varejistas e nos mesmos pontos-de-venda.

**Motel** – Estabelecimento mercantil situado nas proximidades de estradas que proporcionam hospedagem nas unidades com garagem e entrada independentes para estadas de curta duração.

**Núcleo receptivo** – Aquele lugar geográfico – povoado, cidade, comarca, província, região ou país – que tem oferta turística de produtos e serviços baseados em seus recursos e sua infra-estrutura.

**Oferta turística** – O conjunto dos produtos e serviços turísticos que tem um núcleo turístico baseado em seus recursos e infra-estruturas.

**Operadora de tour** – Empresa mercantil que cria e comercializa viagens com tudo incluído. Por si mesma, ela pode prestar parte dos serviços da viagem ou subcontratar sua prestação. Todas as operadoras de tour vendem seus pacotes turísticos por meio de agências de viagens minoritárias.

**"Overbooking"** – Contratação excessiva de serviços turísticos. Venda de um mesmo lugar de transporte ou quarto para dois ou demais clientes.

**Pacote turístico** – Conjunto de serviços que configuram uma viagem com tudo incluído que organiza uma agência de viagens majoritária ou uma operadora de tours em quantidades industriais ou maciças. Os serviços incluídos normalmente são: transporte, transfer, hospedagem, manutenção e visitas turísticas.

**País emissor** – É aquele país que, devido às características de seu alto nível de vida econômica, social e cultural, gera uma corrente turística para outro (país receptor).

**País receptor** – É aquele país que, devido às suas características naturais, histórico-monumentais, climáticas, infra-estruturas turísticas, etc., atrai uma corrente turística ou fluxo turístico até si mesmo.

**Passaporte** – Documento que é emitido pelos estados nacionais para seus próprios cidadãos como certificado de cidadania, e também permite sair do país de origem e voltar. Ao mesmo tempo, credencia para entrar e sair de países de destino.

**Pensão** – Estabelecimento mercantil que facilita serviço de hospedagem, oferecendo, em alguns casos, também, manutenção com qualidade e preço inferior aos hotéis.

**Pensão alimentícia** – Conjunto das três refeições – café da manhã, almoço e jantar – que são servidas no refeitório do hotel para os clientes hospedados nele, tendo direito a partir das 48 horas de estada não interrupta no hotel para uma redução de 15% sobre o preço total das três refeições.

**Pensão completa** – Serviço completo em um estabelecimento hoteleiro que inclui a hospedagem e a pensão alimentícia composta pelas três refeições: café da manhã, almoço e jantar.

**Produto Interno Bruto (PIB)** – Também pode ser denominado Produto Nacional Bruto. Conjunto de bens e serviços produzidos por uma nação, em período de tempo determinado – normalmente um ano. Calcula-se seu valor por meio dos preços, no mercado interior, desses bens e serviços, com a amortização do capital.

**Produto turístico** – Conjunto de serviços materiais ou não materiais, que são oferecidos no mercado com o propósito de satisfazer os desejos ou as expectativas dos turistas.

**Programa de viagem turística** – Descrição pormenorizada apresentada em um folheto promocional, que contém o itinerário, as excursões, os preços e tudo que concernir às atividades da viagem.

**Promoção turística** – Conjunto de atividades e ações propagandísticas por meio de campanhas publicitárias e de relações públicas para tornar conhecido um produto ou serviço turístico no mercado e conseguir algumas vendas deste entre a demanda.

**Publicidade turística** – Atividade de promoção de vendas, consistente na transmissão de mensagens que informem e venham a persuadir os turistas demandantes dos atrativos de um produto ou serviço turístico. As técnicas utilizadas na divulgação dessas mensagens serão decisivas para criação e modificação dos desejos dos consumidores.

**Recursos turísticos** – O conjunto do patrimônio natural, histórico-monumental, artístico e cultural que possui um núcleo turístico – povoado, cidade, comarca, província, região ou país – e que tem o poder de atração turística.

**Registro de ocorrências** – Livro específico de contabilidade utilizado na recepção de um hotel para contabilizar todos os serviços que são prestados aos clientes hospedados. Os dados que são refletidos no registro de ocorrências servem para preparar a fatura do cliente. O registro de ocorrências pode ser: manual, mecanizado ou informatizado.

**Reserva** – Gestão para obter, antecipadamente, um quarto, um lugar num meio de transporte, etc.

**Sazonalidade** – Variação de uma magnitude macroeconômica – fluxo de turistas ou divisas – com relação a um período de tempo estabelecido (verão em relação ao inverno).

**Sondagem** – Estudo socioestatístico sobre preferências e motivações aplicado a um número reduzido de pessoas que sejam representativas de uma sociedade, com o objetivo de extrapolar os resultados para toda a população. A sondagem aplica-se aos turistas para conhecer suas motivações, preferências e desejos quanto às viagens e aos serviços turísticos.

**Temporada turística** – Período de tempo em que se produz maior (alta temporada) ou menor (baixa temporada) fluxo de turistas para determinada zona turística, motivada por vários fatores, como, por exemplo, climáticos (verão ou inverno), sociais (períodos de férias).

**Título de crédito (voucher)** – Documento ou cupom fornecido aos clientes pelas agências de viagens ou operadoras de tour para que lhes sejam prestados os serviços turísticos de transporte, hospedagem, transfers, manutenção, visitas, etc.

**Transfer** – Serviço de transporte entre um terminal de meio de transporte (aeroporto, estação marítima, estação ferroviária) e o centro urbano (hotel, etc.).

**Transporte de porta fechada** – Aquele serviço de transporte reservado ou regular em ônibus que consiste em transportar os mesmos passageiros durante um circuito, coincidindo o ponto de saída e o de chegada.

**Transporte em lançadeira** – Serviço de transporte reservado em ônibus que consiste em transportar grupos de turistas do lugar de origem até o lugar de destino turístico e devolvê-los ao seu ponto de partida, concluída sua estadia de férias, repetindo a operação durante certo tempo.

**Transporte regular** – Aquele meio de transporte – avião, navio, ônibus e trem – que está sujeito a itinerário, calendário e horário fixos.

**Transporte reservado** – Aquele meio de transporte – avião, barco, ônibus e trem – que oferece serviços sem estar sujeito a itinerário, calendário e horário fixos. Nesse caso, o serviço de avião é conhecido como vôo charter e o de navio, cruzeiro. Normalmente, esse tipo de transporte serve para os serviços turísticos, fretando-se ou alugando-se os meios de transporte.

**Turismo** – Conjunto de técnicas e atividades direcionadas para atrair, prestar serviços turísticos e satisfazer as necessidades e motivações dos turistas.

**Turismo de estada** – O turismo de estada ou residencial é o conjunto de turistas que permanecem de forma prolongada durante seu período de férias em determinado lugar geográfico. Por exemplo: o turista francês que permanece durante uma semana ou mais em uma localidade da Costa Brava.

**Turismo de massas** – O conjunto de turistas que viajam em grupo ou maciçamente em viagens ou estadas organizadas, geralmente, por agências de viagens ou operadoras de tour com preços mais baixos e competitivos.

**Turismo exterior** – É aquele produzido entre dois ou mais países, isto é, que transcende as fronteiras nacionais. Por exemplo: os turistas franceses que visitam a Espanha.

**Turismo individual** – O conjunto de turistas que viajam de forma individual, e a viagem foi organizada particularmente ou, também, por meio de agência de viagens.

**Turismo interno** – Denomina-se turismo interno aquela corrente turística que se desloca de uma zona geográfica para outra dentro do próprio território nacional. Por exemplo: os valencianos que visitam turisticamente Castilha-La Mancha.

**Turismo itinerante** – É aquele conjunto de turistas que desenvolvem suas atividades turísticas ao longo de um itinerário e que se compõe basicamente de transporte com estadas curtas em diferentes pontos geográficos. Por exemplo: uma viagem em ônibus de 15 dias de duração visitando o norte da Espanha e Portugal de itinerário programado.

**Turista** – Com relação ao turismo internacional, turista é todo visitante que viaja para um país distinto daquele no qual tem sua residência habitual, que efetua uma estada de pelo menos uma noite, porém não superior a um ano e cujo motivo principal da visita não é o de exercer atividade remunerada no país visitado. Com relação ao turismo interior ou interno, turista é todo visitante que reside em um país e que viaja para um lugar dentro desse país, contudo distinto de seu ambiente habitual, que efetua uma estada de pelo menos uma noite, porém não superior a seis meses e cujo motivo principal da visita não é o de exercer atividade remunerada no lugar visitado. As finalidades de sua viagem podem ser classificadas do seguinte modo:

*a*) Recreativas: lazer, prazer, férias, distração, visitas culturais, práticas esportivas, visitas a parentes e amigos, outras viagens recreativas.

*b*) Profissionais: reuniões, missões, negócios.

*c*) Outros motivos de caráter turístico: estudos, saúde, religião, passagem, diversos.

**Twin"** – Um quarto duplo com duas camas.

**Viagens de familiarização** – São aquelas viagens de convite ou de tarifa reduzida preparadas especialmente para agentes de viagens e empregados de linhas aéreas para efeitos de familiarização com determinado destino turístico e as facilidades com que são oferecidos com a finalidade de marketing e posterior promoção e venda aos clientes em suas respectivas empresas. No mesmo sentido, são conhecidas as viagens de convite – viagens de hospitalidade – preparadas especialmente para jornalistas e escritores de turismo, com o propósito de que de sua visita ao destino turístico surjam artigos e reportagens jornalísticas nos meios de difusão que representam.

**Viagens de incentivo** – São viagens organizadas pelas agências de viagens e operadoras de tours demandadas por empresas e outras organizações para premiar os melhores empregados ou vendedores comerciais, etc.

**Viagens promocionais** – São as viagens realizadas diretamente ao mercado emissor por agentes de viagens, hoteleiros, etc., de mercados receptores com o objetivo de apresentar seus destinos, produtos, serviços, etc., para conseguir contratações e vendas no mercado consumidor ou receptor.

**Visitante** – Com relação ao turismo internacional, visitante é toda pessoa que viaja, por período não superior a um ano, para um país distinto daquele no qual tem sua residência habitual e diferente de seu ambiente habitual e cujo motivo principal da viagem não é o de exercer atividade remunerada no país visitado. Com relação ao turismo interno, visitante é toda pessoa que reside em um país e que viaja, por seis meses ou menos, para um lugar dentro do próprio país, porém distinto do seu ambiente habitual e cujo motivo principal da visita não é exercer atividade remunerada no lugar visitado. Nessas definições ficam englobados os conceitos de turista e excursionista.

**Vôo charter** – Serviço de transporte aéreo reservado para grupos especiais com tarifas especiais, geralmente mais baratas, e, em princípio, não está sujeito a itinerário, calendário e horário fixos.

**Vôo regular** – Serviço de transporte aéreo, cujo avião está sujeito, geralmente, a itinerário, calendário e horário fixos.

# ANEXO 6

## SIGLAS TURÍSTICAS

AA: American Airlines (companhia americana de aviação).
AAA: Associação Americana de Automobilismo.
AATTA: Associação Árabe de Turismo e Agentes de Viagens.
ABC: "World Airways Guide" (Guia mundial de horários, vôos e informações diversas sobre linhas aéreas).
ACAV: Associação Catalã de Agências de Viagens.
ACET: Associação Catalã de Escolas de Turismo.
ADAC: Associação Alemã de Automobilistas.
AECIT: Associação Espanhola de Especialistas Científicos em Turismo.
AEDAVE: Associação Empresarial de Agência de Viagens Espanhola.
AEDEH: Associação Européia de Diretores de Escolas Hoteleiras.
AEDET: Associação Espanhola de Jornalistas e Escritores de Turismo (hoje convertida em FEPET).
AEROFLOT: Linhas Aéreas da Rússia.
AETO: Associação Espanhola de Operadoras de Tour.
AHE: Agrupamento Hoteleiro Espanhol.
AICC: Associação Internacional de Congressos e Convenções.
AIDT: Associação Interparlamentar de Turismo.
AIEST: Associação Internacional de Especialistas Científicos do Turismo.
AIH: Associação Internacional de Hotelaria.
AIPC: Associação Internacional de Palácios de Congressos.
AIR FRANCE: Linhas Aéreas da França.
AIR INDIA: Linhas Aéreas da Índia.
AISC: Associação Internacional de Skal-Clubs.
AIT: Associação/Aliança Internacional do Turismo.

ALITALIA: Linhas Aéreas da Itália.
AMFORT: Associação Mundial para a Formação Turística.
ANDH: Associação Nacional de Diretores de Hotel.
ANESTUR: Associação Nacional de Escolas de Turismo (Espanha).
ANPTET: Associação Nacional Profissional de Técnicos em Empresas e Atividades Turísticas.
ANWB: Real Touring Club de Holanda.
APT: "Airline Passenger Tariff" (Tarifário de Linhas Aéreas).
ASEAN: Associação dos Países do Sudoeste Asiático.
ASIA: Associação Internacional de Agentes de Companhias de Navegação Aérea.
ASTA: Sociedade Americana de Agentes de Viagens.
ASTA: Associação de Agências de Viagens Sul-africanas.
ASTES: Seguro Turístico Espanhol.
ATESA: Autotransporte Turístico Espanhol S.A.
AVIACO: Aviação e Comércio (Espanha).
AVIANCA: Linhas Aéreas da Colômbia.
BA: "British Airways" (Linhas aéreas britânicas).
BAD: Banco Africano de Desenvolvimento.
BALKANTOURIST: Organização Búlgara de Turismo.
BIRD: Banco Internacional para a Reconstrução e o Desenvolvimento.
BIT: Escritório Internacional do Trabalho.
BITEJ: Escritório Internacional para o Turismo e os Intercâmbios da Juventude
BITS: Escritório Internacional do Turismo Social.
BM: Banco Mundial.
CAAC: Linhas aéreas da República Popular da China.
CAME: Ver COMECON.
CANADIAN PACIFIC: Linhas aéreas canadenses.
CANRAILPASS: Passagem turística das estradas de ferro canadenses.
CATHAY: "Cathay Pacific Airways" (Linhas Aéreas de Hong Kong).
CD: Placa de veículos do Corpo Diplomático.
CDE: Conselho da Europa.
CE: Comunidade/Comissão Européia.
CEDOK: Organismo Nacional do Turismo Tchecoslováquio.
CEE: Comunidade Econômica Européia.
CEPAL: Comissão Econômica para a América Latina.
CERP: Centro Europeu de Relações Públicas.
CET: Comissão Européia de Turismo.
CIEST: Centro Internacional de Estudos Superiores de Turismo (IUOTO).

CIPCE: Centro de Informação e Publicidade das Estradas de Ferro Européias.
CIT: Centros de Iniciativas e Turismo/Congresso Interamericano de Turismo.
CLAPTUR: Confederação Latino-americana de Imprensa Turística.
CLIA: Associação Internacional de Linhas de Cruzeiros.
CMT: Conferência Mundial de Turismo.
COE: Comitê Olímpico Espanhol.
COI: Comitê Olímpico Internacional.
COIRT: Escritório Central de Transporte Internacional por Estrada de Ferro.
COMECON: Conselho de Assistência Mútua Econômica (Mercado Comum dos países socialistas extinto).
COTAL: Confederação de Ogranizações Turísticas da América Latina.
CSCE: Conferência de Segurança e Cooperação Européia.
CTA: Associação Turística do Caribe.
DB: Deutsche Bundesbahn (Estradas de Ferro Alemãs).
EATA: Associação Turística da Ásia Central.
ECOSOC: Conselho Econômico e Social da ONU.
EFTA: Associação Européia de Câmbio Livre.
EL AL: Linhas Aéreas de Israel.
ENIT: "Ente Nazionale per il Turismo" (Itália).
EOT: Escola Oficial de Turismo (Madri).
EURAILPASS: Passagem turística das estradas de ferro européias.
EUROPABUS: Rede européia de circuitos em ônibus.
FAAVN: Federação de Associações de Agências de Viagens Nórdicas.
FAI: Federação Aeronáutica/Automobilística Internacional.
FEAAV: Federação Espanhola de Associações de Agências de Viagens (Madri).
FECC: Federação Espanhola de Camping e Caravaning.
FECIT: Federação Espanhola de Centros de Iniciativas e Turismo.
FEM: Federação Espanhola de Restauração.
FEPET: Federação Espanhola de Jornalistas e Escritores de Turismo.
FEVE: Estradas de Ferro de Largura Estreita.
FIA: Federação Internacional do Automóvel.
FIAJ: Federação Internacional de Albergues da Juventude.
FIATC: Federação Internacional de Associações Turísticas de Ferroviários.
FIC: Federação Internacional de Canoa.
FICC: Federação Internacional de Camping e Caravaning.
FICT: Federação Internacional de Centros Turísticos.
FIHPA: Federação Internacional de Hotelaria ao Ar Livre.

FIJET: Federação Internacional de Jornalistas e Escritores de Turismo.
FIOCES: Federação Internacional de Organizações de Correspondências e Intercâmbios Escolares.
FIPET: Federação Interamericana de Jornalistas e Escritores de Turismo.
FITAC: Federação Interamericana de Touring e Automóvel Clubes.
FITEC: Federação Internacional de Termalismo e Climatologia.
FITS: Federação Internacional de Cidades de Congressos.
FIYTO: Federação Internacional de Organizadores de Turismo Juvenil (Copenhague).
FJCEN: Federação da Juventude para o Estudo e Conservação da Natureza.
FMCH: Federação Mundial de Cidades Irmanadas
FMI: Fundo Monetário Internacional/Federação Motociclista Internacional.
FNI: Federação Naturalista Internacional.
FNFL: Federação Naturalista Internacional.
GATT: Acordo Geral sobre Emolumentos e Comércio.
GIA: Garuda. Linhas aéreas da Indonésia.
GIT: "Group Inclusive Tour".
HOTREC: União Internacional de Organizações Nacionais de Hoteleiros, Restauradores e Cafeteiros.
HOTURSA: Hotéis Turísticos S.A. (Espanha).
HUSA: Hotéis Unidos S.A. (Espanha).
IAC: "Indian Airlines" (Linhas aéreas da Índia).
IACA: Associação de Linhas aéreas não regulares.
IAHA: Associação Interamericana de Hotelaria.
IATA: Associação Internacional do Transporte Aéreo.
IBERIA: Linhas Aéreas da Espanha.
IBUSZ: Escritório Internacional do Turismo Húngaro.
ICAA: Associação Internacional de Aeroportos Civis.
ICAO: Ver OACI.
ICCA: Ver AICC.
ICELANDAIR: Linhas Aéreas da Irlanda.
ICFTU: Grupo de Sindicatos da Alimentação e da Indústria Hoteleira da CEE.
ICOM: Conselho Internacional de Museus.
ICS: Câmara Internacional da Marinha Mercante.
IET: Instituto de Estudos Turísticos.
IFAC: Federação Interamericana de Automóvel Clube.
IFPTO: Federação Internacional de Organizações de Turismo Social.
IFTO: Federação Internacional de Operadoras de Tour.

INTOURIST: Organização Nacional do Turismo de Rússia.
IOTA: Aliança Turística do Oceano Índico.
IRANAIR: Linhas Aéreas do Irã.
IRF: Federação Internacional de Estradas.
IRU: União Internacional do Transporte por Estrada.
ISTA: Associação Internacional de Viagens e Tour Turísticos.
ISTC: Conferência Internacional de Turismo para Estudantes.
IT: Inclusive Tour.
IRC: Ver CIT.
ITTA: Associação Israelita de Turismo e Viagens.
IUOTO: União Internacional de Organismos Oficiais de Turismo.
JAL: Linhas Aéreas do Japão.
JAT: Linhas Aéreas da Iugoslávia.
JTB: "Japana Travel Bureau".
KAC: Automóvel Clube da Bélgica.
KLM: Linhas Aéreas da Holanda.
LAN CHILE: Linhas aéreas do Chile.
LAPA: Linhas Aéreas do Paraguai.
LOT: Linhas Aéreas da Polônia.
LUFTHANSA: Linhas Aéreas da Alemanha.
MALEV: Linhas Aéreas da Hungria.
MEA: Linhas Aéreas do Líbano.
NATO: Aliança Atlântica.
NUR: "Neckermann und Reisen" (operadora de tour alemã).
OACI: Organização Internacional de Aviação Civil.
OCDE: Organização de Cooperação e Desenvolvimento Econômico.
ODTA: Organização para o Desenvolvimento do Turismo Africano.
OEA: Organização de Estados Americanos.
OIETA: Escritório Interestatal de Turismo Africano.
OITA-OITAF: Organização Internacional de Transportes de Cable.
OLYMPIC AIRLINES: Linhas Aéreas da Grécia.
OMC: Organização Mundial do Comércio.
OMCI: Organização Marítima Consultiva Internacional.
OMS: Organização Mundial da Saúde.
OMT: Organização Mundial do Turismo.
ONU: Organização das Nações Unidas.
ORBIS: Escritório Nacional do Turismo Polaco.
OSCE: Organização de Segurança e Cooperação Européia.
OTA: Operadores Turísticos Associados (Madri).

OTA: Organização Mundial do Turismo e do Automóvel.
OUA: Organização para a Unidade Africana.
PAA: Pan Am. Linhas Aéreas americanas.
PAL: Linhas Aéreas das Filipinas.
PAN AM: Ver PAA.
PATA: Associação do Turismo do Pacífico.
PIA: Linhas Aéreas do Paquistão.
PLUNA: Linhas Aéreas do Paraguai.
PNT: Patronato Nacional do Turismo (extinto) (Espanha).
PNUD: Programa das Nações Unidas para o Desenvolvimento.
P & O: "Pacific and Orient Lines" (Inglaterra) (naval).
QANTAS: Linhas Aéreas da Austrália.
RACC: Real Automóvel Clube da Catalunha.
RACE: Real Automóvel Clube da Espanha/Real Aero-Club da Espanha.
RAM: Linhas Aéreas de Marrocos.
RENFE: Rede Nacional de Estradas de Ferro Espanholas.
SAA: Linhas Aéreas da África do Sul.
SABENA: Linhas Aéreas da Bélgica.
SAS: Linhas Aéreas Escandinavas (Suécia, Dinamarca e Noruega).
SATA: Agências de viagens sul-africanas.
SATO: Organização Sul-americana de Turismo.
SIT: Sindicato de Iniciativas e Turismo.
SNCF: "Société Nacional de Chemis de Fer" (Estradas de Ferro francesas).
SWISSAIR: Linhas Aéreas da Suíça.
TAP: Linhas Aéreas de Portugal.
TEE: "Trans Europe Express" (tipo de trem).
THAI: Linhas Aéreas da Tailândia.
TIVE: Turismo, Intercâmbio e Viagens Educativas (Espanha).
TO: Operadora de Tour.
TRASMEDITERRÁNEA: Linhas Marítimas Espanholas.
TWA: "Trans World Airlines" (Linhas Aéreas Americanas).
UAT: União Árabe de Turismo.
UFTAA: Federação Universal de Associações de Agências de Viagens.
UIAA: União Internacional de Associações de Alpinismo.
UIC: União Internacional de Estradas de Ferro.
UICN: União Internacional para a Conservação da Natureza e de seus Direitos.
UNCTAD: Conferência das Nações Unidas sobre Comércio e Desenvolvimento.
UNESCO: Organização das Nações Unidas para a Educação, Ciência e Cultura.

UTCPTT: União Internacional de Organismos Turísticos e Culturais de Correios e Telecomunicações.
VARIG: Linhas Aéreas do Brasil.
VIASA: Linhas Aéreas da Venezuela.
WATA: Associação Mundial de Agências de Viagens.
WTO: Ver OMT.
YHA: Associação de Albergues Juvenis.
YMCA: Associação Cristã de Jovens (masculina).
YWCA: Associação Cristã de Jovens (feminina).

# ANEXO 7

## CRONOLOGIA DA EVOLUÇÃO HISTÓRICA DO TURISMO NA ESPANHA E NO MUNDO (1800-1996)

1808: Nasce Thomas Cook, primeiro promotor das agências de viagens.

1825: Stephenson inventa a locomotiva a vapor e inicia seus primeiros experimentos.

1841: Thomas Cook organiza sua primeira viagem turística entre Leicester e Loughborough.

1848: Primeira linha ferroviária espanhola entre Barcelona e Mataró.

1850: Nasce César Ritz, pai da hotelaria moderna.

1851: Primeira exposição mundial em Londres. Linha férrea Madri-Aranjuez.

1860: Pullman cria nos EUA os vagões-dormitórios e os vagões-salões.

1867: Exposição de Paris. Cook cria o título de crédito de viagens.

1869: Fundação da União Internacional dos Hoteleiros, antecedente à Associação Internacional de Hotelaria (AIH).

1872: Cook organiza a primeira volta ao mundo.

1873: Os irmãos Montgolfier sobem ao ar em um balão, depois de serem descobertas as aplicações do hidrogênio aos aerostáticos.

1874: Cook cria o primeiro cheque de viajantes.

1880: Primeiros trens de luxo (Orient Express).

1881: A empresa naval A. López y Cía transforma-se na Transatlántica Española.

1885: É fundada em Bruxelas a Associação Internacional do Congresso de Estradas de Ferro.

1886: Stephan Lièegeard batiza a Costa Azul.

1888: Exposição Universal de Barcelona.

1889: Fundação da Aliança Internacional do Turismo. É criado o Hotel Ritz de Paris. Baedecker edita o primeiro guia "Spanien und Portugal".
1890: É criada a Sociedade Suíça de Hoteleiros, a mais antiga do mundo, ainda que tenha começado suas atividades em 1882.
1891: Iniciam-se em Vladivostok os trabalhos para construir o trem transiberiano.
1892: Morre Thomas Cook.
1893: Começa a funcionar o transiberiano, que termina em 1896.
1896: Primeiros Jogos Olímpicos Modernos, em Atenas.
1897: Morre G. M. Pullman.
1900: Exposição Universal de Paris. Primeiro vôo do dirigível Zeppelin.
1901: Primeiro Clube de Camping (Londres). Começa a funcionar o bonde do Tibidabo (Barcelona).
1902: É fundada nos EUA a "American Automovil Association". Ascensão ao trono de Alfonso XIII.
1903: Henry Ford produz diariamente 3.500 automóveis.
1904: Lei do descanso dominical na Espanha.
1905: Criação da Federação Aeronáutica Internacional. É criada a Comissão Nacional do Turismo na Espanha. Morre o escritor Julio Verne.
1906: Cerca de 200 mil pessoas chegam por ano aos EUA. É criado o "Real Automóvil Club de Cataluña".
1908: São criados o Hotel Riz de Madri e Barcelona (1919), primeiros hotéis de luxo na Espanha. Cria-se em Barcelona a Sociedade de Atração de Forasteiros. Ferran Agulló batiza a Costa de Girona como a Costa Brava.
1909: Primeiro escritório de Informação Turística Municipal de Barcelona. Primeira legislação na Espanha para habilitar guias-intérpretes de turismo.
1910: Fundação da Federação Internacional de Automóvel. Primeira agência de viagens espanhola, em Barcelona: Viajes Marsans.
1911: É criada a Delegacia Régia de Turismo na Espanha. Ocorre o IV Congresso Internacional de Turismo, em Lisboa.
1912: Acontece o V Congresso Internacional de Turismo, em Madri. Catástrofe do Titanic. Primeiro vôo Paris-Londres com passageiros.
1913: Primeira liga de albergues da juventude, na Alemanha. São concluídas as obras de construção do canal do Panamá.
1914: Explode a Primeira Guerra Mundial. Exposição de Turismo em Londres: participação da Espanha organizada pelo marquês da Vega-Inclán. Aparece o termo "turista" no Dicionário da Real Academia Espanhola da Língua.
1917: Triunfa a Revolução de Outubro, na Rússia. É criado o Escritório Nacional Suíço de Turismo.

1918: Termina a Primeira Guerra Mundial. Vôos de estudo entre Paris e Barcelona.

1919: É criada a União Nacional de Associações de Turismo, fundada pelo Automóvel Clube da França, Touring Club da França e Clube Alpino Francês. Junot funda a Federação Internacional das Agências de Viagens (FIAV). Conrad Hilton adquire o primeiro hotel em Cisco (Texas). Nasce a companhia aérea holandesa KLM. Os operários espanhóis conseguem a jornada trabalhista de oito horas.

1921: A União Internacional de Hoteleiros converte-se na Aliança Internacional da Hotelaria (antecedente da Aliança Internacional de Hotelaria). Aparece na Espanha CETA (Companhia Espanhola de Tráfico Aéreo), primeira companhia aérea espanhola civil.

1922: É criada a União Internacional de Estradas de Ferro (UIC).

1924: Primeiro convênio internacional para transporte de viajantes por estrada de ferro. Convênio em Bruxelas e Reglas de La Haya sobre o tráfego marítimo internacional.

1925: É fundado em La Haya o Congresso Internacional de Associações Oficiais de Propaganda (antecedente da IUOTO – União Internacional de Organismos Oficiais de Turismo).

1926: É criada a Rede Nacional de Paradores e Albergues na Espanha com o parador de Sierra de Gredos. O hidroavião espanhol "Plus Ultra" faz pela primeira vez a rota de Palos de Moguer–Buenos Aires com escalas.

1927: Charles Lindberg realiza o primeiro vôo Nova York–Paris sem escalas em 33,5 horas com o "Spirit of Saint Louis". Nasce na Espanha a companhia aérea Iberia.

1928: Acontece na Espanha o IX Congresso Internacional de Agências de Viagens. São experimentados os vôos a mais de 500 quilômetros por hora. É criado o Patronato Nacional de Turismo na Espanha.

1929: Acontece em Barcelona a Exposição Universal. Assina-se o Tratado de Varsóvia sobre aviação civil. A Espanha ingressa na IUOTO. Fundem-se as companhias aéreas espanholas CETA, União Aérea Espanhola e Iberia em uma nova denominada CLASSA (Companhia de Linhas Aéreas Subvencionadas S.A.). São criados os primeiros escritórios espanhóis de turismo no exterior. É publicada a primeira edição espanhola de "Guía Oficial de Hoteles, Pensiones, Casas de Viajeros, Restaurantes, Bares y Garages de España". É fundada na URSS a empresa estatal para o desenvolvimento do turismo Intourist.

1930: O Congresso Internacional de Organismos Oficiais de Turismo (antigo Congresso Internacional de Associações Internacionais de Propaganda) troca seu nome pelo de União Internacional de Organismos Oficiais de Turismo (IUOTO).

Acordos em Genebra sobre o transporte fluvial europeu. É inaugurado o aeroporto de Madri-Barajas. É criada a cadeia espanhola de hotéis HUSA, em Barcelona.

1931: É proclamada a Segunda República Espanhola. A agência de viagens britânica Thomas Cook, pioneira no mundo, faz fusão, com a Companhia Internacional Wagons-Lits. Começa a funcionar o cremalheira de Ribes de Freser até Nuria (Girona). Balair e Ad Astra fazem fusão formando a companhia aérea suíça Swissair.

1932: Acontece a primeira Assembléia Internacional dos Albergues da Juventude, antecedente de International Youth Hostel Union. É criado o Hostal de la Gavina, em S'Agaró (Costa Brava). São criados os primeiros albergues de estrada na Espanha.

1933: Hitler assume plenos poderes na Alemanha. Tratado de Roma para transportes internacionais de viajantes em estradas de ferro, que revisa o assinado em 1924.

1935: Congresso Mundial de Albergues da Juventude, em Hamburgo. Criação da Union Internationale des Auberges de la Jeuneusse. Primeiro vôo de um DC-3. Inauguração da linha aérea Madri-Paris.

1936: Estoura a Guerra Civil Espanhola. Acontecem os Jogos Olímpicos de Berlim. Convenção adotada pela International Labor Organization (ILO) sobre férias remuneradas.

1938: É criada a direção Geral do Turismo, na Espanha.

1939: Finaliza a guerra Civil espanhola. Estoura a Segunda Guerra Mundial. Pan Am estabelece vôo regular entre EUA e Europa.

1940: Forma-se Iberia, Líneas Aéreas de España.

1941: É fundada no México a Associação Interamericana de Hotelaria (IAHA). É criada a Renfe.

1944: Acontece a Conferência de Chicago. Criação da Organização Internacional da Aviação Civil (OACI).

1945: Final da Segunda Guerra Mundial. Carta de San Francisco. Criação da ONU. Cria-se a Associação Internacional do Transporte Aéreo (IATA).

1946: Criação da UNESCO. Fundação da Associação Internacional de Hotelaria (AIH). É criado o pool aéreo escandinado SAS.

1947: Primeira conferência técnica da IATA, em Niza, com discussões prévias em Estocolmo, em 1946, sobre temas gerais. É reorganizada em La Haya a IUOTO.

1948: É fundada a Federação Internacional de Estradas (IRF). A IUOTO cria suas comissões regionais de Turismo para Europa e África. É criada a Comissão Européia do Turismo. É criada a Organização Marítima Consultiva Internacional (OMCI). Acontece a II conferência técnica da IATA sobre controle do tráfego aéreo em Saint Agathe (Canadá). Acordo franco-espanhol de Aviação Civil.

1949: Fundação da HOTREC, em Zurique. III Conferência técnica da IATA, em Burgenstock (Suíça). Fundação da AIEST.

1950: Convenção de Genebra na ONU: nascimento das Estradas da Europa (C-E). Criação da União de Serviços por Estradas das ferrovias Européias (Europabús). A IUOTO cria comissões de Base, depois Comissões Técnicas de eliminação de obstáculos ao Turismo, de Investigações, de Equipamento, Comissão Internacional do Filme Turístico. Criação da Comissão Regional para Ásia e Extremo Oriente. Acontece a IV Conferência técnica da IATA, em Asbury Park (Nova York).

1951: Criação da Academia Internacional de Turismo, em Montecarlo. I Congresso da Associação Internacional de Especialistas Científicos de Turismo (AIEST), criada em 1949. Na Espanha, é criado o Ministério de Informação e Turismo. Aviaco inicia seus vôos charter Paris–Palma de Mallorca.

1952: V Conferência técnica da IATA, em Copenhague. Convênio Internacional de Berna para o transporte de viajantes por estrada de ferro (entra em vigor em 1956).

1953: Fundação do Instituto Internacional de Investigações Científicas sobre o Turismo (IUOTO). VI Conferência técnica da IATA, em Porto Rico.

1954: Convênio de Nova York (ONU), de 4 de junho, sobre facilidades alfandegárias sobre turismo. Protocolo sobre propaganda turística. Criação da FIJET. VII Conferência técnica da IATA, em Barcelona. A Espanha adere ao Convênio Internacional de Facilidades Alfandegárias ao turismo.

1955: VIII Conferência técnica da IATA, em Porto Rico. Protocolo de La Haya modificando o Tratado de Varsóvia. A Espanha ingressa na ONU.

1956: I Congresso Internacional de Turismo Social, em Berna. IX Conferência técnica da IATA, em San Remo (Itália). Serviços de Divisão Proporcional da IATA. Crise do Canal de Suez e rebeliões na Hungria e na Polônia, contra as autoridades comunistas.

1957: Começo da crise na navegação marítima mercante. X Conferência técnica da IATA, em Miami. Tratado de Roma pelo qual se cria a Comunidade Econômica Européia, entrando em vigor no ano seguinte.

1958: XI Conferência técnica da IATA, em Montecarlo. Entra em vigor na Espanha, em 16 de novembro, o Tratado Internacional de Facilidades ao Turismo de 1954. É declarado internacionalmente o sistema de estradas da Ásia.

1959: II Congresso Internacional de Turismo Social em Viena e Salzburgo. XII Conferência técnica da IATA, em São Francisco. Simpósio sobre restauração de monumentos da Unesco em Madri. A IUOTO cria o Centro de Documentação Turística. É criado o Eurailpass. X Congresso Internacional da HOTREC em Viena. É constituído na Espanha o plano de estabilização econômica. É criada a companhia aérea Spantax.

1960: XIII Conferência técnica da IATA em Lucerna. Criação da Associação de Aeroportos Civis. Foi criada em Barcelona a revista "Editur". Começa a década do "boom" turístico na Espanha.

1961: Acontece em Málaga o XXXV Congresso da FIAV. Ocorre o I Congresso Europeu do Turismo da CEE em Saint Vincent (Vale de Aosta, Itália). XIV Conferência técnica da IATA, em Montreal. I Seminário de Investigações Turísticas, organizado na Suíça por IUOTO. Tratado de Guadalajara (México) modificando o de Varsóvia.

1962: II Seminário da IUOTO. III Congresso Internacional do Turismo social em Milão e Roma. Decreto pelo qual são reguladas as agências de viagem na Espanha. Criação da Subsecretaria de Turismo na Espanha.

1963: A IUOTO organiza os primeiros cursos de estudos turísticos por correspondência. Fundação do Bureau International du Tourisme Social (BITS). XV Conferência técnica da IATA em Lucerna. Fundação em Managua da SITCA (Secretaria de Integração Turística Centroamericana). Tratado FIAV-AIH (Zermatt e Lisboa). Conferência das Nações Unidas sobre o Turismo e as viagens internacionais, em Roma. O movimento turístico alcança 89 milhões de chegadas. É criada a Escola Oficial de Turismo em Madri.

1964: A Espanha passa a fazer parte do Comitê Executivo da IUOTO. É criado o Seguro Turístico espanhol.

1965: XXII Congresso da IFALPA, em Madri. 112,7 milhões de turistas internacionais no mundo. A XXIX Assembléia Geral da IUOTO decide em outubro pedir à ONU a declaração de 1967 como Ano Internacional do Turismo. A IUOTO inclui o espanhol como idioma oficial. XVI Conferência técnica da IATA, em Miami. Conselho Centro-americano de Turismo como organismo assessor da Organização de Estados Centro-americanos (ODECA). Vôo Paris–Rio de Janeiro sem escalas.

1966: IX Congresso da COTAL, em Montevidéu. 119 milhões de turistas cruzam fronteiras no mundo, dos quais a Espanha recebe 14 milhões. Knut Hammarskjold, diretor geral da IATA. IV Congresso de Organizadores de Congressos, em Copenhague. I Assembléia Hispano-americana e Filipiana de Turismo.

1967: Ano Internacional do Turismo. I Congresso Mundial do Turismo dos Jovens em Fiuggi. Guerra árabe-israelita dos Seis Dias. XVII Conferência técnica da IATA em Lucerna. X Congresso da COTAL. É fundada a Federação Universal de Associações de Agências de Viagens (UFTAA) pela fusão da FIAV e UOTAA. II Congresso Internacional do Conselho Internacional de Monumentos e Lugares, em Barcelona. Expo-67, em Montreal. Exposição Internacional de Gastronomia e Turismo, em Munique. XLI Assembléia Geral da Federação Internacional de Associações de Agências de Viagens, em Boston. I Salão Internacional sobre o Lazer, em Samur. Congresso Internacional sobre Turismo Religioso e Centros de Peregrinação, em Santiago de Compostela. Congresso da AIEST, em Lisboa.

1968: Maio francês. Primavera de Praga.

1969: Ano Internacional do Turismo Africano. II Assembléia Hispano-Luso-Americano-Filipina de Turismo em Santiago do Chile e Viña del Mar. Primeiro vôo do Boeing 747 "Jumbo", que começa a operar comercialmente em 1970. Nascimento dos "jets".

1970: É criada a Comissão Pontifícia para a Pastoral da Emigração e Turismo. Em 27 de setembro são adotados no México os estatutos da OMT. Acontece a primeira edição do salão Hogarotel, em Barcelona.

1971: III Assembléia Hispano-Luso-Americano-Filipina de Turismo, em Lima (outubro). Declaração de Madri, de 9 de março, feita pela Confederação de Organizações Turísticas da América Latina e Agências de Viagens espanholas. XIV Congresso da COTAL (Venezuela).

1972: Congresso Internacional de Ecologia e Turismo do Mediterrâneo Ocidental em Madri (outubro). I Congresso Mundial do Charter Aéreo e Turismo, em Madri (abril). Ano do Turismo das Américas.

1973: Elevação dos preços do petróleo devido à nova guerra árabe-israelita, denominada de Yom Kippur. IV Assembléia Hispano-Luso-Americana, em Caracas.

1974: Começa a existência jurídica da OMT. Entram em vigor seus estatutos (1º de novembro).

1975: É constituída em 2 de janeiro a Organização Mundial do Turismo (OMT). I Assembléia Geral da OMT na Espanha (12 de maio). Boicote turístico contra Espanha coincidindo com as execuções sumárias decretadas contra membros do ETA pelo general Franco, poucos meses antes de sua morte. XXXVI Congresso Mundial do Skal Club, em Málaga (novembro). Morre o general Franco.

1976: É fundada a Associação Internacional de Linhas de Cruzeiros (CLIA). Trasladadas de Genebra para os escritórios da OMT e começa a funcionar em

Madri (5 de janeiro) ao ser elegida a Espanha sede permanente da organização. XIX Congresso da COTAL, em Porto Rico. Fundação do Instituto Asiático de Turismo, em Manila (Filipinas).

1977: Reunião em janeiro-fevereiro, em Ammán e Jerusalém, da Associação de Viagens do Mercado Comum (CMT). A II Assembléia da OMT em Torremolinos (23 de maio a 3 de junho) anuncia a Conferência Mundial de Turismo para 1980, em Manila. Desaparece na Espanha o Ministério de Informação e Turismo, e é criado o Ministério de Comércio e Turismo com a Secretaria de Estado de Turismo.

1978: Conferência Regional Africana sobre o Turismo organizada conjuntamente pela OMT e a Comissão Econômica da Nações Unidas em Banjul (Gâmbia) de 16 a 19 de outubro. É aprovada na Espanha a nova Constituição que deu origem às autonomias.

1979: Primeiro curso do CIEST em sua nova sede no México (agosto). III Assembléia Geral da OMT (Torremolinos, de 17 a 28 de setembro). Interrupção temporária do Irã como país emissor e receptor de turismo pela revolução jomeinista.

1980: Primeiro Dia Mundial do Turismo (27 de setembro) por decisão da Assembléia Geral da OMT. Se comemora todos os anos no aniversário da data em que foram adotados os estatutos da OMT no México (27 de setembro de 1970). O tema proposto para essa primeira celebração é: o turismo como fator de conservação e fomento do legado cultural, da paz e da compreensão mútua. I Conferência Mundial da Imprensa Turística (Sevilha). Conferência Mundial do Turismo, em Manila (setembro), nela a OMT determinou os objetivos imediatos do turismo, o futuro do turismo e novas responsabilidades do Estado. Tudo isso está exposto na Declaração de Manila, da OMT.

1981: O Ministério de Transportes e Comunicações passa a ser denominado Transporte, Turismo e Comunicações. É criada a feira internacional de turismo, Fitur, que acontece em Madri.

1982: Declaração de Acapulco, da OMT. Os socialistas chegam ao poder na Espanha.

1983: A Secretaria de Estado de Turismo converte-se na Secretaria Geral de Turismo, continuando sua dependência do Ministério de Transportes, Turismo e Comunicações. Acontece pela primeira vez em Barcelona o salão Hostelco.

1984: A CE torna público o primeiro documento de trabalho sobre o turismo nos países da comunidade.

1985: Carta de Turismo e Código do Turista, da OMT. A Espanha assina o tratado de adesão à CE e incorpora-se a ela em 1986. É assinada a Ata Única que dá caminho livre ao Mercado Único dentro da Comunidade Européia.

1987: Segunda-feira negra na Bolsa de Nova York. Baixa a cotação do dólar.

1988: Cessa suas atividades a companhia aérea Spantax por quebra. É fundada a Empresa Nacional de Transporte de Viajantes por Estrada (ENATCAR). Aprovação do trem de alta velocidade (TAV), na Espanha.

1989: Queda do muro de Berlim. Mudanças no leste da Europa. Experimenta-se uma recessão turística na Espanha.

1990: A Comunidade Européia declara este ano como Ano Europeu do Turismo. Torna-se público o "Libro Blanco" do Turismo espanhol.

1991: Estoura a Guerra do Golfo (janeiro-fevereiro), repercutindo negativamente nos serviços aéreos europeus e na temporada turística do Mediterrâneo oriental e países árabes da zona. Na Espanha, o turismo passa a depender do Ministério de Indústria, Comércio e Turismo.

1992: É aprovado o Tratado de Maastricht que amplia as competências da CE, que passa a denominar-se União Européia. Sevilha celebra a Expo. Barcelona celebra os XXV Jogos Olímpicos. Primeira linha do TAV entre Madri e Sevilha. É colocado em funcionamento o plano "Futures de competitividad del turismo en España", fruto do "Libro Blanco". Estoura a guerra interétnica na Iugoslávia. É inaugurado em Paris o parque temático Eurodisney.

1993: A Espanha recupera o fluxo de corrente turística devido aos grandes acontecimentos de 1992 e da guerra da Iugoslávia e dos atentados do fundamentalismo islâmico em países árabes do Mediterrâneo (Egito, Marrocos). Os socialistas revalidam sua posição no Governo com o apoio dos nacionalistas vascos e catalães. O turismo passa a depender do Ministério do Comércio e Turismo. Javier Gómez Navarro é nomeado como novo ministro do setor. Coloca-se em andamento a liberalização do transporte aéreo na Europa. A Iberia perde o monopólio da ponte aérea entre Barcelona e Madri.

1994: A Espanha volta a bater um recorde na entrada de visitantes devido à desvalorização da peseta, à situação conflitante no mercado turístico árabe do Mediterrâneo e à nova guerra na Bósnia-Herzegovina. A Iberia entra em uma grave crise. Coloca-se em funcionamento o túnel debaixo do Canal da Mancha.

1995: É inaugurado o parque temático Portventura em Vilaseca-Salou (Tarragona). Na Espanha, alcança-se os 63 milhões de visitantes. Em âmbito mundial, as chegadas de turistas alcançam os 567 milhões.

1996: O Partido Popular ganha as eleições gerais na Espanha. As competências de turismo passam a depender do Ministério da Economia e Fazenda, por meio da Secretaria de Estado de Comércio, Turismo e Pymes.

# ANEXO 8

# FORMAÇÃO PROFISSIONAL E INVESTIGAÇÃO CIENTÍFICA NO SETOR TURÍSTICO

A dimensão formativa e de investigação no campo do turismo foi se desenvolvendo na Espanha e no mundo a partir das décadas de 1950 e 1960. A seguir veremos, resumidamente, como está a situação atual nesses dois âmbitos.

## 8.1. Formação profissional turística

### 8.1.1. Na Espanha

A formação profissional turística na Espanha estrutura-se em dois níveis:

#### *a) Formação hoteleira e de restauração*

A formação profissional de Hotelaria e Restauração, por meio de numerosas escolas públicas e privadas de formação profissional de hotelaria e turismo de 2º e 3º grau, em todo o estado espanhol, que formam, na teoria e na prática, os profissionais dos níveis médio e operacional das hospedagens turísticas e de restauração, assim como as agências de viagens e a informação e comercialização turísticas.

No nível de direção das hospedagens existem as escolas de turismo ou os cursos de pós-graduação e mestrado que organizam numerosos centros superiores públicos ou privados de âmbito universitário.

*b) Estudos de turismo*

O ensino superior de turismo foi criado oficialmente em 1963. Atualmente, os estudos são regulamentados pelo Real Decreto nº 865 de 14 de abril de 1980, complementado em várias comunidades autônomas, no sentido de que serão distribuídos nas Escolas Oficiais de Turismo – Madri, Girona, Canárias, Baleares, etc. –, e nas Escolas de Turismo estatais legalmente reconhecidas.

A superação do plano de estudos correspondente depois de três anos de carreira, ao qual se tem acesso com o certificado de estudos oficial de BUP, COU ou Formação Profissional de 2º grau dá direito à obtenção do título oficial de "Técnico de Empresas e Atividades Turísticas" equivalente ao grau universitário, com validade para todo o estado espanhol e expedido pelo Ministério competente. É o único título acadêmico superior homologado no nível universitário existente na Espanha em matéria turística e homologado na União Européia (UE).

Segundo o disposto no Estatuto Ordenador de Empresas e Atividades Turísticas, é o único título acadêmico que habilita atualmente para dirigir estabelecimentos hoteleiros, agências de viagens, campings de luxo e primeira categoria ou para exercer a profissão de guia intérprete oficial. Dessa forma, há outras saídas profissionais no campo da restauração, transporte, convenções e congressos, atividades de animação turística e escritórios de turismo.

Tanto as Escolas Oficiais de Turismo espanholas como outros centros acadêmicos universitários – Universidade Politécnica de Madri, Universidade de Las Palmas e Málaga, Universidade Central de Barcelona (Escola de Hotelaria de Sitges), Universidade Autônoma de Barcelona, EADA, entre outros – organizam cursos de pós-graduação. Concretamente, a Escola Oficial de Madri organiza um curso para pós-graduandos em três especialidades: Hotelaria e Restauração, Agências de Viagens e Informadores Turísticos.

Em fevereiro de 1996, o governo espanhol aprova um decreto pelo qual os estudos de Turismo passam a ser universitários, em grau de diplomação.

### 8.1.2. No exterior

A formação turística e hoteleira nos principais países com tradição acadêmica, creditada nestes campos, é dada tanto por centros oficiais como privados. Os países com maior crédito são Reino Unido – Universidade de Surrey –; França –

Universidades de Lyon, Aix-en-Provence; Alemanha – Escolas de Heilbronn, Munique e Heildelberg; Suíça – Escolas de Hotelaria de Lausana e Glion e a Escola de Saint Gall; e EUA – Escola de Hotelaria de Cornell e a Universidade de George Washington.

### 8.1.3. Associação Mundial para a Formação Turística

Quanto ao fomento e desenvolvimento da docência e investigação turística existe a Associação Mundial para a Formação Turística (AMFORT), que foi criada em 1969 com a finalidade de racionalizar as técnicas de formação profissional na indústria do turismo, regular programas e assegurar o desenvolvimento da formação turística em função das diversas orientações da economia do Turismo no mundo.

A AMFORT é uma organização que visa, fundamentalmente, em âmbito internacional, aos seguintes objetivos:

*a*) A elaboração de uma documentação e de uma pedagogia adequada do turismo em plano mundial.
*b*) Oferecer aos educadores os meios para conseguir a coordenação e harmonização dos programas e métodos pedagógicos no plano mundial.
*c*) Colocar à disposição dos graduados e demais pessoal qualificado em matéria turística uma rede de contatos profissionais em escala internacional.
*d*) Colocar à disposição dos organismos profissionais do turismo uma tribuna que lhes permita expor e valorizar adequadamente suas necessidades nos diferentes setores da formação turística, por meio da organização de seminários internacionais para a formação profissional.

A AMFORT é composta de cinco categorias de membros: 1) organismos oficiais; 2) centros de ensino; 3) organização e empresas turísticas; 4) graduados e diplomados de turismo; e 5) profissionais do turismo não graduados.

## 8.2. Investigação científico-turística

Depois da Segunda Guerra Mundial vai nascendo no plano mundial uma série de instituições e organismos dedicados à investigação turística nos campos político, econômico, sociológico e cultural.

Sem ser uma relação exaustiva, vejamos os principais centros de investigação que existem tanto em âmbito internacional como espanhol.

### 8.2.1. Plano internacional

#### *a) Associação Internacional de Especialistas Científicos do Turismo*

A Associação Internacional de Especialistas Científicos do Turismo (AIEST) foi criada em 1949 e tem o caráter de sociedade científica, cuja sede central está situada na pequena cidade suíça de Saint Gall.

As principais funções da AIEST são:

1. Favorecer as atividades de investigação científica de seus membros, especialmente no intercâmbio de experiências entre seus membros; intercâmbio de documentação.
2. Promover a atividade de centros e institutos turísticos de caráter científico ou de outros centros de investigação e de docência especializados em turismo.
3. Organizar congressos e outras conferências e cursos turísticos de caráter científico.

A AIEST forma as seguintes categorias de membros:

1. Professores de Universidade e de Centros de EnsinoTurísticos.
2. Membros ordinários. Qualquer graduado universitário especializado na investigação científica do turismo.
3. Membros extraordinários. Qualquer pessoa que tenha reconhecimento e méritos no campo da investigação e ensino turísticos.
4. Membros de honra. Qualquer pessoa que tenha prestado serviços à ciência e ao ensino do turismo.

Edita periodicamente uma revista com artigos científicos denominada "Revista de Turismo". Anualmente publica as conclusões dos congressos anuais que realizam os membros da AIEST sobre um tema monográfico.

#### *b) Academia Internacional do Turismo*

A Academia Internacional do Turismo foi criada em 18 de maio de 1951. Tem sua sede em Montecarlo (Mônaco). Suas funções são as de desenvolver os aspectos culturais e humanísticos do turismo internacional e estabelecer e aceitar um vocabulário do turismo.

### *c) Organização Mundial do Turismo (OMT)*

A IUOTO, procedente da Organização Mundial do Turismo (OMT), criou em 1953, o Instituto Internacional de Investigaçõs Científicas sobre Turismo, que em seu começo teve em boa atividade. Hoje, a OMT, por meio da organização de congressos, seminários, estudos e compilação de documentação e dados sobre o turismo mundial, realiza também um trabalho de investigação.

### *d) Universidades*

Existem várias universidades européias e americanas que, além de realizar cursos e seminários, dedicam parte de suas atividades à investigação. Praticamente a maior parte que foi citada no tópico da formação profissional também realiza trabalhos de investigação.

## 8.2.2. Plano espanhol

Na Espanha, existem entre outros os seguintes centros e organizações dedicados à investigação turística

### *a) Instituto de Estudos Turísticos*

O Instituto de Estudos Turísticos, criado em 1962, é um organismo autônomo dedicado à investigação turística espanhola, cuja sede fica em Madri. O instituto pertence à Direção Geral de Política Turística, da Secretaria Geral do Turismo. Quadrimestralmente publica a revista científica "Estudios Turísticos".

### *b) Associação Espanhola de Especialistas Científicos em Turismo*

A Associação Espanhola de Especialistas Científicos em Turismo (AECIT) foi criada em Madri, em 1993, tem caráter estritamente técnico e científico e seus fins são a investigação, estudo e difusão de ciências e técnicas vinculadas à atividade turística. A associação tem instituído vários tipos de membros.

Seus objetivos centram-se, entre outros, nos seguintes:

1. O fomento e desenvolvimento de todos aqueles procedimentos que permitem a obtenção de níveis elevados de qualificação profissional e do desenvolvimento tecnológico na educação e gestão turística e de excelência no setor turístico.

2. A promoção e o desenvolvimento de atividades dirigidas para melhorar o nível de qualificação dos altos diretores gestores e técnicos superiores de entidades públicas ou privadas dedicadas à atividade turística.
3. O intercâmbio de "know-how" turístico e a cooperação técnica no nível nacional e internacional.
4. A melhora do ambiente de informação e conhecimentos para a tomada de decisões em alto nível na indústria turística.
5. A sensibilização da sociedade com relação à importância da investigação para a indústria turística.

Quanto às suas atividades, a associação tem como objetivo as seguintes:

1. Organizar seminários, cursos, conferências, congressos e sessões de investigação tanto entre seus membros como de ordem externa.
2. Realizar estudos, informativos e opiniões sobre aspectos relevantes da atividade turística tanto no quadro da empresa privada como das administrações públicas.
3. Colaborar na preparação de normativas ou recomendações com relação ao âmbito da atividade turística tanto para organizações públicas como privadas.
4. Publicar e difundir todo tipo de estudos, trabalhos, recomendações e conclusões sobre as matérias-alvo de seus fins.

### c) Centro Superior de Investigações Científicas (CSIC)

O Centro Superior de Investigações Científicas (CSIC) realiza investigações científicas em vários campos do turismo, como o geográfico, o antropológico e o econômico.

### d) Agência Valenciana de Turismo (AVT)

A Agência Valenciana de Turismo é uma entidade de direito público que corresponde ao desenvolvimento da política, promoção e investigação turísticas da Generalitat Valenciana. Foi criada em 1996 e substitui o Instituto Turístico Valenciano. Desde 1989 publica uma revista científica que se denomina "Papers de Turisme".

### e) Centro de Estudos Técnicos Turísticos (CETT)

O Centro de Estudos Técnicos Turísticos, criado em 1970 em Barcelona, dedica-se, além da docência e do assessoramento no campo do turismo, a desenvolver atividades de investigação econômica e sociológica no campo do turismo com a realização de estudos científicos do campo, assim como a publicação de monografias.

### *f) Consultores turísticos*

A partir da década de 1960 na Espanha surgiram consultores dedicados a assessorar empresas e organismos públicos e privados do setor turístico, realizando estudos científicos. Entre esses consultores podemos destacar, por ser um dos pioneiros neste campo, Consultur S.A., que tem sua sede em Barcelona.

### *g) Universidades*

Várias universidades espanholas também realizam funções de investigação científicas, dependentes de suas Faculdades de Economia, Sociologia ou Geografia. Entre essas unversidades, podemos destacar a Complutense, Central de Barcelona, Málaga, Baleares, etc.

# BIBLIOGRAFIA


ACERENZA, M. A.: *Administración del turismo.* Editorial Trillas, México, 1988.

AGUIRRE BAZTÁN, A. (editor): *Diccionario temático de Antropología.* Editorial Boixareu Universitaria, Barcelona, 1993.

AINSER, P. & PLUSS, Ch.: *La ruée ver le Soleil. Le Tourisme à destination du Tiers Monde.* L'Harmattan, Paris, 1983.

ALBERT PIÑOLE, I.: *Gestión y técnicas de Agencias de Viajes.* Editorial Síntesis, Madrid, 1993.

ALTES MACHIN, C.: *Marketing y Turismo.* Editorial Síntesis, Madrid, 1993.

ARAGAY, J. J. & GRANDE, A.: *Marketing turístico.* Madrid, 1978.

ARCARONS SIMÓN, R.: *Manual de Derecho Administrativo Turístico.* Editorial Síntesis, Madrid, 1994.

ARCARONS SIMÓN, R.: *Administración, gestión y comercialización en la pequeña empresa hotelera.* Editorial Síntesis, Madrid, 1995.

ARRILLAGA, J. I. de: *Sistema de política turística.* Editorial Aguilar, Madrid, 1955.

ARRILLAGA, J. I. de: *Ensayos sobre el turismo.* Editur, Barcelona, 1962.

ARRILLAGA, J. I. de: *Valores espirituales y sociales del turismo.* Editorial Edice, Madrid, 1989.

ARROYO ILERA, F.: *El reto de Europa: España en la CEE.* Editorial Síntesis, Madrid 1990.

AZPIAZU MONTEYS, A.: *Código completo del Turismo.* Editorial De Vecchi, Barcelona, 1987.

BAYÓN MARINÉ, F.: *Legislación sobre Agencias de Viajes e Informadores Turísticos.* Editorial Síntesis, Madrid, 1991.

BAYÓN MARINÉ, F.: *Competencias en materia de Turismo.* Editorial Síntesis, Madrid, 1992.

BAYÓN MARINÉ, F.: *Ordenación del Turismo.* Editorial Síntesis, Madrid, 1991.

BAYÓN MARINÉ, F.: *Ordenación de Alojamientos y Restauración I*. Editorial Síntesis, Madrid, 1991.

BAYÓN MARINÉ, F.: *Ordenación de Alojamientos y Restauración II*. Editorial Síntesis, Madrid, 1991.

BAYÓN MARINÉ, F. & GARCÍA ISA, I.: *Gestión de Recursos Humanos*. Editorial Síntesis, Madrid, 1992.

BESANCENOT, J. P.: *Climat et Tourisme*. Editorial Masson, Paris, 1990.

BESNARD, P.: *La animación sociocultural*. Editorial Paidós, Barcelona, 1991.

BIROU, A.: *Léxico de Sociología*. Editorial Laia, Barcelona, 1973.

BORJA SOLER, L.: *Fundamentos de economía de la empresa turística*. Ediciones Oikos Tau, Vilassar de Mar (Barcelona), 1983.

BOUDON, R.: *Les méthodes en Sociologie*. Presses Universitaires de France, Paris, 1983.

BOULLON, R. C.: *Las actividades turísticas y recreacionales*. Editorial Trillas, México, 1983.

BOYER, M.: *Le Tourisme*. Editions du Seuil, Paris, 1982.

BRAILLARD, P. & DJALILI, M. R.: *Les relationes internationales*. Presses Universitaires de France, Paris, 1988.

BURKART, A. J. & MEDLIK, S.: *Tourism. Past, present and future*. Editorial Heinemann, Londres,1987.

BUENO CAMPOS, E. et al.: *Economía de la empresa*. Ediciones Pirámide, Madrid, 1989.

BULL, A.: *La economía del sector turístico*. Alianza Editorial, Madrid, 1991.

BUZZELLI, G. E.: *Manual de la Industria Hotelera*. Ediciones Ceac, Barcelona, 1994.

BYWATER, M.: *The European Tour Operator Industry*. The Economist Intelligence Unit, Londres, 1992.

CALABUIG, J. & MINISTRAL, M.: *Manual de Geografía Turística de España*. Editorial Síntesis, Madrid, 1994.

CALS, J.: *Turismo y política en España: una aproximación*. Editorial Ariel, Barcelona, 1974.

CALS, J.: *La Costa Brava i el turisme. Estudis sobre la política turística, el territori i l'hosteleria*. Kapel, Barcelona, 1982.

CALS, J. et al.: *Història Econòmica de la Catalunya Contemporània S. XX Indústria, Finances i Turisme*. Gran Enciclopèdia Catalana, Barcelona, 1989.

CALLIZO SONEIRO, J.: *Aproximación a la Geografía del Turismo*. Editorial Síntesis, Madrid, 1919.

CANO GARCIA, G.: *El transporte aereo en España*. Editorial Ariel, Barcelona, 1980.

CAZES, G.: *Les nouvelles colonies de vacances? Le tourisme international à la conquête du Tiers Monde*. Editions L'Harmattan, Paris, 1989.

CAZES, G. et al.: *L'Aménagement touristique*. Presses Universitaires de France. Paris, 1980.

CEBALLOS JIMÉNEZ, I.: *Geografía Turística de España.* Editorial Centro de Estudios Ramón Areces, Madrid, 1993.

CELERIER, P.: *Géopolitique et Géostratégie.* Presses Universitaires de France, Paris, 1969.

CERDA, E.: *Psicología Aplicada.* Editorial Herder, Barcelona, 1969.

CERRA, J. et al.: *Gestión de producción de alojamientos y restauración.* Editorial Síntesis, Madrid, 1990.

CHIAS, J.: *El mercado son personas. El marketing en las empresas de servicio.* Editorial Mc Graw-Hill, Madrid, 1991.

COHEN, W.: *El Plan de Marketing.* Editorial Deusto, Bilbao, 1991.

DAYAN, A.: *La Publicite.* Presses Universitaires de France, Paris, 1985.

DEWAILLY, J. M.: *Tourisme et aménagement en Europe du Nord.* Editorial Masson, Paris, 1990.

DÍAS ALVAREZ J. R.: *Geografía del Turismo en España.* Editorial Síntesis, Madrid, 1989.

DOMINATI, J.: *L'Enjeu touristique.* Editorial Económica. Paris, 1988.

DOMINGUEZ MOLINER, F.: *Derecho Administrativo general y turístico.* Editorial Síntesis, Madrid, 1990.

DUMAZEDIER, J.: *Vers une civilisation du loisir.* Paris, 1962.

DURÁN, A.: *Psicología de la publicidad y de la venta.* Editorial Ceac, Barcelona, 1987.

DUVERGER, M.: *Métodos de las Ciencias Sociales.* Editorial Ariel, Barcelona, 1976.

FERNÁNDEZ FUSTER, L.: Introducción a la teoría y técnica del Turismo. Alianza Editorial, Madrid, 1985.

FERNÁNDEZ FUSTER, L.: *Historia general del Turismo de Masas.* Alianza Editorial, Madrid, 1991.

FERNÁNDEZ FUSTER, L.: *Geografía general del Turismo de Masas.* Alianza Editorial. Madrid, 1991.

FERNÁNDEZ POMBO, A.: *Turismo familiar.* Ediciones PPC, Madrid, 1983.

FIGUEROLA PALOMO, M.: *Teoría económica del turismo.* Alianza Editorial, Madrid, 1985.

FIGUEROLA PALOMO, M.: *Elementos para el estudio de la economía de la empresa turística.* Editorial Síntesis, Madrid, 1990.

F1TZPATRICK ASSOCIATES: *Tourism in the European Community.* The Economist Intelligence Unit, Londres, 1993.

GALLEGO, J. F.: *Principios generales para la dirección de establecimientos hoteleros.* Gráficas Lormo, Madrid, 1987.

GALLEGO, J. F. & PEYROLON MELENDO, R.: *Diccionario de Hostelería.* Editorial Paraninfo, Madrid, 1993.

GARCÍA CAMPOS, M. I.: *Geografía turística de España.* Editora Nacional, Madrid, 1970.

GAUTIER, M.: *L'Industrie Hôtelière.* Presses Universitaires de France, Paris, 1970.

GAVIRIA, M.: *España a go-go: turismo chárter y neocolonialismo del espacio.* Editorial Turner, Madrid, 1974.

GENERALITAT DE CATALUNYA: *La temporada turística a Catalunya 1994*. Departament de Comerç, Consum i Turisme, Barcelona, 1995.

GÓMEZ, A.L.: *Aproximación histórica al estudio de la geografía del ocio. Guía introductoria*. Editorial Anthropos, Barcelona, 1988

GÓMEZ PRIETO, J. & QUIJANO COVADONGA, G.: *Rutas e itinerarios turísticos de España*. Editorial Síntesis, Madrid, 1990.

GOMIS, L.: *Teoria dels Gèneres Periodistics*. Generalitat de Catalunya, Barcelona, 1989.

GRAU, M. et al.: *Curso de Publicidad*. Editorial Deusto-Planeta-Agostini, Barcelona, 1990.

GREEN, M.: *Marketing de hoteles y restaurantes*. Editorial Deusto, Bilbao, 1988.

HARRISON, T.: *Manual de Técnica de Publicidad*. Editorial Deusto, Bilbao, 1989.

HOLLIER, R. & SUBREMON, A.: *Le Tourisme dans la Communauté Européenne*. Presses Universitaires de France, Paris, 1990.

HOLLINGS, D. et al.: *European Railways*. The Economist Intelligence Unit, Londres, 1991.

HOLLOWAY, J. CH.: *The Business of Tourism*. Pitman Publishing, Londres, 1989.

HUNZIKER, W.: *Fremdenverkehr in theorie und praxis*. Verbandsdruckerei A.G., Berna, 1959.

IGLESIAS TOVAR, J. R.: *Comercialización de productos y servicios turísticos*. Editorial Síntesis, Madrid, 1995.

JENNER, P. & SMITH, CH.: *The Tourism Industry and the Environment*. The Economist Intelligence Unit, Londres, 1992.

JENNER, P. & SMITH, CH.: *Tourism in the Mediterranean*. The Economist Intelligence Unit, Londres, 1993.

JURDAO, F.: *España en venta*. Ediciones Endymion, Madrid, 1990.

JURDAO, F.: *Los mitos del turismo*. Ediciones Endymion, Madrid, 1992.

KADT, Emanuel de: *Turismo: Pasaporte al desarrollo?* Ediciones Endymion, Madrid, 1991.

KERPEL, E.: *Tourism in Eastern Europe and the Soviet Union*. The Economist Intelligence Unit, Londres, 1990.

KNEBEL, H. L.: *Sociología del Turismo. Cambios estructurales en el turismo moderno*. Editorial Hispano Europea, Barcelona, 1974.

KRIPPENDORF, J.: *Marketing et tourisme*. Herbert Lang, Berna, 1971.

KRIPPENDORF, J.: *Les vacances et après? Pour une nouvelle comprehension des loisirs et des voyages*. Editions L'Harmattan, Paris, 1978.

LANQUAR, R.: *Agences et associations de vogages*. Presses Universitaires de France, Paris, 1979.

LANQUAR, R.: *L'economie du tourisme*. Presses Universitaires de France, Paris, 1983.

LANQUAR, R.: *Sociologie du tourisme et des voyages*. Presses Universitaires de France, Paris, 1985.

LANQUAR, R.: *Le Tourisme International*. Presses Universitaires de France, Paris, 1981.

LANQUAR, R.: *Les parcs de loisirs*. Presses Universitaires de France, Paris, 1991.

LANQUAR, R.: *L'empire Disney*. Presses Universitaires de France, Paris, 1992.

LANQUAR, R. et al.: *Congrès, séminaires, voyages de stimulation.* Presses Universitaires de France, Paris, 1980.

LANQUAR, R. & HOLLIER, R.: *Le marketing touristique.* Presses Universitaires de France, Paris, 1981.

LANQUAR, R. & RAYNOUARD, Y.: *Le Tourisme Social.* Presses Universitaires de France, Paris, 1978.

LATTIN, G.W.: *Administración moderna de hoteles.* Editorial Trillas, México, 1975.

LAVAUR, L.: *El turismo en su historia.* Editur, Barcelona, 1974.

LOPEZ, A.: *Manual de marketing general y de servicios turísticos.* Editorial Síntesis, Madrid, 1992.

LOZATO-GIOTART, J.P.: *Mediterranée et tourisme.* Editorial Masson, Barcelona, 1989.

LOZATO-GIOTART, J.P.: *Geografía del turismo.* Editorial Masson, Barcelona, 1990.

LUNDBERG, D.E.: *Organización y Administración del Turismo.* Editorial Centrum, Barcelona, 1986.

LUNDBERG, D. E.: *Organización y Administración de hoteles y restaurantes.* Editorial Centrum, Barcelona, 1986.

MARÍN, C.: *Gestión Hotelera.* Editur, Barcelona, 1974.

MASSANES VILAPLANA, J.: *Curso de redacción aplicado al turismo.* CETT, Barcelona, 1989.

MATELKA, CH. *The dictionary of tourism.* Merton House, New York, 1981.

MCINTOSH, R. & GUPTA, S.: *Turismo. Planeación, Administración y Perspectivas.* Editorial Limusa, México, 1989.

MEDLIK, S.: *Managing Tourism.* Editoriral Butterworth-Heinemann, Oxford, 1991.

MEDLIK, S.: *Dictionary of Travel, Tourism and Hospitality.* Editorial Butterworth-Heinemann Ltd., Oxford, 1993.

MERLE, M.: *Sociología de las Relaciones Internacionales.* Alianza Editorial, Madrid, 1980.

MESA, R.: *Teoría y práctica de las Relaciones Internacionales.* Taurus Ediciones, Madrid, 1980.

MESTRES SOLER, J.L.: *Técnicas de gestión y dirección hotelera.* Gráficas Europa, Girona, 1990.

MICHAUD, J. L.: *Le tourisme face à l'environnement.* Presses Universitaires de France, Paris, 1983.

MICHAUD, J. L. et al.: *Tourismes. Chance pur l' économie, risque pour les sociétés?* Presses Universitaires de France, Paris, 1992.

MILL, R. CH.: *Tourism: the international business.* Prentice-Hall International Editions, New Jersey (EEUU), 1990.

MINISTERIO DE CULTURA: *Animación Socio-cultural.* Madrid, 1980.

MINISTERIO DE COMERCIO Y TURISMO: *El turismo español en cifras 1994.* Madrid, 1995.

MINISTERIO DE COMERCIO Y TURISMO: *Anuario estadístico turístico 1993.* Madrid, 1994.

MIROGLIO, A.: *La psychologie des peuples*. Presses Universitaires de France, Paris, 1971.

MOLERO, M.: *Técnica de empresas turísticas*. Editorial Insade, Valladolid, 1971.

MONTANER MONTEJANO, J.: *Psicosociología del Turismo*, Editorial Síntesis, Madrid, 1996.

MONTANER MONTEJANO, J. et al.: *Diccionario Técnico de Turismo*. Editorial Síntesis, Madrid, 1996.

MORATA, P. et al.: *Curso de Marketing*. Editorial Deusto-Planeta-Agostini, Barcelona, 1989.

MUNNE MATAMALA, F.: *Grupos, masas y sociedades*. Editorial Hispano Europea, Barcelona, 1971.

MUNNE MATAMALA, F.: *Psicosociologia del tiempo libre*. Editorial Trillas, México, 1980.

MUÑOZ OÑATE, F.: *Marketing turístico*. Editorial Centro de Estudios Ramón Areces, Madrid, 1994.

OMT: *Compendio de Estadísticas del Turismo. (1990-1994)*. Organización Mundial del Turismo, Madrid, 1996.

OMT: *Anuario de Estadísticas del Turismo*. Organización Mundial del Turismo, Madrid, 1995.

OMT: *Perfiles Turísticos por países*. Organización Mundial del Turismo, Madrid, 1986.

OMT: *Aviation and tourism policies*. Editorial Routledge, Londres, 1994.

OMI: *National and regional tourism planning. Methodologies and Case Studies*. Editorial Routledge, Londres, 1994.

ORTEGA MARTÍNEZ, E.: *El nuevo diccionario de Marketing*. Área Editorial, Madrid, 1990.

PAGE, S.: *Urban Tourism*. Editorial Routledge, Londres, 1995.

PAGE, S.: *Transport for Tourism*. Editorial Routledge, Londres, 1994.

PASQUALINI, J. P. & JACQUOT, B.: *Tourismes. Organisation, économie et action touristiques*. Editorial Dunod, Paris, 1990.

PASQUALINI, J. P. & JACQUOT, B.: *Tourismes en Europe. Action touristique*. Editorial Dunod, Paris, 1992.

PEARCE, D.: *Tourism Today. A geographical analysis*. Longman, Essex, 1991.

PEARCE, D.: *Tourist organizations*. Longman, Essex, 1992.

PEISLEY, T.: *The World Cruise Ship Industry in the 1990s*. The Economist Intelligence Unit, Londres, 1992.

PÉREZ PUIG, A.: *El libro del mundo de los agentes de viajes*. Laertes S.A. de Ediciones, Barcelona, 1995.

PERRIN, D.: *L'Hotellerie*. Presses Universitaires de France, Paris,1983.

PINEIRO PELETEIRO, R.: *Comercio y Transporte*. Editorial Síntesis, Madrid, 1990.

POON, A.: *Tourism, Technology and Competitve Strategies*. Cab International, Londres, 1993.

POZA LLEIDA, J. M. de la: *Marketing Turístico.* Editorial Oikos-Tau, Vilassar de Mar (Barcelona), 1993.

POZA LLEIDA, J. M. de la: *Servicios Turísticos.* Editorial Oikos-Tau, Vilassar de Mar (Barcelona), 1993.

POZA LLEIDA, J. M. de la: *Estructura Industrial Turística.* Editorial Oikos-Tau, Vilassar de Mar (Barcelona), 1993.

PY, P.: Le Tourisme. *Un phènomène èconomique.* Paris, 1986.

RECIO, I.: *Marketing turístico. Un desafío pendiente.* Editorial Itsmo, Madrid, 1983.

REGIDOR SENDIN, A.: *Organización y administración de empresas turísticas.* Madrid, 1975.

REGUERO OXINALDE, M. del: *Ecoturismo. Nuevas formas de turismo en el espacio rural.* Editorial Bosch, Barcelona, 1994.

REUTER, P.: *Derecho Internacional Público.* Editorial Bosch, Barcelona, 1978.

RODRÍGUEZ SANDOVAL, R.: *Enfermedades relacionadas con el Turismo.* CETT, Barcelona, 1990.

RYAN, CH.: *Recreational Tourism. A social science perspective.* Routledge, Londres, 1991.

RYAN, CH.: *Researching Tourist Satisfaction.* Editorial Routledge, Londres, 1995.

SANTOS ARREBOLA, J. L.: *El marketing turístico y los costes directos.* Universidad de Málaga, Málaga, 1984.

SAUERMANN, P.: *Psicología del mercado.* Editorial Herder, Barcelona, 1983.

SAVELLI, A.: *Sociología del turismo.* Franco Angeli Libri, Milan, 1989.

SERVOIN, F.: *Institutions touristiques et droit du tourisme.* Editorial Masson, Paris, 1981.

SESSA, A.: *Elementi di economia turistica.* CLITT, Roma, 1974.

SESSA, A.: *Elementi di sociologia e psicologia del turismo.* CLITT, Roma, 1974.

SMITH, S. L. J.: *Tourism Analysis. An handbook.* Longman, Essex, 1991.

SMITH, V. L.: *Anfitriones e invitados.* Ediciones Endymion, Madrid, 1992.

SUE, R.: *Le loisir.* Presses Universitaires de France, Paris, 1980.

TAMAMES, R.: *El Mercado Común.* Alianza Editorial, Madrid,1982.

TAMAMES, R.: *Estructura económica mundial.* Alianza Editorial, Madrid, 1989.

TAMAMES, R.: *Estructura económica de Espana.* Alianza Editorial, Madrid, 1990.

THEA SINCLAIR, M. & STABLER, M. J.: *The Tourism Industry. An International Analysis.* Cab International, Oxon, 1991.

TORRES, F. de la: *Agencias de viajes y transportación.* Editorial Trillas, México, 1980.

TORRES ROMEU, J. M. & CORDOBA VILLAR, J. L. de: *Técnicas de Marketing.* Ediciones Deusto, Bilbao, 1991.

TURNER, S.: *Guía de relaciones públicas.* Ediciones Deusto, Bilbao, 1989.

TURNER L. & ASH, J.: *La hora dorada.* Ediciones Endymion, Madrid, 1991.

URBAS, J-D.: *El idiota que viaja.* Ediciones Endymion, Madrid, 1993.

VELLAS, F.: *Economie et politique du tourisme international.* Editorial Económica, Paris, 1985.

VERCHERE, I.: *The air transport industry in crisis.* The Economist Intelligence Unit, Londres, 1994.

VOGELER RUIZ, C. & HERNÁNDEZ ARMAND, E.: *Estructura y Organización del Mercado Turístico.* Editorial Centro de Estudios Ramón Areces, Madrid, 1995.

VILA FRADERA, J.: *Hoteles, hoy.* Editur, Barcelona, 1961.

VLITOS ROWE, I.: *International business travel.* The Economist Intelligence Unit, Londres, 1994.

WACKERMANN, G.: *Le tourisme international.* Armand Colin, Paris, 1988.

WHEATCROFT, S. & LIPMAN, G.: *European Liberalisation and World Air Transport.* The Economist Intelligence Unit, Londres, 1990.

YOUNG, G.: *Tourism.* Penguin Books, Londres, 1973.

# ÍNDICE REMISSIVO

## B



## C

## D



## E

## F



## G

## J



## K



## L



## M



## N



## O